Filosofia do Odor

COLEÇÃO: EPISTEME – POLÍTICA, HISTÓRIA - CLÍNICA
COORDENADOR: MANOEL BARROS DA MOTTA

- **Cristianismo: Dicionário dos Tempos, dos Lugares e das Figuras**
  André Vauchez

- **Do Mundo Fechado ao Universo Infinito**
  Alexandre Koyré

- **Estudos de História do Pensamento Científico**
  Alexandre Koyré

- **Estudos de História do Pensamento Filosófico**
  Alexandre Koyré

- **Filosofia do Odor**
  Chantal Jaquet

- **A Democracia Internet**
  Dominique Cardon

- **A Loucura Maníaco-Depressiva**
  Emil Kraepelin

- **A Razão e os Remédios**
  François Dagognet

- **O Corpo**
  François Dagognet

- **Estudos de História e de Filosofia das Ciências**
  Georges Canguilhem

- **O Conhecimento da Vida**
  Georges Canguilhem

- **O Normal e o Patológico**
  Georges Canguilhem

- **Realizar-se ou se superar – Ensaio sobre o Esporte contemporâneo**
  Isabelle Queval

- **Da Psicose Paranoica em suas Relações com a Personalidade**
  Jacques Lacan

- **Filosofia das Ciências**
  Jean Cavaillés

- **História da Filosofia Política**
  Leo Strauss e Joseph Cropsey

- **Ditos e Escritos – volumes I a X**
  Michel Foucault

- **O Nascimento da Clínica**
  Michel Foucault

- **A Arqueologia do Saber**
  Michel Foucault

- **Raymond Roussel**
  Michel Foucault

- **História do Egito Antigo**
  Nicolas Grimal

- **Michel Foucault – Uma Trajetória Filosófica**
  Paul Rabinow e Hubert Dreyfus

- **Introdução à Europa Medieval 300 – 1550**
  Peter Hoppenbrouwers - Wim Blockmans

- **Michel Foucault**
  Philippe Artières, Jean-François Bert, Frédéric Gros e Judith Revel

O GEN | Grupo Editorial Nacional reúne as editoras Guanabara Koogan, Santos, Roca, AC Farmacêutica, Forense, Método, LTC, E.P.U. e Forense Universitária, que publicam nas áreas científica, técnica e profissional.

Essas empresas, respeitadas no mercado editorial, construíram catálogos inigualáveis, com obras que têm sido decisivas na formação acadêmica e no aperfeiçoamento de várias gerações de profissionais e de estudantes de Administração, Direito, Enfermagem, Engenharia, Fisioterapia, Medicina, Odontologia, Educação Física e muitas outras ciências, tendo se tornado sinônimo de seriedade e respeito.

Nossa missão é prover o melhor conteúdo científico e distribuí-lo de maneira flexível e conveniente, a preços justos, gerando benefícios e servindo a autores, docentes, livreiros, funcionários, colaboradores e acionistas.

Nosso comportamento ético incondicional e nossa responsabilidade social e ambiental são reforçados pela natureza educacional de nossa atividade, sem comprometer o crescimento contínuo e a rentabilidade do grupo.

Chantal Jaquet

Filosofia do Odor

Tradução:
Maria Angela Mársico da Fonseca Maia
Introdução, Capítulos 1, 2 e 3

Michel Jean Maurice Vincent
Capítulos 4, 5 e 6

Revisão técnica:
Manoel Barros da Motta

Rio de Janeiro

- A EDITORA FORENSE se responsabiliza pelos vícios do produto no que concerne à sua edição, aí compreendidas a impressão e a apresentação, a fim de possibilitar ao consumidor bem manuseá-lo e lê-lo. Os vícios relacionados à atualização da obra, aos conceitos doutrinários, às concepções ideológicas e referências indevidas são de responsabilidade do autor e/ou atualizador.
  As reclamações devem ser feitas até noventa dias a partir da compra e venda com nota fiscal (interpretação do art. 26 da Lei n. 8.078, de 11.09.1990).

- **Traduzido de:**
  PHILOSOPHIE DE L'ODORAT, PREMIER ÉDITION
  © Presses Universitaires de France, 2010
  ISBN 978-2-13-057914-4
  All Right reserved

- **Filosofia do Odor**
  ISBN 978-85-309-3565-8
  Direitos exclusivos para o Brasil na língua portuguesa
  Copyright © 2014 by
  FORENSE UNIVERSITÁRIA um selo da EDITORA FORENSE LTDA.
  Uma editora integrante do GEN | Grupo Editorial Nacional
  Travessa do Ouvidor, 11 – 6º andar – 20040-040 – Rio de Janeiro – RJ
  Tel.: (0XX21) 3543-0770 – Fax: (0XX21) 3543-0896
  bilacpinto@grupogen.com.br | www.grupogen.com.br

- O titular cuja obra seja fraudulentamente reproduzida, divulgada ou de qualquer forma utilizada poderá requerer a apreensão dos exemplares reproduzidos ou a suspensão da divulgação, sem prejuízo da indenização cabível (art. 102 da Lei n. 9.610, de 19.02.1998).
  Quem vender, expuser à venda, ocultar, adquirir, distribuir, tiver em depósito ou utilizar obra ou fonograma reproduzidos com fraude, com a finalidade de vender, obter ganho, vantagem, proveito, lucro direto ou indireto, para si ou para outrem, será solidariamente responsável com o contrafator, nos termos dos artigos precedentes, respondendo como contrafatores o importador e o distribuidor em caso de reprodução no exterior (art. 104 da Lei n. 9.610/98).

  1ª edição – 2014
  Tradução de *Maria Angela Mársico da Fonseca Maia* (Introdução, Capítulos 1, 2 e 3)
  Michel Jean Maurice Vincent (Capítulos 4, 5 e 6)
  Revisão Técnica de *Manoel Barros da Motta*
  Crédito da imagem na capa: *2Happy/iStockphoto 1414951. www.Freeimages.com*

- CIP – Brasil. Catalogação-na-fonte.
  Sindicato Nacional dos Editores de Livros, RJ.

J39f
    Jaquet, Chantal
        Filosofia do odor/Chantal Jaquet; tradução Michel Jean Maurice Vicent e Maria Angela Mársico da Fonseca Maia; revisão técnica Manoel Barros da Motta. – 1. ed. – Rio de Janeiro: Forense Universitária, 2014.
        368 p.: il.

    Tradução de: Philosophie de l'odorat
    Inclui bibliografia
    ISBN 978-85-309-3565-8
    1. Cheiro – Filosofia. 2. Sentidos e sensações. 3. Estética. I. Título.

14-10416   CDD: 111.85
                                                     CDU: 111.85

ÍNDICE SISTEMÁTICO

INTRODUÇÃO 1
   A anosmia dos filósofos 4

Primeira Parte

A SENSIBILIDADE OLFATIVA

Capítulo I – NATUREZA E PRECONCEITOS 15

UM SENTIDO FRACO OU ENFRAQUECIDO? 16
   A inferioridade imputada ao nariz 17
   A criança e seu nariz 19
   A preeminência genética da olfação 22
   Uma fraqueza cultivada 24

UM SENTIDO PRIMITIVO E BESTIAL? 26
   O selvagem e seu nariz 27
   A humanidade do olfato segundo Aristóteles 31

UM SENTIDO INCÔMODO OU INSOCIÁVEL? 38
   A falta de urbanidade do nariz segundo Kant 39
   A sociabilidade do nariz 42

UM SENTIDO SUJO E IMORAL? 44
   Odor de sujeira, odor de santidade 50
   A moralidade do nariz 62

UM SENTIDO SUBJETIVO E MUITO ENGANADOR? 66
    O odor como qualidade secundária 66
    Hobbes e a verdade do nariz 70

Capítulo II – O UM E O OUTRO APROXIMADAMENTE 73

PERFUMES DE ALTERIDADE 73
    O nariz do ódio 74
    O nariz do amor 86

PERFUME DE IDENTIDADE 95
    A fabricação odorante dos gêneros 96
    O perfume como essência singular 98
    Odores e memória subjetiva 102

Segunda Parte

ESTÉTICA OLFATIVA

Capítulo III – AS EXPRESSÕES ARTÍSTICAS DO ODOR 109

O OLFATO, UM SENTIDO MUDO? 109

AS EXPRESSÕES LITERÁRIAS DO ODOR 117

O UNIVERSO OLFATIVO DE MARCEL PROUST 127
    O olfato, sentido do espaço íntimo e da interioridade 129
    O olfato, sentido do afeto e do desejo amoroso 136
    O olfato, sentido da memória involuntária e da eternidade 152

AS EXPRESSÕES MUSICAIS E PLÁSTICAS DO ODOR 168
    Música e perfume 168
    Debussy ou a música dos odores 168
    "Os perfumes da noite" 172
    "Os sons e os perfumes rodopiam no ar da noite" 173

PINTURA E PERFUME 174
    Gonzales Coques e a alegoria do olfato 176
    Gauguin: Noa Noa ou a pintura perfumada 177

ESCULTURA E PERFUMES	182
Zumbo, a escultura malcheirosa	183
Rodin e o odor de Íris	184
RUMO A UMA ARQUITETURA OLFATIVA	186
Capítulo IV – A ARTE OLFATIVA	189
A ARTE DO PERFUME E SEU ESTATUTO ESTÉTICO	189
Uma arte do belo e do agradável?	192
A composição dos perfumes e seu status	196
A arte do frasco	202
Os limites da arte atual dos perfumes	205
UM MODELO FILOSÓFICO DE ARTE OLFATIVA: O PURO PRAZER DOS ODORES EM PLATÃO	208
UM MODELO LITERÁRIO IMAGINÁRIO: DES ESSEINTES E A ARTE OLFATIVA	216
UM MODELO HISTÓRICO REAL: O *KÔDÔ* OU A VIA DAS FRAGRÂNCIAS DO JAPÃO	230
O contexto histórico e as etapas de formação do Kôdô	231
Uma nova arte do cheirar: "a escuta" do incenso	239
Rumo a uma nova arte das fragrâncias	244
O NASCIMENTO DE UMA ARTE OLFATIVA CONTEMPORÂNEA	246
O aparecimento dos odoramas	247
As promoções do olfato nas instalações	249
Hiroshi Koyama, o escultor olfativo	253

Terceira Parte

FILOSOFIAS OLFATIVAS

Capítulo V – DA ANOSMIA À PANOSMIA – AS CONDIÇÕES DE POSSIBILIDADE DE UMA FILOSOFIA DO OLFATO	261
UM OLFATO FILÓSOFO?	261
O modelo de investigação olfativa de Bacon	263
O SILÊNCIO OLFATIVO DE PARMÊNIDES E ANAXÁGORAS	265

DEMÓCRITO E O EFLÚVIO DE ODOR 270

HERÁCLITO OU A RESPIRAÇÃO DA RAZÃO 277

A PANOSMIA DE EMPÉDOCLES 282

Capítulo VI – OS MODELOS FILOSÓFICOS OLFATIVOS 291

LUCRÉCIO OU A SAGACIDADE 292
    Veracidade e especialidade dos sentidos. As condições para promoção do nariz 292
    A verdade própria do nariz 295

O ESPÍRITO QUE NOS CHEGA PELO NARIZ: CONDILLAC E A ESTÁTUA 304
    A ficção da estátua e o primado do olfato 304
        A) O poder do olfato isolado 305
        Os primeiros conhecimentos de um homem limitado ao sentido do olfato 307
        Da sensação olfativa à memória e à imaginação dos odores 309
        Da sensação olfativa aos sentimentos 318
        Da sensação olfativa às ideias gerais e à ideia do eu 320
        B) A reunião progressiva do olfato aos demais sentidos 325
        A reunião do olfato à audição, ao paladar e à visão 326
        A reunião do tato ao olfato 328
        A reunião progressiva de todos os sentidos e suas implicações no olfato 332

NIETZSCHE OU O NARIZ FILÓSOFO 338
    A valorização do faro 340
    O mau cheiro da mentira 343
    Perfumes totalmente diversos 344

BIBLIOGRAFIA 353

INTRODUÇÃO

> Te dizer a lei dos odores que ainda não se promulgou e que viria um dia reinar sobre nossos cérebros bem mais precisa e mais sutil que os sons que nos dirigem; eu prefiro teu nariz a todos os teus órgãos, oh! minha amiga, ela é o trono da futura sabedoria.[1]
> Apolinario, *La mandoline, l'oeillet*, vers, 1915-1917.

Os homens sonham com um sexto sentido, mas, na realidade, eles parecem se conformar a ter apenas quatro. Embora a surdez ou a cegueira sejam geralmente consideradas como enfermidades, a anosmia não faz parte dessa categoria, a ponto de ignorarmos, frequentemente, até o nome dessa afecção da faculdade olfativa. A desventura do major Kvaliov, que perdeu seu nariz e vaga nas ruas de São Petersburgo para encontrá-lo,[2] suscita mais o escárnio que a comiseração; sua desventura não arranca lágrimas da multidão divertida que se apressa incrédula e curiosa para perceber o fenômeno. Ainda que o paladar e o tato sejam menos apreciados que a visão e a audição, eles não disputam com o olfato o último lugar na hierarquia sensorial. No que diz respeito à ordem clássica da enumeração, que coloca o olfato geralmente no meio da lista, ele é realmente o quinto sentido aos olhos da multidão.

---

1   Que este cravo te diga a lei dos odores que ainda não foi promulgada e que um dia reinará sobre nosso cérebro com mais precisão e sutileza que os ruídos que nos dirigem; prefiro teu nariz a todos teus órgãos, ô, meu amigo, ele é o trono da futura sabedoria.
2   Ver a novela de Gogol, *Le nez*, que inspirou a ópera *Éponyme*, criada por Chostakovich.

Uma vez que os filósofos fazem pouco caso do olfato, eles não contestam a escala de valores do senso comum. Eles dão primazia à visão e à audição, que fornecem os principais modelos de conhecimento e são mobilizados para esclarecer as operações do espírito. Assim, na filosofia clássica, a razão é chamada de *luz natural* em oposição à *luz sobrenatural* que surge da revelação. O conhecimento verdadeiro pode ser objeto de uma *intuição* e se basear numa *evidência* dirigida ou numa *visão inteligível* voltada à contemplação das ideias. Ao contrário, a ignorância é o reinado das trevas, da cegueira e do obscurantismo. Nessa ótica, a célebre alegoria da caverna, à qual Platão recorreu em seu livro VII de *A República* é um modelo do gênero, porque a passagem da opinião e de suas contradições ao conhecimento verdadeiro é descrita inteiramente num modo visual. Ele se apresenta como a conversão de um olhar forçado a se desprender da visão das sombras para se dirigir à luz ofuscante e aprender pouco a pouco a contemplar a realidade, percebendo progressivamente seus reflexos na água, depois os objetos iluminados, o luar dos astros, e, enfim, o clarão do sol. Da mesma maneira, na idade clássica, a faculdade de conhecer é frequentemente designada pelo termo *entendimento*. Para entender equitativamente, trata-se de ultrapassar *a percepção por ouvir-dizer*, em Spinoza, de *escutar* o mestre interior no silêncio das paixões, em Malebranche, ou de conceber, com Leibniz, a existência de pequenas percepções, segundo o modelo do mugido do mar composto pelo ruído imperceptível e, no entanto, percebido de cada onda no conjunto da arrebentação. Ainda que não possa rivalizar com a visão e a audição, o tato oferece, por sua vez, belos paradigmas aos filósofos. O modelo táctil é utilizado, por exemplo, pelos Epicuristas para explicar a sensação como um contato entre os órgãos dos sentidos e os simulacros emanados dos objetos, ou por Descartes para compreender a natureza da luz. O autor de a *Diótrica* considera assim o fenômeno luminoso "um movimento que atravessa na direção a nossos olhos por intermédio do ar e de outros corpos transparentes, do mesmo modo que o movimento ou a resistência, que encontra [um] cego passa para sua mão por intermédio de sua bengala".[3] Se o gosto é raramente evocado, e só aparece no domínio estético, no qual serve de princípio para apreciar a beleza de uma obra de arte, o olfato é uma figura ausente.

A prova disso é que é bem difícil evocar uma única obra filosófica que considere essa faculdade de maneira central. Teofrasto, que escreveu um *Tratado dos odores* na Antiguidade, aparece como uma exceção. Mas quem o lê hoje em dia? No mais é possível perceber isso e algumas alusões à olfação e

---

[3] Discours I, *Descartes*, Œuvres, VI, edição Adam e Tannery, p. 84.

aos seus órgãos que ornam o discurso filosófico. O famoso nariz de Cleópatra, evocado por Pascal, ou o célebre odor da rosa que preside o despertar da estátua de Condillac são os únicos filosofemas geralmente conhecidos, mas as referências mais frequentes param aí e a reflexão se empobrece. Se por acaso o inventário prosseguisse, seria preferencialmente do lado da literatura e da poesia que a memória comum extrairia, exumando em desordem alguns florões a tirada de Cyrano, as *Correspondências*, de Baudelaire ou mais recentemente *O perfume*, de Süskind. Os mais eruditos evocarão o *Tristam Shandy*, de Sterne e sua meditação bufônica sobre o nariz, as experiências olfativas dos Esseintes, os heróis neuróticos de *À rebours*, de Huysmans, ou ainda "O nome, o nariz", que inaugura os relatos que dizem respeito aos sentidos, por Italo Calvino em seu romance *Sous le soleil jaguar*. A lista é, entretanto, limitada: o nariz aparece mais como um objeto literário e permanece frequentemente como assunto de entretenimento e de trocadilhos; uma curiosidade estética que dá lugar a variações sinestésicas.

Atualmente, no entanto, parece se desenhar uma evolução, porque tanto do lado das ciências físicas e biológicas quanto das ciências humanas, os trabalhos sobre o olfato, os odores e os perfumes se multiplicam. O historiador Alain Corbin, através de sua obra *Le miasme et la jonquille*, publicada em 1982, contribuiu vigorosamente para quebrar o que ele chama de silêncio olfativo. Estudando o olfato e o imaginário social nos séculos XVIII e XIX, ele retrata o prodigioso empreendimento de desodorização que conduziu à assepsia do meio ambiente atual. Essa história da repugnância e da purificação da fetidez é reveladora dos conflitos e das representações sociais que opõem o burguês perfumado ao proletário fedido que é preciso desengordurar e desinfetar. Corbin abriu assim a via para pesquisas originais e legitimou um novo objeto de estudos.

Os antropólogos, os sociólogos e os pesquisadores em ciências da informação e da comunicação acompanharam seus passos, como testemunha a publicação de numerosas obras individuais e coletivas, muitas vezes interdisciplinares tanto na França[4] quanto no exterior, onde os trabalhos de Constance

---

[4] Cf. Notadamente, *Odeurs, l'essence d'un sens*, organizada por Jacqueline Blanc-Mouchet, Paris: Autrement, série Mutations, n. 93, setembro de 1987; Lucienne Roubin, *Le monde des odeurs*. Paris: Méridiens – Klincksieck, 1989; *Odeurs du monde, écriture de la nuit*, textos editados por Diana Rey-Hulman e Michel Boccara. Paris: L'Harmattan, 1998; *Odeurs et parfums*, textos reunidos e publicados por Danielle Musset e Claudine Fabre-Vassas. Paris: Edições do comitê dos trabalhos históricos e científicos, 1999; Joël Candau, *Mémoire et expériences olfactives*. Paris: PUF, 2000; *À fleur de peau. Corps, odeurs parfums*, sob a direção de Pascal Lardelier, Berlim, 2003.

Classen, *Worlds of sense*[5] e *Aroma, The Cultural History of Smell*,[6] em colaboração com David Howes e Anthony Synnott, se tornaram uma referência. Esse interesse é partilhado não apenas pelos psicólogos e psicoterapeutas,[7] mas também pelos pesquisadores em psicobiologia, como Benoist Schaal,[8] ou em neurociências, como André Holley.[9] Ainda mais recentemente, em 2004, dois americanos acabam de receber o Prêmio Nobel de Psicologia e Medicina por seus trabalhos sobre o olfato. Diplomada em psicologia e microbiologia, Linda R. Buck e seu colega bioquímico Richard Axel conseguiram descriptografar numa escala genética e molecular os mecanismos implicados na percepção, assim como o reconhecimento e a lembrança de odores, permitindo assim o esclarecimento do funcionamento do sistema olfativo que ainda permanecia um tanto quanto desconhecido. Durante muito tempo ignorado ou negligenciado, o olfato é promovido atualmente a objeto de uma atenção inesperada.

Por sua vez, os artistas e os perfumistas não ficam a dever, como revela a tentativa audaciosa de Edmond Roudnitska, criador de perfumes célebres para Dior e Rochas, de fundar uma verdadeira arte olfativa em seu livro *L'esthétique en question*, no qual ele propõe, por um lado, iniciar os compositores-perfumistas a uma filosofia estética que se apoia num modelo kantiano transportado ao olfato, e, de outro, de atrair a atenção dos filósofos sobre a composição de perfumes e seus problemas específicos a fim de alimentar e informar suas reflexões.

A anosmia dos filósofos

Podemos, entretanto, falar com Joël Candau sobre uma algazarra olfativa escutada por "qualquer um que consente em abandonar os discursos

---

5   *Worlds of Sense*. Londres: Routledge, 1993.
6   Londres e Nova York: Routledge, 1994.
7   Cf. Vittorio Bizzozero, *L'univers des odeurs, introduction à olfactologie*. Genebra: Janus, 1997; ver igualmente Évelyne Séchaud, "Sentir et ressentir", atas da jornada científica de 1º de abril de 1995, consagrada à *La clinique et théorie des emotions*.
8   Diretor do centro europeu das ciências do paladar e diretor de pesquisas no CNRS na equipe de etologia e psicobiologia sensorial, Benoist Schaal dedicou numerosos artigos ao tema do olfato e notadamente ao papel dos odores na infância e nas trocas entre a mãe e o recém-nascido. Ver sobre esse ponto, *Enfance*. Paris: PUF, 1997. v. 1 – *L'odorat chez l'enfant*, Perspective croisées; Rémi Gervais e André Holley (eds.), Cambridge University Press, Nova York, 2002.
9   Cf. *Éloge de l'odorat*. Paris : Odile Jacob, 1999.

convencionados e repetitivos sobre a odorfobia das sociedades ocidentais"[10] e celebrar "a odormania" atual, como faz a revista *Beaux-Arts Magazine*?[11] Mas isso distante dos filósofos que continuam a ignorar de forma magnífica seus narizes, apesar dos convites prementes de Edmond Roudnitska a tomá-los em consideração. O olfato não aparece como um verdadeiro objeto filosófico, e a especulação a seu respeito parece ser preferencialmente da alçada da fisiologia ou das ciências da informação e da comunicação. Os progressos recentes de osmografia e de osmologia não permitiram que o odor e a olfação entrassem no repertório da filosofia acadêmica. Algumas vozes, entretanto, se elevam para quebrar o silêncio sobre esse assunto. A pioneira nessa matéria é, sem contestação, Annick Le Guérer, filósofa e historiadora que interroga de forma crucial os poderes do odor através dos séculos[12] e as razões da desconfiança dos filósofos e dos psicanalistas a sua volta. Se esse livro obteve um grande sucesso junto aos sociólogos, aos antropólogos e aos criadores perfumistas, ele não encontrou ainda o eco que merecia no seio da comunidade filosófica, de modo que as pesquisas a esse respeito continuam marginais e vão de encontro ao ceticismo.

Essa reticência deve-se em parte ao fato de uma investigação que se suporta no olfato sofre o mesmo descrédito cultural que sofre o próprio olfato e de o reconhecimento do caráter superior ou inferior de uma pesquisa estar menos ligado a sua qualidade intrínseca que a dignidade atribuída ao seu objeto. Assim, Constance Classen observa que, em virtude do estatuto privilegiado do olhar no ocidente, os estudos acadêmicos sobre a visão e o visível são levados a sério pela instituição, enquanto as tentativas de análise do olfato incorrem sempre no risco de serem consideradas frívolas e pouco pertinentes.[13] Se o valor de uma pesquisa tende a seguir o destino de seu objeto, então temos urgência em reabilitar o nariz ou destruir o preconceito segundo o qual não poderia haver uma grande filosofia sobre um pequeno objeto.

Sob esse ponto de vista, é preciso saudar o generoso elogio aos cinco sentidos empreendido por Michel Serres,[14] assim como a iniciativa crítica de Michel Onfray que fustiga "os desprezadores do nariz", em sua *Art de jouir*,[15] e

---

10 *Mémoire et expériences olfactives*, p. 14.
11 É o título do número de 23 de dezembro de 2003.
12 Cf. *Les pouvoirs de l'odeur*. Paris: Odile Jacob, 1998; ver igualmente o livro de Hélène Faivre, extraído de sua tese de doutorado em filosofia, *Odorat et humanité en crise à l'heure du déodorant perfumé*. L'Harmattan, 2001.
13 Cf. *Aroma*, the Cultural History of Smell, p. 5.
14 *Les cinq sens*. Paris: Hachette littératures, 1985.
15 Cf. p. 97-140, Paris: Livro de bolso, Grasser, 1981.

reivindica a herança dos filósofos materialistas defensores do olfato. O odor e o olfato ficam, entretanto, em segundo plano em seus trabalhos e não se constituem como objetos sobre os quais as suas pesquisas se focalizam prioritariamente. Poderíamos mesmo reprovar o autor de os *Cinco sentidos* de na realidade tratar apenas de quatro, porque, a despeito da importância que Michel Serres concede ao olfato, ele não faz do olfato um caso à parte e o associa indissociavelmente ao paladar no capítulo intitulado "Mesas". Ao contrário dos outros sentidos, que alternadamente ocupam a dianteira da cena sinestésica, o tato em "Veías", a audição em "Caixas", a visão em "Visita", o nariz não tem direito a um capítulo distinto e ocupa o final de "Mesas". Certamente é penoso, inoportuno, analisar separadamente a atividade de cada um dos sentidos que concorrem à percepção global de um objeto, mas, neste caso, vê-se mal porque se concederia à visão, à audição ou ao tato o que se recusa ao olfato e ao paladar. Ainda que o odor e o sabor sejam intrinsecamente unidos, a tal ponto que os termos perfume e aroma reenviam ao mesmo tempo à esfera olfativa e gustativa, e que a anosmia é acompanhada frequentemente de uma perda do paladar, eles não devem ser sistematicamente confundidos. A despeito das interferências, o sistema olfativo é fisiologicamente distinto do sistema gustativo. Ele é constituído de neurônios sensoriais que detectam as moléculas odoríferas, seja pela via respiratória, quando se trata de odores, seja pela via retronasal, quando se trata de aromas que colocam em jogo o paladar. As moléculas odoríferas e as moléculas gustativas não são idênticas, de modo que qualquer perfume e qualquer aroma não são suscetíveis de serem apreciados. Há, portanto, uma especificidade do olfato irredutível ao paladar. Desde então, podemos nos espantar de constatar que no próprio seio do empreendimento de Michel Serres, que coloca em questão o primado da visão e visa reabilitar a dos sentidos em sua totalidade, o olfato permanece um apêndice do paladar e dos prazeres da mesa, e jamais se emancipa plenamente, apesar de alguns voos sobre o bálsamo e o nardo.

Devemos concluir então que uma estética olfativa pura seria impossível e que o olfato jamais poderia constituir um objeto filosófico inteiramente à parte? A questão que se coloca na realidade é saber se a ausência de uma reflexão filosófica sobre o olfato, que fosse equivalente a numerosas pesquisas empreendidas sobre a harmonia e a música ou sobre a pintura e o visível, estaria ligada a simples prevenções, a causas exteriores contingentes ou se ela tende à natureza intrínseca do odor. Sem dúvida a falta de audácia intelectual, a frieza do conservadorismo e a submissão à tradição, que incitam geralmente a se subscrever à filosofia dominante, a reproduzir e a se reconduzir aos modelos de investigação, desobstruindo um reconhecimento institucional, não são estranhas a esse mutismo olfativo ambiente, embora não sejam suficientes para essa explicação. Pois a pusilaminidade e a veneração servil da autoridade, nas quais Bacon vê um dos principais obstáculos ao progresso, não são o apanágio dos filósofos e não têm impedido a emergência de pesquisas em outras disciplinas.

Sem negar a ousadia intelectual dos historiadores, dos antropólogos ou dos sociólogos que souberam quebrar as armaduras e desafiar os sarcasmos, é preciso reconhecer que a natureza dos seus objetos e as regras que presidem sua constituição, se prestam, sem dúvida, melhor a uma abordagem que a uma filosofia. Apesar das dificuldades em encontrar as fontes e de coletar as informações, o historiador pode estabelecer uma história da percepção olfativa e estudar o modo de os homens representarem para si os odores e os perfumes através dos séculos, o antropólogo pode analisar as variações da relação ao olfato conforme as culturas, e o sociólogo pode interrogar os diversos comportamentos e usos sociais dos homens em relação a seu nariz. Mas a elaboração de uma filosofia do olfato é bem mais penosa, porque a ideia de um pensamento do nariz que seja compreendido como pensamento *sobre* ou pelo nariz parece tomado imediatamente de inanidade.

Certamente, é sempre possível analisar a maneira pela qual os filósofos se deram conta do olfato e tentaram explicar suas funções. Existem assim debates entre os filósofos da Antiguidade em torno da questão de saber se o olfato é sistematicamente produzido pela respiração ou pela percepção de eflúvios, não implicando a função respiratória, e se os odores contribuem à nutrição e à saúde, debates os quais Aristóteles faz eco notadamente no capítulo V de seu tratado *Da sensação*. Mas essas considerações tocam mais à fisiologia e à medicina que à filosofia, pelo menos como entendemos hoje em dia. Elas põem em jogo a distinção entre a função olfativa e a função respiratória, que a partir de então sobressaem da biologia, ou o conhecimento das propriedades curativas dos odores, que são atualmente do domínio da aromaterapia. Não é, aliás, por acaso que na Antiguidade é frequentemente entre os filósofos médicos como Hipócrates e Galeno[16] que se encontram referências abundantes aos odores, ao seu papel no equilíbrio dos humores, e que, na Renascença, seus discípulos se encontrem repletos de seus ensinamentos, como Marsílio Ficino, que se dedica a banir a melancolia por meio de um buquê de aromas selecionados.[17] Quando,

---

16 Cf. o tratado *De instrumento odoratus*, assim como o tratado *Sobre a respiração*; cf. igualmente o tratado *Sobre a utilidade das partes do corpo humano*, livro VIII, cap. VI e VII, assim como o tratado *Dos lugares afetados*, III, cap. XIII e XV.
17 Cf. *Os três livros da vida*, II, cap. XV.

na época moderna, Descartes aborda, por sua vez, o olfato, em seu *Tratado do homem*,[18] fá-lo-á como fisiologista mecanicista que analisa a dependência dos sentidos de pequenas redes de nervos desconectados e movidos por finas partes terrestres, e também os odores ou as partes mais sutis do ar no curso da respiração. Sua descrição anatômica resulta dessa medicina, que ele considera como seus votos, e que consiste como pré-programa, mas não se acompanha de nenhuma maneira de uma especulação sobre a verdade da olfação. Sem negar o interesse em estudar essas diversas tentativas de explicação fisiológica, que oferecem uma rica matéria para a história das ciências, da medicina e da anatomia, é preciso reconhecer que elas não têm por objeto uma filosofia do olfato propriamente falando, porque a maior parte do tempo elas não se interrogam nem sobre os sentidos ou a verdade do nariz nem sobre o valor estético e artístico dos odores.

Para ultrapassar essa abordagem descritiva é possível adotar uma perspectiva comparativa e confrontar as doutrinas filosóficas sobre esse assunto, examinando não apenas a maneira pela qual os autores explicam o olfato, mas o papel e o lugar que eles lhe designam na economia de seus sistemas. Trata-se então menos de se entregar a uma reflexão anatômica sobre o nariz que de se debruçar sobre a percepção olfativa e analisar as razões do desinteresse da filosofia a esse respeito. Essa é a via na qual Annick Le Guérer se engajou na quarta parte de seu livro dedicado ao olfato dos filósofos. Partindo da ambivalência do olfato e do odor na filosofia greco-latina, a autora põe pouco a pouco o acento na sua desvalorização ou sua reabilitação ao curso de séculos em função dos diversos pressupostos éticos e ontológicos. Le Guérer esboça assim as grandes linhas de uma história da filosofia do olfato, mas não se interroga sobre os princípios da constituição de uma filosofia geral do nariz e sobre a existência plena de uma "sabedoria dos odores", entendida ao mesmo tempo como teoria e prática olfativa fundadas na verdade. Então o que significa dizer que toda meditação filosófica sobre o olfato reconduz necessariamente à narração de seu eclipse, ao momento de seu eclipse e de sua reabilitação através dos séculos? Podemos ir além de uma história da filosofia racional para especular sobre o nariz em sua positividade?

A própria ideia de buscar uma verdade ou uma arte do nariz parece absurda tanto quanto o objeto de investigações parece insuficiente e frágil. O odor, em razão de seu imediatismo e de sua efemeridade, não tem uma realidade própria, ele dificilmente se presta a uma definição conceitual, de

---

18 Cf. *Œuvres de Descartes*, At, XI, p. 147-149.

modo que uma interrogação filosófica a seu respeito arrisca se esfumaçar e se volatizar na imagem de seu objeto. Ela não tem a densidade ontológica de uma coisa nem a consistência epistemológica de uma ideia. É isso que destaca o romance de Radhika Jha: quando o publicitário Després se propõe a vender não o odor, mas a ideia do odor para incitar os clientes à compra, Lila, a heroína que vive graças às suas narinas, contesta perguntando-lhe imediatamente: "O que é que você entende com a 'ideia de odor'? Um odor não é uma ideia".[19] Quase irreal, o odor é mais ideal que ideativo, ele envia ao mundo fugaz das aparências sobre o qual nenhuma especulação sólida saberia se fundamentar. E, no mais, quando é perfumado, o odor diz respeito mais à cosmética que à filosofia. Ligado ao universo frívolo da moda, do artifício e do ornamento, o perfume é mais suscetível de atrair a atenção dos sofistas do que a dos filósofos. Ele subsiste ainda como estigma do feminino fútil ou da superficialidade mundana que o afasta da profundidade da especulação viril. São Bernardo chega mesmo a dizer: *odoratus impedit cogitationem*, o olfato impede pensar. Ainda que Derrida tenha mostrado a importância de uma arqueologia da frivolidade, resta-lhe apenas o projeto de elaborar uma filosofia do nariz que se assemelha *a priori* a um devaneio.

O primeiro resultado é, portanto, decepcionante: um objeto volátil e fútil em face de um sujeito levado pela ponta de seu nariz. Daí não se tem como encontrar uma matéria para pensar. A ideia de uma filosofia do olfato parece, portanto, mais esfumada que famosa; está destinada a se perder nas nuvens ou a acabar sob vaias. Desde então, por uma dessas devoluções ao destinatário cuja história detém um segredo, uma especulação sobre a olfação corre o risco de conhecer o destino desses filósofos antigos, a propósito dos quais um dos protagonistas baconianos dos *Pensées et vues* ironicamente, exclama: "me perguntas ainda meu filho se vou me servir de todos esses escritos para embrulhar incensos e aromas?"[20]

Ainda que não possamos perceber como a filosofia poderia protelar quanto a uma forma de sentir, preservemo-nos de uma conclusão apressada sobre a inanidade de tal pesquisa. Diderot não imagina um nariz geométrico em sua *Carta sobre os surdos e mudos*? Então por que não existiria um nariz filosófico ou um filosófico nariz? "Filosófico-nariz", essa fórmula é bela ainda que possam temer vê-la se resumir a um puro *flatus vocis*, a um oximoro destituído de qualquer realidade. Se uma filosofia do olfato não existe, é preciso tentar inventá-la para verificar a presunção ou o fundamento. A presunção

---

19   *L'odeur*. Éditions Philippe Picquier, p. 325.
20   Cf. p. 75. PUF.

de impossibilidade é uma das causas da estagnação do saber, e se concordamos com Bacon, que a repreende, "tudo o que é digno do ser também é digno da ciência que é a imagem do ser. Além disso (acrescenta ele), da mesma maneira que de substâncias pútridas podem vir a se desprender odores agradáveis, como o almíscar, do mesmo modo de figuras vis e repugnantes emanam às vezes uma luz e uma informação preciosa".[21]

A comparação é eloquente e particularmente bem escolhida, porque revela a partir de um registro olfativo que não há objeto filosófico nobre ou ignóbil em si, provando, por si mesmo, que o odor é capaz de fornecer modelos para o conhecimento. Então, quem sabe se a partir de uma interrogação sobre a existência da ideia de lama, de sujeira ou de fedentina, para falar como o impertinente Parmênides,[22] não pode nascer um perfume de verdade jamais aspirada?

Para além da metáfora, toda questão é saber se a filosofia pode realmente constituir o odor e o olfato como objetos do pensamento e promover uma olfatologia racional que amplie e enriqueça seu campo de investigação tradicional. A definição de uma filosofia do olfato implica então o exame do papel e do uso possível dos odores e perfumes, tanto no cerne do sistema dos conhecimentos quanto das práticas humanas. Ela supõe, portanto, a pesquisa de formas de pensamento e de ação que testemunhem a especificidade do mundo olfativo e manifestem sua essência filosófica.

Esse empreendimento implica em primeiro lugar que sejam removidos os obstáculos que a entravam. A sedimentação das ideias dominantes e dos hábitos intelectuais acabam por cegar e paralisar. Embora ela se aplique à visão, à audição ou ao olfato, o conhecimento deve parar de ser considerado como uma evidência natural para ser questionado. Diante dela, diz-nos Bachelard, "o espírito nunca é jovem, ele é mesmo muito velho porque tem a idade de seus preconceitos".[23] É, portanto, necessário rejuvenescer dando as costas às certezas passadas que avalizam e priorizam a visão e se concentram indevidamente nela em detrimento do olfato. O objetivo não é inverter a hierarquia dos sentidos, substituir a tirania dos odores pela hegemonia das imagens, opor a volúpia do perfume à pureza do som, mas criar uma nova maneira de sentir e pensar livre de preconceitos.

Por isso é preciso refletir primeiro sobre a natureza do sentido olfativo, afastando os obstáculos que impedem compreendê-lo e se interessar por ele.

---

21   *Novum organum*, I, 120.
22   Cf. Platão, *Parmênides*, 130c-131b.
23   Bachelard, *La formation de l'esprit scientifique*, cap. I, p. 14.

Introdução

É somente a partir desse exame das características próprias ao olfato que se tornará possível em seguida abordar o problema da constituição de uma estética olfativa e de uma verdadeira arte do olfato. No prolongamento dessas investigações sobre a potência expressiva dos odores, tratar-se-á enfim de interrogar sobre as condições de possibilidade de uma filosofia do nariz e sobre a existência de modelos olfativos do pensamento.

Primeira Parte

A SENSIBILIDADE OLFATIVA

Capítulo 1

NATUREZA E PRECONCEITOS

Le parfum
Qui es tu, insaisissable: toi, esprit?
Comment sais-tu où et quand me trouver,
Toi qui rends ce qui est intérieur (comme un aveuglement)
Si intime qu'il se referme et gravite? [...]

Ah, qui verrait de la musique en un miroir
Te verrait toi, et saurait ton nom.

Rilke, *Poèmes épars et fragments*. 1897-1926

O Perfume
Quem és tu, inapreensível, tu espírito?
Como sabes onde e quando me encontrar,
Tu que o que é interior (como uma cegueira)
Tão íntima que ela se encerra e gravita (...)

Quem visse a música em um espelho
Veria a ti e saberia teu nome.

Rilke, *Poemas esparsos e fragmentos*. 1897-1926*

---

*   Tradução Manoel Barros da Motta.

Embora a visão de um nariz no meio do rosto seja evidente, o nariz em si mesmo permanece curiosamente como um ponto cego. Que ele seja visto como pico, cabo ou península, muitas vezes, ele é *terra incógnita*. A determinação da natureza da sensibilidade olfativa, que é condição *sine qua non* para a constituição de uma filosofia do olfato, não é evidente porque se choca com uma série de dificuldades, que Bachelard designa com o nome de obstáculos epistemológicos. Esses obstáculos epistemológicos correspondem mais às representações do sujeito percebedor que fazem tela ante uma nova percepção do que à natureza do objeto percebido. É preciso então expor as causas da inércia, da estagnação, ligada às crenças, aos pressupostos e às opiniões entranhadas que impedem o progresso relacionado à reflexão sobre o nariz. Ainda que sejam frequentemente alimentados pelos filósofos esses obstáculos epistemológicos intervêm de maneira recorrente em todas as reflexões "odorífilas" ou "odorífobas" dedicadas ao sentido do olfato, e essa é a razão pela qual não é suficiente evocá-las, e sim destruí-las ou aprender a contorná-las.

UM SENTIDO FRACO OU ENFRAQUECIDO?

O primeiro e mais evidente dos obstáculos à constituição de uma filosofia do olfato se baseia em considerações de ordem fisiológica e orgânica. Diz respeito ao caráter aparentemente pouco desenvolvido ou atrofiado do aparelho olfativo nos seres humanos em comparação ao faro potente do animal. No romance *O nome, o nariz*, Italo Calvino opõe o homem antigo da pré-história marcado por uma hiperosmia ao homem futuro tornado completamente anósmico. Antigamente, "tudo o que precisávamos compreender o compreendíamos pelo nariz antes mesmo que pelos olhos, o mamute, o ouriço, a cebola, a seca, a chuva, são a princípio odores, o que é bom para comer e o que não é para nosso inimigo, da caverna, do perigo, tudo é percebido primeiro pelo nariz, o mundo é todo o nariz, nosso mundo é o nariz".[1] Esse mundo nariz que faz eco, em Diderot, à ficção de um povo dotado unicamente de um órgão olfativo[2] toma lugar pouco a pouco no universo asséptico e inodoro de um homem desprovido do olfato, a ponto de as fragrâncias dos perfumes se tornarem hieróglifos. Pelo menos, é o que profetizou Italo Calvino: "Como as epígrafes num alfabeto indecifrável, cuja metade das letras foram apagadas pelo polimento do vento carregado de areia, é como sereis, perfumistas, para

---

1   Italo Calvino, *O nome, o nariz. Sous le soleil jaguar*. Seuil, p. 13-14.
2   Cf. *Carta sobre os surdos e mudos*.

o homem sem nariz do futuro".³ Atualmente o olfato é uma figura de sentido fraco, de modo que a ausência de uma reflexão sobre esse assunto parece completamente natural e perfeitamente legítima. Resta saber se essa fraqueza é inconteste e se é inaceitável para uma filosofia do olfato.

A inferioridade imputada ao nariz

Desde a Antiguidade, os filósofos subscrevem a ideia de uma fragilidade e de uma debilidade do sentido olfativo. Por um lado, o odor e o sabor estão frequentemente misturados e difíceis de distinguir, por outro, o paladar prevalece sobre a fragrância e contribui para seu eclipse. É o que Aristóteles já sublinhava em seu *Tratado das sensações e dos sensíveis*: "O que destaca o sabor percebemos mais claramente que o que destaca o odor. A causa disso é que dispomos de um olfato sem dúvida inferior ao dos outros animais e ao dos outros sentidos que nos pertencem, embora nosso tato tenha muito mais acuidade que o de outros animais."⁴

O olfato é, portanto, relegado duplamente ao nível inferior. No seio do reino animal, de certo modo o homem é derrotado completamente pelo número de animais. O olfato no homem não tem uma finalidade perdigueira e nem pode ser medido ao de um cachorro de caça que fareja a isca a grande distância, nem rivalizar com as borboletas-machos que são capazes, segundo o entomologista Jean-Henri Fabre, de perceber o odor de uma fêmea a mais de um quilômetro de distância. Por outro lado, o olfato ocupa na espécie humana o mais baixo grau na hierarquia dos sentidos. De fato, para Aristóteles, as sensações contribuem para a conservação do ser vivo: elas permitem o viver, o caminho do bem viver quando lidamos com um ser que dispõe de inteligência. A conservação consiste em dois aspectos: a alimentação assegurada pelo tato e pelo paladar e a preservação do perigo devido ao olfato, à audição e à visão. Aristóteles insiste particularmente sobre o papel do tato e o considera tão importante quanto o paladar na função de nutrição. Sem ele, realmente, o animal não poderia se alimentar porque não poderia extrair informação do contato com os outros corpos. Quanto ao "olfato, à audição e à visão, suas presenças asseguram a preservação de todos aqueles que os possuem, permitindo-lhes buscar a alimentação a partir de uma sensação e de se desviar do que é perigoso".⁵ Se o olfato tem incontestavelmente um papel vital ao detectar

---

3   *Ibidem*, p. 9.
4   De la sensation, 440b30-441a. *Petites traités d'histoire naturelle*. Tradução Pierre--Marie Moreal, GF, p. 79.
5   *Ibidem*, 436b-437a, p. 67.

os produtos tóxicos, as emanações nocivas e os venenos, ele não ocupa, no entanto, o primeiro lugar como a visão e a audição sucessivamente, conforme se considere a simples sobrevivência ou a vida segundo a inteligência. No que diz respeito à necessidade da vida, a visão é melhor, mas no que concerne ao intelecto a audição disputa com ela esse título.[6] Em todos os tipos de configuração que concernem à preservação do perigo, o olfato vem após a audição e a visão, e se mostra menos desenvolvido que o tato e o paladar com o qual é muitas vezes confundido.

Seu caráter menos desenvolvido que o do animal e seu papel secundário em relação aos outros sentidos são um *leitmotiv* da reflexão filosófica. Assim Rousseau insiste, por sua vez, sobre a fraqueza do sentido do olfato em si, mostrando que apenas a imaginação lhe confere uma força que ele não tem naturalmente para transformar a sensação pelo jogo das paixões. "Os odores são por eles mesmos sensações fracas; eles abalam mais a imaginação que o sentido [...] O olfato não deve, portanto, ser muito ativo na infância, onde a imaginação não é capaz de emocionar, embora um pouco de paixão seja encorajada, e também onde não há ainda experiência suficiente para prever com um sentido o que o outro nos promete. Além do mais, essa experiência é perfeitamente confirmada pela observação, e certamente esse sentido é ainda obtuso e quase estúpido para a maior parte das crianças".[7]

Essa fraqueza é geralmente explicada de duas maneiras, às vezes, ela é concebida como originária e constitutiva. É notadamente a tese sustentada no século XVIII pelo barão de Haller, que afirma a propósito do homem, em seu artigo, intitulado "Art, odorat", que "o olfato lhe seria menos necessário, ele seria útil para que as coisas andassem direito, para descobrir de longe o que poderia lhe servir de alimento; a vida social e a palavra poderiam lhe instruir sobre as qualidades dos corpos dos quais ele estaria tentado a se nutrir".[8] Mas, é mais frequente que essa fraqueza seja apresentada como o resultado de uma evolução natural. Darwin estima assim, um século mais tarde, que a faculdade olfativa, que é determinante entre a maior parte dos mamíferos, tende a se enfraquecer no homem no curso da evolução porque ele não necessita mais dela; essa caução científica credita com mais força ainda a ideia de que o olfato é um sentido atrofiado. Freud subscreve também essa ideia de um declínio da olfação, que ele atribui a duas causas fundamentais da ordem anatômica e social. Ele faz valer que o olfato, assim como a sexua-

---

6   Cf. *ibidem*, p. 67.
7   *Emílio*, livro II, GE, p. 2, notamente a partir 00-201.
8   Op. cit., Corbin, *Le miasme et la jonquille*. Avant-propos, p. IV.

lidade precisaram suportar profundas modificações no curso da evolução do homem, especialmente a partir do momento em que nossos ancestrais adotaram a postura ereta. Parando de andar em quatro pés e se afastando do solo, eles liberaram seus narizes, sendo subtraídos em parte do poder excitante do odor, e tornaram-se mais sensíveis às percepções visuais. "A retirada para segundo plano do poder excitante do odor para último plano parece ser consecutiva ao fato de que o homem se levantou do solo, resolveu andar em pé, posição que, por tornar visíveis os órgãos genitais até então mascarados, acarretou que eles precisassem ser protegidos, engendrando assim o pudor. A partir disso se desenrola um encadeamento que, da depreciação das percepções olfativas e do isolamento das mulheres no momento de suas menstruações, conduz à preponderância das excitações visuais, à visibilidade dos órgãos genitais, depois à continuidade da excitação sexual, à fundação da família e desse modo ao umbral da civilização humana".[9] Certamente Freud apresenta sua análise como uma pura especulação teórica que precisaria ser verificada com exatidão nos animais cujas condições de vida mais se aproximassem daquela dos homens. É claro, no entanto, que para ele o apagamento do sentido do olfato em proveito das excitações visuais é, por sua vez, a consequência da verticalidade do homem e o resultado de um processo de civilização que recalca os odores. Mas o fato de o olfato ser fraco por natureza ou enfraquecido no curso da história nada modifica a esse respeito, e a debilidade atribuída ao nariz constitui um primeiro obstáculo à constituição de uma filosofia do olfato.

A criança e seu nariz

Esse obstáculo, entretanto, não tem nada de redibitório. A objeção segundo a qual o olfato não poderia ser objeto de uma abordagem filosófica, em razão do caráter pouco desenvolvido do aparelho olfativo nos humanos em relação ao dos animais, não resiste ao exame. De fato, por um lado, é possível retorquir que o aparelho acústico do homem é bem inferior em potência ao dos outros animais, como o dos cachorros e o dos golfinhos que percebem os ultrassons, e que isso não impele de modo algum a discussão sobre a audição e a ausência de uma reflexão sobre o som e a música. A paixão dos filósofos pela música prova *a contrario* que, por mais fraco que seja em comparação com os animais, um sentido pode ser objeto de especulações numerosas, como testemunham as reflexões de Platão sobre a harmonia em

---

9   *Malaise dans la civilisation*, p. 50, PUF.

A *República* e em *Leis*, o *Compendium musicae*, de Descartes, ou o *Dictionnaire de musique*, de Rousseau, o exame do *Caso Wagner*, por Nietzsche, ou a fascinação de Jankélévitch pela arte musical. O mesmo tipo de raciocínio pode ser aplicado à visão. Embora nossa visão seja menos aguda que a das águias, isso de modo algum tem desviado os filósofos de uma meditação sobre a visão e as artes visuais. Os *Essais sur la peinture*, de Diderot, as análises de Merleau-Ponty sobre *O olho e o espírito* e as reflexões de Gilles Deleuze sobre o cinema e a imagem tem fornecido provas brilhantes.

Por outro lado, a ideia de fraqueza ou de um enfraquecimento do sentido olfativo no curso dos séculos é sem dúvida mais um mito que uma realidade.[10] Se Rousseau tem razão em insistir sobre o papel amplificador da imaginação e de seu cortejo de paixões, ele está errado em minimizar o alcance do sentido olfativo e de considerá-lo como pouco ativo, obtuso e confuso na maior parte das crianças. A criança nos primeiros estágios de seu desenvolvimento é particularmente sensível aos odores e descobre o mundo pelo nariz e a boca antes mesmo de fazer um uso preciso da visão; no nascimento ela descobre com dificuldade as formas e as cores. Em contrapartida, a dimensão olfativa é primordial. É graças ao odor do seio maternal que os recém-nascidos são capazes de se orientar e de se virar espontaneamente na direção do alimento alguns instantes após o nascimento, como revelam os trabalhos de R. H. Porter e J. Winberg.[11] Isso se deve ao fato de que as secreções do seio materno têm um perfil químico que recobre em parte o do líquido amniótico, de modo que o odor lhe é análogo e serve de referência à criança que está habituada a ele desde sua estadia intrauterina. O feto é de fato muito rápido e detecta diretamente as moléculas químicas odoríferas do útero. Esse fenômeno se explica, segundo Danielle Malmberg, especialista da relação olfativa mãe-criança, pelo fato de que os receptores do paladar e do odor do embrião se diferenciam mais tarde, justamente depois do tato. "Na décima quarta semana de gestação surgem as células sensoriais e morfologicamente maduras. Logo que ele começa a engolir de maneira episódica na décima segunda semana de gravidez, a composição química do líquido amniótico estimula rapidamente seus receptores gustativos e olfativos. É assim que, no ventre de sua mãe, o feto que "inala" duas vezes mais o líquido amniótico que engole, prova constantemente o líquido que preenche sua boca e seu nariz.

---

10   Ver sobre esse ponto o artigo de Annick Guérer, "Le déclin de l'olfactif: mythe ou réalité?". *Anthropologie et sociétés*. Paris, 1990. p. 115-121.
11   Cf. seu artigo intitulado "Unique salience of maternal breast odors for newborn infants". *Neuroscience Biobehavioral Reviews* n. 23, p. 439-449, 1999.

Ao curso do sexto mês de gestação se produz a dissolução do tampão nasal, o que favorece ainda mais uma melhor detecção das substâncias odorantes que perfumam o líquido amniótico".[12] É por seu nariz que o bebê não apenas se guia em direção ao seio materno, mas identifica sua mãe e reconhece seu odor nos dias que seguem seu nascimento, como colocou em evidência A. Macfarlane.[13] Graças a um sistema que dispõe de cada lado da cabeça do recém-nascido dois chumaços de gaze, dos quais um esteve em contato com o seio materno e o outro, sendo inodoro, foi impregnado do odor do seio de outra mulher que tem um filho da mesma idade, constata-se que a maioria dos bebês se volta espontaneamente em direção ao chumaço que tem o odor da mãe. Desde a idade de três dias, o recém-nascido adota comportamentos muito diferentes em função do ambiente olfativo; há tendência a se acalmar assim que é orientado na direção de um algodão impregnado do odor de sua mãe, e ao contrário a se agitar ante o odor de outra mãe.[14] O olfato contribui, assim, fortemente à elaboração do laço afetivo à mãe e ao vínculo que o bebê tem por ela. Benoist Schaal insiste igualmente sobre a memória olfativa do recém-nascido adquirida *in utero* em função da qualidade do odor do líquido amniótico que varia segundo a alimentação materna na gravidez. Ele observa especialmente que "o consumo no fim da gestação de alimentos aromatizados ao feno-grego, ao curry, ao alho ou ainda ao cominho conferem ao líquido amniótico e ao próprio recém-nascido o odor correspondente. Assim que é apresentado ao recém-nascido o odor suposto dominar *in utero* ele manifesta respostas claras de detecção e de preferência para com ele. Assim, as crianças nascidas de mães que tenham consumido alimentos com cheiro de anis no fim da gestação demonstram condutas de apetência ao anis quatro dias depois do nascimento, enquanto as crianças nascidas de mães que não consomem anis não demonstram qualquer reação indicadora de uma significação particular do anis".[15]

---

12 D'amours et d'odeurs, la relation olfactive mère-enfant, *À fleur de peau*, p. 33.
13 Cf. Olfaction in the development of social preferences in the human neonate. *Ciba Foundation Symposium*, n. 33, 1975. p. 103-113.
14 Ver sobre esse ponto B. Schaal, H. Montagner, H. Hertlingn, E. Bolzoni, D. Moyse, R. e R. Quichon, 1980. Les stimulations olfactives dans les relations entre l'enfant et la mère. *Reproduction, Nutrition, Developement*, n. 20, p. 843-858. Ver igualmente H. Montagner, *L'attachement, les débuts de la tendresse*. Paris: Odile Jacob, 1998.
15 Le "matrimoine olfactif": transmissions odorantes entre géneration. *Olfaction et patrimoine, quelle transmission?* Edisud, 2004. p. 61.

Certamente, mesmo que seja capaz desde os primeiros dias de reconhecer sua mãe, o recém-nascido não se encontra, no entanto, na medida de identificar um grande número de odores. Seus receptores do paladar e do olfato, que se diferenciam justamente depois do tato, não lhe permitem decodificar todos os odores. A percepção das diferenças resulta de um aprendizado cultural e do exercício. No nascimento a criança não goza inteiramente dos sentidos, seja o da visão ou o do olfato, porque a mielinização requerida para o desenvolvimento dos nervos só se dá progressivamente. Desse ponto de vista, Rousseau tem razão de considerar que o olfato é menos potente na criança que no adulto, mas isso não implica, entretanto, que o sentido olfativo seja fraco.

A preeminência genética da olfação

Essa ideia de uma fraqueza ou de uma degenerescência do olfato é de fato fruto de uma crença falsa induzida pela anatomia comparada do século XIX. Comparando a parte do cérebro dedicada à olfação àquelas que são transferidas a outras funções sensoriais, constatamos uma regressão de seu volume na linha da evolução, e deduzimos disso que há um declínio do sistema olfativo. Na realidade isso não quer dizer nada, e essa conclusão precipitada é questionada hoje em dia. Os trabalhos do prêmio Nobel 2004 de fisiologia e de medicina de Linda R. Bicke e Richard Axel[16] têm permitido mostrar que as células-tronco dos receptores olfativos que reagem a tais e tais moléculas olfativas não têm um verdadeiro agrupamento topográfico, contrariamente ao que se passa com todos os outros órgãos sensoriais que funcionam sob um modo topográfico direto. O fato de o volume da parte do cérebro dedicada à olfação ser menor daquele dos outros sentidos não é, portanto, significativo. Os dois pesquisadores americanos revelaram a existência de receptores celulares de um gênero muito particular que não estão situados no cérebro, mas na zona transmembranária das células do epitélio olfativo, e descobriram em seguida que os receptores sensíveis às moléculas odorantes pertencem a uma família maior de receptores. Para apreender o impacto de seus resultados é preciso saber que um odor percebido reenvia à associação de várias moléculas odorantes. A título de exemplo, o odor da rosa coloca em jogo 200 moléculas. Quando essas moléculas odorantes alcançam as narinas, elas ativam os receptores dos odores presentes no nariz. Cada receptor reconhece apenas uma molécula e provoca pelos mesmos me-

---

16 Publicados na revista *Cell*, abril de 1991.

canismos enzimáticos uma reação da célula. Para que um odor seja percebido e reconhecido é preciso, portanto, operar a síntese de diferentes sinais que as células enviam ao cérebro. Esses sinais são reagrupados nos glomérulos situados no bulbo olfativo e transmitidos ao nível cerebral superior, ao córtex, que vai identificá-los. Os pesquisadores L. Buck e R. Axel descobriram assim que a família dos genes que presidem a síntese desses receptores era de longe o mais importante nos vertebrados. Eles chegaram a descrever um milhar de genes associados aos receptores olfativos nos roedores, o que representa em torno de 3% de seu genoma e 300 genes nos humanos, o que representa 1% de seu genoma. Cada um desses genes responde a uma molécula odorante específica e está associado aos receptores olfativos que permitem ao homem memorizar e reconhecer perto de 10 mil odores. A título de comparação, Jean-Yves Nau observou que se trata de uma família "superior em número àquela dos receptores do sistema imunológico, sistema que deve, entretanto, identificar o conjunto das moléculas que percebem essa família como não fazendo parte do organismo",[17] e ele conclui que "longe de ser uma função em regressão no curso da evolução, a olfação ocupa um lugar preeminente".[18] É o que confirma o diretor da unidade de percepção e memória olfativa do Instituto Pasteur CNRS, Pierre-Marie Lledo. O olfato não é somente uma função sensorial em declínio, pois esse aparelho olfativo do homem desenvolveu capacidades únicas.

Certamente, poderíamos supor de maneira simplista à vista das cifras que os roedores têm um olfato três vezes superior ao do homem, já que eles têm três vezes mais genes associados aos receptores olfativos. Interrogado sobre esse ponto, Pierre-Marie Lledo refuta completamente essa ideia que se apoia numa forma de comparatismo sumário: "Faz-se necessário dar as costas definitivamente às velhas teorias segundo as quais, no homem, essa função é arcaica. Podemos ter uma impressão disso pela base do número de genes implicados. Mas é preciso saber que o aparelho olfativo humano se desenvolveu de maneira a ter capacidades únicas em relação ao de todos os outros vertebrados. Nós somos os únicos a poder colocar um objeto alimentar na boca, a esquentá-lo e a ter em seguida por uma via retronasal uma estimulação do aparelho olfativo. Todos os degustadores sabem, no fundo, muito bem que tudo vem do nariz".[19] O funcionamento do olfato é, portanto, extremamente sutil e complexo e suscita numerosas pesquisas

---

17 Cf. seu artigo no *Le Monde* de 6 de outubro de 2004. p. 23.
18 *Ibidem*.
19 *Ibidem*.

especialmente desde a descoberta, em 2004, do fato de que o bulbo olfativo no homem é uma das regiões cerebrais mais ricamente dotadas em células-tronco; descoberta que abre grandes perspectivas, tanto no domínio teórico da pesquisa fundamental quanto no domínio prático da pesquisa aplicada relativa à evidenciação de terapêuticas contra as afecções neurodegenerativas. Assim contra todas as ideias recebidas sobre o assunto da comparação, em diferentes sentidos, Pierre-Marie Lledo acaba concluindo na saída de um colóquio científico internacional sobre esse tema, que "todo mundo é intimamente persuadido de que os conceitos que devem surgir nos próximos anos virão, sobretudo, da olfação mais do que da visão ou da audição".[20] Mesmo que advenham amanhã, não é mais possível afirmar hoje que o olfato é um sentido fraco, apoiando-se em considerações fisiológicas.

Uma fraqueza cultivada

Assim o primeiro obstáculo epistemológico está levantado. O nariz humano, uma vez exercitado, é capaz de discernir milhares de odores e não deixa nada a desejar à visão e à audição ou ao tato. A título de exemplo, a formação tradicional dos especialistas do nariz em Grasse inclui um aprendizado no qual se trata de memorizar o odor de 400 matérias-primas em quatro meses. Um perfumista treinado pode discriminar até três mil produtos. Certos campos profissionais, como o dos cozinheiros, o dos *sommeliers*, o dos enólogos se apoiam no *savoir faire* olfativo que atesta a potência do nariz. A reivindicada fraqueza do olfato se deve mais à falta de cultura sobre o olfato do que à configuração anatômica do homem. Se deixarmos o olfato inculto, esse sentido certamente permanecerá não cultivado. Mas quem sabe do que o nariz é capaz sem antes tê-lo exercitado? É o uso que se faz do órgão que permite seu desenvolvimento e sua afirmação. Sob esse ponto de vista, todos os sentidos se encontram grosso modo na mesma situação nativa. Eles são brutos e grosseiros no nascimento e precisam ser educados, como mostra Rousseau no Emílio: "Uma criança é menor que um homem; ela não tem sua força nem sua razão, mas vê e entende tão bem quanto ele, ou perto disso; ela tem o paladar igualmente sensível, embora seja menos requintado, e distingue igualmente os odores, embora não exiba a mesma sensualidade. As primeiras faculdades que se formam e se aperfeiçoam em nós são os sentidos. Eles são, portanto, os primeiros que é preciso cultivar, os únicos que são esquecidos ou aqueles mais negligenciados. Empregar os sentidos não é apenas utilizá-los, é aprender por intermédio deles a julgar bem, é aprender, por assim dizer, a sentir; porque tocamos, vemos e escutamos

---

20 *Ibidem.*

como aprendemos".[21] Rousseau insiste no fato de que o órgão isolado não é suficiente, porque sentimos como aprendemos. Por isso, é necessário educar os sentidos antes de evidenciar suas aptidões e seu alcance real. Se a primeira razão do homem é uma razão sensitiva e serve de base à razão intelectual, como afirma o autor de *Emílio*, a educação dos sentidos é primordial e se revela como condição *sine qua non* do desenvolvimento do espírito. "Assim nossos primeiros mestres da filosofia são nossos pés, nossas mãos e nossos olhos".[22]

Certamente, no curso de sua educação sensorial, Rousseau privilegia a visão, a audição e o tato, e não estende verdadeiramente ao olfato sua palavra de ordem "aprender a sentir", porque ele tende a restringir a formação do sentido do nariz a suas relações com o paladar e a subordiná-la aos imperativos desses sentidos. O nariz tem por vocação ser o "sentinela do paladar", segundo a fórmula de Brillat-Savarin. "O sentido do olfato está para o paladar assim como a visão está para o tato; ele previne, ele adverte sobre a maneira como tais e tais substâncias devem afetá-lo, e incentiva a investigá-las ou a evitá-las segundo a impressão que recebemos antecipadamente".[23] Ainda que ele admita que o olfato do homem seja suscetível de ser apurado e atingir uma grande sensibilidade, ele não vê utilidade em cultivá-lo para além do necessário para preservar, conservar e conhecer suas relações naturais com o paladar. Ele afirma que "se nós instruíssemos as crianças a cheirar o jantar, como o cachorro fareja a caça, conseguiríamos talvez apurar o olfato a esse ponto; mas não vejo realmente que possam extrair uma utilidade disso, se não for a de lhes permitir conhecer suas relações com as do paladar".[24] Consequentemente, o primeiro obstáculo, tendo tratado a fraqueza do sentido olfativo, a bem dizer, não é suficiente para que uma filosofia do olfato ganhe lugar. O nariz não é admitido entre os primeiros mestres de filosofia, e a arte de cultivá-lo para além de certo limite parece inane. O desenvolvimento da cultura, no entanto, não é associado apenas a imperativos utilitaristas, ele pode ser gratuito e desinteressado e obedecer às leis do prazer e da necessidade. Além do mais, quem pode dizer com certeza absoluta se o uso e a utilidade de um sentido são *determinantes para* sua cultura ou *determinados pela* sua cultura, tanto que os dois processos parecem imbricados num permanente movimento de vai e vem? Nessas condições, torna-se claro que a utilidade de um aperfeiçoamento do olfato não pode ser decretada unicamente *a priori*, porque ela também se

---

21 *Emílio*, livro II, GF, p. 167.
22 *Emílio*, livro II, p. 157.
23 *Ibidem*, p. 200.
24 *Ibidem*, p. 201-202.

libera *a posteriori* do próprio exercício. Desde então, como compreender que Rousseau, que se bate contra o esquecimento dos sentidos e a negligência de cultivá-los, não expande, para além do conhecimento das relações do olfato com o paladar, sua exigência de aprender a cheirar? Desse ponto de vista, é mais a fraqueza do desejo de exercitar o nariz que deve ser interrogada do que a fraqueza do próprio nariz. É por isso que os obstáculos à emergência de uma filosofia do olfato tendem mais à repugnância da cultura, cujas razões permanecem a ser elucidadas, do que a um problema de natureza.

UM SENTIDO PRIMITIVO E BESTIAL?

A proclamada inferioridade natural da capacidade olfativa mascara de fato uma inferioridade cultural que lhe é imputada por causa das representações negativas que os homens fazem de seus narizes, particularmente nas sociedades ocidentais. A linguagem popular é eloquente a esse respeito. O que "se vê como o nariz no meio da figura" é precisamente o que se gostaria de dissimular. Não é por acaso que a mentira de Pinóquio se revela pelo alongamento de seu nariz. O nariz trai e exibe o que quer esconder, em primeiro lugar sua animalidade. O olfato representa o resíduo arcaico da besta no homem. Pela mesma razão, ele é reenviado à pré-história da humanidade e seu suposto enfraquecimento aparece como o sinal positivo de sua evolução. O olfato diria respeito mais ao biológico, à naturalidade e se encontraria, portanto, desvalorizado quando se trata de pensar o homem em sua cultura e de distingui-lo do reino animal. Essa pseudoinferioridade vai de fato se transformar em superioridade de direito, como destaca Joël Candau. A fraqueza do olfato se torna o sinal da força do homem que se distancia da besta por causa de sua inteligência. Desde então a representação do olfato como sentido primitivo e bestial constitui um segundo obstáculo epistemológico ao desenvolvimento de uma reflexão filosófica sobre esse assunto. Sua proclamada fraqueza natural se torna uma realidade que nos empenhamos em cultivar. O homem, para se tornar o que é, deve arrancar esse resíduo de animalidade e se distanciar das figuras olfativas inferiores, a besta, a criança ou a mulher. É o que deixa entender, por exemplo, o desígnio que os irmãos Goncourt denunciam em seu *Jornal:* "France dizia que, quando a animalidade se afasta, há uma predominância da visão sobre o olfato, que é o sentido da besta primitiva, e acrescenta que o gosto pelos perfumes é uma marca de inferioridade na mulher".[25] Essas figuras olfativas inferiores têm como traço

---

25 Journal, t. IV, 1896, op. cit. In: *Extraits de parfums, une anthologie de Platon à Colette.* Éditions du Regard, 2003. p. 27.

comum uma espécie de selvageria que é preciso renunciar para ingressar de pleno direito no mundo da cultura.

O selvagem e seu nariz

Não é por acaso que a acuidade do olfato é geralmente considerada pelos primeiros antropólogos como própria aos selvagens. É o que já transparece nos relatos oferecidos por Rosseau em *Emílio*: "Dizemos que os selvagens do Canadá se entregam desde a juventude ao olfato que é, para eles, tão sensível como o dos cães, mas eles não se rebaixam para utilizá-los para a caça e se servem dos cães para eles mesmos".[26] Ainda que Rousseau não se detenha nessa performance é evidente que isso é uma curiosidade, porque, sob seu ponto de vista, para que serviria utilizar um cão para uso próprio se já se dispõe do animal para caçar. Isso não seria uma perda de tempo ou uma tarefa pouco relevante para o homem que se deprecia colocando-se na posição da besta e pretendendo rivalizar com ela? Certamente, o homem, por não ter o instinto, diz-nos Rousseau, pode se valer de todos os instintos, mas é um bom uso da faculdade de perfectibilidade empregá-la como o faz um cão?

A sutilidade do olfato aparece frequentemente como um sinal de selvageria, o que explica seu descrédito. Em contrapartida, o desafeto em relação ao nariz marca uma ruptura com o estado selvagem e também a passagem à civilização. Se o olfato eleva os balbucios da humanidade e pode ter uma importância em seu estágio infantil, o homem deve se separar disso ou pelo menos deixá-lo inculto para privilegiar o desenvolvimento dos outros sentidos. Cultivá-lo é prolongar uma forma de selvageria. É, aliás, impressionante constatar que um dos critérios distintivos entre selvagem e civilizado se apoia em categorias olfativas. O selvagem, mais próximo do animal segundo a representação dos primeiros antropólogos, dispõe supostamente de um olfato mais fino e mais desenvolvido que o do homem civilizado. O barão de Haller conta uma historieta que dá crédito a essa tese: "Vimos uma criança criada num deserto farejar a grama, como o faria uma ovelha, e escolher pelo olfato o que gostaria de comer; ao se render à sociedade, acostumando-se a diferentes alimentos, ela perderia esse privilégio".[27] A representação do homem civilizado como de um ser de nariz embotado se opõe então à figura feia da criança selvagem que cristaliza toda a bestialidade do grosseirão. Quem é ele então?

Certamente, é fácil para ele apontar o dedo para o preconceito etnocêntrico que aflora na representação da civilização do outro como uma forma de

---

26 *Emílio*, livro II, GF, p. 201.
27 Citado por Corbin, *Le miasme et la jonquille*, p. 273.

selvageria e dizer com Lévi-Strauss que "o bárbaro é aquele que acredita na barbárie". Mas isso não obstrui o debate, porque temos direito de perguntar se o selvagem, no sentido etimológico do termo, a saber, o homem que vive sozinho na floresta e que não tem contato com os outros se caracteriza por uma predominância do sentido olfativo. Nessa ótica, o caso das crianças selvagens é particularmente interessante e instrutiva.

Se acreditarmos nisso, Lucien Malson, em *Les enfants sauvages*, diz que o *homoferus* se distingue, segundo a classificação de Linné, não apenas por sua nictalopia, mas pela fineza de seu olfato: "a essa particular acuidade visual na obscuridade devemos aproximar não apenas as notáveis sensações auditivas, mas também as finas percepções olfativas, aquelas de Jean de Liège, entre outros, que, como diz, reconhecia assim sua proteção a distância, e aquelas da quase totalidade dos outros selvagens da floresta que cheiram ao modo dos canídeos ou dos felídeos.[28] Esse fenômeno foi igualmente observado nas duas garotas chamadas Amala e Kamala, que viviam com os lobos, que o Reverendo Singh descobriu com a ajuda de camponeses da aldeia de Godamuri, em outubro de 1920. Quando Amala, a mais jovem, morre de uma nefrite e de um edema generalizado, em setembro de 1921, sua irmã Kamala fica prostrada durante seis dias, depois a procura durante 10 dias "farejando o menor odor que ela pudesse ter deixado".[29] A mesma constatação vale a respeito de Victor, o selvagem de Averyron, que Jean Itard observou ter um "hábito obstinado de farejar tudo o que lhe era apresentado, mesmo os corpos que consideramos inodoros".[30] Itard, que toma a empreitada de educar Victor, começando por tentar desenvolver suas funções sensoriais, estima, aliás, ser inútil aperfeiçoar o olfato, porque ele tinha atingido uma acuidade tal que era impossível melhorá-lo.[31]

---

28   *Les enfants sauvages*, 10/18, p. 55.
29   *Ibidem*, p. 86.
30   *Ibidem*, p. 137.
31   Restaria me ocupar do sentido do paladar e do olfato. O último estado teria uma sensibilidade que o colocaria acima de qualquer aperfeiçoamento. Sabemos que muito tempo depois de sua entrada na sociedade, esse jovem selvagem conservava ainda o hábito de cheirar tudo o que lhe apresentavam, e mesmo os corpos que vemos como inodoros. No passeio ao campo que fazia frequentemente com ele, durante os primeiros meses de sua estadia em Paris, eu tinha visto muitas vezes ele parar, e mesmo se voltar para pegar as pedras, os pedaços de galhos quebrados, que não deixava de colocar perto do seu nariz, e muitas vezes testemunhando uma grande satisfação. Um dia ele estava perdido na rua Enfer e retornou apenas na caída da noite com sua governanta, mas foi apenas depois de ter farejado as mãos e os braços dela por dois ou três momentos, que ele decidiu segui-la, não deixando

O olfato aparecia, portanto, como o primeiro modo de contato entre o selvagem e o meio exterior. O mundo entrava por suas narinas e era representado, em sua diversidade, somente depois de ter sido cheirado. O olfato funciona como um princípio de identificação e cognição das coisas e dos seres, e se apresenta como uma espécie de deleite. O cognitivo e o afetivo são indissociáveis para Victor. Fazendo valer a excelência dos sentidos em estado de natureza, Itard dá a entender que a humanização se opera cultivando os outros sentidos, e que a sensibilidade do olfato faz par com o estado selvagem. De fato, embora o paladar esteja ligado também a funções digestivas, Itard sente necessidade de desenvolvê-lo e de pervertê-lo, segundo sua própria expressão, para despertar Victor à diversidade dos gozos e à variedade de novas iguarias. Somente o olfato parece escapar à cultura e não é suscetível de aperfeiçoamento. Ele é aparentemente levado ao seu grau máximo pela natureza, segundo Itard, a ponto de ser impossível acrescentar-lhe mais qualidades a partir de seu exercício.

Quer dizer então que a sutilidade do olfato é efetivamente um traço da vida selvagem e que a experiência de Itard credita a representação do olfato como um sentido primitivo, estrangeiro à civilização e incapaz de progresso? Longe disso, porque as conclusões da pedagogia segundo as quais o olfato da criança selvagem e sua acuidade não podem ser aperfeiçoados nem são verificáveis e comportam incoerências, de modo que são recusadas a entrar em seu programa de instrução e são mais um reflexo dos preconceitos do que uma decisão refletida.

De fato, ainda que as crianças selvagens apresentadas por Lucien Malson tivessem, como traço comum, uma grande capacidade olfativa, é preciso observar que isso não prova tudo e que essa capacidade se dá, na realidade, em função das necessidades ligadas à vida na floresta com os lobos. Sendo assim, a criança selvagem não é capacitada a distinguir os odores que a cultura considera como fortes ou maus. Gaspar Hausser não faz uma classificação entre os bons e os maus odores, o que prova que para ele não há necessidade de que as categorias olfativas sejam constituídas e elaboradas culturalmente. "Qualquer odor lhe é desagradável, com exceção o do pão, o do anis ou o do cúmel".[32] Quanto a Victor de Aveyron, ele é insensível ao tabaco, mesmo

---

de explodir de alegria por tê-la reencontrado. A civilização não podia, portanto, acrescentar nada à sensibilidade do olfato. Muito mais ligado, aliás, ao exercício das funções digestivas que ao desenvolvimento das faculdades intelectuais, ele se encontrava por essa razão fora de meu plano de educação. *Ibidem*, p. 204-205.

---

32 *Les enfants sauvages*, p. 80.

se colocado sob seu nariz, e imperturbável ante "o fedor, aos miasmas e ao mofo".[33] O próprio Jean Itard, que afirma que a sensibilidade do olfato de Victor o colocava acima de qualquer aperfeiçoamento, observa a esse respeito, e de maneira contraditória, que "o olfato era tão pouco desenvolvido que ele aceitava com a mesma indiferença o odor dos perfumes e a exalação fétida dos odores que enchiam sua cama".[34] Itard constata igualmente que o olfato se modifica com a socialização, com as estimulações e os exercícios. Indiferente ao que poderia fazer cócegas em seu nariz, Victor adquire uma sensibilidade que se manifesta no espirro. "O olfato ganhou, assim, com essa alteração. A menor irritação provocada por esse órgão acarretava um espirro e eu pensava, pelo susto com o qual ele foi tomado na primeira vez que isso aconteceu, que se tratava de uma coisa nova para ele".[35] É por isso que as conclusões de Itard são duvidosas e suas observações demonstram apenas que a sensibilidade a um ou a outro odor é função do modo de vida do indivíduo e da hierarquia das suas necessidades e valores.

O faro em si não é próprio ao animal nem à criança selvagem, porque sua potência varia em função do exercício e dos objetos considerados. O desenvolvimento do olfato diz respeito mais à cultura do nariz do que à configuração anatômica. Se é verdade que o homem não percebe certos odores, é preciso observar, reciprocamente, que animais que têm faros sensíveis são totalmente insensíveis a certos perfumes que comovem as narinas dos humanos. Bernard de Saint-Pierre constata assim que "o olfato tão sensível do cão é indiferente a uma multidão de perfumes aos quais o homem é muito sensível".[36] É preciso, portanto, acabar com esse mito de o olfato ser ligado à selvageria e à bestialidade.

Mesmo quando o olfato era uma marca da animalidade, era preciso reivindicar isso e reconciliar o homem com sua naturalidade. É vão opor animalidade, selvageria e infância à humanidade, porque o homem não é um império dentro de um império, uma criatura sobrenatural separada do mundo do vivo por seu espírito. Nietzsche recusa deste modo o divórcio entre o homem e o animal e reivindica sua inscrição na ordem natural. "Não procuramos mais a origem do homem no 'espírito', na 'natureza divina', nós o recolocamos no mesmo lugar dos animais. Para nós ele é o animal mais forte porque é o mais astuto: o espírito do qual ele é dotado é uma consequência.[37]

---

33 *Ibidem*, p. 90.
34 *Ibidem*, p. 134.
35 *Ibidem*, p. 150-151.
36 Harmonies de la nature, op. cit. In: *Extraits de parfums*, p. 35.
37 *O anticristo*, XIV. Œuvres philosophiques, complètes, VIII, Gallimard, p. 171.

Na visão de Nietzsche, é uma forma de depravação e de decadência, de negar a animalidade e a potência dos instintos no homem, porque isso leva a uma mortificação do corpo, considerado como um simples envelope carnal do qual ele precisa se desfazer, e a uma doença do espírito mais conhecida sob o nome de má consciência. Contra essa negação da vida, contra essa erradicação da animalidade na filosofia, trata-se de reabilitar os sentidos e de compreender como eles são trabalhados e cultivados no seio de uma humanidade reconciliada com sua naturalidade em transformação.

Longe de ser marcada pela imediação, a sensibilidade olfativa carrega o selo da cultura. A etimologia da palavra aroma reenvia, aliás, à cultura, segundo Paul Faure.[38] Certamente, essa etimologia não é confirmada, mas ela tem valor de símbolo e contribui para a revalorização da perfumaria.

A humanidade do olfato segundo Aristóteles

Aristóteles, que considera o olfato do homem grosseiro e indiscutivelmente inferior ao dos outros animais, não desqualifica, no entanto, esse sentido e lhe reconhece uma função propriamente humana. Por um lado, ele não desvaloriza o que substitui a animalidade, como testemunha seu interesse pelo estudo dos animais e das funções vitais. "Não é preciso [...] ceder à repugnância infantil e nos afastarmos do menor estudo desses animais. Em todas as partes da natureza há maravilhas; diz-se que Heráclito faz esta observação aos visitantes estrangeiros que, achando o fogo muito quente na visita, hesitavam em entrar: 'Entrem, há deuses também na cozinha'. Pois bem, entremos sem asco no estudo de cada espécie animal: em cada uma há natureza e beleza."[39] Essa lição vale também para a filosofia do nariz, que não se ofende e quebra com as repugnâncias infantis para se entregar à espe-

---

[38] O autor de *Parfums et aromates de l'Antiquité* constata que "o par *arô-mo/aro-ma* é análogo, em sua formação, ao par micênico *(s)per(r)mo/(s)per(r)ma* e que, se esse último nome de agente significa 'o que se semeia', *arômo/aroma* deve significar primitivamente alguma coisa como 'o que se cultiva', quer dizer, assim como o campo arado para a planta cultivada em relação ao verbo indo-europeu *araoo*, arar. Ele teria pertencido então à genialidade grega de transformar aqui como em outro lugar, uma técnica, a agricultura, numa arte e de dar ao termo cultura um sentido refinado, abstrato, e espiritual. Do mesmo modo que os eborarios da Maison des Sphinx trabalham de uma maneira original, e bastante independente, seus perfumistas se mostram criadores até em seu vocabulário, como se ele tivesse como verdadeira 'cultura' apenas o conhecimento dos perfumes". *Arôma, la culture: quel symbole*, op. cit., p. 127.

[39] *Parties des animaux*, I, ch, V, GF., p. 58.

culação sobre o olfato. Aristóteles goza assim de grande mérito por ter tratado todos os sentidos sem ostracismo e ter dedicado um capítulo inteiro ao olfato em *De sensu* e em *De anima*. Longe de desacreditar o sentido do olfato, ele lhe confere o estatuto de termo médio, de intermediário entre os sentidos que supõe um contato, como o paladar e o tato e aqueles que se exercem de outro modo, como a visão e a audição.[40] Quando conhecemos a importância do termo médio na construção do silogismo ou do meio justo no estabelecimento da virtude e da harmonia política, fica claro que a posição mediana do olfato é mais o índice de sua excelência do que de sua mediocridade.

Por outro lado, Aristóteles não reduz o olfato a sua única função animal e à tarefa de conservação da vida. Certamente, a sensação é própria ao animal e tem por função a nutrição e a salvaguarda. Ela serve de critério para distinguir o que é animal do que não é. "Cada animal como animal dispõe necessariamente da sensação. É por isso que nós distinguimos entre o que é animal e o que não é."[41] Aristóteles reconhece, todavia, que nos animais que dispõem de inteligência, uma sensação como a do olfato, por exemplo, existe em razão do bem. Ele não se limita ao seu aspecto sensível e vital de conservação, mas dispõe uma dupla dimensão teórica e prática, porque contribui ao conhecimento inteligente e à ação.

> Quanto às sensações externas para os animais capazes de andar, como o olfato, a audição e a visão, a presença assegura a salvaguarda de tudo o que eles dispõem, permitindo-lhes buscar o alimento em função de uma sensação antecedente, e de se desviarem do que é mau e perigoso; mas, naqueles que dispõem, além disso, de inteligência (*phronesis*) essas sensações existem na visão do bem "viver". Elas anunciam-lhes, de fato, um grande número de diferenças de onde provêm, ao mesmo tempo, a inteligência dos inteligíveis e as ações a cumprir.[42]

Assim, nos animais inteligentes, dos quais o homem faz parte, a olfação ultrapassa a função vital e existe na visão do bem. Quer dizer que há uma

---

40 Cf. De la sensation et des sensibles. *Petits traités d'histoire naturelle*, 445a5, GF, p. 89.
41 De la sensation et des sensibles. *Petits traités d'histoire naturelle*, 436ab, GF, p. 70.
42 *Ibidem*, p. 67.

Capítulo 1 | Natureza e Preconceitos

maneira especificamente humana de cheirar e de utilizar o nariz? O texto não permite resolver a questão de modo decisivo, porque a inteligência que está em questão nada mais é que a *phronesis* que é imputada igualmente a certos animais.[43] Está claro, todavia, que Aristóteles reconhece a existência de uma percepção olfativa especificadamente humana por duas razões. De uma parte, o homem é para ele o único animal que só pode cheirar aspirando o ar;[44] portanto, ele parece possuir um órgão olfativo diferente dos outros animais. De outra parte, a percepção olfativa imprimiu o hedonismo no homem e pôde dar lugar a uma estética de perfumes ou pelo menos à definição de uma arte recreativa. É preciso, realmente, distinguir duas espécies de odores:

> Uma primeira espécie de odores corresponde aos sabores, como temos dito, e contém o agradável e o desagradável por acidente (de fato, essas são as afecções da faculdade nutritiva); quando temos apetite seus odores são agradáveis, embora eles não o sejam para aqueles que estão saciados e não desejam mais nada, ainda mais não são agradáveis àqueles que não apreciam o alimento que desprende esses dores. Assim, esses odores, como dissemos, contêm por acidente o agradável e o desagradável porque "sua percepção" é comum a todos os animais. Quanto aos outros odores, eles são agradáveis em si, como, por exemplo, aqueles das flores. Eles não convidam, nem mais nem menos, à nutrição e não contribuem em nada para o apetite, mas produzem, principalmente, o efeito contrário, posto que a palavra de Strattis, ridicularizando Eurípides, é verdadeira: "quando cozinhas lentilhas, não derramas perfume nelas". De fato, aqueles que misturam tais essências às bebidas violentam o prazer pelo hábito, até que esse prazer provocado por duas sensações termina parecendo provir apenas de uma. "A percepção" desse último tipo de odores é, portanto, próprio ao homem, enquanto os animais percebem além disso o que corresponde aos sabores, como dizemos anteriormente.[45]

Aristóteles distingue, portanto, os odores que são agradáveis ou desagradáveis por acidente daqueles que o são em si. É a favor dessa separação entre prazer olfativo acidental e prazer olfativo em si que ele introduz uma

---
43 Cf. *Génération des animaux*, III, 2, 753a11-12. Ver sobre esse ponto Pierre-Marie Morel, nota 6, p. 67 de sua tradução dos *Petites traités d'histoire naturelle*.
44 Cf. *De l'âme*, II, 9, 421b10-15.
45 *De la sensation et des sensibles*. *Petits traités d'histoire naturelle*, 443b-444a, p. 86.

distinção entre o homem e o animal. Antes de analisar o que permite justificar sua proposta, é preciso notar a existência de uma espécie de dissimetria na divisão dos odores em duas espécies. A primeira espécie de odores apresenta três características: ela corresponde aos sabores, ela é agradável ou desagradável por acidente, ela é comum a todos os animais. Prevemos então que a segunda espécie apresenta igualmente três características e retoma em negativo as propriedades da primeira. Ora, isso não quer dizer nada porque, se Aristóteles afirma que a segunda espécie é percebida apenas pelo homem, ele não diz que ela corresponde ou não corresponde aos sabores. Além do mais, ele não opõe o agradável ou o desagradável em si ao agradável ou desagradável por acidente, mas ele menciona unicamente um agradável em si. Quer dizer que ele nega a existência de um nauseabundo em si? Para tentar explicar essas anomalias aparentes, é necessário entrar na análise da distinção dessas duas espécies de odores.

A primeira se caracteriza inicialmente por sua relação de correspondência aos sabores, porque extorquiu, assim como eles, a faculdade nutritiva que orienta, estimula ou refreia, em função das necessidades vitais. Para compreender essa correspondência, é preciso notar que Aristóteles não estabelece uma diferença fundamental entre sabor e odor. Ele sustenta que: "se trata aproximadamente da mesma afecção",[46] mas constata simplesmente, por outro que "um e o outro não se produzem nas mesmas 'coisas',[47] e por outro, que 'o que destaca os sabores nos aparece mais claramente do que o que destaca o odor'".[48]

A diferença não é, portanto, uma diferença de natureza, mas uma diferença de grau ou de intensidade da potência perceptiva, e tanto é verdade que a sensibilidade olfativa tem menos acuidade que a sensibilidade gustativa e a de todos os outros sentidos. Essa diferença de acuidade perceptiva, que apresenta o odor como menos evidente que o sabor, é seguida por uma diferença de modo ou de meio de produção. O sabor, segundo Aristóteles, é uma afecção do paladar produzida pelo seco no úmido.[49] O odor é uma afecção produzida pelo sabor úmido no ar e na água.[50] Ela provém necessariamente de uma coisa impregnada de sabor, de modo que é possível estabelecer uma

---

46 *Ibidem*, 440b25-30, p. 78.
47 *Ibidem*.
48 *Ibidem*.
49 Cf. De la sensation et des sensible. *Petits traités d'histoire naturelle*, 441b20.
50 *Ibidem*, 442b29-30.

correspondência entre o paladar e o aroma. Aristóteles concebia assim uma relação de analogia entre o sabor e o odor:

> Se o seco produz uma espécie de lavagem nisso que é úmido como no ar, é claro que os odores devem ser análogos aos sabores. Ora, de fato é bem isso que se produz em certos casos. Realmente, os odores igualmente são ácidos e doces, ásperos, adstringentes e gordurosos, e os odores fétidos podem ser ditos como análogos aos sabores amargos. É por isso que, da mesma maneira que temos estes odores como intragáveis, temos os odores fétidos como irrespiráveis. É, portanto, evidente que aquilo que o sabor é na água, o odor o é no ar e na água.[51]

A razão e a experiência mostram, portanto, a analogia entre o paladar e o sabor, de modo que não dá para espantar que a primeira espécie de odores seja caracterizada inicialmente por sua correspondência com os sabores.

Além disso, a primeira espécie de odores se caracteriza pelo fato de que ela contém o agradável ou o desagradável por acidente. O aspecto agradável ou desagradável é acidental, porque ele não exprime uma propriedade da coisa cheirada, mas a maneira como ela afeta diversamente o homem (ou o animal) segundo ele esteja faminto, saciado ou que tal tipo de alimento o repugne. É preciso distinguir o odor sentido (*osmé*) como agradável ou desagradável dos componentes odorantes reais (*to osphranta*). Os mesmos "*osphranta*" podem suscitar apreciações diversas, até mesmo opostas segundo o estado do sujeito. Essa primeira espécie de odores, enfim, é comum a todos os animais. Seu caráter agradável ou desagradável por acidente é a simples expressão de uma relação ao alimento e não excede o quadro do apetite. Ele não é o fruto de uma deliberação da inteligência, mas é uma pura afecção da faculdade nutritiva.

A segunda espécie de odores, em contrapartida, não é subordinada ao apetite e não tem nada a ver com a necessidade de alimento. Isso permite compreender por que Aristóteles não menciona sua correspondência com os sabores. Essa omissão não significa necessariamente que a segunda espécie não tenha qualquer relação com o sabor e que toda analogia seja impossível, mas essa correspondência cessa de ser pertinente para esclarecer a natureza dos odores da segunda espécie que "não convidam, nem mais nem menos,

---

51 *Ibidem*, 443b5.

à nutrição e não contribuem em nada para o apetite".[52] Aristóteles precisa mesmo que essa segunda espécie produz, principalmente, um efeito contrário ao apetite e o altera como o perfume derramado num prato de lentilhas. A citação do poeta Strattis visa mostrar como se misturam duas espécies de odores, o odor-sabor das lentilhas e aquele do perfume; isso é problemático porque as duas sensações, o agradável por acidente e o agradável em si se opõem e produzem certa forma de dissabor "fazendo violência ao prazer do hábito", tanto que elas não chegam a se harmonizar e a se combinar para aparecer sob a forma de uma única e mesma sensação na origem do prazer.

Emancipado o paladar, essa segunda espécie de odores é agradável em si e não por acidente. Aristóteles fornece o exemplo dos odores das flores que, não sendo comestíveis, são prazerosas por si mesmas, independentemente dos apetites dos homens. O prazer aqui não é acidental, porque não varia em função das vicissitudes do apetite, da falta da saciedade e do asco, mas é preso ao objeto e à permanência. Nesse caso o odor sentido, o *osmé* é mais tributário dos componentes odorante (*to osphranta*). Resta compreender por que Aristóteles faz apenas do agradável em si a parelha do agradável por acidente. A ausência de referência a um desagradável em si não deve ser interpretado como a negação da existência dessa espécie de odores. De fato, Aristóteles menciona ulteriormente duas retomadas a existência de um nauseabundo ou de um mau odor que apenas o homem percebe: "Da mesma maneira, ainda não é nenhum outro animal que o homem que seja incomodado pelo odor das coisas *por si* mal-cheirosas, a menos que essas coisas não encontrem qualquer efeito nocivo [...] Os animais não se inquietam, de modo algum, com o mau odor em si mesmo (se bem que muitas plantas tenham um mau odor) salvo se ele for acompanhado de uma modificação do paladar ou do alimento."[53] Dito de outro modo, ao odor agradável em si responde bem um contrário o mau cheiro em si que se distingue do desagradável por acidente enquanto ele é percebido independentemente de qualquer incidência sobre o gosto ou sobre a alimentação. O exemplo tópico típico é o de uma planta nauseabunda insípida e inofensiva para a saúde.

Essa segunda espécie de odores é na visão de Aristóteles própria ao homem. Assim se desenha uma esfera do cheirar especificadamente humana, destacada de uma animalidade inteiramente determinada pelas afecções ligadas à nutrição e ao paladar. Em síntese, é se emancipando do sabor que o

---

52   De la sensation et des sensibles. *Petits traités d'histoire naturelle*, 443b-444a, p. 86.
53   *Traité de la sensation*, 444b29-30, 445a, p. 89.

odor conquista sua humanidade e abre a via a uma percepção estética, a um tipo de gozo e de prazer que não tem nada de nutritivo. Por essa razão, não implica que essa segunda espécie de odores dê lugar a uma contemplação puramente gratuita e desinteressada, porque ela tem uma finalidade. Aristóteles precisa que "os homens dispõem dessa espécie de odores em vista da preservação de sua saúde".[54] Se ele não alimenta seu homem, o agradável em si permanece salutar e não é desprovido de utilidade. Se a percepção da primeira espécie do odores é comum a todos os animais e necessária a sua salvaguarda, a questão se coloca de saber por que a percepção da segunda espécie é própria ao homem. Considerando-se que ela tem uma incidência sobre a saúde, ela não é desprovida de qualquer laço com a conservação. Desde então podemos perguntar por que o homem não compartilha a percepção dessa segunda espécie do odores com os animais. Aristóteles adianta duas razões de ordem fisiológica que extrai da configuração anatômica do cérebro, Primeiramente "a razão pela qual tal odor é próprio ao homem se apoia na disposição da região que envolve o cérebro". Em segundo lugar, "por essa razão, o gênero ao qual pertence esse tipo de odores é próprio à natureza do homem, embora este seja o animal cujo cérebro é o mais importante e o mais úmido em relação a seu tamanho".[55] O que isso quer dizer?

A primeira razão se esclarece, pelo pouco que compreendemos, na visão de Aristóteles de que o cérebro é frio por natureza e o sangue das veias que o envolvem é propenso a se resfriar. A percepção da segunda espécie de odores, que não se dá por ingestão de alimentos, mas pela respiração, tem por efeito trazer o calor, manter um equilíbrio térmico e evitar o resfriamento. Isso permite compreender por que essa segunda espécie de odores permite preservar a saúde. "Realmente, os odores ao subir ao cérebro por causa da agilidade do calor que eles contêm, tornam mais sadias as partes que envolvem essa região, porque a potência do odor é quente por natureza."[56]

A segunda razão se apoia num esquema análogo e põe em jogo a existência da finalidade natural. Dotado de um cérebro maior em relação ao cérebro dos outros animais, o homem seria exposto a resfriamentos se a percepção da segunda espécie de odores não compensasse a umidade da região cervical com o calor dos odores. "Seu calor", diz-nos Arsitóteles, "e seu movimento são a medida do excesso de umidade e de frio que caracteriza essa região".[57] Aos

---

54 *Ibidem*, 444a14, p. 87.
55 *Ibidem*, 444a30, p. 87.
56 *Ibidem*, 444a20-25, p. 87.
57 *Ibidem*, 444b, p. 88.

animais, por não estarem expostos aos mesmos riscos em razão de sua configuração anatômica, a natureza lhes atribui unicamente a sensação da primeira espécie de odores agradáveis ou desagradáveis por acidente. "Respirando da mesma maneira que os homens, que também percebem os dois tipos de odores, eles têm somente a sensação de outro tipo de odores."[58]

Definitivamente, existe um tipo de percepções olfativas próprias à natureza do homem e enraizadas em sua constituição. Aristóteles postula, aliás, em vários lugares, a existência, no homem, de um tegumento nasal em forma de opérculo que não corresponde a qualquer observação fisiológica.[59] Esse tegumento, cuja função é análoga àquela da pálpebra, não aparece nos animais; é específico à anatomia humana, e segundo Béatrice Nicolas,[60] serve provavelmente para bloquear a olfação e regulá-la, protegendo o cérebro contra os excessos ligados ao calor e à intensidade dos odores, graças a um mecanismo de obturação e de abertura. Todas essas particularidades biológicas permitem compreender as diferenças de percepções osmológicas e de comportamentos em matéria de prazer. "O homem é, por assim dizer, o único animal que sente os odores de flores e outros odores semelhantes, e extrai disso satisfação."[61] A emergência do agradável ou do desagradável em si na esfera antropológica não dá, certamente, lugar em Aristóteles a especulações sobre uma estética de perfumes, mas abre essa possibilidade. É demasiado, entretanto, constatar que a via trilhada pelo estagerita não explorou essa posteridade porque os homens parecem mais se polarizar sobre o desagradável do que sobre o agradável dos odores, de modo que o olfato lhes parece frequentemente como um sentido incômodo e pouco urbano.

UM SENTIDO INCÔMODO OU INSOCIÁVEL?

Que exista ou não um desagradável em si, o odor é às vezes incômodo por si a tal ponto que a hiperosnomia é vivida mais como um problema do que como uma virtude. Desde então os homens não são inclinados a desenvolver suas capacidades olfativas. Não contentes em deixar o olfato inculto,

---

58 Ibidem, 444b5, p. 88.
59 Cf. De l'âme, II, 9, 422a2-3, Traité de la sensation, 444b22-23. Ver sobre esse ponto o artigo muito instrutivo de Béatrice Nicolas, Une curiosité de l'anatomie olfactive dans la théorie d'Aristote, publicado nas atas do colóquio de Nantes, Osphrèsis, de 14 de junho de 2007.
60 Ibidem.
61 Traité de la sensation, 444a30, p. 88.

eles querem pensar até que é necessário reprimi-lo para poder viver em sociedade. Assim, para além dos preconceitos concernentes à bestialidade, surge um novo obstáculo epistemológico à cultura do nariz: o olfato aparece como o sentido insociável por excelência; ele não favorece a comunicação em razão do asco que suscitam os odores do outro, seu hálito, suas micções. Ele é um sentido ingrato, porque, se é possível facilmente afastar a visão, não é possível tapar por muito tempo o nariz, sob pena de se sufocar. O odor estende seu embargo sobre o mundo e penetra de maneira indesejável na nossa intimidade.

A falta de urbanidade do nariz segundo Kant

Kant faz valer no § 21 de sua *Antropologia do ponto de vista pragmático* I:

> O olfato é uma espécie de paladar a distância; os outros são constrangidos a participar de boa vontade com esse prazer, e é por isso que, ao contrário da liberdade, ele é menos social que o paladar; quando o comensal prova, ele pode escolher as garrafas e os pratos de seu agrado, sem que os outros sejam forçados a compartilhar esse prazer. A sujeira parece despertar menos o asco, que o mau odor que ela parece supor, porque contém o repulsivo para os olhos e para a língua. Isso porque a absorção pelo olfato (nos pulmões) é ainda mais íntima que aquela que se faz nas cavidades receptoras da boca e da garganta.

Se Kant dispõe o olfato atrás da audição, da visão, do tato e do paladar, entre os sentidos dependentes da impressão orgânica, porque afetam os nervos pertencentes a certa parte do corpo, ele imediatamente o coloca à parte por ser contrário à sociabilidade e à liberdade. O odor invade, penetra, trazendo assim dano à liberdade de escolha e à intimidade. O fedor de graxa ou os eflúvios tenazes de um perfume capitoso se impõem às narinas e se intrometem na intimidade do sujeito. Tudo se passa como se incorporássemos o corpo do outro sem qualquer possibilidade de recusá-lo. Kant sublinha, portanto, o parentesco do olfato com o paladar. O odor se absorve como um alimento, mas essa ingerência é forçada. Dizer que o olfato é uma espécie de paladar a distância não coloca sob sua pena o sinal de enfraquecimento desse sentido em relação ao paladar, mas uma espécie de extensão abusiva aos outros daquilo que diz respeito ao deleite pessoal. Segundo esse ponto de vista, o olfato é sempre de mau gosto e não toma a direção oposta, porque, longe de favorecer as relações sociais pela partilha de iguarias, ele as destrói com seu aroma. Se o paladar é um sentido social por excelência, o olfato é antissocial.

Certamente, Kant sublinha sua proximidade e sua solidariedade: "todos os dois são parentes próximos e se o olfato falta, o paladar só pode ser embotado".[62] Nisso eles têm em comum pôr em jogo as representações que dizem respeito mais ao deleite do que ao conhecimento de objetos exteriores, ao contrário do tato, da audição e da visão, e são mais subjetivos que objetivos.[63] Ora, se o paladar pode ser partilhado livremente e favorecer as relações sociais graças ao prazer obtido num banquete comunitário, o odor é muito mais tirânico, ele força não apenas a frágil barreira do nariz, mas se espalha nos pulmões e penetra no mais íntimo. A absorção é assim mais profunda e mais interior que aquela que se faz pela boca e parece muito mais constrangedora e insidiosa por se efetuar sem o consentimento do sujeito. A proliferação do odor se aparenta a uma violação da intimidade muito mais cruel porque ele invade sem qualquer resistência aparente. O paladar pode dar lugar ao asco e é sempre possível cuspir ou vomitar um alimento no caso de nocividade ou de ingestão forçada. Por outro lado, se o odor pode inspirar o asco até a náusea, ele faz vomitar, mas não é ele mesmo que é vomitado. Não se pode expulsar um odor de si, uma vez que as moléculas tenham penetrado nos pulmões. O odor súbito é suportado, no mais podemos atenuar a percepção pelos filtros ou sobrepor um odor a outro. A anosmia não se decreta.

Por isso, o olfato é sempre marcado pela negação mesmo no caso em que pode ter um papel vital determinante. Kant lhe imputa o título de sentido orgânico mais ingrato e o reenvia a sua naturalidade incorrigível, sublinhando a presunção da elaboração de uma estética olfativa. "Não serve para nada cultivá-lo ou alterá-lo para extrair dele um deleite; os objetos de asco que ele pode alcançar (muitas vezes em lugares populosos) são mais numerosos que os objetos de prazer, e nesse último caso ele pode oferecer apenas um deleite passageiro."[64] Certamente Kant reconhece, paradoxalmente, que o olfato, que é o sentido mais ingrato, é aquele "que parece ao mesmo tempo ser o mais indispensável".[65] Não obstante, sua necessidade é totalmente negativa, porque ele contribui para o bem-estar indiretamente permitindo evitar o que é nocivo. "Na qualidade de condição negativa do bem-estar, quando se trata

---

62   Ibidem, p. 39.
63   Cf. *Antropologia do ponto de vista pragmático*, I, § 16.
64   § 22, p. 40.
65   Ibidem.

de não respirar um ar nocivo (as emanações dos fornos, o fedor dos pântanos e da carcaça) ou de não ingerir um alimento deteriorado, esse sentido não é desprovido de importância."[66] É preciso observar que, se Kant modera seu julgamento severo em relação ao nariz, ele não chega a lhe imputar uma positividade direta, como testemunham suas fórmulas restritivas. Ele é útil no que afasta o nocivo e só tem interesse pela identificação dos maus odores. Em contrapartida, Kant não hesita em atribuir positivamente uma importância ao paladar.[67] Este não é simplesmente uma condição negativa do bem-estar e não se limita a assinalar e a evitar o que é nocivo. O paladar conduz o homem diretamente para o que lhe é útil e visa o prazer, enquanto o olfato se instala para evitar o desagradável. Tudo se passa, portanto, como se, no melhor dos casos, o olfato fosse um paladar negativo e tivesse menos força que o paladar para a conservação da vida, e tanto isso é verdadeiro que convém mais se voltar para o bem-estar em vez de se desviar do mal-estar.

O olfato é, portanto, depreciado em virtude de sua falta de sociabilidade e configura o modelo de anti-urbanidade na visão de Kant. No § 53 da *Crítica do juízo*, ele recorre, aliás, a uma analogia com os desprazeres olfativos para dar a compreender que o ruído e a música também podem ser inoportunos e prejudicar a convivência. "À música falta um pouco de urbanidade porque, e isso depende, sobretudo, da natureza de seus instrumentos, ela se estende mais longe do que gostaria (à vizinhança) e, por assim dizer, se impõe atentando à liberdade daqueles que não pertencem à comunidade musical; é isso que não fazem as artes que falam aos olhos, já que basta desviar os olhos se não se quer sofrer sua influência. Isso se dá exatamente como o prazer de um perfume que se espalha de longe. Aquele que tira de seu bolso seu lenço perfumado brinda a todos que estão a sua volta, e contra suas vontades as obriga, se quiserem respirar, a gozar igualmente desse prazer."

Se a falta de comodidade e o atentado à liberdade estão ligados não apenas ao desprazer ocasionado por maus odores, mas aos prazeres obrigatórios pela difusão de bons odores, o nariz é assimilado de maneira redibitória

---

66 *Ibidem*, p. 40-41.
67 Essa importância reencontramos no segundo sentido do deleite: o sentido do paladar (mas, ao contrário do precedente, com esse traço particular), se ele favorece com seu prazer as relações sociais, ele prejulga, além disso, o caráter utilitário da alimentação, assim que transpõe a entrada do canal digestivo, porque esse caráter utilitário é associado ao prazer desde que saboreemos com uma previsão razoavelmente segura, se pelo menos o luxo e a querida empregada não tenham depravado o sentido. O apetite dos doentes se apoia em geral sobre o que pode lhes ser vantajoso ao modo de um remédio.

a um órgão de servidão que cria um obstáculo à vida em sociedade. Prazer ou pena, ele nos acorrenta, ocasiona desconforto, de modo que podemos nos interrogar sobre a legitimidade de cultivá-lo. Ainda que não se pronuncie sobre esse ponto, Kant alimenta o sonho de uma sociedade ideal onde os odores não teriam direito à cidade. Ele subentende, realmente, que uma sociedade verdadeiramente livre e respeitadora do próximo deveria colocar limite tanto ao barulho sonoro quanto à algazarra olfativa e estender isso na direção das relações sociais inodoras e assépticas.

A sociabilidade do nariz

Podemos, no entanto, perguntar se a falta de urbanidade e convivência atribuídas ao nariz não são fruto de uma visão etnocêntrica. Não desagradando a Kant, o caráter pouco sociável dispensado ao olfato é sem dúvida menos a expressão de sua essência do que dos costumes e convenções próprios a certas sociedades. Em raras exceções, a anosmia ou a odorfobia não é uma característica da natureza, mas um fato de cultura. A prova é que, contrariamente à civilização ocidental, onde o olfato é muitas vezes negligenciado, a sensibilidade olfativa desempenha um papel social fundamental em certas culturas. Existem povos odorífilos marcados por uma hiperanosmia e para os quais o odor e o perfume figuram entre as formas de expressão de convivência. No século XIII, Ibn Al Adîm, príncipe d'Alep não considerava que "se perfumar as vestimentas e o corpo é um meio de se aproximar daqueles que amamos, essa razão obriga aos que se vestem, comem e bebem de se perfumarem convenientemente?".[68]

Longe de serem obstáculos à vida em sociedade, o odor e o olfato têm, às vezes, um papel decisivo na definição da sociabilidade. Eles presidem as trocas entre os homens, suas saudações e seus ritos de acolhimento em numerosas culturas. O beijo de nariz e a respiração do odor do outro constituem modos de contato e de comunicação e são considerados como formas de expressão da polidez mais refinada. Assim, por exemplo, os Maoris na Polinésia, os Tongas na Nova Zelândia, em Samoa, Bornéu se pratica o beijo esquimó, no qual os narizes são esfregados um contra o outro. É isso que lembra Serge Chaumier, que afirma que os "beijos de nariz são beijos de odores".[69] Cheirar

---

68   Citado por Françoise Aubaile-Sallenave. "Le souffle des parfuns: un essai de classification des odeurs chez les arabo-musulmans". *Odeurs et parfums*, sob a direção de D. Musset e C. Fabre-Vassas, p. 99.

69   Serge Chaumier remete aos trabalhos de Covarrubias para mostrar que entre os Balineses a técnica amorosa não se baseia no beijo clássico, mas num face a face muito próximo acompanhado de ligeiros movimentos da cabeça, de modo a sentir o odor e o calor da pele do outro. Cf. L'odeur du baiser. *À fleur de peau*, p. 83.

o outro pode ser, portanto, um sinal de acolhimento e de hospitalidade. No dialeto Hadramaoût, *shamma* significa, além disso, "cheirar um ao outro para abraçar, beijar e acolher".[70] Na Índia igualmente as formas tradicionais de acolhimento consistiam em cheirar a cabeça de qualquer um. Os Védas evocam o prazer que os pais experimentam ao cheirar as cabeças de seus filhos ao retornarem depois de uma ausência. J. J. Meyer menciona também uma passagem dos textos védicos, afirmando que o ato de cheirar a cabeça do outro é o maior sinal de ternura.[71] Consequentemente, numa grande quantidade das culturas não há repugnância ante o odor do outro, nem dificuldade ou desconfiança em ser cheirado.

Para além dos costumes de acolhimento, o olfato, longe de ser antissocial, pode ser condição das relações entre os homens. Em certas sociedades, o odor tem um papel considerável, porque chega, por vezes, a regular até as trocas sociais e a definir as normas de aliança entre as tribos. Entre os Desana da Colômbia amazônica, por exemplo, o casamento se realiza entre os grupos de parentesco que são distinguidos com a ajuda de odores e de perfumes diferentes.[72] Não apenas cada um possui um cheiro próprio, chamado *oma sëirí*, que é ligado as suas compleições, as suas emoções e a sua alimentação, mas todos os membros de uma mesma tribo são supostos compartilhar o mesmo odor, em virtude das leis de hereditariedade e do tipo de alimentação consumida. Cada grupo tribal é suposto possuir um odor característico, reconhecível pelos outros. Segundo Constance Classen, "os Desana dizem que o território habitado por uma tribo é impregnado de *máhsa seriri*, termo que significa ao mesmo tempo um odor tribal e um sentimento tribal, uma simpatia.[73] Aos Desana, que são caçadores, se presume que eles exalam o odor almiscarado da caça que comem. Aos seus vizinhos, os Tupaya, que vivem da pesca, presume-se que eles cheiram a peixe, aos Tukano, que são agricultores, aos perfumes de raízes, de tubérculos e de legumes que eles cultivam em seus campos.[74] Os Desana estimam que o casamento não pode acontecer en-

---

70 Ver sobre esse ponto o artigo de Françoise Aubaile-Sallenave, Le souffle des parfums: un essai de classification des odeurs chez les arabo-musulmans. In: *Odeurs et parfums*, sob a direção de D. Musset e C. Fabre-Vassas, p. 98.
71 I will semell thee on the head, that is the greatest sign of tender love. *Sexual Life in Ancient India*. Delhi: Banarsidass, 1971. p. 183.
72 Cf. *Aroma, The Cultural History of Smell*, p. 114.
73 *Ibidem*, p. 98 (tradução nossa).
74 Ver sobre esse ponto G. Reitchel-Dolmatoff, Desana Animal Categories, Food Restrictions, and the Concept of Color Energies. *Journal of Latin American Lore*, v. 4, n. 2, p. 243-291, 1978.

tre pessoas que não tenham o mesmo cheiro e são, portanto, pressionados a procurar um esposo ou uma esposa em outra tribo. A interdição de se unir a alguém que tenha o mesmo cheiro é uma forma de proibição do incesto e um meio de evitar a endogamia. Os jovens de uma tribo devem procurar seus pares em outro clã cujo odor seja distinto dos seus e ter cuidado ao se unirem a alguém cujo cheiro possa se combinar com o seu. As regras do casamento obedecem a um esquema análogo às misturas culinárias. Na cozinha, certas combinações são proibidas: misturar a carne e o peixe, por exemplo, é como cometer um adultério. Da mesma maneira é preciso saber se misturar no casamento. É aliás a mesma expressão, *mereké*, "misturar bem", que é empregada a título de recomendação para o cozinheiro e para o futuro marido. Assim, um pai vendo seu filho fazer a corte a uma moça lhe dirá: "*mereké*".[75] O casamento é, portanto, uma união de odores.

Sem multiplicar os exemplos, é preciso reconhecer que o caráter antissocial emprestado ao olfato não é um dado universalmente compartilhado. Algumas culturas se apoiam no que se poderia chamar de uma osmologia social e convidam a moderar o julgamento kantiano reenviando-o a sua particularidade. Nenhuma sociedade reprova a falta de urbanidade dos odores, e essa é a razão de o desvio para a antropologia e a etnologia ser necessário, porque permite evitar esse obstáculo epistemológico ligado a um ponto de vista demasiadamente limitado.

UM SENTIDO SUJO E IMORAL?

Podemos então perguntar por que existem tais diferenças de culturas e por que o nariz é percebido como um sentido ingrato e incômodo nas sociedades. A razão fundamental deve ser procurada, sem dúvida, numa forma de puritanismo das sociedades ocidentais, para as quais o pensamento kantiano é talvez a versão mais civilizada e racionalizada. É claro que todos os obstáculos examinados, fraqueza, bestialidade, selvageria, ou falta de urbanidade, testemunham um desejo de se distanciar da corporeidade e que a estigmatização do nariz é um dos avatares da vergonha do corpo em sua naturalidade.

Assim, por trás da depreciação do olfato se pratica uma recusa do corpo e de sua sensualidade, como tinha pressentido Nietzsche. A desvalorização do nariz é frequentemente o sintoma de uma somatofobia profundamente enraizada. É o que Serge Chaumier observa: "o ódio do corpo é acompanhado de

---

75   *Ibidem*.

Capítulo 1 | Natureza e Preconceitos

um ódio pelo olfato: esse é um sinal revelador. Os depreciadores do olfato são aqueles que afirmam uma moral rígida: o desprezo pelos odores é proporcional ao asco pelo corpo".[76] Essa moral, em nome da qual se exerce a repressão olfativa, é antes de tudo uma moral ascética que desconfia da carne e de seus desdobramentos. A recusa do nariz é por metonímia a recusa do sexo. Na literatura obscena e libertina, o apêndice nasal e suas proporções dão lugar a muitos comentários que giram em torno do membro viril, como aquele que produz o nariz presunçoso do Frei Jean des Entommeures, em Rabeleis, vulgo Alcofribas Nazier. Quando Gargantua pergunta por que Frei Jean tem um nariz tão belo, o monge lhe responde: *"selon vraye philosophie monastique, c'est parce que ma nourrice avoit les tetins moletz: em la laictant, mon nez y enfrondrait comme em beurre, et là s'eslevoit et croissoit comme la paste dedans le met. Mais guay, guay! ad formam nasi cognoscitur ad te levavi"*.[77]

Para além de uma simples metonímia, o olfato começou ligado à sexualidade, como mostra a solidariedade entre o instinto sexual e a percepção dos odores entre os animais. Desde os trabalhos de Karlson e Luscher em 1958 e a descoberta do bombykol, o feromônio sexual do bicho-da-seda, sabemos que existem entre os insetos e os mamíferos sinais químicos odorantes ligados a substâncias secretadas pelo macho ou pela fêmea, que desencadeiam reações sexuais típicas entre os indivíduos da mesma espécie. Embora para os seres humanos a existência desses fenômenos esteja longe de ser estabelecida e sirva principalmente de álibi comercial à promoção de perfumes considerados imitarem sua composição química e produzir um efeito de atração irresistível, disso subsiste nada menos que o recalcamento dos odores acompanha o recalcamento da sexualidade.[78] A preocupação com os odores corporais testemunha um desejo de assepsização, de recusa da carne e dos humores, de vontade de domínio e de total potência sobre as emanações que não são controladas necessariamente. Como observa David Lebreton, "o odor é um transbordamento sensível do corpo fora das fronteiras da pele. Ele atinge o outro numa conotação sexual, ele fornece o sentimento de ser invadido, até mesmo violado".[79] Assim, Manuela Ivone Cunha e Jean Yves Durand observam que, na experiência carcerária, o discurso sobre o odor e seu caráter insuportável intervém de maneira recorrente. Os odores lembram sem cessar a permeabilidade das

---

76 L'odeur du baiser. *À fleur de peau*, p. 93.
77 *Gargantua*, XI.
78 Ver sobre esse ponto Freud, *Molestar na cultura*, op. cit., p. 50.
79 Les mises en scènes olfactives de l'autre. *À fleur de peau*, op. cit., p. 117.

fronteiras, a intrusão do outro e a impossibilidade de estar só consigo mesmo. "Lá onde desejaríamos a diferença, o odor homogeneíza e sincroniza."[80]

Para além do desconforto e da ameaça, o odor é o que pode suscitar a inquietação e o despertar do desejo na presença da intimidade do outro. Pela mesma razão, o olfato, no homem, sofre o mesmo recalcamento que aquele que extorquiu a sexualidade e em particular o erotismo anal. O esforço para com a limpeza imposta pela educação participa desse recalcamento e dessa depreciação dos odores, porque se trata de fazer desaparecer os excrementos, de mascarar as menstruações, em suma, de dominar todos os humores, hálitos, arrotos, flatulências e suores, em nome de uma higiene e de uma moral que os englobam sob a categoria do sujo e que consideram perverso ou indecente o erótico anal ou as relações sexuais durante o período do fluxo menstrual. As regras de higiene têm a maior parte do tempo implicações morais porque o ideal do corpo limpo não corresponde simplesmente a um cuidado de conservação de si e de preservação dos outros, ele veicula os valores ligados ao domínio de si, à ordem e à disciplina. Assim, uma boa higiene do corpo é por vezes considerada como o sinal precursor da virtude. Os higienistas do século XIX se empenhavam em sublinhar a correlação entre a limpeza e a probidade, opondo, por exemplo, a virtude daquele que tem as mãos limpas ao vício daquele que tem as mãos sujas.[81] De Gérando, em seu livro *Le visiteur du pauvre*, estima que "a limpeza é todo um conjunto, é também um meio conservação e um sinal que anuncia o espírito de ordem e de conservação; nos afligimos em ver a que ponto ela é desconhecida pela maior parte do indigentes e isso é um triste sintoma da doença moral da qual eles são atingidos".[82]

O recalcamento do odor e a vontade de assetização das sociedades modernas resultam numa censura muito grande da expressão olfativa, sob todas as formas, e constituem um novo obstáculo epistemológico. O olfato aparece como um sentido sujo e negligenciado no duplo sentido do termo, particularmente por causa da relação problemática que o homem mantém com seus excrementos e de sua natureza fortemente odorante. A desvalorização do olfato faz par com a depreciação do excremento; assim se opera a

---

80 Odeur, odorat, olfaction: une ethnografie osmologique. *Odeurs et parfums*, op. cit., p. 165.
81 Moléon, relator do conselho de salubridade em 1821, faz valer o quanto a higiene é um remédio contra os vícios da alma: "Um povo amigo da limpeza certamente é também amigo da ordem e da disciplina." Citado por A. Corbin, *Le miasme et la jonquille*, p. 185.
82 Op. cit., p. 227.

passagem do "cheirar" ao "cheirar mal". As regras da decência convidam a se separar dos odores orgânicos e conduzem a uma repressão do prazer olfativo. A criança que não experimenta de início nenhuma repugnância em relação a seu próprio cheiro e ao de seus excrementos aprende a experimentar o asco. Antes da fase da educação, ela gosta de brincar com suas produções fecais e manifesta um certo orgulho diante delas, a tal ponto que elas são algumas vezes chamadas na linguagem popular de presentes, e não hesita em oferecê-las aos membros de sua família, assim como aos estranhos. Essa pregnância do olfato e esse modo de contato com o mundo exterior vão se esmaecer pouco a pouco sob o efeito da educação e do desenvolvimento dos outros sentidos. Rapidamente, os prazeres coprofílicos são recalcados. A vergonha de soltar peidos ou o orgulho viril de tê-los soltado, que suscitam reprovações virtuosas ou pilhérias, participa do mesmo fenômeno de recalcamento. Que tomem a dupla forma de vontade de censura ou de transgressão, esses comportamentos revelam um único e mesmo interdito: "não podes feder". O objeto malcheiroso torna-se imediatamente um assunto tabu porque não parece ser de bom gosto querer especular sobre o fétido ou elaborar um pensamento sobre o excremento.[83] O filósofo que sente prazer em respirar o ar das alturas não saberia conviver com uma fossa de latrinas. Todo pensamento sobre o sujo é um pensamento sujo.

    Todavia, podemos opor ao miasma o junquilho e moderar o julgamento severo fazendo valer que qualquer odor não rima com o fedor. Se o odor corporal convoca a naturalidade do homem e seu enraizamento biológico no mundo animal, o perfume pode contribuir para a fabricação de um corpo ideal, liberado dos miasmas e da contingência da carne. Ele subsiste ao corpo real envolvendo o homem num halo odorante, num corpo sonhado que se propaga no mundo como uma essência purificada e liberada de seus acidentes carnais. Essa idealização do corpo se parece com uma forma de desencarnação última da qual pode se dissimular, por vezes, um asco, até mesmo uma recusa da carne. Na época das campanhas de promoção publicitária, não é raro ver o perfume assimilado à alma, a uma aura ou a um sopro imaterial que puxam o homem para o lado do espírito e transformam a mulher numa criatura etérea. Portanto, o perfume pode, por sua vez, ser a marca do amor ou do ódio do corpo. Ele metamorfoseia o corpo vergonhoso em corpo glorioso que se destaca dele e ousa se exibir. É, aliás, sobre essa ideia de um perfeito controle do corpo e de uma certeza de si que se apoiam

---

83   Existe, todavia, uma *Histoire de la merde* muito instrutiva por Dominique Laporte, publicada por Christian Bourgeois em duas versões em 1993 e 2003.

as campanhas de publicidade para os desodorantes. Graças a uma realização olfativa, o corpo dominado e polido faz o jogo da cultura e não vos deixa mais ao sabor de seus humores deletérios.

A esse título, o perfume preenche uma função social que ultrapassa o simples quadro de uma arte do parecer destinada a agradar os outros e a abandonar um corpo excessivamente obstrutor. Ele se torna um princípio de distinção e de afirmação de sua superioridade social. Ele reflete a grandeza e até mesmo a proximidade com o divino. Se acreditarmos nisso, para seus biógrafos, Alexandre, o Grande era conhecido por cheirar divinamente bem.[84] Desde a Antiguidade, o perfume tem um caráter dispendioso, realmente um produto de luxo destinado a refletir a posição das altas camadas sociais. Um perfume oneroso espargido sobre o outro é, aliás, um meio de glorificar, como testemunha o episódio bíblico da unção em Betânia onde Maria derrama uma essência preciosa de nardo puro sobre os pés de Jesus e Judas censura desse desperdício em vão.[85] Os afortunados desse mundo não hesitam em fazer um uso dispendioso do perfume. A corte do rei Luís XV, por exemplo, era chamada na Europa de "a corte perfumada". O uso de um perfume diferente a cada dia era prescrito para os cortesãos. A proliferação de fragrâncias sob todas as formas, a água de toalete, os acessórios perfumados, os *sachets*, as luvas, os leques, visa não apenas disfarçar o fedor ligado à falta de higiene, mas a afirmar uma posição e um pertencimento à classe aristocrática.[86] Annick Le Guérer lembra desse modo que "o perfume, ao se difundir, forma um halo em torno da pessoa que o prolonga e magnifica. Ele estende o

---

84 Ver sobre esse ponto, Paul Faurre, *Parfums et aromates de l'Antiquité*, p. 20.
85 Maria pega então uma gota de perfume de nardo puro de grande valor: ela unge os pés de Jesus, enxuga-os com seus cabelos e a casa é impregnada por esse perfume. Então, Judas Iscariotes, um de seus discípulos, aquele mesmo que iria lhe entregar, diz: "Por que não vendeste esse perfume por três centos denários para dá-los aos pobres?" Ele fala assim não porque se preocupa com os pobres, mas porque é ladrão e rouba a bolsa, ele roubava o que era depositado; Jesus diz então: "Deixe-a! Ela constata esse uso em vista do meu enterro. Os pobres o tens sempre com você, mas a mim, você não me terá para sempre." *Evangelho segundo São João*, 12, TOB, Cert, p. 1.531-1.532.
86 Por outro lado, como sublinha Thorstein Veblen, "o perfume é imoral para o burguês, porque, por essência, ele se dilapida e desaparece na fumaça. Ele simboliza a perda e o desperdício. É intolerável ver o produto de um árduo trabalho se dissipar. O perfume é sinônimo de languidez, de preguiça, de gosto pelo prazer e antitético à ideia de trabalho". Théorie de la classe de loisir, 1899, op. cit., *Extraits de parfums*, p. 75.

Capítulo 1 | Natureza e Preconceitos

ser e a esfera social do cortesão".[87] O perfume é frequentemente a marca da nobreza tanto social quanto moral. Ele exprime a honorabilidade e magnanimidade das almas bem nascidas como testemunha, por exemplo, a palavra *fanaa*, que designa em árabe, ao mesmo tempo, o perfume que se espalha e a nobreza de caráter ou generosidade associada à ideia de riqueza.

No entanto, entre os depreciadores do nariz o elogio ao perfume soa como uma apologia da dissimulação e da ilusão, e nem sempre tem um grande peso. Ele não encontraria eco entre os moralistas que desconfiam da aparência e classificam o uso dos perfumes na categoria da frivolidade. Na A *República* de Platão, a pesquisa de perfumes e de essências para queimar é antes de tudo associada ao luxo, aos prazeres dissolutos, à indolência da cidade repleta de humores.[88] Se não tivermos cuidado, o perfume afasta insidiosamente do dever e incita ao deboche. Bousset denuncia assim "as boas fragrâncias preparadas para enfraquecer a alma, para atrair os prazeres dos sentidos por alguma coisa que, não parecendo desacatar o pudor, se faz acatar com menos temor, não obstante dispõe a se liberar e desviar sua atenção daquilo que deve ser sua ocupação natural.[89] É, aliás, a razão pela qual o chanceler Bacon afirma que os perfumes e os odores figuram entre as coisas que precisam mais de um crítico do que de um mestre.[90] As boas fragrâncias têm um vestígio de imoralidade porque elas camuflam hipocritamente a imundice psíquica e o fedor moral. O uso do perfume tem estado, aliás, condenado frequentemente como um sinal de uma vida ruim e de depravação. É o índice de um vício, de uma sofisticação em relação à qual é preciso preferir o natural. Plauto estima assim que "uma mulher cheira bem quando ela não cheira a nada".[91]

Essa ideia é retomada por Montaigne em seus *Ensaios*: "diz-se de algumas pessoas como Alexandre, o Grande que seu suor dissemina um odor suave por alguma rara e extraordinária compleição da qual Plutarco e outros procuram a causa. Mas ao modo comum dos corpos se dá o contrário; e a melhor condição que eles têm é de ser isentos de odor".[92] Montaigne, além disso, cita Plauto como apoio e se inclina a favor de um ideal corporal inodoro. Ele desconfia dos perfumes destinados a esconder os defeitos naturais,

---

87 Cf. Les parfums à Versailles au XVIIe et au XVIIIe siècles. *Odeurs et parfums*, p. 133.
88 Cf. livro II, 373a, e livro IX, 573a.
89 *Traité de la concupiscense*, p. 8.
90 *De Augments* IV, p. 211, tradução Riaux.
91 Platão, *La mostellaria*, I, III, 273.
92 *Ensaios* I, LV, Des senteurs, Éditions Folio, p. 436.

uma falta de higiene, e evoca os trocadilhos dos poetas antigos segundo os quais "é o fedor que cheira bem". Ele lembra igualmente as epigramas de Marcial que retomam o uso do perfume: "Você de nós, Coracinus, porque nós não sentimos nada: eu prefiro não sentir nada a cheirar bem."[93] E em outro lugar: "Posthumus, não cheira bem aquele que sempre cheira bem."[94] Ele extrai dessas epigramas que o perfume alimenta a suspeita, porque constitui uma forma de engano, enquanto pode servir para cobrir um defeito natural e a mascarar o vício.

Montaigne, todavia, não retoma, por sua vez, essa sátira do perfume e não condena seu uso. Se ele privilegia o corpo isento de aroma, é para evitar ser incomodado por um perfume em excesso: "A doçura própria dos hálitos mais puros não tem nada extraordinário, a não ser o de não ter qualquer odor que nos ofenda, como ocorre com os hálitos das crianças saudáveis."[95] É em nome de sua grande sensibilidade olfativa que ele valoriza o corpo inodoro, porque é o primeiro a sofrer com o fedor. Ele confessa que "gosta muito, no entanto, de ser entretido com esses bons aromas".[96] Ele se apresenta como um ser sagaz que capta os aromas simples e naturais. Ele retira assim a filosofia do silêncio olfativo mostrando que falar de maus odores não é nem inadequado nem escabroso, e falar dos bons, nem superficial nem vergonhoso. Quer dizer então que seria possível levantar a censura e arrancar os odores de seus cheiros nauseabundos?

Odor de sujeira, odor de santidade

Para poder ultrapassar esse obstáculo, é preciso inicialmente tomar consciência de seu caráter ideológico e imaginário. As categorias de sujeira e de fedor, de suavidade e de bom odor, são puras construções sociais, hábitos incrustados e por essa razão não são incorrigíveis. O sujo e o limpo, o fétido e o perfumado são realmente ideias ficcionais que não exprimem a essência das coisas, mas a maneira como elas nos afetam. Espinosa insiste no fato de que essas noções, como todas aquelas que são originárias dos sentidos, são simples denominações que os ignorantes consideram como atributos de objetos, embora sejam afecções de suas imaginações. Da mesma maneira que os homens designam como bonitos ou feios os objetos que afetam agradavel ou desagradavelmente a vista, "aqueles que comovem o sentir pelas narinas,

---

93   *Épigrames*, livro VI, LV.
94   *Ibidem*, livro II, XII.
95   *Ensaios*, I, LV. Des senteurs, p. 435.
96   *Ibidem*, p. 436.

eles chamam perfumados ou fétidos, pela língua, doces ou amargos, saborosos ou insossos etc. E quando é pelo tato, duros ou moles, ásperos ou lisos etc. E aqueles, enfim, que emocionam os ouvidos são vistos como produtores de ruídos de som ou de harmonia, a qual faz os homens perderem a cabeça até lhes fazer acreditar que Deus, Ele também, encontra beleza na harmonia. [...] Tudo isso mostra bem que cada um julga as coisas conforme a disposição do seu cérebro ou ainda toma por coisas as afecções de sua imaginação".[97] Se não partirmos de uma reflexão do absoluto nauseante, não existiria um objeto fétido em si. Espinosa sublinha, assim, a relatividade dessas categorias que não são as propriedades das coisas, mas modos de pensar que nascem das comparações entre as maneiras que as coisas nos tocam e que variam em função das diferenças entre os corpos, de suas constituições e de seus encontros. A prova disso é, diz-nos Espinosa, "que uma única e mesma coisa pode ser ao mesmo tempo boa e ruim e igualmente indiferente",[98] e ele dá o exemplo da música que podemos transpor ao olfato. Assim o odor dos excrementos é bom para a criança, ruim para o adulto, e para o sujeito anósmico nem bom nem ruim. É mesmo possível relativizar esse julgamento olfativo, porque Freud chama a atenção sobre o fato de que não apenas a criança, antes de toda educação, experimenta os prazeres coprofílicos, mas que o adulto, apesar do recalcamento, continua fortemente a se acomodar ao seu próprio odor e ao de seus excrementos. "A despeito de todos os progressos realizados pelo homem ao longo de seu desenvolvimento, o odor de seus excrementos não o choca, tanto quanto o choca o dos excrementos dos outros".[99] E ainda é preciso notar que essa repugnância, por sua vez, não é universal porque os prazeres coprofílicos não são limitados à infância; pode-se gostar do odor excrementício, da sujeira, dos humores e do suor do outro.[100] O que uma sociedade denuncia como sujo ou malcheiroso pode,

---

97 *Ética* I, Apêndice. Tradução Pautrat. Seuil, p. 89.
98 *Ética* IV, Prefácio, p. 341.
99 *Malaise dans la civilisation*, p. 52.
100 Sade, por exemplo, não experimenta repugnância, como testemunha uma carta a sua mulher escrita na prisão: "Encantadora criatura – queres meus lençóis sujos, meu velho lençol. Sabeis que isso é de uma delicadeza inacabada? Vês como pressinto o valor das coisas [...] Ah! Justiça divina! Se por uma via tão curta e tão fácil me fosse possível obter todas as coisas de ti... como eu diria: 'Dê-me, dê-me, Senhor, isso vem daquela que eu adoro!' Respirarei os átomos de sua vida; eles incendiarão o fluido que corre em meus nervos; eles carregarão alguma coisa dela no seio da minha existência." Lettres à sa femme, 23-24 novembro de 1783. Babel, Actes Sud, 1997. p. 437.

portanto, se transformar no seu contrário e se tornar num trunfo do desejo. Assim a hesitação entre o perfumado e o fétido combina com os contornos dos afetos ao invés dos conceitos, reflete mais as formas do imaginário do que da realidade.

Desde então, é sempre possível inverter os valores e superar o obstáculo levando assim o nariz ao pináculo. O uso do perfume não é necessariamente sinônimo de frivolidade e de imoralidade, ele pode ser a expressão do fervor religioso e da pureza. Para compreendê-lo, é preciso operar uma inversão do pró no contra e realizar por assim dizer uma conversão levantando o nariz e voltando-o para as alturas. A todos aqueles que percebem o odor como um sentido sujo, rústico e animal podemos objetar que ele é também um sentido santo, místico e divino. O odor da sujeira se opõe ao odor da santidade como um antídoto a despeito do nariz.

Os perfumes têm uma função ritual e cultual em numerosas civilizações. Sob forma de loções ou de unções eles fazem parte, frequentemente, dos rituais de passagem e são dotados de propriedades purificadoras. Eles têm, por exemplo, um papel fundamental, na África do Norte na Idade Média, na purificação da cabeleira, necessária para a realização de um casamento feliz. É isso que mostra Françoise Aubaile-Sallenave por meio de sua análise dos cuidados capilares que acompanham o ritual complexo do casamento.[101] A cabeleira, no universo islamita, é quase sempre impura porque é uma zona de passagem entre o interior do corpo, suas exalações de odores, e o mundo exterior que a impregna com todas as suas emanações. Avicena considera assim que os cabelos, como os pelos e todos seus ornamentos contribuem para eliminar os dejetos do corpo. A cabeleira deve, portanto, ser purificada e ser objeto de cuidados simbólicos particulares no momento do ritual da passagem do estado de jovem ao de mulher casada. "Os cuidados dedicados aos cabelos têm por objeto a consumação feliz do casamento. Para isso, a noiva deve adquirir um estado de pureza perfeita e conservá-lo nas práticas cotidianas; estas consistem em lavar os cabelos todos os dias depois de tê--los impregnado de uma mistura de pó e de açafrão, todos os dois cheios

---

101 Ver seus artigos: Les soins de la chevelure chez les musulmans au Moyen Âge. Thérapeutique, fonction sociale et symbolique. D. Menjot (ed.), *Les soins de beauté:* Moyen Âge, début des temps modernes. Atas do III Colóquio Internacional (Grasse, abril, 1985), Nice, 1987. p. 347-365, e Le soufle des parfums: un essai de classificatif fazem parte dos cuidados fornecidos em Des odeurs chez les arabo--musulmans. *Odeurs et parfums*, sob a direção de D. Musset e C. Fabre-Vassas, op. cit., p. 106-107.

Capítulo 1 | Natureza e Preconceitos						53

de *baraka*, de pétalas de rosas, de cravo-da-índia, de musgo de carvalho, de coentro, de tiririca (*cyperus*), de lavanda, de meliloto, todas são plantas perfumadas e por isso mesmo repletas de poder".[102]

Esse poder atribuído ao perfume diz respeito ao fato de ele ser concebido como a expressão da essência do corpo como um concentrado de suas virtudes. Ele possui, portanto, uma grande eficiência e serve não apenas à purificação, mas à proteção. Essa função de proteção se encontra em certos costumes orientais, onde o uso de inalações é destinado a afastar a má sorte e os *jnûn*, os maus espíritos, especialmente do nascimento e do casamento. As inalações de goma de amoníaco e de cardo cola que desprendem um odor acre e muito forte, fazem parte dos cuidados fornecidos no Magreb à nova parturiente e têm por função preservar a criança do mau olhado, da inveja dos espíritos ou das pessoas que a cercam.[103] Essa função protetora do perfume transparece, igualmente, no uso na Idade Média na Europa de joias, anéis, pulseiras em ouro ou em prata de forma esférica chamados de *Pomander*, maçã de âmbar, maçã de cheiro. Eles eram repletos de âmbar ou de almíscar e serviam para se precaver contra as doenças e especialmente a peste. Annick Le Guérer mostra assim que, para além de sua função social, o uso do perfume na corte obedece a um imperativo higiênico e profilático que não se limita à necessidade de mascarar a pestilência, mas que visa proteger o homem contra a corrupção interna de seus humores e os miasmas do ar exterior.[104] Acreditando que tudo o que fede mata, os médicos imputam aos perfumes e aos aromas imputrescíveis dos antídotos às infecções a propriedade de purificar e desinfetar o corpo. Antes que revelem inanidade, os fogos aromáticos e os bálsamos perfumados são considerados como antídotos ao hálito fétido do pestilento suposto capaz de contaminar. Ao odor que empesta literalmente é preciso opor, portanto, as virtudes do aroma que purifica e vivifica.[105]

---

102 Françoise Aubaile-Sallenave, Le soufle des parfums: un essai de classification des odeurs chez les arabo-musulmans, op. cit., p. 107.

103 Sobre esse ponto ver Françoise Aubaile-Sallenave, Le monde traditionnel des odeurs et des saveurs chez le petit enfant maghrébin. In: B. Schaal (ed.), *L'odorat chez l'enfant*: perspectives croisées. Paris: PUF, 1997. p. 186-208. Le soufle des parfums: un essai de classification des odeurs chez les arabo-musulmans. In: *Odeurs et parfums*, sob a direção de D. Musset e C. Fabre-Vassas, p. 113-114.

104 Sobre os poderes mortíferos e curativos do odor, ver Annick Le Guérer, *Les pouvoirs de l'odeur*, 2ª parte, "L'odeur de la peste".

105 Durante toda a era pré-pasteuriana, onde os miasmas eram considerados como um fator de infecção, é, muitas vezes, ao odor que cabe deter o próprio odor. O combate contra as emanações pútridas e seu séquito de doenças se mistura aos

Desde a Antiguidade, a aromoterapia testemunha esse uso medicinal do perfume. O *corpo hipocrático* comporta análises detalhadas de remédios para lesões do útero, baseados em fumigações aromáticas.[106] As inflamações no útero, órgão reputado como o mais sensível aos odores, são, assim, curadas com a ajuda de fumigações de aromas insuflados durante vários dias no útero, preparadas à base de cypérus, calamus, junco, cardamomo, cominho, anis, arruda, hipericum, erva-doce, misturados ao vinho branco adstringente bem aromatizado, ao qual acrescentaram um bom perfume egípcio ou um excelente óleo de manjerona ou de lírio.[107] Os médicos utilizavam não apenas as fumigações aromáticas, mas também as fumigações fétidas à base de urina quente e velha contra os abscessos no flanco, consecutivos de uma inclinação lateral do útero.[108] Eles prescrevem, às vezes, as duas ao mesmo tempo; contra o esguicho da matriz fora da vulva ou sua excessiva mobilidade, exercendo fumigações fétidas sob as partes genitais, e aromáticas sob as narinas.[109] Essa aromaterapia ginecológica grega perdura ao longo da idade

---

aromas. Assim, como mostra Marie Dominique Ribeyreau-Gayob, a plantação maciça no século XIX nas matas de pinheiros, que desprendem no ar um bom odor de resina a partir da qual se extrai a essência de terebentina, foi utilizado para se precaver contra o odor mefítico dos pântanos e saneá-los. O odor da seiva possui uma virtude curativa principalmente no que concerne às afecções pulmonares. O pinheiro exala no ar terpenos que servem para fabricar medicamentos contra a tosse, a tal ponto que, antes da invenção dos antibióticos, as estadias e os passeios na floresta das matas eram prescritos como tratamentos para curar doenças pulmonares. Ver seu artigo Des puanteurs méphitiques au doux parfum de l'or. *Odeurs et parfums*, sob a direção de D. Musset e C. Fabre-Vassas, p. 41-51. Marie Dominique Ribeyreau-Gayon constata especialmente que "o bom odor da resina e o do ouro estão doravante tão estreitamente ligados quanto estão o fedor dos pântanos e a miséria. Essa terra antigamente tão insalubre se equipa, em torno da bacia de Arcachon, de sanatórios destinados principalmente aos tuberculosos para os quais o programa terapêutico implica longas caminhadas nos pinheiros a fim de se respirar os perfumes que curam". Op. cit., p. 47.

106 Cf. *Corpo hipocrático*, Œuvres complètes. Ed. Littré, v. 8. *Maladies de femmes*, livro II. Agradecemos a Elsa Dorlin por ter chamado nossa atenção sobre esse ponto.
107 Op. cit., p. 295.
108 Cf. *ibidem*, p. 303.
109 Cf. *ibidem*, p. 317 e 325.

clássica e testemunha a riqueza do imaginário médico partilhado entre superstição e observação de virtudes reais das plantas.[110]

Longe de ser deletério, o perfume é nesse caso salutar. Ele tem um papel não apenas na medicina, mas nos rituais religiosos e no embalsamamento. É aliás por vezes difícil de operar uma distinção entre o uso religioso e o uso terapêutico, porque a santidade e a saúde estão tão estritamente ligadas que não é pertinente querer separá-las. As doenças são frequentemente percebidas como provações sancionando os pecados, e para curá-los é preciso aplacar os deuses. A cura é por assim dizer uma "férapia" e a fórmula médica uma forma de prece. Elisabeth Motte-Florac mostra a esse propósito que os cheiros vegetais provêm do copal, do tabaco ou de outras espécies, como o *estafiate*, o *pericón* e o cravo-da-índia, e foram utilizados no México pré-hispânico em todos os rituais religiosos com fins terapêuticos; eles eram considerados como o alimento preferido dos deuses, porque o odor da planta não tinha nada em comum com as funções fisiológicas humanas, pareciam mais apropriadas à natureza do divino.[111] O culto de Quetzalcóatl, a serpente emplumada, de Tláloc, deus da chuva, por exemplo, se apoiava na prática de

---

110 A aromaterapia perdura ainda hoje sob outras formas. Ela se define como um tratamento das doenças pelos aromas, que consiste em extrair um óleo dito essencial de plantas fortemente odorantes, principalmente pela destilação de vapor de água. Respirando os aromas difundidos no ar, impregnando-os em sua pele, o paciente se apropria das virtudes da planta condensadas no óleo essencial. A aromaterapia se apoia na ideia de exalação odorante da planta como constituindo sua essência e concentrando todas as propriedades ativas e curativas. Em sua obra consagrada, a *L'aromathérapie* (Paris: Albin Michel, 1993), N. Grosjean estima que o aroma da planta define sua identidade, e que o óleo essencial é, em sua quintessência, sua entidade vital, sua alma preciosa. Não nos cabe aqui avaliar a parte de crença e a parte de eficiência real que tais cuidados envolvem, mas é claro que o aroma é percebido como um agente terapêutico tanto mais eficaz quanto desprende um odor potente. Raphaële Garreta constata nesse domínio que as plantas mais utilizadas pelos consumidores são aquelas cujos perfumes são mais potentes, de modo que o odor funciona como um sinal precursor dos benefícios das plantas. Cf. seu artigo intitulado Les aromes des simples: l'herboristerie aujourd'hui. *Odeurs et parfums*, sob a direção de D. Musset e C. Fabre-Vassas, p. 125-131.

111 Ver seu artigo Le role des odeurs dans l'histoire de la thérapeutique au Mexique. *Odeurs et parfums*, sob a direção de D. Musset e C. Fabre-Vassas, p. 143-157. O copal, que é uma resina próxima ao âmbar, era queimado não apenas à guisa de oferendas aos deuses para glorificá-los e obter seus favores, mas servia à purificação do pecador no momento da confissão, assim como nos tratamentos de numerosas doenças, principalmente das doenças frias. O *estafiate*, planta aromática, tinha um grande papel no culto ao deus da chuva, sendo igualmente utilizado em fricções,

oferendas perfumadas.[112] Assim para além de um uso profano que cheira a enxofre, o perfume é objeto de um uso sagrado.

O olfato não é, portanto, associado sistematicamente à animalidade ou à selvageria, mas à invisibilidade e ao divino. Os perfumes servem de mediação, de princípio de comunicação e de troca entre os homens e os deuses. Eles ligam aqui embaixo e lá em cima, a Terra ao céu. É isso que revela, aliás, a etimologia do termo *per fumus*, que significa "para fumaça". Assim, as fumigações de incensos têm por função colocar o homem em relação imediata com o céu. A fumaça se eleva na direção do céu e toca o divino. Se sua verticalidade é a própria imagem da transcendência divina, desde então queimar incensos é fazer uma oferenda que desaparece para além da fumaça até Deus. Incensar é louvar, quer dizer no sentido primeiro do termo, isto é, verter os incensos para render homenagem a Deus.

Esse uso sagrado do perfume se encontra tanto nas religiões antigas quanto nas atuais. Assim, na Antiguidade egípcia as fumigações de goma resinosa, de terebintina, tinham principalmente a função de religar os homens aos desuses. Segundo Paul Faure, "em egípcio, a palavra que designa os incensos (*sonter*) é precedida pelo ideograma do deus ou do domínio divino (*ntr*). Nisso não há nada de espantoso porque todo incenso vem da "terra do deus", leva ao céu as aspirações dos homens e diviniza tudo o que ele envolve das nuvens. O *sonter* ou o aroma é o divino odor, aquele que agrada ao deus.[113] Os incensos funcionam como uma droga que eleva e transporta o homem para um mundo superior. Paul Faure sublinha assim o caráter ao mesmo tempo euforizante e estupefaciente das essências das terebintinas utilizadas pelos egípcios na composição dos incensos, que deviam transportar os padres e os fiéis para outro mundo.[114] O *koupi-t* ou o *kyphi*, perfume que serve à fumigação entre os egípcios, se assemelha a uma droga propícia ao sonho e à divinização.[115] Da mesma maneira, o perfume sob a forma da

---

    depois de ser mastigado pelo terapeuta e cuspido sobre o paciente para permitir, em seguida, extirpar o corpo estranho da doença por sucção.

112 Segundo Elisabeth Motte-Florac, a importância e o prestígio desses eflúvios perfumados no culto eram tais que a cabaça de tabaco levada nas costas e o saco de incenso carregado na mão constituíam as insígnias específicas dos preparativos, cf. op. cit., p. 150.
113 Cf. Paul Faure, op. cit., p. 28.
114 Ver Paul Faure, op. cit., p. 29.
115 É o que observava, aliás, Plutarco: "Ele exala um vapor suave e benéfico que modifica as condições do ar. Esse vapor insinuado no corpo pela respiração o embala

técnica de embalsamamento constitui um laço entre o aqui e o além. Ele não tem por objeto recobrir o odor do cadáver, mas dar ao corpo o odor de santidade, de preservá-lo para sobreviver no além.[116] O exame das múmias de Toutankhamon e de Ramsès II em 1976 e 1977 revela o papel determinante dos óleos e das resinas, dos unguentos e dos perfumes na conservação do corpo cercado de vasos canópicos destinados a conservar as vísceras na resina, no bálsamo e no asfalto; além disso, se o morto pertence a uma família rica, ele é acompanhado de vasos de perfume contendo os sete óleos canônicos e os unguentos sagrados.[117] O perfume não é, portanto, consagrado à terra e à animalidade, ele tem um papel decisivo nas cerimônias funerárias[118] e nos ritos sagrados.

Os gregos consideraram igualmente que as fumaças dos incensos e das plantas aromáticas são adaptadas ao culto dos deuses que apreciam apenas os vapores imputrescíveis. No rito sacrifical a mirra e os aromas representam a parte divina e se substituem às vítimas animais. Se acreditarmos na *Teogonia*, de Hesíodo, Prometeu estabelece a divisão entre os homens e os deuses e fixa o regime alimentar reservando aos primeiros a carne de boi e deixando apenas aos segundos a fumaça dos ossos calcinados e a fumaça das gorduras queimadas. Em *Les jardins d'Adonis*, Marcel Détienne interpreta essa divisão

---

de uma maneira doce e insensível, convida-o ao sono e difunde em torno dele uma influência deliciosa [...]. Agindo assim sobre a imaginação, faculdade tão potente nos sonhos, essas exalações a apresentam de qualquer modo como o espelho mais uniforme. O efeito obtido não é menos admirável que aquele dos sons dos quais os quase pitagóricos se serviam antes de cair no sono." I.c., 80, op. cit., por Paul Faure, p. 47.

---

116 É o que sublinha Paul Faure: no Egito antigo "o essencial do embalsamamento visava muito menos mascarar os odores atrozes de um corpo em decomposição do que lhe dar o odor da santidade, a fazer dele um novo Osiris, a lhe conservar intacto nas substâncias imputrescíveis e perfumadas para sua sobrevivência e sua ressurreição". *Parfums et aromates de l'Antiquité*, p. 36.
117 Ver sobre esse ponto a análise de Paul Faure, op. cit., p. 35 a 40.
118 O embalsamamento funciona também como um princípio de distanciamento. Segundo Patrick Baudry, "o perfume que se coloca no corpo do morto ou que se difunde em torno de seu caixão não é um desodorizante. Ele participa do processo complexo de construção da partida do morto, do seu afastamento". Do odor da morte aos perfumes dos mortos. *À fleur de peau*, p. 169. O perfume é uma espécie de intermédio que permite a passagem do estatuto de vivo ao de cadáver e que atribui ao homem seu lugar entre os mortos. Ele serve de mediação entre o aqui e o além ou o outro lugar. Em suma, diz-nos Patrick Baudry, "se perfumamos o morto é para que daqui ele vá para outro lugar". Op. cit., p. 171.

desigual, não como uma simples revanche prometida, como uma forma de reparação para os homens que Zeus esqueceu, mas como o reconhecimento de uma diferença de natureza e de estatuto. Aos homens, a carne morta e putrescível retorna à imagem de sua condição: aos deuses, os odores dos ossos e da gordura, porque um imortal não tem necessidade de alimento cárneo e manifesta por aí sua superioridade.[119] Entre os pitagóricos, aqueles que recusam a alimentação cárnea são as fumigações aromáticas que substituem o sacrifício animal. É assim que Empédocles, um fiel discípulo de Pitágoras, fez confeccionar um boi de mirra, de incensos e de aromas os mais preciosos, e o oferecia no lugar de uma vítima animal para agradecer os deuses por sua vitória na corrida de cavalos em Olímpia.[120] Os deuses que se alimentam de néctar e ambrosia têm uma essência aromática e desprendem um bom odor, o *euodia*. Em virtude de suas naturezas admiravelmente perfumadas, eles apenas saberiam receber as oferendas harmonizadas a suas essências. É por isso que os incensos, a mirra e as substâncias aromáticas, em virtude de suas naturezas perfumadas e imputrescíveis, estão no caso de glorificá-los e estabelecer a comunicação entre mortais e imortais.

As grandes religiões monoteístas, por sua vez, utilizam o perfume como meio de purificação, de elevação e de contemplação, de modo que o reconhecimento de seu caráter sagrado não é próprio às crenças antigas ou longínquas, mas ela tende a se universalizar. Aliás, é isso que observa Montaigne em um capítulo dos *Ensaios* dedicado aos aromas: "a utilização de incensos e perfumes nas igrejas antigas, e disseminada em todas as nações e religiões, tem em conta nos alegrar, despertar e purificar os sentidos para nos entregar o mais propriamente à contemplação".[121]

A vocação do perfume para purificar e despertar à contemplação é assim um dos traços maiores do budismo que faz um uso cultural dos incensos e do sândalo. As estátuas de budas são feitas de madeira odorante, principalmente de hinoki, o cipreste do Japão, que têm um aroma fresco e forte e a

---

[119] "Abandonando aos olímpicos os ossos e a gordura, deixando-lhes apenas odores e perfumes, o primeiro sacrificador consagrava a superioridade dos imortais sobre seus parceiros humanos. Porque a necessidade de comer está em relação inversa com o vigor vital, porque fome e morte são como irmãos gêmeos, os deuses manifestam sua condição sobrenatural reservando-se as superalimentações inacessíveis aos seres de carne e osso que não podem mais se alimentar do odor único das carnes do que se contentar para viver do perfume da mirra e dos incensos." *Les jardins d'Adonis*, La mythologie des aromates en Grèce. Éditions Gallimard, 1972. p. 87.
[120] Cf. *Athénée, Les déipnosophistes*, I, 3E.
[121] *Ensaios*, I, 55, Des senteurs.

reputação de ser imputrescível. Os bonzos, no interior dos templos, repetem o *shôko*, o gesto sagrado de jogar sobre as brasas dos incensórios uma mistura odorante de sândalo, de cânfora e de especiarias. Os incensos e suas fumaças constituem as vias que elevam o homem à divindade. Entre os 10 guardiões da lei de Buda figura Kendatsuba, a divindade dos incensos e da música, que se nutre de doces aromas. Alguns sutras ensinam que os incensos contêm a palavra de Buda.[122] Trata-se, portanto, de respirar ou de escutar os incensos para entender a palavra de Deus. Inversamente, se fazemos um pedido queimando o incenso, Buda pode escutar graças à fumaça que sobe até ele. A respiração toma a forma de uma escuta e de uma comunicação. O Lótus da Lei, que é a mais importante obra canônica budista, menciona igualmente a escuta dos incensos na via da iluminação. Fora do ciclo das reencarnações existe para os budistas um paraíso de incensos impregnado de perfumes delicados. Conforme o escrivão Lafcadio Hearn, "esse paraíso é formado de centenas de milhares de incensos diferentes e de substâncias incalculavelmente preciosas: sua beleza ultrapassa incomparavelmente tudo o que está no céu ou na esfera do homem; seu perfume embalsama todos os mundos das Dez Direções do Espaço; e todos aqueles que percebem esse odor executam ações dignas de Buda".[123]

A religião judaico-cristã também confere importância aos incensos, ainda que ela seja menor. Todavia desde a Gênese é escrito que "O Eterno exalava um odor agradável",[124] e segundo São Paulo, nós somos para Deus o perfume de Cristo, isso que o abade Noiret diz no romance de Jacques Chessex que "os maiores santos pensam também com seus narizes".[125] O perfume e o óleo sagrado servem de mediação entre o homem e Deus; eles

---

122 Cf. o 14º volume do Maháyáná.
123 *Encens*, os 90 artigos, op. cit., por L. Boudonnat, H. Kushizaki, *La voie de l'encens*. Éditions Philippe Picquier, p. 43. No Islã, igualmente, o uso do perfume tem uma função purificadora e responde a uma prática religiosa ritual. Segundo Al Ghazali, o profeta Maomé recomenda a purificação do hálito com madeira odorante para ficar com o odor da santidade: "Vossas bocas são uma via de passagem para o Corão, perfumei-as, portanto, e colocai nelas o suwak." Em certos hadith, Aïsha derrama perfume sobre o Profeta e sua barba antes de rezar, dizendo: "Eu perfumei o enviado de Deus com os perfumes mais odorantes que eu pude encontrar, até que eu visse o brilho destes perfumes sobre sua cabeça e sobre sua barba." Ver sobre esse ponto Françoise Aubaile-Sallenave: Le soufle des parfums: un essai de classification des odeurs chez les arabo-musulmans. *Odeurs et parfums*, sob a direção de D. Musset e C. Fabre-Vassas, p. 103.
124 *Gênese*, 8, 21.
125 *L'Éternel sentit une agreeable*. Grasset, p. 13.

consagram sua aliança e dão lugar a toda uma série de rituais que proíbem a confusão entre um uso profano e um uso sagrado. O perfume a ser queimado e destinado a glorificar. Deus é objeto de prescrições rigorosas quanto à composição e ao seu uso. No Antigo Testamento, no Livro do Êxodo, 30, Deus ordena a Moisés a construção de um altar de perfumes em madeira de acácia e pede que Aarão o defume dia após dia sem interrupção. As essências aromáticas constituem "um perfume perpétuo diante do senhor de geração em geração".[126] Deus proíbe queimar os perfumes profanos nesse altar que é reservado às essências sagradas e que excluem também os sacrifícios, as oferendas e as libações. Ele impõe a Moisés a composição e o uso do óleo de unção santa e de incensos.[127]

Há, portanto, uma especificidade do perfume sagrado, um odor divino e santificado que é preciso respeitar, sob pena de profanação. Sinal de aliança perpétua entre o homem e seu criador, o óleo de unção é um intermediário entre a matéria e o espírito, uma expressão sutil de Deus, permitindo comunicar sua essência santa aos seres e às coisas que são revestidas conforme a sua vontade. Para além das particularidades próprias a cada religião, o papel de mediação transferido ao perfume obedece a duas razões principais que estão ligadas à natureza do divino e à experiência mítica. De uma maneira recorrente, as fumaças dos incensos e as fragrâncias aromáticas são consideradas como oferendas capazes de agradar os deuses, porque elas são conformes a sua essência. A invisibilidade do odor evoca aquele dos deuses, e sua sutileza é proporcional a sua idealidade, veja sua imaterialidade, quando eles são assimilados ao dos espíritos puros. Quando eles são dotados de corpo, é a imputres-

---

126 A Bíblia, Exode 30, TOB, Éditions du Cerf, p. 110.
127 "O senhor dirige sua palavra a Moisés: "Consiga também as especiarias de melhor qualidade:
– de mirra fluida: 500 ciclos;
– do cinamomo aromático: a metade, ou seja, 250;
– da cana aromática 250;
– da cássia: 500, em ciclos do santuário, com um *hin* de azeite de olivas.
Farás do óleo de unção santa, mistura perfumada – trabalho de perfumista; isso será o óleo de unção santa; ungirás a tenda do encontro, o arco da Carta, a mesa e todos seus acessórios, a tina e seu suporte. Consagrá-los-ás, e eles serão santos; tudo o que tocarás será santo. Aarão e seus filhos os ungirás também e os consagrarás para que eles exerçam meu sacerdócio. Falarás assim aos filhos de Israel: este é o óleo de unção santa; de geração em geração, ele é para mim. Não se disporá sobre o corpo de qualquer pessoa; não imitarás sua receita, porque ela é sagrada e ela vos permanecerá sagrada. Aquele que imitar essa mistura e disporá sobre um profano será cortado do seu parentesco." *Ibidem*, 30, p. 111.

cibilidade dos aromas que chama sua incorruptibilidade e sua eternidade. Além disso, o perfume em sua ubiquidade sensível sugere a presença misteriosa do deus oculto que se faz cheirar. O odor não se vê, mas ele impregna os fiéis de sua presença real, envolve-os em uma mesma comunidade sensorial e os faz comunicar de maneira fusional. Ele pode assim, mais que a visão, dar o sentimento de união ao divino. O olfato é o sentido místico por excelência, porque ele abole a distância da representação para sugerir a presença. É isso que faz valer Jean-Pierre Albert: "Se podemos dizer em pasticho de Pascal que Deus é sensível ao nariz mais que à razão, é justamente porque a experiência olfativa evoca a sua maneira a fusão com o divino que visa a mística: o perfume é presença mais que representação; ele está em mim quando o respiro, e eu estou nele na invisível atmosfera na qual ele me envolve."[128]

Consecutivamente ao símbolo da corporeidade mais grosseira e da espiritualidade mais alta, o olfato é passível dessas inversões contínuas do pró ao contra do qual Pascal tem o segredo em seus *Pensamentos*. É por isso que os obstáculos invocados para desconsiderá-lo podem ser revirados. À bestialidade, à sujeira e à imoralidade do nariz podemos opor sua espiritualidade, sua pureza e sua santidade. O diabo cheira a enxofre à imagem de sua pestilência moral, mas Santa Tereza exala um odor de rosa. O odor fétido da besta imunda pode, portanto, dar lugar à suavidade do santo. O olfato é também mais um sentido zoológico que teológico e reenvia mais a animalidade que a divindade. Esses dois simbolismos não são, aliás, antinômicos, eles podem perfeitamente coexistir e reconciliar, como testemunha o mito da pantera perfumada que se torna a imagem do Cristo na cristandade.[129] Segundo uma crença espalhada entre os gregos, a pantera desprende um bom odor que o homem não sente, mas que atrai os outros animais e permite cativá-los e capturá-los. Teofrasto, em seu *De causis plantarum*, faz valer que "a pantera exala um odor que é agradável a todos os outros animais, é por isso que ela caça se mantendo escondida e atraindo os animais para ela graças a seu perfume".[130] Ora, este perfume da pantera que, para os gregos, opera como uma armadilha e como um instrumento de sedução, vai acabar por encarnar a ideia de captura mística nos cristãos. Esse bom odor, como sublinha Annick Le Guérer, "vai mesmo tornar-se, no simbolismo cristão, a imagem da captura

---

128 *Odeurs et parfums*, sob a direção de D. Musset e C. Fabre-Vassas. Introdução, p. 16.
129 Ver sobre esse ponto as análises de Annick Le Guérer, *Les pouvoirs de l'odeur*, cap. I, p. 30-33.
130 *De causis plantarum*, VI, S, 2, p. 363, citado por Le Guérer, p. 31.

mística, aquela que realiza a palavra do Cristo sobre as almas". [131] É isso que sobressai nas diferentes versões do *Physiologus*, que trata a significação alegórica dos animais que figuram na Bíblia. Na terceira versão, a analogia entre o hálito perfumado da pantera e a palavra do Cristo permite compreender como o filho de Deus atrai os homens pelo odor de santidade que desprende seu ensinamento. "A pantera toma a máscara e a imagem de Nosso Senhor Jesus Cristo. Porque, uma vez que veio do pai Nosso Senhor Jesus Cristo, e que ele foi apresentado como homem no mundo, o ensinamento que sai de sua boca exala um bom odor e, em virtude dos perfumes de sua boca, acorrem para ele os profetas, os apóstolos e os mártires, e todo o coro de santos, e eles regressarão todos em alegria para suas próprias moradias."[132] A fé se exprime por sua vez sob a forma de perfume de Cristo que impregna os crentes e testemunha suas virtudes. São Paulo não diz na *Segunda epístola aos Coríntios:* "Nós somos o bom odor do Cristo diante de Deus?" Esse mito da pantera perfumada como símbolo do odor santo de Cristo é particularmente interessante, porque ele reconcilia a figura olfativa da animalidade e da divindade por meio do homem-Deus e mostra que o odor animal, longe de ser um sinal de grosseria e de selvageria, é a marca do Verbo divino em seu esplendor. Ele torna assim possível colocar um termo a todas as obstruções ligadas às dicotomias factícias que opõem no homem, o anjo e a besta, o corporal e o espiritual, e terminar com a estigmatização do nariz.

A moralidade do nariz

Independentemente desse uso sagrado que contribui grandemente a reabilitá-lo, o odor pode ter uma virtude ética aos olhos do profano e servir de fundamento a uma autêntica moral olfativa. O olfato por natureza não é, portanto, devotado nem à imoralidade e nem à amoralidade. A elaboração de regras de conduta é tributária da conformação do corpo e de sua potência

---

131 *Les pouvoirs de l'odeur*, p. 30.
132 Op. cit., A. Le Guérer, p. 32. Ver igualmente os textos do Bestiário Ashmole que cita na p. 33: "Assim, aos doces perfumes que exalam da boca da pantera, todas as bestas. Tanto dos arredores quanto das regiões longínquas acorrem todas ao mesmo tempo e se põem a segui-la; assim tanto os judeus que, por vezes, tinham o instinto dos animais e que se encontravam próximos pela religião que eles praticavam, que os gentis que se encontravam longe, porque desprovidos de religião, escutaram a palavra do Cristo e o seguiram dizendo: 'Que tuas palavras sejam doces aos meus lábios, mais doces ainda que o mel; a graça é derramada sobre seus lábios; isso porque Deus te abençoou para sempre.'"

sensorial. Ainda que exceda a esfera do sensível, a moral não fica menos enraizada no corpo e visa regular seu uso e suas posturas. Privado de um sentido, ou dotado de um sentido suplementar, o homem não forja as mesmas categorias éticas. A anosmia e a hiperanosmia produzem assim efeitos morais. Sem olfato, as regras do saber-viver e dos bons costumes seriam provavelmente modificadas, porque os efeitos de uma higiene corporal negligenciada ou de uma aspersão excessiva de perfume não teriam uma incidência penosa. Ninguém seria mais banido por seu fedor ou seu perfume de mau gosto. Inversamente, o aumento sensível da potência olfativa implicaria sem dúvida uma regulamentação drástica para evitar os conflitos, porque um forte odor corporal apareceria como uma forma intolerável de intrusão e de embargo sobre o mundo, como uma maneira de impor abusivamente seu corpo a outrem. O olfato possui, portanto, uma potência ética inegável, porque é responsável pela emergência de valores comuns ligados a sua constituição. A moral social decorrente do nariz se apresenta sob a forma de princípios de higiene e de uma ética da propriedade, visando tudo o que é malcheiroso no corpo e em seu ambiente. Ela define uma conduta olfativa colocando em jogo certo tipo de relação ao corpo e uma vontade de dominar suas emanações que vão variar segundo os indivíduos e as sociedades. As normas morais da decência e do saber-viver, estando relacionadas à olfação, são função dos costumes, da relação dos homens aos seus narizes e suas grandes ou pequenas sensibilidades, de modo que os limiares de tolerância aos odores se degradam ou se elevam. Corbin constata assim a diferença entre as práticas dos ingleses e dos franceses na segunda metade do século XIX. A coleta coletiva das imundices e dos excrementos pela instalação do saneamento básico e de banheiros foi bem mais lenta entre os franceses do que entre os ingleses. A razão desse fenômeno não se deve somente a um atraso econômico ou a uma grande reticência em relação à novidade, mas a uma diferença de cultura somática, que se manifesta nos franceses por uma sensibilidade menor ao odor corporal e aos excrementos: "A relativa desenvoltura da qual os franceses dão prova em relação a propriedade, recusa a água, longa tolerância aos acentuados odores corporais, permanência da privatização dos excrementos e das imundices, não poderia ser explicada apenas por uma desconfiança para com a inovação, pela pobreza relativa ou pela lentidão da urbanização. Essas são as atitudes coletivas na perspectiva do corpo, das funções orgânicas e das mensagens sensoriais que regem os comportamentos".[133]

---

133 *Le miasme et la jonquille*, p. 202.

Desse ponto de vista, a moral olfativa conhece hoje uma evolução para com uma aculturação higienista dos corpos que não obedece simplesmente a uma exigência médica, mas a um imperativo de bem-estar que se traduz por uma vontade de impor "o indefinível odor da propriedade" segundo a expressão de Julia Csergo.[134] Não se trata apenas de sobreviver escapando dos miasmas contagiosos, mas de viver bem promovendo o bom odor. Toda questão é então determinar o que é esse bom odor e atualizar a construção social que lhe serve de base. Este não é o menor dos paradoxos, como o de constatar que numa época em que o corpo se desvela, o organismo é cada vez mais velado que a visão. O puritanismo se desloca de um sentido a outro e produz normas incitantes a capturar os maus odores. O bom odor repousa assim sobre uma desodorização do corpo, uma recusa de seus humores e visa criar um ser ideal que substitui suas secreções brutas pelo perfume discreto do refinamento.

Para além de uma moralização imposta pela vida em sociedade, o odor pode dar lugar a uma verdadeira ética, como mostra Espinoza. Se o espírito não é nada mais que a ideia do corpo e de suas afecções, e faz um com ele,[135] está claro que a potência do pensamento é proporcional à capacidade de agir de seu corpo. Espinoza chega até mesmo a afirmar que, aquele "que tem um corpo apto a um número grande de coisas tem um espírito do qual a maior parte é eterna".[136] O corpo está, portanto, no cerne da ética, e nenhuma de suas funções deve ser negligenciada. Ele não é apropriado apenas para satisfazer suas necessidades físicas, é preciso que ele desenvolva todas suas aptidões em sua diversidade. É porque a ética se funda sobre uma regra de vida hedonista e prescreve a busca de um prazer comedido e afasta a melancolia, essa tristeza má que sobrevém quando todas as suas partes são afetadas à igualdade.[137] Espinoza define assim uma verdadeira sabedoria física que consiste num uso do corpo, permitindo recriá-lo desenvolvendo suas atitudes. "É de um homem sábio se refazer e se recriar comendo e bebendo as boas coisas moderadamente, de modo que, *usando os odores*, o prazer das plantas verdes, dos adornos, da música, das joias que exercitam o corpo, dos teatros, e outras coisas do gênero sem qualquer dano para o outro. Porque o corpo

---

134 Cf. *Liberté, égalité, propriété*. Paris: Aubier-Montaigne, 1988. p. 280.
135 *Ética* II, XIII.
136 *Ética* V, XXXIX.
137 É o que preconiza notadamente *Ética* IV escólio do corolário II da proposição XLV: "Ele tem certamente apenas uma superstição torva e para impedir de ter prazer. Pois, em que é mais conveniente extinguir a fome e a sede do que afastar a melancolia?"

humano se compõe de um grande número de partes de natureza diferente, que têm continuadamente necessidade de uma alimentação nova e variada para que o corpo esteja igualmente apto a tudo o que acompanha sua natureza, e por consequência para que o espírito lhe seja também igualmente apto a compreender várias coisas a cada vez."[138]

É preciso destacar que o beber e o comer ocupam um lugar privilegiado que depois é seguido pelo uso dos odores. Longe de desqualificar o olfato, Espinoza lhe atribui uma função recreativa destinada a diversificar as experiências do corpo e a oferecer uma matéria mais abrangente e variada ao pensamento. Espinoza insiste sobre a pesquisa de prazeres múltiplos e novos, porque não se trata de focalizar sobre um único sentido ou sobre uma única parte do corpo e desenvolvê-los em detrimento do conjunto. A ética corporal não visa o deleite (*titillatio*), essa alegria que pode ser excessiva e má quando se relaciona exclusivamente a uma parte do corpo e impede a diversificação das atitudes físicas,[139] mas a alegria (*hilaritas*) que é sempre boa, na medida em que implica que todas as partes do corpo são afetadas igualmente e conservam a mesma relação de movimento e de repouso.[140] É nesse quadro equilibrado que uma ética olfativa encontra seu lugar e sua legitimidade. Ela visa à alegria do nariz e reforça a potência do pensamento convidando o espírito a meditar sobre as afecções diversas e variadas. Espinoza esboça uma sabedoria olfativa que não se limita à estrita higiene ou à limpeza, mas que envolve paralelamente os encantos da música e do teatro, a cultura do nariz e o amor das essências perfumadas. Existe, portanto, um uso ético dos odores que contribui para a alegria e para o reforçamento da potência de agir. Isso se verifica, aliás, em certas culturas onde o perfume tem por vocação suscitar a alegria e o riso. Esse é principalmente o caso do Oriente Médio, onde os perfumes são fonte de satisfação e são sinônimos da alegria. François Aubaile-Sallenave observa assim que "essa ideia de alegria e de contentamento se encontra no *msâar* que é no Oriente Médio um buquê de plantas odorantes, da raiz *sarra*, 'regozijar' 'divertir'".[141] Fragrância rima então com potência, e odor, com felicidade.

---

138 Cf. *Ética* IV escólio do corolário II da proposição XLV. Nós sublinhamos.
139 Cf. *Ética* IV, XLIII.
140 *Ética* IV, XLII.
141 O sopro dos perfumes: um ensaio de classificação dos odores entre os árabes-mulçumanos. In: *Odeurs et parfums*, sob a direção de D. Musset e C. Fabre-Vassas, p. 109.

UM SENTIDO SUBJETIVO E MUITO ENGANADOR?

Mas nós não temos provado isso excessivamente? A relatividade dos julgamentos olfativos e a derrubada dos valores invocados em favor desse sentido controverso são armas duplamente cortantes, porque eles levantam o problema do fundamento objetivo do odor e de seu modo de existência efetiva. Longe de assentar a legitimidade de uma filosofia do olfato eles não são a prova irrefutável de que uma reflexão sobre esse assunto é sem real objeto? De fato, se as categorias olfativas variam em função da singularidade dos indivíduos ou do particularismo das sociedades, é em razão da natureza problemática de seu substrato. O odor não é uma propriedade das coisas e não nos entrega suas essências, ele faz parte do que Locke chama de qualidades secundárias.

O odor como qualidade secundária

Isso é o que já revelava Descartes durante a análise dos favos de cera na segunda meditação. O aspecto sensível sob o qual a cera aparece não quer dizer o que ela é. Assim o odor da flor que é preso a ela se esvanece, assim como sua duração ou sua sonoridade, desde que os aproximamos do fogo e que eles comecem a derreter. O odor desaparece, a cera permanece como uma coisa extensa, flexível e mutável. Se as formas sensíveis mudaram enquanto a cera foi conservada, isso significa que não são essas as qualidades que lhe pertencem como propriedades essenciais. A experiência mostra que "a cera não seria nem a doçura do mel, nem o agradável odor das flores, nem a brancura, nem a figura, nem o som, mas somente um corpo que um pouco antes me aparecia sob essas formas e que agora se destacava sob as outras".[142] Sem entrar no detalhe da análise, importa observar que o odor, do mesmo modo que o sabor e a cor, a sonoridade e a duração, não são qualidades das coisas, mas uma espécie de vestimenta que é preciso lhes retirar para apreendê-las em sua nudez.[143] É preciso, portanto, distinguir as propriedades que pertencem verdadeiramente ao corpo, como a grandeza, a figura e o movimento, "sentimentos tais que são os que nomeamos como gosto, odor, som, calor, frio, luz, cor, e outros parecidos que verdadeiramente não representam nada que existe fora de nosso pensamento".[144]

---

142 *Meditations métaphysiques*, II, AT, IX, p. 24.
143 Cf. *Meditations métaphysiques*, II, AT, IX, p. 25.
144 *Principes de la philosophie*, I, § 71.

Capítulo 1 | Natureza e Preconceitos

Hobbes, por sua vez, insiste sobre o caráter problemático das qualidades sensíveis no capítulo II de seu tratado *Da natureza humana*. Após ter sublinhado que "a cor não é inerente ao objeto, senão a ação desse objeto sobre nós [...] da mesma forma que o som não está no objeto que escutamos, mas em nós mesmos",[145] ele generaliza suas análises e aplica ao odor as conclusões que valem para a visão e a audição. "Se escutamos nossas experiências sobre os outros sentidos, será fácil nos apercebermos de que o odor e o sabor de uma mesma substância não são os mesmos para todos os homens, e concluiremos disso que eles não residem na substância que cheiramos ou que saboreamos, mas nos órgãos".[146] Em suma, os perfumes não estão no mundo, mas no nariz. A constatação da diversidade das apreciações de odores e de sabores conduz assim a pensar que sobre o assunto da inerência não se trata do objeto, mas do ser que cheira. Hobbes tira então disso a conclusão de que as qualidades que os sentidos nos mostram como existentes no mundo não estão realmente nele e são apenas aparências. Os movimentos pelos quais essas aparências são produzidas só existem realmente fora de nós. Desde então, o estatuto ontológico do odor torna-se extremamente problemático, porque ele não revela o ser, mas o parecer. Está aí a fonte dos enganos dos sentidos. Assim sobre a fé do nariz, o odor será imputado abusivamente aos objetos, e os qualificativos de fétido ou de perfumado lhes serão atribuídos como predicativos constitutivos de suas essências. Hobbes por essa razão não ensina o processo dos sentidos porque eles voltam para si mesmos seus próprios erros. Aquilo que os sentidos têm de errôneo, "esses mesmos sentidos devem corrigir, porque, mesmo que meus sentidos me digam que uma cor reside no objeto que eu vejo diretamente, meus sentidos me ensinam que essa cor não está no objeto, quando eu lhe vejo por reflexão".[147] Basta então variar as condições da experiência para evitar se equivocar, e fazer um bom uso dos seus sentidos para retificar os erros. O problema essencial tende, portanto, mais ao caráter enganador do odor que à falibilidade dos sentidos. Tal como o som, o sabor ou a cor, ela não é uma propriedade inerente às coisas e não exprime sua essência, apesar das experiências. Isso porque é preciso distinguir as qualidades primárias das coisas e lhe atribuir o estatuto de qualidades secundárias.

É isso que faz Locke em seu *Ensaio sobre a origem do entendimento humano*, quando ele estabelece a separação entre as qualidades, que chama de originais e primárias, e que são inteiramente inseparáveis dos corpos, como

---

145 *Da natureza humana*, cap. II, § 9, Vrin, p. 13.
146 *Ibidem*, p. 15.
147 *Ibidem*, § 10. p. 16.

a solidez, a extensão, a figura, o número, o movimento ou o repouso,¹⁴⁸ e as qualidades que ele nomeia de secundárias, que não são nada além que corpos com a potência de produzir em nós diversas sensações por meio das qualidades primárias. Entre essas qualidades secundárias figura o odor, elas não¹⁴⁹ pertencem ao corpo ainda que tenham a potência de produzir sua ideia em nós pela ação de algumas partículas insensíveis sobre os órgãos dos sentidos. "Uma violeta, por exemplo, produz em nós as ideias da cor azulada e do doce odor dessa flor, pela impulsão desses tipos de partículas insensíveis, de uma figura e de uma espessura particular que vem impressionar os órgãos da visão e do olfato."¹⁵⁰ Se as ideias das qualidades primárias se assemelham às qualidades presentes nos corpos, as das secundárias não se assemelham a elas de nenhuma maneira. Nada no corpo está conforme a essas ideias. Assim as qualidades primárias podem ser ditas reais, as secundárias não, porque elas não estão nos corpos. "Retire o sentimento que temos dessas qualidades, de modo que os olhos não vejam a luz ou as cores, que as orelhas não escutem qualquer som, que o paladar não seja impressionado por qualquer gosto, nem o nariz por qualquer odor; e desde então todas as cores, todos os odores, e todos os sons se esmaecerão e cessarão de existir tanto quanto tais ideias particulares, sem que permaneça depois disso outra coisa que as próprias causas dessas ideias, quer dizer, certa espessura, figura e movimento das partes dos corpos que produzem todas essas ideias em nós."¹⁵¹

Que mesmo disposto na categoria dos sentimentos ou das qualidades secundárias, o odor não deixa de ter um estatuto problemático, porque é impossível lhe atribuir um lugar de ser. Ele não está completamente no objeto, porque não é uma qualidade primária, nem tampouco no sujeito, porque implica o movimento dos corpos exteriores. Nesse sentido, é tão legítimo sustentar com Hobbes que ele está no órgão ou no ser que sente, se entendemos com isso que ele resulta de um movimento dos corpos exteriores que se fazem no interior de nós, quanto afirmar com Locke que ele é uma qualidade secundária das coisas, se entendemos com isso que ele é em nós um efeito derivado, produzido por suas qualidades primárias. Ainda que para Descartes o odor não represente nada fora de nosso espírito, ele é, no entanto, alguma coisa. No entre-dois do sujeito e do objeto, seu modo de ser oscila entre o não sei o quê e o quase nada. Nessas condições pode parecer

---

148 Cf. *Ensaio sobre a origem do entendimento humano*. Livro II, cap. VIII, § 9.
149 *Ibidem*, § 10.
150 *Ibidem*, § 13.
151 *Ibidem*, § 17.

vão querer especular sobre um objeto que se oculta como uma sombra e não pode ser apreendido nem como uma propriedade dos objetos nem como uma projeção do sujeito. O que é esse objeto que é um objeto? O odor pode verdadeiramente ser matéria para reflexão se ele não tem realidade em si? A questão vai bem além da simples recolocação em causa das categorias olfativas, ela toca o seu substrato. Não se trata realmente de constatar que as qualidades suaves ou fétidas emprestadas aos odores são frágeis e sujeitas à caução, porque elas não restituem a verdade da coisa em si, trata-se de negar que tenha aí uma coisa em si como fundamento desse julgamento. O odor é pura aparência e só mostra uma realidade travestida. Para Locke ela é testemunha de um divórcio entre os corpos e o espírito, porque se "as ideias das *qualidades primárias* se assemelham a essas qualidades e [...] os exemplares dessas ideias existem realmente nos corpos, [...] as ideias produzidas em nós pelas *qualidades secundárias* não se assemelham a elas de nenhuma maneira, e [...] não há nada nos próprios corpos que tenha conformidade a essas ideias".[152] Desde então o odor, enquanto qualidade secundária, parece destinado ao estatuto de ser enganador. Qual verdade filosófica ela poderia trazer à luz? Toda atitude especulativa sobre esse assunto parece estar afetada de inanidade, porque quem gostaria de envolver o nada na condição do ser das coisas?

Certamente, a objeção vale para todos os sentidos e não é *a priori* redibitória, visto que o estatuto de qualidade secundária da cor e do som não tem, de modo algum, impedido a emergência de uma reflexão filosófica sobre a pintura e a música. É sempre possível salvar as aparências colocando em jogo suas leis de produção e desprendendo delas a verdade do sensível. Desse ponto de vista, o olfato não escapa à regra e se vê submetido às mesmas interrogações, mas também às mesmas conclusões que aquelas que dizem respeito aos outros sentidos. Sem entrar no debate histórico complexo em torno das qualidades secundárias, nem na análise clássica dos medicamentos, nas ilusões dos sentidos que não têm nada de específico ao olfato, em regra geral é suficiente tomar consciência de que as qualidades sensíveis são aparências e de não as transformar em princípios de conhecimento. Uma vez tomada essa precaução, não há nada de ilegítimo em querer especular sobre as aparências, muito ao contrário. Em seu laboratório de pesquisa científica Bacon inclui mesmo uma casa que se dedica aos erros dos sentidos, onde se trata de produzir e experimentar "prodigiosos passes de mágica, enganosas aparições

---

152 *Ibidem*, § 15.

de fantasias, imposturas e ilusões",[153] e de mostrar o seu caráter falacioso. O estudo das aparências nos esclarece sobre nossa relação com o mundo e sobre o seu modo de constituição. Uma ilusão conhecida como tal não se diverte de nós, ao contrário nós podemos nos divertir dela e gozar dela. É por isso que Bacon, no fim de *A nova Atlântida*, dispõe as ilusões dos sentidos nas *Magnalia naturae*, as maravilhas naturais destinadas ao uso humano.[154] Assim o estatuto da aparência sensível, de sentimentos ou de qualidade secundária, não podem ser invocados diretamente como índice de uma impossibilidade radical de fundar uma filosofia do olfato sob o pretexto de que ele possa ser fonte de ilusão e de erros.

Hobbes e a verdade do nariz

Mas independentemente dos problemas ligados à distinção entre as qualidades primárias e as qualidades secundárias que concernem a todos os sentidos, é preciso destacar que o olfato aparece como um sentido mais subjetivo e enganador que os outros, de modo que a questão de sua veracidade se coloca com mais acuidade. Cada um encontra o bom odor em sua imundice, segundo o adágio dos latinos retomado por Erasmo, mas Hobbes vai mais longe chamando a atenção sobre uma particularidade inerente à percepção olfativa: "Realmente a experiência de cada homem demonstra que os mesmos odores quando parecem provir dos outros nos ofendem, ainda que eles emanem de nós, enquanto, ao contrário, quando acreditamos que eles emanam de nós não nos desagradam, ainda que eles emanem dos outros."[155] Que paradoxo é constatar que o mesmo odor é julgado prazeroso ou desprazeroso segundo imaginemos que ele provenha de nós ou de outrem! A percepção do odor aparece como o protótipo do engano, como o máximo da automistificação: eu amo o odor do outro se o acredito meu, eu odeio o meu se o acredito do outro. O odor nos arrasta a um mundo de ilusões redobradas em que o sujeito enganado é vítima das aparências de suas aparências. O odor não libera qualquer qualidade das coisas, mas também o prazer ou o desprazer que ele ocasiona parece totalmente falacioso e pode se comutar em seu contrário sob o efeito de uma simples imaginação. É preciso então concluir que o olfato é o sentido mestre em matéria de engano e lhe recusar qualquer crédito?

---

153   *A nova Atlântida*, GF, p. 129.
154   *Ibidem*, p. 134.
155   *Da natureza humana*, cap. VIII, § 2.

Capítulo 1 | Natureza e Preconceitos

Na realidade, há uma verdade do nariz e Hobbes se encarrega de nos comunicar. A atribuição de um caráter prazeroso ou desprazeroso a um mesmo odor, segundo ele pareça emanar de si ou de outrem, diz respeito ao fato de que ele não é orgânico e ligado aos gozos e dores sensuais atuais. Realmente, se alguns odores são orgânicos, como é o caso de todas as sensações que afetam o tato e o paladar, a maior parte não é, e não reenviam, portanto, à presença de um prazer ou de uma dor que afetam o corpo.[156] Como ocorre então que um odor que nos é agradável, se ele parece vir de nós, nos ofusque quando acreditamos que ele emana do outro? A resposta de Hobbes é muito instrutiva: "O desprazer que experimentamos nesse caso provém da concepção ou da ideia de que esses odores podem nos prejudicar ou são doentios, e que, por consequência, esse desprazer é concepção do mal que está por vir e não está presente."[157] Dito de outro modo, o julgamento não exprime a sensação de um mal presente, mas a ideia de um mal futuro, e coloca em jogo os afetos de um sujeito tomado por essa paixão fundamental que é a crença. Se o homem é um lobo para o homem, tudo o que emana ou parece emanar dele é uma ameaça eventual. A inversão do julgamento a propósito de um mesmo odor, segundo ele seja atribuído a si ou a outrem, se inscreve nessa lógica da conservação de si e das paixões que comandam as relações ao outro. Que essa lógica seja em grande parte imaginária e não resulte somente de um cálculo racional não muda em nada a questão, ela é representativa das concepções nas quais um assunto se forma a propósito do futuro e de suas suputações. Mas essa projeção sobre o futuro é apenas uma suposição produzida pela memória do passado: concebemos que uma coisa será em seguida porque sabemos que existe alguma coisa no presente que tem o poder de produzi-la; ora, não podemos conceber que uma coisa tenha o poder de produzir uma outra em seguida pela lembrança que ela tem para produzir a mesma coisa aí à frente.[158] O pior nunca está seguro, mas como a experiência mostra que todo homem, por mais fraco que seja, tem o poder de matar seu semelhante, e nisso é igual aos outros, a desconfiança reina, de modo que o outro jamais está em um odor de santidade.

Que compartilhemos ou não sua visão do mundo, Hobbes mostra que a percepção do odor é sintomática da relação ao mundo de um sujeito marcado por seus afetos e seu passado. Ele revela a maneira como as sensações e as ideias são associadas na imaginação e na memória, e ele nos projeta no

---

156 Cf. *Da natureza humana*, cap. VIII, § 2.
157 *Ibidem*, § 2.
158 *Ibidem*, § 3.

cerne da subjetividade humana dando acesso a seu mundo interior, a seu complexo de hábitos e preocupações. Desde então, o caráter particularmente subjetivo do olfato, longe de ser um obstáculo, pode tornar-se um trunfo, porque ele nos faz penetrar na intimidade do sujeito, em sua particularidade, que são geralmente ignoradas pela filosofia, impotente para recuperar com esses conceitos gerais a essência singular de cada ser, sua idiossincrasia pessoal. Hobbes trilha assim uma via à exploração de uma sensibilidade olfativa que não é simplesmente orgânica, mas afetiva e totalmente atravessada pelas representações de um sujeito de suas relações a outrem. Desde então, para além de sua simples função de conservação, o olfato pode abrir passagem para ensinamentos filosóficos sobre a constituição da subjetividade. Importa, portanto, extrair as lições do nariz sobre essa matéria e cernir seu papel na construção da identidade e da alteridade. Para nós já está bastante claro que o olfato possui uma vocação filosófica, tanto que ele é capaz de suscitar o problema e a interrogação por causa de sua natureza paradoxal. Ao mesmo tempo bestial e divino, grosseiro ou etéreo, ele toma sucessivamente a máscara da sociabilidade ou da insociabilidade, segundo exprima a relação íntima entre os homens ou sua separação em sua radicalidade. Isso porque parece ser possível se dedicar a uma fenomenologia do nariz e seguir os traços dos eflúvios para pensar a intersubjetividade.

Capítulo 2
O UM E O OUTRO APROXIMADAMENTE

> Eu não sabia nada dela, mas tinha o sentimento de saber tudo por meio desse perfume, e teria desejado um mundo sem nomes no qual esse único perfume seria suficiente para lhe dar um nome e para todas as palavras que ela teria podido me dizer.
>
> Italo Calvino, *O nome, o nariz*

PERFUMES DE ALTERIDADE

Nós somos corpos que cheiram e são cheirados, tanto no sentido amplo, colocando em jogo a sensibilidade em geral, quanto no sentido restrito à olfação. Cheirar o outro ou ser cheirado por ele é descobrir sempre a parte íntima de um ser e penetrar na sua interioridade. Isso diz respeito ao fato de o odor ser uma emanação do corpo, a exteriorização do espaço interior fora das fronteiras da pele. O odor do outro é sua carne exalada e inalada por mim, ao mesmo tempo fora do dentro e dentro do fora. O outro estende sua influência sobre o mundo, prolonga seu corpo por seus odores. O odor permite assim a incorporação de outrem por seu aroma e abole a distância entre meu corpo e o seu. É isso que Sartre apresenta em seu *Baudelaire*: "O odor de um corpo é esse próprio corpo que aspiramos pela boca, pelo nariz, que possuímos de um só golpe como a substância mais secreta, e para dizer tudo sua natureza. O odor em mim é a fusão do corpo do outro em meu corpo. Mas esse é o corpo desencarnado, vaporizado, certamente remanescente inteiramente a si mesmo, mas tornado espírito volátil."[1]

---
1   Sartre, *Baudelaire*. Gallimard, p. 21.

Por seu odor, o corpo do outro se torna espírito e exprime sua natureza de quintessência. Inalando-o eu o possuo, mas ele passa sob o nariz, porque as emanações que dele escapam se volatizam e se oferecem a mim como despojo fugitivo. O outro é, portanto, ao mesmo tempo capturado e incapturável. Em sua presença portadora de ausência, o odor tem poder sobre mim e me dá um domínio sobre o outro ao modo de um ectoplasma. "Cheirar o outro amado", diz-nos Bernard Marcadé, "é estar suspenso por alguns instantes na ilusão de sua presença. É crer que é possível aceder a seu interior, isto é, ter acesso, finalmente, a sua alma. Os odores de amor são algo como epifanias da alma. Mas o odor como a alma é puro engodo. Alimentamo-nos dele, espojamo-nos, abismamo-nos, mas jamais somos possuidores dele. Nesse sentido, o odor é bem o que do outro assinala sua irredutibilidade".[2] Traço fugaz de uma intimidade roubada, o odor revela assim o outro em sua essência de próximo longínquo.

Por metonímia, cheirar o outro, ou não poder cheirá-lo, torna-se a expressão de uma relação de proximidade, ou ao contrário de distância, e implica um julgamento de valor sobre todo seu ser. Na linguagem comum, a expressão "eu cheiro bem", empregada para qualquer sujeito, exprime uma conivência, uma relação de confiança. E significa que eu delimito sua personalidade e que não vejo nisso um índice de engano ou de duplicidade. A fórmula "eu o farejei" introduz, por outro lado, uma reserva porque implica a imputação ao outro de uma segunda intenção que eu possa ter e que desentoquei graças a minha sagacidade. Em um registro mais negativo, se digo a propósito do outro que "não sinto seu cheiro", indico não apenas que ele me escapa, que ele é fugitivo e difícil de discernir, mas insinuo suspeitas quanto a sua fiabilidade e mostro minha desconfiança. Enfim, se digo que "não posso mais sentir seu cheiro", afirmo sem deixar pairar qualquer dúvida que o outro me é odioso, que suscita em mim a repulsa e seu cortejo de paixões hostis. Todas essas expressões, emprestadas ao registro do olfato, mostram como a essência do outro é perseguida, repertoriada, assimilada ou rejeitada em função de um julgamento negativo ou positivo a sua volta.

O nariz do ódio

O olfato tem assim um papel decisivo nas diversas figuras de expressão de ódio e de amor. No registro do ódio ele se torna o princípio do julgamento

---

2   Odor di femina, *Odeurs, l'essence d'un sens*, *Autrement*, n. 92, op. cit., p. 146.

de valor negativo. Testemunhando tanto os verbos e expressões da gíria como "eu o tenho sob o nariz", "eu não posso aguentá-lo", "suportá-lo", "cheirá-lo", quanto à multiplicidade de adjetivos e de nomes emprestados ao registro do que cheira mal. Falamos assim de um tipo "fedorento", "podre", "infecto", "repugnante", de um "lixo", de uma "sujeira", de um "esterco", de uma "carcaça", de uma "merda" etc. Em suma, aquilo que eu odeio cheira mal. As figuras de ódio se exprimem sob a forma olfativa da rejeição do outro que fede. Todas as categorias consideradas desprezíveis ou inferiores são desvalorizadas olfativamente.

Assim as formas de ódio como o antissemitismo passam por uma estigmatização do odor do outro e têm mesmo dado lugar à fabricação de um conceito específico, o *"foetor judaïcus"*, o fedor judeu, que alimenta o discurso antissemita desde a Idade Média até nossos dias.[3] É somente dessa maneira que a imprensa antissemita se insurge contra Léon Blum. O chefe do *front* popular foi tratado de "monte de imundices", de "pacote de podridão", de "camelo fedido" que "transpira uma espécie de vapor oriental do qual exalam todos seus congêneres, essa escória lanosa tão característica".[4] No mesmo registro que o *"foetor judaïcus"*, a *"jiffa"* designa, na língua árabe, o preciso odor característico dos judeus, que permite identificá-los e baní-los. Em seu *Manifeste archaïque* Laurent Dispot denuncia essa escroqueria do nariz: "O racismo é assim uma 'ciência' de pessoas de bom faro: é preciso ter nariz para reconhecer os judeus, e ao mesmo tempo os judeus são reconhecíveis por seus narizes. Já é tempo de estar farto dessas histórias."[5]

De maneira geral, o racismo, principalmente em relação aos negros, passa por uma discriminação olfativa. O negro é um ser que cheira no duplo sentido do termo. De um lado, é atribuída a ele uma sensualidade grosseira, marcada pelo primado do olfato e do paladar sobre os outros sentidos julgados mais nobres. Em seu *Essai sur l'inégalité des races*, Gobineau estima, assim, que a raça negra se caracteriza pela predominância do olfato e

---

3 Claire Fabre-Vassas em seu livro *La bête singulière. Les juifs, les chrétiens et le cochon*. Paris: Galimard, 1994, mostra que esse tema do fedor judeu é recorrente e constitui um lugar comum, retomado até em tratados de medicina: "Assim é esse fedor e suas imundices nas quais eles estão mergulhados em suas casas como um suíno em sua tina, que os torna sujeitos à esquinência, à escrófula, aos fluxos de sangue, e outras doenças fétidas que os fazem abaixar sempre a cabeça." Op. cit., p. 120.
4 Ver sobre esse ponto o artigo de David Lebreton, "Les mises en scène olfactives de l'autre". *À fleur de peau*, p. 123 e seguintes.
5 Op. cit., *Odeurs, l'essence d'un sens, Autrement*, n. 92, p. 141.

do paladar, pronta a fungar e a devorar sem discernimento, enquanto a raça branca, menos dotada às sensações, é inclinada, por natureza, à especulação. Indiferente aos maus odores, o negro se compraz no fedor e se satisfaz, não importa com qual sabor. Por um lado o negro desprende um odor característico que empesta a atmosfera. O preconceito sobre o odor repugnante do negro, que sua e fede, é um *leitmotiv* da literatura colonialista e racista. Ele transparece mesmo nos trabalhos científicos de um naturalista como Buffon, que não se repugna em escrever que os negros de Angola ou do Cabo Verde "cheiram tão mal quando estão acalorados que os locais por onde eles passam são infectados por mais de um quarto de hora".[6] O odor foi frequentemente utilizado pelos missionários, em seus relatos de viagem, como um marcador de identidade racial, como um sinal de reconhecimento incontestável. O padre Chevillard escrevia assim: "Reconhecemos a presença de um negro pelo fedor de bode que exala do suor de seu corpo."[7] Carl Voght, em suas *Leçons sur l'homme*, vai ainda mais longe considerando que o odor é característico da raça: "As exalações da pele são também suas características particulares que, em certas raças, não desaparecem em qualquer caso, mesmo diante da limpeza mais escrupulosa. Esses odores característicos da raça não devem ser confundidos com as exalações que provêm do tipo de alimento, e que podemos constatar na mesma raça [...] o odor específico do negro(a) permanece o mesmo independente de qualquer cuidado com a limpeza ou com a alimentação. Ele pertence à espécie como o almíscar à pele de cabrito curtida que o produz..."[8] O fedor do negro torna-se, então, a expressão de sua bestialidade, de seu caráter selvagem e primitivo, de sua natureza rebelde a toda forma de cultura e de civilização. Ele é o estigma de uma sub-humanidade bárbara e o testemunho flagrante da desigualdade das raças.

É impressionante constatar que, no discurso racista, a desqualificação pelo odor tem um lugar preponderante. Se os traços da face, a cor da pele, a língua ou o som da voz são denunciados como feios e são objeto de rejeição, o odor imaginário ou real do outro suscita a mais viva repugnância e desencadeia os comentários mais violentos. O etnólogo Jean-Pierre Jardel[9] constata que se a cor e o odor têm um papel de referente discriminador na

---

6   *Histoire naturelle générale et particulière*. Paris, 1803. t. 3, p. 306.
7   Cf. *Annales des Antilles*, n. 11, 1963. p. 72.
8   P. 161, op. cit., Corbin, *Le miasme et la jonquille*, p. 312, nota 83.
9   Cf. seu artigo "De la couleur et de l'odeur de l'autre dans la littérature para--anthropologique: représentation de l'altérité antillaisé et idéologie raciale". In: *Odeurs et parfums*, p. 83-91.

literatura para-antropológica no que diz respeito aos negros antilhanos, a primeira marca uma distinção fenotípica com os europeus, à qual é possível se habituar, enquanto o segundo é sempre fortemente conotado de maneira negativa. Ele cita como apoio o comentário de Paul Reboux, que escreve a propósito dos antilhanos que "esses negros de origem africana são, mesmo com a tez na cor de alcaçuz, de uma urbanidade na qual se atesta uma cultura moral digna de estima",[10] mas, por outro lado, algumas páginas adiante, julga "o odor do negro poderoso e intolerável".[11] Isso excede a cor, mas certamente não o odor!

Podemos então perguntar por que esse tema do mau odor do outro assombra no mais alto grau o discurso racista. Uma das razões da pregnância do motivo olfativo de rejeição tende, sem dúvida, ao caráter incontrolável do odor que invade o espaço e trai sua identidade. Os olhos podem se desviar ou ser iludidos. O nariz não engana, é suposto que ele fareje a alteridade e desaloje a diferença ética, apesar de todos os esforços para dissimulá-la.[12] O maior receio não é que outro seja assimilado ao eu e que se assemelhe a mim a ponto de que eu seja enganado e não possa fazer a diferença? Aos olhos, por vezes esquecidos ou deficientes, o nariz é suposto recordar, com a ajuda de ficções repugnantes, a particularidade étnica escondida sob a máscara da cultura. Esse fenômeno de desqualificação pelo nariz é largamente difundido, estendendo-se igualmente à particularidade sexual.

A homofobia se exprime também sob a forma de uma estigmatização olfativa. O homossexual, marcado pela analidade, cheira a latrinas e a excrementos. Félix Carlier em seus *Études de pathologie sociale, Les deux prostitutions*, publicado em 1887, já sublinhava o quanto os homossexuais são atraídos pela proximidade das latrinas e de seus bolores.[13] A rejeição visceral e o insulto tomam diversas formas, como a assimilação da homossexualida-

---

10   *Le paradis des Antilles*. Paris, 1931. p. 39, op. cit., J.-P. Jardel, p. 88.
11   *Ibidem*, p. 88.
12   É isso que sublinha Jean-Pierre Albert: "O olfato, como sentido do invisível e do conhecimento intuitivo, pode se erigir como meio infalível de marcar a alteridade menos evidente; o outro que se assemelha a nós (e quer nos assemelhar) não escapa ao nosso nariz, porque esse é o sentido menos cultivado. E suas capacidades de discriminação valem como índice da naturalidade das diferenças (ou incompatibilidades) às quais ele é suposto nos tornar sensíveis." Cf. *Odeurs et parfums*, sob a direção de D. Musset e C. Fabre-Vassas, Introdução, p. 13.
13   "O odor que exalam essas espécies de lugares é uma das condições buscadas por uma categoria muito numerosa de pederastas, para o prazer dos quais ele é indispensável." p. 305, op. cit., Corbin, *Le miasme et la jonquille*, p. 309, nota 26.

de à zoofilia, a um desvio, a uma doença, a uma desonra, mas o tema de acusação mais frequente gira em torno do fedor que dá lugar a propósitos escatológicos. O preconceito à vida se estende, apesar da evolução da sociedade. É isso que sobressai nitidamente do livro de Serge Simon, *Homophobie, 2004, France*, constituído por uma seleção de cartas, correspondências, desenhos, entre as quatro mil mensagens recebidas pelo prefeito de Bègles, Noël Mamère, na celebração, em seu município, do casamento de dois homossexuais. Um munícipe que deseja ao jovem casal uma boa lua de mel sob ferrolhos, ironiza sobre "a felicidade de fazer amor na estação de expurgação de nosso organismo aos cheiros suaves".[14] Uma das mensagens resume bem o grau olfativo dos insultos, porque está inteiramente escrita no registro da sujeira malcheirosa: "Saligaud, você é verdadeiramente um canalha, um nojento, um vagabundo, um lixo, um excremento, um anormal, um depravado, um nojento, verdadeiramente repugnante, um bastardo, um babaca, um alcoviteiro sujo."[15] Por meio desse envio de cartas, até mesmo de papéis higiênicos por vezes emporcalhados, transparece claramente o nariz do ódio que consiste em não poder cheirar os homossexuais e aqueles que os sustentam emprestando-lhes um fedor excrementício. Esse é o tema recorrente desse florilégio de insultos,[16] atrás do qual se revela todo o imaginário escatófilo e seu cortejo de fascinação e de angústia em face do que é estigmatizado desde a infância como sujo e fedorento. Isso é primeiramente o homossexual masculino concebido sob o modelo de uma penetração anal que é objeto de uma violenta rejeição. As lésbicas, todavia, não estão em desvantagem quanto ao odor da santidade, porque nesses casos de homofobia se duplica um sexismo olfativo, como testemunham, por exemplo, estas recomendações

---

14 *Homophobie*, 2004, France, p. 50.
15 *Ibidem*, p. 57. Ver igualmente, p. 60: "Esse rude perverso que ama a merda do buraco do cu do tarado, isso é ecológico... Abandone-o. Recuse que ele se aproxime de você, ele fede."
16 O prefeito se vê tratar por "nojento", "porco" (p. 24), "estrume", que "cheira a merda", (p. 26), "escroto" (p. 43), "viado sujo", "monte de merda" (p. 58), "pederasta sujo", "Natal Mamerde" (p. 75). Alguns se comprazem com as mensagens escatófilas: "vocês suportam pessoas que fazem amor na merda e são uma merda como eles" (p. 24); "Prefeito do nosso buraco do cu; quando aliciam a merda, é que se está na merda" (p. 28); "Quem dorme no cocô do outro?"(p. 65); "Vais casar dois tarados porque imaginas a cena quando eles 'fodem' com seus grossos rabos cheios de merda" (p. 94); "é preciso imaginar esses dois personagens na cama a ponto de se enrabarem!!! QUE QUADRO! Precisaria filmá-los e lhes enrabar o rabo cheio de EXCREMENTO" (p. 95) etc.

endereçadas ao prefeito: "Quando vais casar os sapatões, tens interesse em negociar a indulgência ou a te sulfatizar com o odor de mexilhões."[17]

O sexismo se alimenta, por sua vez, de epítetos infamantes emprestados ao registro do olfato. Como o negro, a mulher é frequentemente considerada como dotada de um olfato mais desenvolvido que o do homem, sinal de uma maior naturalidade e de uma menor intelectualidade. De uma maneira geral, o odor corporal na mulher é mais objeto de repressão que no homem, onde ele aparece, por vezes, como um sinal de virilidade. Uma mulher impregnada de um forte odor corporal será percebida como desleixada e será acusada de negligência. Ela suscitará infalivelmente o asco, enquanto um homem poderá ser objeto de um simples sorriso ou de pilhéria, antes de ser tratado de porco ou de bode. As regras de higiene são assim menos estritas para o homem do que para a mulher. A desqualificação da mulher passa por uma discriminação olfativa. Uma mulher de má fama se vê qualificada de "puta". Ora, "puta", etimologicamente, é aquela que fede. Como o italiano *"puttana"*, o espanhol ou o português *"puta"*, o substantivo francês é derivado do verbo latino *putere*, que significa "feder, cheirar mal", ou do adjetivo *putidus*, "fétido, fedorento, puant"*. Uma mulher de modos fáceis se passa igualmente por "vagabunda". Ainda que a origem dessa palavra seja incerta,[18] ela nos remete à sujeira e se aplica às pessoas indecentes e por extensão às mulheres desavergonhadas. É preciso, aliás, notar que, quando o termo serve para insultar um homem, ele é ainda mais desprezível que o adjetivo "porcalhão", porque chega até a negar a virilidade daquele que se quer denegrir.

Puta, galinha, bacalhau, a mulher é por vezes tratada de vagina fedorenta ou considerada como suja e impura. Seu sangue menstrual é frequentemente concebido como uma evacuação malcheirosa, até mesmo maléfica. Na literatura médica judaica, por exemplo, as regras (*vesset*) são assim chamadas de *nidda* (impureza). Durante muito tempo elas foram assimiladas a uma mácula pútrida, a ponto de "poder se perguntar se a anorexia, à qual os místicos eram tão condenados, não tinha somente por efeito, mas por

---

17 *Ibidem*, p. 52.
18 O adjetivo "*salouppe*, sujeira", de onde o termo de gíria "vagabunda" seria derivado, aparece pela primeira vez em 1607 sob a pena de Charles-Timoléon de Sigogne, num texto extraído de suas *Œuvres satyriques*, para qualificar a extrema sujeira: "Ora, deixemos pastar esse bando [de piolhos], Garnison de pobre sujeira, com seu velho gibão em farrapos." Ele teria sido provavelmente composto a partir das palavras "*sale*" e "*hoppe*", forma Lorena de "*huppe*". Como testemunha o provérbio "sujo como o pássaro Polpa", esse pássaro cujo ninho desprende um forte odor, passa realmente por um modelo de sujeira.

alvo apagar essa mácula provocando uma santa amenorreia".[19] Constance Classen observa assim que para os Desana, o odor do sangue menstrual é o mais repugnante e o mais poluente de todos os odores. As mulheres menstruadas são consideradas como animais selvagens, escapando à dominação das normas culturais, donde a necessidade de controlá-las. Desde suas primeiras regras, a adolescente é encarcerada numa pequena peça onde recebe três vezes por dia a visita do xamã, que sopra sobre ela a fumaça de tabaco para purificá-la.[20] A antropóloga constata igualmente que para os *Hua*, das terras altas da Nova Guiné *papua*, os odores menstruais são nocivos para os homens e principalmente para os iniciados que devem evitar comer certas variedades de champignons, de gambás e de inhames supostos cheirar o *be'fu*, a menstruação, sob pena de degenerescência de seus descendentes.[21] Essa crença tem um caráter nefasto do odor menstrual, que chega a contaminar a alimentação e atingir de impureza tudo o que a mulher menstruada tenha tocado, é difundida em numerosas culturas.[22] Ela é ligada à ideia de que o sangue menstrual é de natureza pútrida e excrementícia.

Não importa em que língua, os homens forjaram um vocabulário estigmatizando o fedor feminino. Em persa, por exemplo, a palavra *"lakhan"*, que evoca de maneira geral a fetidez do corpo na transpiração, se aplica especificamente às mulheres para caracterizar o odor de seu sexo. Françoise Aubaile-Sallenave lembra que na Espanha morisca o hálito de uma mulher poderia ser

---

19 *Le corps des jeunes filles de l'Antiquité à nos jours*, sob a direção de Louise Bruit Zaidman, Gabrielle Houbre, Cristiane Klapish-Zuber, Pauline Schmitt Pantel, Introdução, p. 30.
20 Cf. *Aroma, The Cultural History of Smell*, p. 136.
21 *Ibidem*.
22 Ela está, frequentemente, na cultura árabe, e particularmente nos Emirados Árabes Unidos, onde a mulher no momento de suas regras é considerada impura e não tem o direito de se perfumar, enquanto esse período não tenha terminado e que ela não tenha tomado o banho ritual. Existem, entretanto, exceções a essa repulsão principalmente entre os Ongee ou os Dassanetch da Etiópia, para quem o sangue menstrual não tem um odor significativo; ele é chamado de "a chuva das mulheres" e é sinônimo de fecundidade. Para mais detalhes, ver Classen, op. cit., p. 137 e seguintes. Esse sangue impuro pode assim se carregar de um valor de sedução. É isso que destaca Alain Corbin, quando analisa o estatuto ambíguo da menstruação no século XIX: "Seus produtos participam da depuração, portanto, exercem uma ação pútrida, mas, ao mesmo tempo, são impregnados de vapores sutis transmitidos pela essência da vida. Na ótica montpeliana, nesse momento do ciclo, a mulher traduz a vitalidade da natureza; ela lança os produtos de uma forte animalização. Ela lança um apelo à procriação, espalha os eflúvios de sedução." *Le miasme et la jonquille*, p. 52.

um motivo legítimo de divórcio, e que nesse domínio "o vocabulário é muito preciso; *nashar*, "odor que se desdobra e se espalha" é também "o hálito da mulher, o odor de seu nariz e de suas axilas ao despertar".[23] Ironia do acaso: nem uma higiene rigorosa, nem uma pureza mortal exemplar podem acabar com esse fedor feminino; somente um homem pode colocar aí uma boa ordem, pelo menos se acreditamos no médico Tortula, que avalia, em seu *De passionibus mulierum*, que a abstinência e a acumulação do sêmen não expulso ocasionam infecções em virgens e viúvas.[24] Trotula se inclina, assim, "sobre os perigos que um excesso de sêmen faz as mulheres correrem, transformando-se no interior delas em natureza venenosa; a substância acumulada e corrompida era suposta desprender um vapor venenoso e infectar todo o organismo, incluindo o cérebro".[25]

A invocação desse fedor serve, por vezes, aliás, de caução ou álibi para justificar mutilações sexuais como a excisão. Sem entrar na análise complexa dos motivos culturais e religiosos que presidem essa prática, a ablação do clitóris, que priva as mulheres da possibilidade de ter prazer, tem principalmente por função purificá-las e impedi-las por isso mesmo de serem infiéis e submergidas por seus desejos sexuais. A excisão é um rito ancestral de passagem ao qual devem se submeter as meninas durante a festa da *Salindé* (a purificação). Como mostra o filme do produtor senegalês Sembene Ousmane, *Le Moolaadé* (o direito de asilo), as meninas devem suportar a dor física sem gemer nem chorar e são elevadas ao patamar de mulheres puras, que serão a honra de seu marido e de sua família. Uma menina não excisada é uma *bilakoro*; ela é impura para o casamento e não pode encontrar um marido. "A *bilakoro* cheira mal". A atriz principal, Fatoumata Coulibaly, faz eco dessa réplica do filme numa entrevista onde ela explica que os homens "dizem que enquanto uma menina não é excisada ela é indecente, ela é suja, eles não têm o direito de esposá-la".[26] As mulheres não excisadas são, portanto, desvalorizadas e abandonadas porque são afetadas de um mau cheiro.

---

23 Le soufle des parfums: un essai de classification des odeurs chez les arabo-musulmans. *Odeurs et parfums*, sob a direção de D. Musset e C. Fabre-Vassas, p. 105.
24 Op. cit., por Laurence Mouliner: Le corps des jeunes filles dans les traités médicaux du Moyen Âge. *Le corps des jeunes filles de l'Antiquité à nos jours*, p. 96-97. Ver o sistema físico e moral da mulher, Pierre Roussel, 1775. Sobre o sangue menstrual, ver Yvonne Verdier, *Façons de dire, façons de faire*, Gallimard, Véronique Moulinié, *La chirurgie des ages. Corps, sexualité et représentations du sang*. Éditions de la Maison des Sciences de l'Homme.
25 *Ibidem*.
26 http://www.commeaucinema.com/interviews=29756.html

A essas estigmatizações sexuais raciais se acrescentam as estigmatizações sociais pela via do olfato. A hierarquia social no século XIX na França, principalmente, encontra apoio numa hierarquização olfativa. Ao perfume discreto da burguesia se opõe o fedor das classes trabalhadoras, indecentes e repugnantes. Em uma carta endereçada a Mme. Bonenfant datada de 2 de maio de 1842, Flaubert faz eco a essa repulsão na visão do povo: "Colocando à parte o fedor que meus vizinhos imperiais exalavam, os proletários que você viu no momento de minha partida, eu fiz um excelente retorno. À noite, eu dormi com dificuldade e ainda perdi meu boné." Na linguagem da gíria, o fedor-do-suor designa o operário, o servente, o proletário ou o trabalhador. Os ricos culpam o odor dos pobres banhados de suor e justificam assim o caráter legítimo de sua exploração e seu distanciamento por temor do risco de infecção.[27] As classes trabalhadoras merecem ser tratadas com um pouco de consideração; elas vivem como animais brutos, não conhecem a higiene e se amontoam nos acampamentos. Elas nem saberiam o que fazer do luxo, não saberiam utilizar o dinheiro com conhecimento de causa. Para que serve, nessas condições, lhes conceder aumento de salário?

A insistência sobre a fetidez das classes trabalhadoras tem por objetivo assinalar o risco de infecção, ela revela o temor de ser contaminado e a necessidade de utilizar estratégias de desodorização. Como destaca Alain Corbin, a desinfecção e a submissão estão simbolicamente integradas: "A fetidez enorme das catástrofes sociais, quer se trate de motim ou de epidemia, dá a pensar que tornar o proletário inodoro poderia instituir a disciplina e o trabalho."[28] O autor de *Le miasme et la jonquille* mostra assim como todas as categorias sociais inferiores são visadas por essa discriminação olfativa. Entre os artesões, é como o maltrapilho, impregnado de eflúvios do excremento e do cadáver, que afasta a palma fedorenta, daí a expressão corrente "sujo como um maltrapilho". Mas não são somente o operário fétido, o camponês rude ou o artesão imundo que cheiram mal. O empregado é também impregnado do odor de sua condição, de modo que é preciso arejar tanto quanto possível os lugares onde ele permanece, até mesmo de lhe proibir o acesso ao quarto das crianças,

---

[27] É o que sublinha Alain Corbin: "A ausência de um odor inoportuno permite se distinguir do povo pútrido, fedido como a morte, como o pecado e, pela mesma razão, de justificar implicitamente o tratamento que lhe impomos. Sublinhar a fetidez das classes trabalhadoras, e, portanto, acentuar o risco de infecção que só as suas presenças comportam, contribui para manter a justificativa desse terror do qual a burguesia se compraz e que reprime a expressão de seu remorso." *Le miasme et la jonquille*, 3ª parte, cap. I, La puanter du pauvre, p. 168.

[28] Op. cit., p. 168.

Capítulo 2 | O Um e o Outro Aproximadamente

como preconiza Hufelande.[29] Essa estigmatização social olfativa se estende à figura do peão e do professor e reflete o desprezo pela classe.[30]

Para além do preconceito de classe, o mau odor é sempre aquele do outro, do estrangeiro, do inimigo. Sem dúvida o odor corporal é em função do tipo de alimentação e do meio no qual se vive, mas o que é impressionante, é que esse odor é considerado sempre como fétido e desvalorizado. Assim, por exemplo, Toynbee fala do asco experimentado pelos japoneses vegetarianos ao cheiro: "O odor fétido é ranço dos povos carnívoros do oeste."[31] Da mesma maneira, os ocidentais desprendem um odor de queijo e de manteiga, que lhes vale, no Japão, o nome de *bata kusai* (fede-a-manteiga), Os não circuncisados desprendem igualmente um odor fétido. Na linguagem dos beduínos, o não circuncisado é designado pelos termos *lakhnum* e *al-khanum*, derivados de *lakhina*, que significa, num primeiro sentido, "cheirar mau para um outro".[32] A alteridade é, portanto, frequentemente sinônimo de fetidez.

Quando ela toma a figura última da inimizade, o inimigo se vê como o diabo, ele cheira o sopro. Paul Valéry os lembra com toda razão: "Todos os corações (como diz a Bíblia) são endurecidos ou, sobretudo, endurecem no mesmo instante em que eles suspeitam, com dificuldade, ao farejar a fumaça do adversário."[33] Sob essa ótica, encontramos uma das tentativas mais impressionantes de diabolismo do inimigo por seu fedor, em Bérillon, autor de uma obra intitulada *La bromidrose fétide de la race allemande*, que surgiu em 1918.[34] Esse médico francês, marcado pela ideologia da grande guerra, chega

---

29 Cf. *La macrobiotique ou l'art de prolonger la vie de l'homme*, op. cit., por Corbin, p. 170.
30 Fundando-se no estudo de Paul Gerbod, *La condition universitaire en France*, Alain Corbin afirma assim que "esses velhos celibatários insatisfeitos, dos quais os antigos alunos burgueses guardam uma lembrança do odor do esperma e do tabaco, mostram-se incapazes de levar a bom termo seus sonhos de promoção; como esse que os membros do clero procedentes do povo desprendem, seus fedores continuam a trair a origem, op. cit., David Lebreton, p. 124.
31 *A Study of History*, op. cit., David Lebreton, p. 24.
32 Françoise Aubaile-Sallenave sublinha que isso vale também para os Téda do Tibete apoiando-se para isso no relato de Le Coeur, que conta como os atiradores Saras se fazem circuncisar porque as mulheres Téda que eles frequentavam os reprovavam por cheirarem mal. Cf. Le soufle des parfums: un essai de classification des odeurs chez les arabo-musulmans. *Odeurs et parfums*, sob a direção de D. Musset e C. Fabre-Vassas, p. 111.
33 Mélange, *Humanités*. III, *Œuvres*, I, La Pléiade, Gallimard, 1957. p. 288.
34 Sobre esse ponto ver as análises de David Lebreton, em seu artigo "Les mises en scène olfactives de l'autre". *À fleur de peau*, p. 124-128.

a forjar um "odor de alemão" e a dar corpo à ideia de uma doença étnica pestilenta, a bromidrose fétida da raça alemã. Inventor de uma falsa ciência, a etnoquímica, Bérillon se considera capaz de poder definir as raças e os caracteres em função da composição química dos odores. Em seu livro, ele afirma que "as divergências nas constituições químicas das raças são, aliás, reveladas pela especificidade de seus odores. [...] Sabemos que o odor de certas raças é tão forte que impregna por muito tempo os locais onde os representantes dessas raças permaneceram por algumas horas. Esse é o caso da maioria da raça negra, dos chineses, e igualmente dos alemães do norte."[35] David Letreton indica assim a impostura de um Bérillon que "afirma, com a tranquilidade objetiva do sábio pleno de rigor, que a bromidrose (das raízes gregas, fedor e suor) fétida é uma "das afecções mais disseminadas na Alemanha".[36] Bérillon recorre principalmente a pseudotestemunhos de médicos franceses que deviam cuidar dos alemães feridos e que reconheciam que emanava deles um odor fétido e tenaz. Ele procede de generalizações grosseiras fazendo valer que não são apenas os feridos mas, também, os prisioneiros que cheiram, a ponto de ser preciso desinfetar as notas de dinheiro encontradas em seus bolsos! Os quartéis e os quartos de hotel ocupados pelos alemães continuam ainda a feder durante muito tempo mesmo depois de suas partidas. Bérillon chega mesmo a sustentar, sem pestanejar, que as cidades alemãs são envoltas numa aura pestilenta tão potente que ela é perceptível do avião pelos pilotos franceses.[37] Em suma, é a raça alemã inteira que é atingida e Bérillon não hesita em proclamar que a bromidrose é uma afecção originariamente prussiana. Ele se dedica a explicar as causas fisiológicas desse mal e encontra razões étnicas: "O alemão, que não desenvolveu o controle de seus impulsos instintivos, não cultivou muito o domínio de suas reações vasomotoras. Por isso, ele se aproxima das espécies animais, entre as quais o medo ou a cólera têm por efeito provocar a atividade exagerada das glândulas de secreção odorante."[38] Esse brilhante diagnóstico visa a animalizar o inimigo e rebaixá-lo à categoria de besta bruta incapaz de dominar seu instinto. Em suma, o alemão é um verdadeiro gambá.

---

35 P. 7.
36 "Les mises en scène olfactives de l'autre". *À fleur de peau*, p. 125.
37 *La bromidrose fétide de la race allemande*: "Muitos alemães me afirmaram que quando passavam por cima das concentrações alemãs eles eram advertidos por um odor que afetava suas narinas mesmo quando sobrevoavam de uma grande altura." p. 3.
38 Op. cit., p. 5-6

Todas essas figuras olfativas do racismo, do sexismo e da xenofobia mostram que o odor funciona como um princípio de discriminação e de exclusão a tal ponto que a aceitação e a integração do outro passam por uma desodorização, até mesmo uma purificação. A asseptização olfativa, no entanto, não implica necessariamente a negação de todo odor. Por vezes, a integração à comunidade se baseia num processo de substituição de um odor por outro. O perfume que eclipsa o odor inicial opera então como um agente de assimilação. Ele abole a diferença e me torna semelhante ao outro. Assim, por exemplo, os rituais de aspersão dos convidados ao Maghreb com a água de rosas e de flor de laranjeira são um sinal de hospitalidade destinado, ao mesmo tempo, a purificar o estrangeiro do seu odor e a acolhê-lo. Pierre Loti faz eco em seu relato de viagem ao Marrocos, no qual descreve os costumes de acolhimento marcados pela aspersão de uma difusão suntuária de perfume para honrar o estrangeiro: "Primeiro nos borrifam ligeiramente no rosto com água de rosas em frascos de prata com um longo e fino gargalo; nos defumadores acendem em nossa honra pedaços de uma madeira muito cara da Índia, que espalham uma fumaça espessa odorante."[39] O perfume abole a distância e a alteridade, envolvendo os homens num mesmo meio olfativo. Desde então, ele permite uma fusão dos indivíduos separados e facilita a integração. Dominique Champault constata assim que no Maghreb "o mobiliário de todas as famílias ricas ou pobres comporta obrigatoriamente um ou vários aspersórios para espalhar a água perfumada sobre a cabeça, o rosto e as mãos dos convidados. O aspersório de cerâmica barato e o *mras* de ourivesaria têm ao mesmo tempo uma função de acolhimento e de purificação: a água perfumada neutraliza o odor – até mesmo a impureza – do estrangeiro e o faz aceder ao seio da comunidade".[40] O reconhecimento do outro não passa, portanto, necessariamente por sua desodorização, mas por sua reodorização. O perfume desempenha o papel simbólico de um batismo ou de uma reconversão.

Nessa ótica, o ritual dos incensos nas igrejas cristãs, que permite purificar os fiéis do fedor do pecado e de elevá-los a uma comunhão com Deus, tem também por função abolir todas as diferenças entre ricos e pobres lhes envolvendo numa mesma comunidade olfativa e transcendendo a hierarquia social para proclamar uma igualdade diante de Deus e incitar os homens a viver no odor da santidade. O perfume sagrado no qual se banham os fiéis os une na

---

39 Au Maroc, *Voyages*, 1872-1913, Robert Laffont, 1991. p. 196.
40 D. Champault, Maghereb et Proche-Orient. *Le courrier du musée de l'homme*, op. cit., A. Le Guérer, *Les pouvoirs de l'odeur*, p. 44.

mesma fé e proscreve o ostracismo. Ele reforça a coesão religiosa e social, quebrando as barreiras e transformando o outro em próximo. A partilha do odor e a apropriação do perfume do outro podem aparecer como meios emblemáticos de integração. Disso resulta, por vezes, um mimetismo olfativo, quando os excluídos, animados pelo desejo de se integrar, chegam a utilizar os perfumes, às vezes caros, das classes sociais superiores. Sendo o perfume de luxo um sinal de sucesso, de vez em quando, eles se impregnam abundantemente deles para ascenderem às camadas superiores da sociedade, ou utilizam essências de má qualidade que os desqualificam aos olhos dos iniciados. Longe de ser abolida, a distinção de classe se desloca no terreno olfativo, porque os indivíduos provenientes de uma camada social inferior traem sempre sua origem com um uso pouco discreto do perfume de luxo ou pela aspersão de cheiros pouco refinados, como a água de colônia outrora fortemente apreciada nos meios populares. Disso resulta uma nova forma de ostracismo, que consiste em zombar do perfume dos novos-ricos, que se revelam como tais em razão do mau gosto. Excessivamente ou mal perfumado, o novo-rico cheira à vulgaridade, como destaca sutilmente Tchekhov em *La Cerisaie*, o herdeiro de Lopakhine, ontem mujique, hoje rico vendedor; no lugar de lhe responder, limita-se a constatar com uma soberba aristocrática: "aqui tem um odor de patchcouli".[41] Ironia do destino: o uso de perfume, ao invés de ser uma maneira de eclipsar o mau odor daqueles que são julgados inferiores, torna-se um novo meio de estigmatizá-los.[42]

O nariz do amor

Mas se o odor pode ser um fermento de ódio e servir de álibi a todas as formas de ostracismo, ele pode, igualmente, produzir o efeito inverso e tornar-se um poderoso fator de atração. O odor é sempre ambivalente e se colore de uma nuance perfumada ou fétida segundo o amemos ou odiemos. É isso que ilustra perfeitamente uma anedota contada por Abd el-Halim em o *Rawd AL-Qartas*. O califa Al-Mamoun de Sevilha, que fez cortar e expor 4.600

---

41 *La Cerisaie*, I, Œuvres, I. Gallimard: Éditions de la Pléiade, p. 509.
42 Annick Le Guérer reenvia, a esse propósito, às análises do psicólogo John Dollard, em seu livro *Casts and Class in a Southern Town*, que mostram que os negros americanos, no desejo de escapar do racismo, tendiam a fazer um uso abundante de perfume, o que, longe de abolir os preconceitos, os reforçavam. Realmente, os racistas têm aí a prova de que "se os negros americanos se perfumam tanto é justamente porque cheiram mal". *Les pouvoirs de l'odeur*, cap. II, "L'odeur et la discrimination", op. cit., p. 45.

cabeças para controlar a revolta dos Almoádas em Marraquexe, respondeu aos sobreviventes que se queixavam do fedor: "O odor dos cadáveres daqueles que amamos é suave como o perfume, somente os cadáveres dos inimigos cheiram mal."[43] Contrariamente àqueles que odiamos, aqueles que amamos não cheiram mal. Esse é o paradoxo do odor que pode provocar tanto o asco quanto o desejo de incitar a evitar o outro ou a se aproximar dele. Assim, os eflúvios odorantes emitidos pelo ser amado possuem uma inegável potência erótica, capaz de despertar e alimentar o sentimento amoroso. O odor corporal do outro, mesmo que seja muito forte, não aparece como repugnante, mas como atrativo ao olfato do amante apaixonado.

A dimensão olfativa, por exemplo, exerceu um grande papel na relação sexual entre Bonaparte e Joséphine. O imperador se sentia muito atraído pelo odor de sua primeira mulher, como testemunha sua correspondência. Ele escreve para Joséphine: "Não se lave, vou a teu encontro, daqui a oito dias eu estarei aí."[44] A imperatriz era conhecida por seus perfumes encorpados, com aroma de almíscar, âmbar e civeta, e segundo Charles Léonard Pfeiffer, seu antequarto na Malmaison manteve seu perfume 60 anos depois de sua morte. A relação entre Flaubert e Louise Collet é igualmente ritmada pelos eflúvios odorantes e suas pregnâncias eróticas.[45] A cabeleira e os objetos, pantufas, lenço, mitene, cartas, tendo estado em contato com o corpo do ser amado, desprendem uma poderosa mensagem olfativa que evoca o outro à maneira de um fetiche. Na ausência de Louise, Flaubert respirava os objetos que portavam os traços de sua presença. Na carta datada de 8-9 de agosto de 1846, ele confessa a sua amante que vai rever suas pantufas e que ele as ama tanto quanto a ela: "eu as respiro, elas cheiram a verbena e a um odor de ti que alimenta a minha alma".[46] Cheirar o outro é penetrar em sua intimidade e possuí-lo sem que ele saiba, inalando-o e incorporando-o a si. "O odor", diz

---

43 Op. cit., por Françoise Aubaile-Sallenave, Le souffle des parfums: un essai de classification des odeurs chez les arabo-musulmans. *Odeurs et parfums*, sob a direção de D. Musset C. Fabre-Vassas, p. 96.
44 *Lettres d'amour à Joséphine*, apresentado por J. Tulard e J. Favrier, Paris: Fayard, 1981. p. 155.
45 Sobre esse ponto ver Alain Corbin, *Le miasme et la jonquille*, p. 242-243.
46 Maupassant é igualmente muito sensível ao odor do ser amado como testemunha uma carta a Mme. X na data de 19 de dezembro de 1887: "Eu gostaria de ir para o mar, transpor as montanhas, cruzar as cidades, apenas para pousar minha mão em vosso ombro para respirar o odor de seus cabelos." *Les plus belles lettre d'amor*, apresentadas por Irène Frain, Archiprl, p. 108.

justamente Serge Chaumier, "é o corpo antes do corpo".[47] A respiração do odor aparece assim como um prelúdio ideal, porque permite gozar do outro sem intimidá-lo. À intrusão brutal do tato, ela substitui uma forma de aproximação sutil e refinada que antecipa o gozo, e pelo mesmo o exacerba e o prolonga. A respiração do odor é uma espécie de tato voluptuoso a distância, um afago que serve não apenas de preliminar ao gozo, mas que o prolonga na ausência do ser amado. Diderot percebeu o quanto o olfato ganha, se comparado aos outros sentidos, em voluptuosidade. "E eu achava que, de todos os sentidos, a visão era o mais superficial, a audição, o mais orgulhoso, o paladar, o mais supersticioso e o mais inconstante; o tato o mais profundo e o mais filosófico."[48]

O odor é uma potência excitante que preside o nascimento do desejo. O Don Juan de Mozart é um exemplo próprio disso com seu famoso *Sento odor di femmina*. O catálogo das mulheres seduzidas poderia se reduzir ao inventário de seus perfumes, de seus vagos encantos indefiníveis como os balbucios do desejo. Esse odor indefinido de mulher o submete, levando-o, aliás, a se enganar, já que ele tenta, sem saber, seduzir Elvira, sua própria mulher abandonada. O poder atrativo do odor se mostra, frequentemente, decisivo na origem da emoção amorosa a ponto de forjar a ficção de uma *aura seminalis* do macho capaz de despertar o desejo feminino no século XIX, ou a emprestar, no século XX, uma potência sexual exorbitante aos feromônios entre os seres humanos. Mas o odor não é somente um prelúdio ao amor, é um fator essencial na procura da relação. É o que faz valer Michel Serres: "Não amamos sem o improvável acordo dos odores."[49] Certamente o desejo amoroso coloca em jogo todos os sentidos, em primeiro lugar a visão, mas também a higiene; quando o odor corporal ou a hálito do outro nos repugna, a beleza física não será suficiente para suscitar a atração e prolongar a relação. O desejo obedece, portanto, a um imperativo olfativo. É por isso que o perfume tem um papel decisivo na sedução amorosa.

No imaginário dos amantes, o odor imputa um poder de sedução que aparenta a um sortilégio. Carmem contesta assim a Don José, que guardou a flor que ela havia lhe dado: "o encanto operou". O perfume toma a forma de um ritual, de uma fórmula mágica destinada a enfeitiçar o outro. Baudelaire, numa carta a Mme. Sabatier, datada de 31 de agosto de 1857, destaca com força a dimensão obsessionante do perfume que age à maneira de um filtro

---

47 L'odeur du baiser. *À fleur de peau*, p. 78.
48 *Carta sobre os surdos e mudos*, primeiras Œuvres. Éditions sociales. v. II, p. 99.
49 *Les cinq sens*, p. 224.

do amor: "Sonhais, portanto, que quando trago comigo o perfume de vossos cabelos, trago também o desejo de relembrar." E então que insuportável obsessão![50] O odor é dotado de uma potência considerável, da qual não sabemos se é preciso temer ou louvar. É o que sublinha Rousseau em *Emílio*: "O olfato é o sentido da imaginação que oferece aos nervos um tom mais forte, deve agitar muito o cérebro; é por isso que ele reaviva num momento o temperamento e o esgota. O olfato encontra no amor efeitos bastante conhecidos; o doce perfume de um quarto de banho não é uma armadilha tão fraca quanto pensamos e não sei se devemos felicitar ou lastimar o homem sábio ou pouco sensível quanto ao fato de o odor de flores que sua amante tem sobre o seio jamais o fazer palpitar."[51] A ambivalência do perfume é manifesta, visto que não existe uma grande diferença entre o encanto da sedução e o malefício da possessão. Aliás, os perfumistas não são enganados, e eles jogam com essa ambiguidade batizando seus perfumes de *"Sortilège"*, *"Obsession"*, ou ainda mais recentemente *"Addict"*, *"Opium"*, *"Poison"*.

O perfume pode mesmo enfeitiçar o outro a ponto de ser um antídoto contra a fealdade física e dissimular as desgraças sob uma cortina de fumaça. A magnificência das fragrâncias tem então um papel de auxiliar ou de substituto da beleza quando não se está provido suficientemente de encanto. A repulsão escancarada pode dar lugar à atração secreta, sob o efeito de um buquê perfumado. É isso que revela, por exemplo, este episódio do *O cura da aldeia*, de Balzac, no qual o rico banqueiro Graslin é apresentado à jovem Véronique, que seus pais gostariam de ver casada com semelhante tesouro. Descobrindo a feiura de Graslin, a jovem se esforça para esconder sua surpresa e sua repulsa, depois se deixa encantar com os perfumes das flores que ele lhe traz e que serão irremediavelmente associadas a ele.[52] Esse notável apaixonado, diz-nos Balzac, jamais chegou sem oferecer a sua bela um buquê composto de flores raras. O perfume voluptuoso e seu cortejo de

---

50 *Les plus belles lettres d'amour*, apresentadas por Irene Frain, Archipel, p. 106.
51 *Emílio*, p. 416.
52 "Quando o banqueiro lhe mostra esse amontoado de flores exóticas, cujos perfumes invadem o quarto, e que ele oferece ao seu futuro, Véronique experimentará emoções bem contrárias àquelas que lhe tinham causado o primeiro aspecto de Graslin, ela foi mergulhada num mundo ideal e fantástico da natureza tropical. Ela jamais tinha visto camélias brancas, ela não tinha sentido o codesso dos Alpes, a citronela, o jasmim dos Açores, as volcamérias, as rosas muscadas, todos esses odores divinos, que são como o excitante e o terno, e que cantam no coração dos hinos dos perfumes. Graslin deixa Véronique presa a essa emoção." *A comédia humana* IX, p. 662, La Pléiade, Gallimard, 1978.

imagens exóticas permitem assim dissipar a primeira impressão e abrir um espaço possível de ternura. Inútil dizer que, escondendo sua desgraciosidade física atrás de seus buquês encantadores, o banqueiro acaba por conseguir o consentimento da bela. A sensação olfativa e a imaginação de um mundo que ela desperta favorecem ainda mais o nascimento do amor, que é uma verdadeira criação pessoal, porque é preciso colocar aí do seu para não ver mais o que ofusca os olhos. Essa é a lição que Balzac tira daí, depois de ter descrito a eclosão do sentimento amoroso em Véronique: "Uma vez vencidas as primeiras impressões, a afeição ganha tanto mais força que a alma se obstina por sua própria criação. Amamos. Está aí a razão das paixões geradas por pessoas belas para os seres que têm uma aparência feia."[53] O perfume opera como uma tela de fumaça que mascara a feiura e lhe fornece a aparência dessa beleza escondida que somente uma inteligência superior sabe discernir. Ele modifica a representação sensível e contribui para a fabricação de uma imagem ideal, para a encenação de si que diverte ao ocultar as imperfeições. Ele permite, sub-repticiamente, atrair o outro para si, seduzi-lo, no sentido forte do verbo *seducere*, que significa etimologicamente colocar à parte, desviar, atrair para si.

Mas o exemplo mais impressionante dessa forma de sedução olfativa que comuta a feiura em beleza é sem contestar aquela que oferece Patrick Süsskind em *O perfume*. Impregnado do perfume divino, que compôs a partir dos odores suaves de jovens assassinadas, Jean-Baptiste Grenouille torna-se a criatura mais sedutora que há, a tal ponto que todos os homens sem exceção sucumbem ao seu encanto.

"Jean-Baptiste Grenouille, nascido sem cheiro no endereço mais fétido do mundo, originário do esterco, da bosta e da podridão, que veio à luz sem amor e vivido sem o calor de uma alma humana, unicamente graças à revolta e ao asco, pequeno, corcunda, coxo, feio, mantido a distância, abominável no interior como no exterior, chegou a se tornar amável segundo os olhos do mundo. Tornou-se amável foi dizer muito pouco! Ele era amado! Venerado! Adorado! [...] Ele criou para si uma aura tão radiosa e tão eficaz que ninguém a tinha possuído antes dele [...] Ele era de fato seu próprio deus, e um deus mais glorioso que esse deus fedido de incensos, habitando as igrejas. Aos seus pés foi humilhado um bispo em carne e osso, que chorava de prazer. Os ricos e os poderosos, as damas e os senhores arrogantes morriam de admiração, enquanto todo mundo, um a cada vez, incluídos os pais, as mães, os irmãos e as

---

53   *Ibidem*, p. 664.

irmãs de suas vítimas celebravam orgias em sua honra e em seu nome. Ele não tinha nada a fazer e todos abjuravam seu deus e o adoravam, ele, o Grande Grenouille."[54]

Esses exemplos literários não constituem de modo algum exceções porque desde a Antiguidade o amor se coloca sob o signo do perfume.[55] Mortais e imortais fizeram dele um uso abundante. Na mitologia grega, a deusa Hera unta seu corpo desejável com "um óleo untuoso imperecível e suave, perfumado por ele e que, exalando na morada em bronze de Zeus, enche com seu hálito o céu e a Terra".[56] Afrodite, a deusa do amor, é apresentada como cheirando divinamente a mirra, e seu amante Adonis é o deus dos perfumes. No vocabulário amoroso dos gregos, Adonis é sinônimo ao mesmo tempo de perfume e de amante.[57] O belo Adonis tem a quem sair, porque é fruto de Mirra, seduzida por seu pai Kinyras, o rei de Chipre e transformado em árvore de mirra ou em broto de mirra, segundo as lendas, depois de seus amores incestuosos. Ora, a mirra é um arbusto odorante consagrado a Afrodite. E sem dúvida não é por acaso que o nome dessa planta serve para designar tanto o clitóris quanto o sexo da mulher.[58]

Numerosas são as mulheres lendárias que manipularam os homens com suas auras perfumadas. A bela Helena, segundo Paul Faurre, tinha provavelmente atraído os homens por seu perfume natural de calamita, mistura de menta e de rosas.[59] Da mesma maneira, na Bíblia, Judith unta seu corpo com um óleo perfumado para seduzir Holofernes, que perde literalmente a cabeça.[60] A arte dos perfumes é, portanto, em primeiro lugar, uma arte de prazer, orquestrada por uma encenação olfativa de si, da qual nada pode se subtrair. É essa potente incidência do odor que explica seu império absoluto sobre

---

54 *O perfume*, p. 263-264.
55 Montaigne já assinalava em seus *Ensaios* as práticas das mulheres *citas*: "Na mais profunda barbárie, as mulheres *citas* depois de se lavarem, se polvilhavam e encrostavam todo o corpo e o rosto com certa droga que nascia em seu terreno, odorífera, e para aproximar os homens, tinham tirado esse fardo, elas não se encontravam polidas e perfumadas." *Ensaios* I, cap. IV. "Des senteurs".
56 *L'Iliade*, XIV, 171-174.
57 Ver sobre esse ponto Marcel Détienne, *Les jardins d'Adonis*. Gallimard, p. 123.
58 *Ibidem*, p. 122.
59 É ao menos o que indica a etimologia de seu nome: os termos *hélénè*, *hélénos*, *hélénion*, designam plantas medicinais que crescem em lugares úmidos, a ênula, a calamita oficinal, o vime, o asfódelo e o narciso. Cf. Paul Faure, op. cit., *Le parfum d'Hélène*, p. 144.
60 *A Bíblia, Antigo Testamento*, Judith, 19, TOB, Cert, p. 1.191.

os corações. É o que observa Jean-Baptiste Grenouille, o herói de Süsskind, quando ele se propõe a fabricar um odor humano que lhe permita ser aceito pelos homens e extasiar seus corações por um divino olor.

> Ele pensava ser o Deus todo-poderoso do perfume, como ele tinha sido em seus sonhos, mas esse todo-poderoso se exerce doravante no mundo real e sobre os homens reais. E ele sabia que isso estava em seu poder. Porque os homens podiam fechar os olhos diante da grandeza, diante do horror, diante da beleza e podiam não prestar atenção às melodias ou às palavras sedutoras. Mas não podiam se afastar do odor. Porque o odor é o irmão da respiração. Ele penetra nos homens ao mesmo tempo em que a respiração; eles não podem se defender dela se eles querem viver. E o odor penetra diretamente neles até seus corações, e ele decide aí categoricamente a inclinação e o desprezo, o asco e o desejo, o amor e o ódio. Quem domina os odores domina o coração dos humanos.[61]

Esse domínio do coração pelo odor não é uma simples ficção literária, porque algumas culturas através da história têm realmente visado esse objetivo, excedendo toda particularidade na invenção de formas de sedução fundadas nos prazeres do nariz. Na Índia a elaboração de perfume e a maneira de utilizá-lo fazem parte das 80 artes do prazer que todo homem e toda mulher devem conhecer e praticar em conformidade ao *Kâma sûtra*. Nessa obra a preparação de perfumes constitui a arte nº 18 e é objeto de um tratado especial.[62] O poder de sedução depende da utilização de unguentos perfumados, cuja virtude é mágica e se assemelha àquela dos filtros de amor. Na sétima parte do *Kâma sûtra* são assim arroladas as práticas ocultas para aumentar a atração sexual, principalmente quando a beleza física está ausente. Entre os meios de aumentar seu poder de sedução figura o uso de cremes e de unguentos que se supõe aumentar a beleza e trazer sorte. Assim, por exemplo, "a atração física é aumentada revestindo o corpo com um produto feito de *Tagara* (valeriana), de *Khushtha* (*saussurea lappa*) e Tâlishapatra (*Flacoustia cataphracta*)".[63] O unguento e o óleo perfumado têm, portanto, uma virtude ao mesmo tempo física e mágica, porque eles melhoram o aspecto do corpo e trazem felicidade.

---
61 *O perfume*, op. cit., p. 172.
62 *Kâma sûtra*, I, caps. III, XV, Garnier Flammarion, p. 62.
63 *Kâma sûtra*, VII, caps. I, IV, Garnier Flammarion, p. 562.

Mas é sem dúvida no Japão, na era de Heian, que começa em 794, que essa arte das fragrâncias atinge seu ponto máximo. O perfume é um instrumento privilegiado de sedução para a corte e sobressai à visão da beleza. Esse papel predominante da dimensão olfativa na erótica nipônica é relacionado à preocupação da discrição e da dissimulação. Os amores não se manifestavam sob os olhos dos outros. As mulheres não podiam e não deviam ser vistas. Elas se escondiam atrás de seus leques, e seus biombos, e no primeiro encontro elas só deixavam ver suas longas cabeleiras perfumadas. Com uma extrema preocupação com a elegância e a conservação, elas dormiam pousando seus longos cabelos sobre um aparelho que continha incensos a fim de perfumá-los e protegê-los contra a putrefação, porque elas só se lavavam raramente.[64] A arte das fragrâncias diz respeito igualmente ao conjunto dos adornos. As vestimentas de seda e os quimonos são perfumados segundo uma técnica muito sofisticada. As acompanhantes das damas da corte depositavam uma cesta de bambu na qual elas estendiam as roupas sobre um grande incensório e deixavam os tecidos se impregnar suavemente dos odores mais delicados. Em *O dito do Genji*, de Murasaki Shikibu, relata-se as aventuras e a vida de um príncipe da corte de Heian, os vestidos de seda perfumados exprimem a essência do ser amado e são aspirados com volúpia e languidez em sua ausência.[65] As mangas das vestimentas enchem as peças com seus perfumes potentes.[66] O *Perfume do Vestido* torna-se a fragrância da sedução. Apelidado também como perfume do corpo, esse incenso servia igualmente à fabricação de pequenas pastilhas que as damas de Heian deixavam derreter sob a língua para que dia a dia seus hálitos se tornassem flor e seus corpos um buquê que se propagava com eflúvios deliciosos a sua passagem, e pulverizavam também suas vestimentas com as crianças nos seus colos.[67] O refinamento supremo consiste em harmonizar o perfume das vestimentas aos cheiros das misturas a queimar. Murasaki Shikibu descreve assim a atmosfera do palácio no curso de uma cerimônia de luto: "O odor que emanava das cortinas, fortemente impregnado de *kurobô*, exalava um cheiro desagradável de fumaça de incensos preciosos. O perfume das vestimentas do general conferiam com tal felicidade que essa noite evocava a Terra da perfeita felicidade."[68] Na au-

---

64 Cf. Louise Boudonnat e Harumi Kushizaki, *La voie de l'encens*. Éditions Philippe Picquier, p. 66.
65 *Ibidem*, p. 59, cf. igualmente, p. 302.
66 *Ibidem*, p. 63.
67 *La voie de l'encens*, p. 65-66.
68 *O dito do Genji*, magnificência, p. 233.

sência do ser amado, o perfume permanece como o mensageiro de sua alma pela via de cartas odorantes cuja fragrância se harmoniza às emoções do dia. A arte olfativa nipônica atinge, portanto, seu auge na corte de Heian e revela a existência de cânones de beleza sensíveis ao nariz.

A arte dos perfumes não se instala com a aspersão de *eaux de toilette* ou com a unção de óleos e de cremes perfumados; ela pode tomar formas muito variadas, tanto no tempo quanto no espaço. Na Oceania, por exemplo, a arte de se perfumar para seduzir o ser amado é extremamente refinada. Existem perfumes secretos em bebidas e não em loções de modo que eles são exalados pela transpiração e envolvem o corpo numa aura. Esse é o caso entre os Naurus, que fazem do perfume um meio de encontrar o outro por seus eflúvios vindos do interior, do mais íntimo e do mais profundo de si. Trata-se de dar a impressão de que o perfume emana de uma pessoa, de que é engendrado por ela. O perfume se apresenta não apenas sob a forma de bebidas, mas também de vapores que as mulheres utilizam para impregnar seus sexos de eflúvios aromáticos. Segundo Serge Chaumier "a técnica consiste em afastar as pernas acima de um braseiro coberto onde eram queimadas flores e plantas odoríficas banhadas em um creme de coco. A pessoa assim postada, o tempo necessário, absorvia todos esses vapores perfumados por seu sexo, e ele era intimamente penetrado".[69] Então o perfume se misturava ao odor pessoal, interagindo com ele, formando uma aura singular. A arte do prazer não se instala, portanto, nos caminhos conhecidos da vista; ele se serve largamente das vias do olfato e testemunha a inventividade sem limite do imaginário olfativo.

Definitivamente, a intersubjetividade está marcada pelas leis do nariz que fundam um panteão de valores exprimindo olfativamente a relação ao outro, sob as espécies do ser desonrado ou querido. Ora fermento de ódio, ora de amor, o odor possui uma potência ambivalente, e exerce uma influência insidiosa sobre os homens lhes ditando, às vezes, comportamentos apaixonados. A análise de figuras olfativas do amor e do ódio revela a existência de normas olfativas que regem a conduta dos indivíduos, normas afetivas de atração ou de repulsão, normas sociais de exclusão ou de integração pela reodorização ou desodorização do outro, normas estéticas do bom ou do mau gosto ligadas à utilização do perfume. Meio de sedução ou de exclusão, o odor conduz invariavelmente a tipos de tratamentos que consistem sempre em colocar o outro à parte, seja ele eleito ou excluído.

---

69 L'odeur du baiser. *À fleur de peau*, p. 90.

PERFUME DE IDENTIDADE

Independente de seu poder de atração ou de repulsão e do sistema de valores intersubjetivos que ele engendra, o odor aparece como a assinatura de um ser, seu cartão de visita e a marca de sua identidade. Que ele seja natural ou artificial, reportado a si ou a um outro, o odor tem um papel capital na constituição do sujeito e de sua singularidade. Ele contribui para a definição e a construção de uma natureza humana ao mesmo tempo específica, genérica e individual. Primeiro ele inscreve o indivíduo em uma comunidade, manifesta seu pertencimento a uma espécie e permite identificá-lo. Para o nariz do pastor treinado, não há qualquer necessidade de ver cabras, carneiros, vacas ou mulas para distingui-los e reconhecê-los por seus odores. Quaisquer que sejam as variantes singulares, o ser humano possui um odor específico que não pode ser confundido ao do cachorro. O odor constitui assim um signo de humanidade. Não é por acaso que Jean-Baptiste Grenouille, o herói assassino de Süsskind em *O perfume*, é inumano; desde o seu nascimento ele não tem cheiro. Sua ama de leite constata que ele não cheira absolutamente a nada e que ele se distingue de seus próprios filhos que "têm o odor que devem ter como filhos de homens".[70] Bastardo inodor, Grenouille aparece como um monstro que não se pode cheirar. Dotado de um faro notável que o coloca a serviço do perfumista Baldini, ele não tem outra ambição que a de inventar esse odor de homem que ele não tem e de se impregnar dele para ser amado e reconhecido por todos:

> As essências comuns que teriam somente por função camuflar o verdadeiro odor que ele se propunha a fabricar: a saber, o odor do ser humano. Ele gostaria, mesmo que isso fosse provisoriamente um mísero sucedâneo, de capturar esse odor do ser humano que ele não conhecia. Certamente, não havia *um* odor do ser humano tanto quanto não havia um odor para *um* rosto humano. [...] E, portanto, existia um tema fundamental de odor humano, e de resto sofrivelmente simplista; uma base contínua, gordurosa, suarenta, azeda como um queijo, em suma tão repugnante que todos os homens possuíam, e acima do qual flutuam pequenas nuvens infinitamente diversificadas que produziam auras individuais.[71]

---

70 P. 13, Paris, Livro de bolso, 1985.
71 *Ibidem*, p. 166.

O odor é ao mesmo tempo comum à espécie e particular a cada um em função do metabolismo individual. Ele exprime, portanto, tanto a espécie quanto o indivíduo. Ele é um marcador de identidade não apenas biológico, mas também cultural.

A fabricação odorante dos gêneros

O odor contribui igualmente para fabricar o gênero e tem um papel não negligenciável na construção da identidade sexuada e na invenção dos arquétipos imaginários de feminilidade e de masculinidade como testemunha a história da perfumaria nos séculos XIX e XX. A distinção entre os perfumes para mulheres e para homens reproduzem a divisão sexual e a reforça pela definição de uma identidade olfativa. Os perfumes compostos pelo segundo sexo têm por objetivo aumentar a feminilidade e obedecem aos esquemas odorantes fundados sobre uma oposição recorrente entre dois tipos de modelos: o modelo natural, que reenvia ao registro vegetal e floral e que privilegia os olores aborais, os perfumes frescos e florais, e o modelo sofisticado que repousa sobre perfumes mais pesados, inebriantes, marcados pela referência à animalidade. Dividido entre as duas figuras olfativas da mulher flor e da mulher felina ou carniceira,[72] a raça feminina é suposta a exprimir sua natureza e seu grau de moralidade por meio da escolha dos perfumes. Aos perfumes capitosos da prostituta, que mascaram seu fedor, se opõem os perfumes suaves da virgem e da santa que exalam perfume de manjerona[73] ou de rosa como Thérèse de Lisieux. O modelo floral do perfume, marcado pela simplicidade e o natural, foi frequentemente associado na história à pureza e à respeitabilidade, enquanto o modelo sofisticado, marcado por aromas inebriantes e sensuais, é mais associado aos costumes leves do que a mulheres fatais e adúlteras. Nos dois casos, o perfume é um artifício, mas no primeiro ele recusa passar por tal e pretende ser natural. É isso que revelam, por exemplo, as marcas de perfume que querem dar a impressão de uma natureza pura e de seus elementos etéreos, *Vent vert*, de Balmain, *L'air du temps*, de Nina Ricci, *L'heure bleue*, de Guerlain, *Dune*, de Dior. No segundo caso, o perfume assume seu estatuto proveniente da civilização de luxo e se vangloria de fazer parte do arsenal dos instrumentos de sedução. A despeito de seu caráter abertamente factício, ele não exclui, no entanto, toda refe-

---

72   Cf Corbin, op. cit., p. 218.
73   A. Debay observa assim que "o termo odor de manjerona que a virgem exala é mais doce e mais perturbador que todos os perfumes da Arábia", op. cit., Corbin, *Le miasme et la jonquille*, p. 214.

Capítulo 2 | O Um e o Outro Aproximadamente

rência à naturalidade, já que ele se inspira numa representação do animal e utiliza muitas vezes suas secreções, como o âmbar cinzento do cachalote, o almíscar do almiscareiro ou a civeta do pequeno mamífero epônimo. Aliás, a palavra civeta significa em árabe perfume. Quanto ao almíscar, cujo nome é derivado do indiano *muska*, que significa *testículo*, ele provém de uma secreção das glândulas genitais do almiscareiro do sudoeste da Ásia e encarna a sedução sexual, por excelência. Fortemente odorante, ele frequentemente tem sido utilizado por prostitutas e passa a ter virtudes afrodisíacas. O modelo olfativo da mulher felina e carniceira, cuja *eau de toilette puma woman by puma* oferece um exemplo fragrante, recolhe, todavia, menos aprovação da raça feminina que o modelo da mulher flor ou da mulher do perfume do fruto proibido.

É exatamente o inverso que se produz na perfumaria masculina, onde a referência à animalidade predomina para definir uma identidade viril. Certos nomes de *eau de toilette* para homens evocam a selvageria, a bestialidade, como *Jungle*, de Kenzo, *Savane*, de Dior ou *Minotaure*, de Paloma Picasso. A construção de modelos olfativos de virilidade pode certamente recorrer a todos os meios análogos àqueles que presidem a fabricação de imagens de feminilidade, até mesmo repousar sobre os mesmos esquemas, em nome de uma androgenia fundamental dos seres. A criação de perfumes unissex, como *CK One*, de Calvin Klein, que obteve um grande sucesso ao lado de novas gerações, testemunha isso. A fabricação do odorante masculino não obedece aos mesmos cânones e testemunha a evolução dos costumes e das representações de cada sexo. Se o uso do perfume entre os dois sexos foi amplamente difundido na corte de Luís XIV, ele será menos no século XX, no qual encontraremos uma disparidade entre homens e mulheres. Instrumento de sedução para as mulheres, ele é frequentemente considerado como inútil para os homens que estimavam não ter qualquer necessidade de artifícios para agradar e que temiam passar por efeminados. A evolução dos costumes e do desejo de atingir uma clientela masculina em nome de interesses econômicos tem levado, no entanto, a modificações de comportamento. Os publicitários precisaram se valer da riqueza da imaginação a fim de modificar a imagem do perfume e de levar os homens a se aspergirem com eles sem ter a impressão de perder suas virilidades. O forçamento nessa matéria consiste em levar à compra do perfume que não se diz como tal e levar a passar do supérfluo para o necessário juntando o útil ao agradável. Trata-se, por exemplo, de apresentar o perfume como pós-barba com virtudes antissépticas e cicatrizantes, como uma loção indispensável em razão dos concentrados ligados à pilosidade masculina e à necessidade de aclamar o ardor do barbear. O modo de nomeá-lo e de escolher habilmente os vocábulos permite vencer as resistências masculinas. Isso porque o perfume para homens é frequentemente vendido sob a apelação de *eau de toilette*. Seu uso parece assim plenamente legítimo porque não obedece a considerações estéticas, mas práticas e destaca um imperativo de higiene e de propriedade. Instalado na categoria de *eau de toilette*, o perfume aparece como natural e não como um produto sofisticado exprimindo um excesso de preocupação de agradar por meio de engenhosos cálculos.[74] A astúcia dos perfumistas consiste, portanto, em vender o perfume aos homens lhes fazendo acreditar que eles estão comprando outra coisa, um bálsamo para refrescar pós-barba, uma loção cicatrizante, uma água purificante ou um desodorante.

A identidade feminina e masculina construída sobre a base dos perfumes aparece, no entanto, bem pobre e estereotipada. Seguindo as leis do mercado e da moda que propulsam massivamente tal ou tal fragrância a campeã de vendas, os homens e as mulheres correm o risco de exalar um odor *standard* que não exprime suas singularidades. A identidade se resume à uniformidade de uma similitude perfumada, a uma essência comum que torna os seres intercambiáveis. O caráter muitas vezes banal e normalizado dos modelos de fragrâncias não é um obstáculo redibitório à afirmação da individualidade. De fato, o olor que desprende um perfume correntemente resulta da combinação de seus componentes com os tipos de pele e evolui em função da natureza da epiderme e da pigmentação. O mesmo perfume espalhado sobre peles diferentes não exalará a mesma nota olfativa e dará lugar a variações singulares. Isso porque o perfume é sempre a expressão de uma essência.

O perfume como essência singular

A dupla significação do termo "essência" em francês é particularmente reveladora sob essa ótica. As essências perfumadas revelam a essência de um ser singular. O eflúvio odorante trai a natureza de uma pessoa e se revela tanto um meio de conhecê-la como de reconhecê-la. É isso que ilustra claramente o célebre romance de Gaston Leroux. *Le parfum de la dame en noir*, no qual o jovem Rouletabille consegue identificar sua mãe desconhecida reconhecendo

---

74 É aliás um argumento de venda utilizado igualmente para mulheres. A *eau de toilette* mais discreta que o perfume dá a aparência do natural e da inocência. Ela não é carregada de intenções perniciosas ligadas às fragrâncias capitosas porque ela não visa fazer as cabeças se virarem. É porque ela convém mais às jovens, às adolescentes, enquanto os perfumes são apanágio das mulheres maduras ou mulheres fatais.

seu odor sutil e cativante. Em seu colégio, Rouletabille recebe a visita de uma mulher velada que ele pressente ser sua mãe, que ele reconhece inicialmente por seu perfume. "Jamais tendo podido ver distintamente seu rosto, e estando inebriado até o desfalecer, quando ela me envolvia em seus braços, em seu perfume, eu vivia mais com seu odor do que com sua imagem."[75] Esse perfume inesquecível da dama de negro, misteriosamente desaparecida, assombra Rouletabille, até o dia em que ele o respira de novo durante uma recepção no palácio do Elysée. O perfume opera então como uma revelação, uma carteira de identidade instantânea que lhe fornece imediatamente o nome de sua mãe e lhe permite reconhecê-la sob os traços de Mathilde Stangeron. Esse "odor pleno de melancolia" – esse "perfume para tristeza íntima", segundo os termos do narrador Sinclair[76] – aparece como uma essência a compreender principalmente do que a sentir, uma essência que fornece a compreensão de um ser singular e que marca a memória para sempre.

> Eu compreendo que quando o tínhamos, nem digo sentir, mas capturá-lo, porque enfim não importa se eu me vanglorio, mas eu me persuadi que todo o mundo pode ao seu modo compreender o perfume da dama de negro, e precisava para isso ser muito inteligente [...] Sim, quando uma vez capturado esse melancólico, cativante, adoravelmente desesperante odor – era para a vida! E o coração devia ser embalsamado, se era um coração de filho como aquele de Rouletabille; ou incendiado, se era um coração de amante, como aquele de M. Darzac; ou envenenado, se era um coração de bandido, como aquele de Larsan...

O perfume que embalsama o coração do filho incendeia o coração do amante e envenena aquele do bandido, nos coloca, portanto, no cerne da intersubjetividade porque ele entrega não somente a identidade da dama de negro, mas aquela dos diferentes seres que o respiram e que revelam sua natureza através da maneira como eles são afetados por ele.

O odor aparece como a quintessência de um ser, o absorto de suas virtudes. Huysmans em *En rade* retira daí principalmente matéria para fantasia. A favor da leitura de um artigo dedicado ao professor Selmi, de Bolonha, que descobriu na putrefação dos cadáveres, "um alcaloide a ptomaína, que se

---

75 *Le parfum de la dame en noir*. Gallimard, p. 38.
76 Cf. op. cit., p. 167.

apresenta no estado de óleo incolor e espalha um ligeiro mas tenaz odor de espinheiro, de almíscar, de silindra, de flor de laranja ou de rosa",[77] o herói Jacques Marle imagina como seria possível fazer um uso comemorativo dos seres desaparecidos, humanizando suas essências:

> Depois que incessante conservação da lembrança, que eterno frescor da memória não obteríamos com essas emanações sublimadas de mortos! No momento atual, quando um dos seres que se amam morre, o outro pode apenas conservar a sua fotografia e no dia de Todos os Santos visitar seu túmulo. Graças à invenção das ptomaínas,[78] a partir daí será permitido guardar a mulher que amamos, em casa, até no nosso bolso, no estado volátil e espiritual, de transmutar sua bem amada em um frasco de sal, de condensá-la ao estado de sumo, de inseri-la como um pó em seu *sachet* bordado de um doloroso epitáfio, de respirá-la, os dias de aflição, de humor, os dias de felicidade, sobre um lenço.

Na perspectiva dessa faceta olfativa, o herói imagina que poderíamos encomendar os extratos concentrados dos avôs, as essências dos filhos, os buquês do pai e perfumar as iguarias com o aroma dos defuntos. Assim poderíamos comemorar o dia do aniversário de morte da avó com bolo de arroz com a essência corporal da desaparecida e também oferecê-lo às crianças com finalidade de comemoração.

A ideia segundo a qual o odor define a essência de um ser humano excede largamente o quadro da ficção romanesca, como mostram as recentes pesquisas antropológicas. Constance Classen observa assim que os *Ongee* das ilhas Andaman vivem numa sociedade fortemente regida pelos odores e o olfato. Os odores simbolizam a força vital do universo e constituem a base da identidade individual. Quando um Ongee encontra um amigo, ele não o saúda com "como é que você vai?", mas com "*Kontune? Onorange tamka?*", "Como vai seu nariz?", ou mais exatamente "Onde, quando, como, por que é o seu nariz?". Se a pessoa responde que se sente carregada de odor, seu interlocutor gentilmente a cheira para aspirar um pouco do seu odor; se ao contrário ela diz estar pouco carregada de energia odorante, seu interlocutor

---

77   *En rade*. Éditions Folio, p. 182.
78   *Ibidem*, p. 186.

a infunde soprando nela uma provisão suplementar.[79] O odor é a expressão da essência da pessoa e de sua força de vida. Ele constitui a base da identidade individual, a tal ponto que quando os Ongee querem se designar e dizer "eu" eles se tocam pela ponta do nariz. Essa identificação do eu ao odor tende por uma grande parte, segundo Constance Classen, à associação entre o olfato, a respiração e a vida. O sopro inala e exala os cheiros aspirando o ar necessário à vida. Os odores são, portanto, associados à vida e aparecem como fontes de energia. Por outra parte, o odor corporal é percebido quase como uma emanação que exprime a natureza íntima da pessoa e apresenta uma parte de sua interioridade. Respirar o odor do outro é, portanto, aceder a seu eu profundo, seu ser essencial. Essa é a razão pela qual as características distintivas e a força de vida de todos os seres vivos residem em seus odores. Os *Ongee* consideram que os odores de uma pessoa emanam de seus ossos da mesma maneira que os perfumes das plantas ou das árvores provêm do caule ou do tronco. É somente apoderando-se de um sopro deles mesmos e sendo capazes de distinguir seus odores de todos aqueles que os cercam que cada um alcança a consciência de sua própria identidade.

Certamente, as representações desses habitantes das ilhas Andeman não são muito partilhadas e constituem um fenômeno cultural raro, até mesmo excepcional. Entretanto, é preciso observar que, mesmo nas sociedades menos osmológicas, o perfume é pensado algumas vezes como o meio de expressão de uma essência única e singular. Existem hoje, de fato, perfumes compostos sob medida em função dos desejos individuais e de tipos de personalidades. Assim, por exemplo, a criativa Laura Tonatto compôs para a atriz Ornella Muti, em 1988, um perfume maternal exclusivo à base de baunilha, tangerina e chá destinado a seus próprios filhos e imediatamente reconhecível por eles.[80] O compositor sob medida Lorenzo Villoresi criou igualmente fragrâncias personalizadas despertando a memória olfativa de seus clientes pela respiração dos olores e das essências dispostas em seu *atelier* a fim de descobrir sua sensibilidade, seu eu profundo tecido de lembranças esquecidas. "Muitas pessoas", diz ele, "pensam que eu faço suas fragrâncias misturando um pouco disso um pouco daquilo. Mas a maior parte da receita vem deles. Eu sou apenas o instrumento graças ao qual chegamos em conjunto ao perfume".[81] O perfume único

---

79   Cf. Constance Classen, *Aroma*, p. 114.
80   Ver sobre esse ponto Annick Le Guérer, *Le parfum, des origines à nos jours*, cap. XI, Sur-mesure et parfumeurs Maison. Odile Jacob, p. 311-340.
81   Cf. E. Helman Minchilli. Uncommon Scents for Lofry Sensibilities. *Herald Tribune*, février 2001, op. cit., Le Guére, p. 333.

que exprime a identidade de um ser resulta então da combinação singular dos múltiplos odores presentes e passados que são subjetivamente marcados. O eu presente se enraíza de fato no passado e se define como uma memória singular cujas ramificações remontam à infância. Sob esse ângulo os odores constituem a via mais nobre de acesso a si, porque eles entregam sem saber lados inteiros de uma antiga existência. Não é, portanto, apenas por meio de seu odor corporal, mas por meio de todos os perfumes que cheirou outrora, que um homem pode descobrir seu eu profundo e ter consciência de sua identidade.

Odores e memória subjetiva

Sentir hoje todo odor do passado é sentir o odor de si na medida em que ele contém o mundo antigo do sujeito aprisionado na sua bolha perfumada. O olfato aparece como o sentido da memória, porque faz ressurgir casualmente fragmentos de uma existência anterior no meandro de uma fragrância que conserva traços da lembrança. Hélène Minet e Nicole Mainet--Delair observam assim que "pelos odores que guardamos na memória, trazemos conosco nosso país, a lembrança dos anos passados ou das silhuetas que não são mais".[82] Numerosos são os poetas e os escritores que sublinharam essa potência mnêmica do odor e sua aptidão para restituir a vida passada. Maupassant em *Fort comme le mort* descreve admiravelmente essa experiência súbita de ressurreição do passado no presente causada pelos odores. Em torno de um perfume, Oliver Bertin sente subirem a seu nariz odores do passado esquecido:

> Ele buscava por que é que ocorria essa efervescência de sua vida antiga que por várias vezes, menos que hoje, entretanto, ele tinha sentido e notado. Existia sempre uma causa para essas evoluções súbitas, uma causa material e simples, um odor, um perfume frequente. Uma vez um vestido de mulher foi jogado à sua passagem, com o sopro evaporado de uma essência, toda evocação de acontecimentos apagados. No fundo dos velhos frascos de *toilette*, ele tinha encontrado também, frequentemente, as parcelas de sua existência; e todos os odores errantes, aqueles das ruas, dos campos, das casas, dos móveis, os doces e os maus, os odores quentes das noites de verão, os odores frios das noites de inverno, reanimavam sempre, nele, longínquas reminiscências, como se os olo-

---

82 Lou boun Diou me l'écho l'âme, Cuisine d'odeurs en Sarladais. *Odeurs et parfums*, op. cit., p. 61.

res guardassem neles as coisas mortas e embalsamadas, à maneira dos aromantes que conservam as múmias.[83]

Certamente, todas as sensações são suscetíveis de reavivar a memória, mas aquelas do olfato são alvo de testemunhos privilegiados do passado. Roland Barthes sublinha com força esse primado do olfato e sobre esse ponto se distancia do autor de *Em busca do tempo perdido*: "Em Proust, três sentidos, em cinco, conduzem à lembrança. Mas, para mim, colocada a parte a voz menos sonora que seu grão *perfumado*, a lembrança, o desejo, a morte, o retorno impossível, não estão desse lado; meu corpo não acompanha a história das madeleines, dos pavês e dos guardanapos de Balbec. Disso que não voltará mais, é o odor que volta para mim. Assim o mundo de minha infância bayonesa, tal como o mundo cercado pela mandala. Todo Bayonne é preso a um odor composto, aquele do Petit-Bayonne (bairro entre Nive e Adour): a corda trabalhada pelos sapateiros, a mercearia obscura, a cera de velhas madeiras, as gaiolas de escadas sem ar, o escuro das antigas *basquaises*, escuras até a cúpula do estofo que tinham os coques, o óleo espanhol, a umidade dos artesanatos e dos pequenos comércios (encadernadores, quinquilheiros), a poeira do papel da biblioteca municipal (onde aprendi a sexualidade em Suetônio e Marcial), a cauda dos pianos em restauração em Bossiére, algum eflúvio de chocolate, produto da cidade, tudo isso consistente, histórico, provençal[84] e meridional."

O odor aparece como uma memória viva, como um concentrado de história íntima que resiste ao esquecimento. Ele mergulha o homem em seu passado singular tecido de emoções e de imaginações infantis. A história tem, portanto, um odor, e ele começa pelo nariz. Em *Roland Barthes par Roland Barthes* o autor define assim o imaginário primordial de sua infância: "a província como espetáculo, a *História como odor*, a burguesia como discurso".[85] Para a criança, a História, com um H maiúsculo, é primeiro apreendida por meio do prisma de sensações olfativas que formam os estratos de sua memória. É pela pequena história que ele acede à grande, e o adulto a reconstitui na ponta de seu nariz. Os relatos de fatos passados obedecem então às leis da olfação singular e misturam à vivência comum os eflúvios autobiográficos. O olfato oferece assim matéria para a escrita de uma história subjetiva, cuja dimensão coletiva é aproximada sob um ângulo pessoal.

---

83   P. 116, Éditions Folio.
84   *Roland Barthes par Roland Barthes*, Œuvres complètes. Seuil, 1995. t. 5, p. 198.
85   *Roland Barthes par Roland Barthes*, Œuvres complètes. Seuil, 1995. t. 5, p. 198.

Esse ângulo é para o essencial um ângulo afetivo, como observa Maine de Biran; "A espécie das lembranças, que se ligam às sensações do olfato, devem ser da mesma natureza que as próprias sensações, quer dizer, puramente afetivas; há entre os odores e as impressões internas das quais se compõem o sentimento de coexistência uma afinidade que é totalmente particular nesse sentido. Dos odores ligados a tais sentimentos inefáveis, tais como esses que experimentamos na juventude, despertam sempre, mais ou menos, o mesmo sentimento; encontramo-nos ainda jovens, amorosos, em um pequeno bosque perfumado. É lá onde o coração joga seu jogo independentemente do pensamento; quando o véu se desvela, sentimos todas as nossas perdas e a melancolia se apodera de nossa alma."[86] Exprimindo os afetos mais que os conceitos, os odores permitem compreender as emoções enterradas de um sujeito, porque eles os fazem ressurgir bruscamente de maneira intacta antes mesmo que a reflexão possa se apoderar deles, falsificá-los ou interpretá-los. Eles lhes restituem de maneira imediata em sua profundidade e sua vivacidade; eles são carregados de uma história e de um imaginário que florescem por meio deles e se oferecem ao pensamento.

O olfato favorece as investigações num mundo longínquo da juventude, porque o eflúvio mergulha o adulto repentinamente num estado afetivo puro do passado, graças a um jogo de associações espontâneas e inconscientes que não deixam tempo para mascarar a lembrança. O odor dá acesso a essa *terra incógnita* da infância que os filósofos frequentemente tendem a negligenciar considerando-a como o sono da razão. É preciso assim seguir os caminhos do nariz para compreender a natureza infantil, sua propensão ao devaneio e sua relação fusional ao mundo. Esse é o andamento odorante que Bachelard nos convida em *La poétique de la rêverie*: "Quem gostaria de penetrar na zona da infância indeterminada, na infância ao mesmo tempo sem nomes próprios e sem história, seria sem dúvida ajudado pelo retorno das grandes lembranças vagas, tais que são as lembranças dos odores de antigamente. Os odores! Primeiro testemunho de nossa fusão com o mundo. Essas lembranças dos odores de antigamente, reencontramo-las fechando os olhos. Fechamos os olhos outrora para saborear a profundidade. Fechamos os olhos, portanto, logo em seguida sonhamos um pouco. Sonhando bem, sonhando simplesmente num devaneio tranquilo, vamos reencontrá-los. No passado como no presente, um odor amado é o centro de uma intimidade."[87] Bachelard saúda então as memórias fiéis dessa intimidade, principalmente aquela dos poetas

---

86 Journal, 1815, *Extraits de parfums*, p. 51.
87 *La poétique de la rêverie*. PUF, p. 118.

que apresentam os testemunhos sobre esses perfumes, impregnando as estações da infância. Ele evoca particularmente o belo verso de Louis Chadourne: "minha infância é um feixe de odores".[88] Propício à síntese e ao sincretismo das lembranças, o odor aparece como um *detalhe imenso*,[89] uma sublimação da essência da memória, "o odor em sua primeira expansão é assim uma raiz do mundo, uma verdade da infância".[90]

Os odores-lembranças exumem os estratos sucessivos da construção de si por meio das sensações e das emoções; eles despertam o eu adormecido e os estados de alma desvanecidos que sobem a superfície. "Cada odor de infância", diz-nos Bachelard, "é uma lamparina no quarto das lembranças".[91] Os odores são assim os guardiães fiéis da memória e de uma identidade que permanece através das mudanças. Considerado sob o aspecto do nariz, um homem é a soma de seus odores. Odor de si e odor do mundo se misturam para definir sua essência e o constituir como sujeito singular. Sendo assim, se o odor é propício ao devaneio e à imaginação pessoal do passado, ele deverá alimentar a criação poética e fornecer matéria a uma estética intimista, impregnada da nostalgia da infância, das primeiras alegrias radiantes e da revivescência de dias antigos. Por isso é preciso examinar se é possível elaborar uma verdadeira estética olfativa e levantar o desafio de uma arte do nariz que não seja limitada à gastronomia, à enologia e à perfumaria.

---

88 L'inquiete adolescence, p. 32, op. cit., *La poétique de la rêverie*, p. 118.
89 *La poétique de la rêverie*, p. 123.
90 *Ibidem*, p. 120.
91 *Ibidem*, p. 122.

Segunda Parte

ESTÉTICA OLFATIVA

Capítulo 3
AS EXPRESSÕES ARTÍSTICAS DO ODOR

O OLFATO, UM SENTIDO MUDO?

A emergência de uma estética olfativa é subordinada à constituição de uma linguagem própria aos odores ou a formas de expressão capazes de fazer valer sua potência específica, sua beleza e seu valor de verdade. Ela implica a invenção de um alfabeto de perfumes e um imaginário que se dobra às leis do nariz. A tarefa não é impossível *a priori* porque "a imaginação é antes de tudo um tipo de mobilidade espiritual, o maior tipo de mobilidade espiritual, o mais vivo e animado. Se acreditarmos em Bachelard, devemos ser estimulados pelos odores tão variáveis e imutáveis da essência. Todavia, o apelo a um imaginário fundado na mobilidade dos odores permanece em grande parte como letra morta de impressões olfativas que têm dificuldade de serem expressas pela linguagem, incapazes, muitas vezes, de restituir a sutilidade de suas nuances e desprovidas de palavras adequadas para nomeá-las. Locke observa assim que do mesmo modo que numerosas ideias simples que provêm dos sentidos, aos "odores, [...] , que podem ser em grande número, ou até em maior número que as espécies dos corpos que estão no mundo, faltam nomes para a maior parte deles. Temo-nos servido comumente das palavras *cheirar bem* ou *cheirar mal* para exprimir essas ideias por meio das quais não dizemos, no fundo, outra coisa senão que elas nos são agradáveis ou desagradáveis, ainda que o odor da rosa ou da violeta, por exemplo, que são ambos agradáveis, sejam, sem dúvida, ideias fortemente distintas.[1] A pobreza semântica que Locke

---

1   *Essai philosophique concernat l'entendement humain*, cap. III, § 2, tradução Coste Vrin, p. 78.

evidencia, que necessariamente gera confusões, porque os odores não são distinguidos entre si, mas somente designados pelos efeitos que provocam no sujeito, conduzem à confusão entre as duas categorias maquiavélicas do bom e do mau. Georges Simmel imputa essa carência à própria natureza das percepções olfativas afirmando que "as impressões do olfato são por outro lado difíceis de traduzir por palavras que não são impressões da visão e da audição.[2] Essa dificuldade bem conhecida para exprimir as sensações olfativas tem, aliás, valido ao olfato o qualificativo de "sentido mudo" ou de "sentido sem fala", segundo a fórmula de David Howes. A linguagem pena para quebrar esse mutismo, de modo que na maior parte do tempo o odor é nomeado em função de sua causa ou de seus efeitos, ou mais exatamente, de sua proveniência ou de seu caráter agradável ou desagradável, Tudo se passa, portanto, como se ele não pudesse ser designado nele mesmo e por ele mesmo, mas somente a proporção do prazer e da dificuldade que ele suscita, ou de sua origem suposta. Assim, na maior parte do tempo a expressão das sensações olfativas é reenviada a fórmulas estereotipadas: "isso é bom, isso cheira mal, ou isso tem um odor de..."

Essa indigência do vocabulário gustativo e olfativo remonta à Antiguidade, segundo Paul Faure, que constata nossa incapacidade para definir e descrever nossas mais profundas sensações. "No mais, distingue grosseiramente alguns sabores e alguns odores elementares: de um lado, o salgado, o amargo, o adocicado (os antigos diziam mais confusamente, o doce, o picante), sensações para as quais existem receptores distintos na língua. Por outro, isso que cheira bem e isso que cheira mal são sensações puramente subjetivas, e, portanto, os registros variam de um indivíduo a outro. Foi preciso a ciência dos fisiologistas e dos químicos modernos para conhecermos cinco tipos principais de perfumes: os florais ou etéreos, os frutados, os arbóreos, os selvagens (couros e carnes), os condimentados."[3] Essa tipologia emprestada de René Cerbelaud, em seu *Formulaire de la parfumerie*, não é, aliás, admitida por todos os perfumistas que aumentam ou restringem a lista, prova da dificuldade de operar distinções pertinentes e estabelecer um léxico comum.[4]

---

2   Op. cit., A. Le Guérer. *À fleur de peau*, p. 18.
3   *Parfums et aromates de l'Antiquité*, p. 11-12.
4   Assim Marcel Billot e F. V. Wells, na obra *Parfumery, Technology, Art, Science, Industry*, admitem apenas quatro séries de produtos naturais: os florais, os arbóreos, os animais, os balsâmicos. Ver sobre esse ponto, Paul Faure, op. cit., nota 6, p. 304. Quanto a isso, o comitê francês do perfume classifica atualmente os perfumes em sete grupos fundamentais, ou famílias de odores, no interior dos quais existem subdivisões ou famílias: *hesperídeo*, *floral*, *fetal*, *chíprico*, *arbóreo*, *ambreado* e *couro*.

Certamente, existem grandes variações no nível das línguas. Assim Paul Faure sublinha a relativa riqueza do francês em relação ao latim e ao grego, ele lista a existência de 50 nomes comuns referentes ao domínio olfativo e observa que "sobre esses 50 substantivos há dificuldades com cinco que tinham um equivalente exato em grego e em latim".[5] Os gregos não tinham, por exemplo, um verbo para designar "feder, empestar, cheirar mal, envenenar, rançar, relegar". Todavia, a língua de Molière tem ainda um bom caminho a percorrer para enriquecer seu vocabulário e subscrever uma exigência de precisão e de distinção em matéria de olfação, como testemunha o caso do verbo sentir. Enquanto na língua inglesa existem dois verbos, *"to feel"*, experimentar uma sensação, uma emoção, e *"to smell*, inspirar um odor, a língua francesa engloba sob um mesmo vocábulo, *"sentir"*, o ato de experimentar uma sensação ou um sentimento e de perceber um odor. A sensação particular que dá lugar à olfação parece, portanto, se dissolver na universalidade do sentir. Ver, tocar, entender, provar são, assim, modos de sentir, mas são objeto de uma denominação singular. Ao contrário, perceber em geral ou perceber um odor é indiferentemente o mesmo que sentir. Essa confusão, entre um sentido genérico e um sentido específico, é sem dúvida reveladora do caráter indistinto do olfato, da dificuldade de determinar sua particularidade, e até mesmo a ignorância no seu lugar. É uma simples modalidade da sensação que não merece ser nomeada em particular. Esse fenômeno não é totalmente anódino, porque nomear é dar carne, corpo e existência a um ser ou uma coisa. Tudo se passa, portanto, como se o olfato não tivesse uma existência específica e se afundasse na indistinção da sensação. De fato, como mostraram J. Davidoff, I. Davies, D. Robertson a propósito das cores,[6] as categorias de percepção dependem das categorias linguísticas, no sentido em que a existência de palavras distintas em uma língua ajuda a perceber, a memorizar e a transmitir nuances que um sujeito estrangeiro, que não dispõe desse vocabulário diversificado, terá dificuldade de cernir. A nominação estrutura em parte a percepção, e reciprocamente, de modo que existe um movimento de vai e vem permanente entre as distinções sensoriais e as dis-

---

5 Op. cit., p. 12.
6 Cf. Colours Categories in a Stone Age Tribe. *Nature*, 398, p. 203-204, 18 de março de 1999. Os trabalhos de três autores sobre os berinmos, da Papua Nova Guiné mostram que a categorização das cores, longe de ser universal e absoluta, é relativa à língua, e que sua percepção depende do campo linguístico que um sujeito dispõe. Os berinmos, por exemplo, não distinguem o azul e o verde como os ingleses, mas eles estabelecem as nuances entre o *"nol"* e o *"wor"*, que não correspondem a categorias britânicas e que não são percebidas por eles.

tinções semânticas, que se informam umas com as outras e se reforçam. Assim, a pobreza lexicológica arrisca reduplicar a pobreza ontológica do odor evanescente e redutível, sem uma palavra a dizer, a um quase nada.

É verdade que às vezes a utilização de um único vocábulo para designar um gênero e uma espécie tem por função valorizar a espécie ou chamar a atenção sobre o fato de que ele é particularmente expressivo da totalidade do gênero.[7] Parece que esse não é o caso do termo sentir, porque o olfato não encarna o gênero em sua totalidade e não é certamente a faculdade que evocamos em primeiro lugar para descrever e ilustrar o fenômeno sensorial. A ausência de diferença entre a sensação em geral e a olfação, assimiladas todas as duas ao sentir, é mais o índice de uma penúria de vocabulário e de uma deficiência ontológica do que de uma valorização do olfato, ao ponto de ele poder representar a totalidade do gênero. Essa carência semântica, que atesta uma debilidade conceitual, é corroborada pelo fato de que o termo "sentir", preso ao sentido olfativo, envolve, por sua vez, duas significações, já que designa ao mesmo tempo a percepção e a produção de odores. A fórmula "eu sinto" é assim ambígua, porque pode reenviar também ao fato de que percebo ou desprendo um odor. A pobreza lexical é, portanto, grande, porque o mesmo termo *sentir* significa três coisas diferentes, e quando ele guarnece a terceira acepção, segundo a qual se emite um odor, ele pode ser maculado por uma conotação pejorativa e depreciativa. É o que observa Pascal Lardellier: "O máximo do sentir, eufemismo cômodo, não significa naturalmente cheirar bem, mas, ao contrário, é sempre cheirar forte, e mesmo cheirar mal."[8]

Certamente a existência de um único verbo sentir para designar a sensação em geral e a olfação em particular apresenta a vantagem de colocar em evidência a natureza polissensorial da experiência perceptiva. É, aliás, a partir do conceito de polissensorialidade que muitas vezes se opera hoje em dia a comunicação sobre o perfume, e que se estabelecem as campanhas de

---

[7] É o caso, por exemplo, conforme Platão, do nome "amor" ou do verbo "amar", que englobam no sentido genérico todas as espécies de afecção para os seres ou as coisas julgadas boas, mas que reenviam principalmente a uma espécie particular à qual esse termo é reservado. Cf. *O banquete* 205d: "Existem muitas maneiras de se direcionar ao amor, aqueles que buscam o dinheiro, os exercícios físicos, a filosofia, não se diz que são amantes, mas que há uma espécie de participar de amor do qual eles são adeptos, e, sectários, recebem o nome da totalidade do gênero: amor, amar, amante."

[8] *À fleur de peau, Corps, odeurs, parfums*, nota 4, p. 180.

Capítulo 3 | As Expressões Artísticas do Odor 113

marketing.[9] A emergência desse conceito está ligada ao reconhecimento da sinestesia e do caráter interativo dos sentidos que intervêm todos necessariamente na percepção, mesmo quando um deles predomina. Contudo, ela testemunha também a dificuldade dos perfumistas de exprimir a natureza e a originalidade das fragrâncias e de dar a conhecer o fruto de suas criações recorrendo somente ao registro olfativo. Isso quer dizer então que os odores são em si mesmos inefáveis, devotados ao silêncio e à imprecisão? Para poder responder a essa questão é preciso inicialmente se interrogar sobre as razões que criam obstáculos à existência de um vocabulário olfativo.

A dificuldade de nomear diz respeito em parte à natureza do odor, em cuja ausência de uma essência estável e a singularidade instável se presta mal a abstração, à fixidez e à universalidade requerida pela linguagem. A palavra, como mostra Bergson, captura as coisas no que elas têm de comum, de estável; ele não as designa por sua particularidade. Ora, o odor nunca é o mesmo nem outro; ele se move em um fluxo contínuo de sensações, que é incômodo isolar e nomear de maneira distinta e separada. Além disso, o odor, em razão de seu caráter fugaz e volátil, se evapora e se mistura, às vezes, antes de poder ser discernido.

A dificuldade de nomear diz respeito igualmente ao fato de que, quando o odor é percebido, "sua codificação verbal é medíocre", segundo Joël Candau.[10] A experiência comum testemunha isso, a maior parte dos homens percebe os odores, mas tem dificuldade em identificá-los, reconhecê-los e descrevê-los.[11] E quando eles chegam a verbalizar as sensações olfativas, utilizam, na falta de um léxico apropriado, uma linguagem aproximativa, mui-

---

9   Ver sobre esse ponto o artigo de Jean-Jacques Boutaud, "De la difficulté de comuniquer un concept polysensoriel", Kenzoki de Kenzo. *Olfaction et patrimoine: quelle transmission?*, sob a direção de Francine Boillot, Marie-Christine Grasse e André Holley. Edisud, p. 79-89; ver igualmente na mesma obra o artigo de Benoît Heilbrunn, "De l'olfactif à l'affectif: le pouvoir de transmission des marques", p. 91-105.
10 *Mémoire et expériences olfactives*, p. 29.
11 Joël Candau menciona assim uma pesquisa da *National Geografic* que ilustra o desacordo entre a percepção e a identificação dos odores: "70,5% das mulheres e 62% dos homens percebem a androsterona, mas somente 26% e 24,2% (respectivamente) identificam esse odor; para o odor da banana, as percentagens são 99,3% e 99%, de uma parte 52,8% e 49,9% de outra. Para os quatro outros odores que foram objeto do teste, foi obtido: almíscar (74,6% e 66,7%; 34,8% e 22,9%); eugenol (99,5% e 98,9%; e 89,6% e 83,2%); mercaptano (98,7% e 97%; 59,3% e 58,1%), rosa (99,5% e 99%; 84,5% e 81,6%)". *Memoire et expériences olfactives*, nota 2, p. 29.

tas vezes metafórica e analógica, que reenvia frequentemente a um passado subjetivo ou a uma idiossincrasia pessoal pouco propícia à comunicação.[12]

Essas dificuldades, todavia, não são redibitórias porque a falta de vocabulário para exprimir as sensações olfativas tende mais à ignorância e à incultura que a uma vocação congênita do olfato ao inefável. Joël Candau constata assim que nas profissões confrontadas a estímulos odorantes, perfumistas, enólogos, cozinheiros, enfermeiros, médicos legistas e bombeiros, o léxico olfativo é rico e extenso; ele estima que, "na realidade, é possível que não seja cheirado o que é marcado por coisas sem importância, mas a própria língua, inodora" nos lugares onde prestamos pouca atenção ao meio ambiente olfativo.[13] Sobre essa ótica, é preciso notar que todas as civilizações não padecem do mesmo mal e que aquelas que valorizam os odores e os perfumes dispõem de um vocabulário preciso e diversificado.[14] A linguagem, por sua potência ilimitada de combinação de palavras, se presta a toda forma de expressão, de modo que a dificuldade de nomear e de descrever os odores realça mais uma falta de sensibilidade e de exercício que uma impotência nativa. A prova disso é que um poeta sensível aos odores, como Baudelaire, soube encontrar palavras para restituir a fugacidade nostálgica, a fragilidade embriagadora e a sutileza erótica dos perfumes. Pelo prazer das

---

12 Sobre a dificuldade de nomear os odores e sobre os meios de contorná-la, ver principalmente Joël Candau, *Mémoire et expériences olfactives*, caps. 3 e 4.
13 Op. cit., p. 68.
14 Assim o vocabulário dos odores e dos perfumes no mundo árabe-muçulmano é de extrema riqueza. Françoise Aubaile-Sallenae, que se debruça sobre os dicionários e os textos literários, não lista menos de 250 termos para designá-los. A sensibilidade aumentada às variações de odores e de sabores dos produtos alimentares nas regiões quentes conduz, por exemplo, à multiplicação de nomes para caracterizar o leite, se ele é fresco, se possui um odor natural, se é perfumado ou começa a estragar e a cheirar mal. "Quando ordenado à noite, podemos derramá-lo em outro perfumado por peras ou por *nabeq*, fruto do *Zizphus lótus*, que emanam um cheiro agradável, diferente de seu cheiro natural; cheiro se exprime pela palavra *klamtah*: 'odor agradável como aquele da terra e do vinho' etc.; *Khamat* é um 'odor agradável ou amargo do leite ou do vinho'. O vocabulário nuança os diversos sabores e odores do leite: *sâmit* qualifica o 'leite que perdeu seu sabor doce sem, entretanto, ser acre', é também 'insípido, *qûhah* é o leite que começa a se estragar, mas que é ainda um pouco doce', *samkh* é um 'leite rico de odor desagradável'. Le souffle des parfums: un essai de classification des odeurs chez les Arabo-musulmans. *Odeurs et parfums*, p. 100. Da mesma maneira, de acordo com o *Dictionnaire árabe-français* de A. de Biberstein Kazimirski, o odor acre do suor que se desprende das axilas é objeto de uma multiplicidade de denominações, *sanna, sumâh, zaghghun, dhafr*, segundo sua proveniência e seu grau de fetidez e mau cheiro. *Ibidem*, p. 104.

Capítulo 3 | As Expressões Artísticas do Odor

correspondências, a musicalidade aérea de seus poemas, a fulgurância de suas imagens, Baudelaire é um ourives na matéria; ele sabe exprimir a doçura cristalina e o charme venenoso do perfume. Para se persuadir disso o leitor precisa apenas respirar as fragrâncias das *Correspondências* e se deleitar com a poesia olfativa que floresce em seus versos brilhantes:

> São os perfumes frescos como as carnes das crianças
> Doce como os oboés, verdes como as pradarias,
> – E outros, corrompidos, ricos e triunfantes,/
> Tendo expansão das coisas infinitas... [15]

O autor de *Flores do mal* arranca todos aos anósmicos do mundo a suas insensibilidades olfativas e os transporta em um universo onde "os perfumes, as cores e os sons se correspondem".[16] Alguns versos lhe são suficientes para evocar essa potência mágica do perfume que, em um instante, restitui o passado no presente e oferece a experiência de uma eternidade reencontrada:

> Leitor, respirastes algumas vezes
> Com embriaguez e lenta gulodice
> Esse grão de incenso que preenche uma igreja,
> Ou de um sachet o almíscar inveterado?
> Encanto profundo, mágico, que nos embebeda
> No presente o passado restaurado!... [17]

Em Baudelaire, não há o indizível olfativo, trata-se de fazer afluir às palavras e lhes dar eco, misturando "o perfume dos verdes tamarindeiros" "ao canto dos marinheiros".[18] Toda arte de escrever consiste em despertar o odor como uma bela adormecida, em fazer surgir seu mundo erótico e exótico à

---

15 *Il est des parfums frais comme des chairs d'enfants,/Doux comme les hautbois, verts comme les prairies,/– Et d'autres, corrompus, riches et triomphantas, Ayant l'expansion des choses infinies...*" Les fleurs du mal, IV, *Correspondances*. Éditions Garnier. p. 13.
16 *Ibidem*
17 "*Lecteur, as-tu quelquefois respiré/Avec ivresse et lente gourmandise/Ce grian d'encens qui remplit une église,/Ou d'un sachet le musc invétéré?/Charme profund, magique, dont nous grise/Dans le present le passé restauré!...*".
18 *Ibidem*, XXXII, *Parfum exotique*, p. 29.

imagem dessa cabeleira aromática que exala suas lembranças indolentemente.[19] A analogia, a metáfora e seu cortejo poético vêm em auxílio do conceito quando este se faz aguardar e o entendimento tem dificuldade de forjá-lo.

Para aprender a exprimir as impressões olfativas, é preciso primeiro se voltar à poesia e à literatura. Toda questão é então saber se é verdadeiramente possível conceber uma estética olfativa de modo que o odor seja ao mesmo tempo expressivo e exprimido, porque se trata mais de criar um verbo do perfume que um perfume do verbo para acabar com uma linguagem inodora e muitíssimo asséptica. A inspiração não poderia vir do nariz e dar um sopro à poesia? Mas para além da escrita poética e literária, é a totalidade da arte que está concernida. A força das correspondências de Baudelaire convida a pensar todos os sentidos e todas as formas estéticas às quais eles dão lugar, por esse aspecto são suscetíveis de exprimir entre si e de fornecer metáforas. É, portanto, necessário se debruçar sobre as diversas formas de arte para tentar romper com a mudez dos odores e inventar uma linguagem olfativa que dê conta de sua própria potência e de sua singularidade. Isso porque convém examinar tanto as expressões literárias quanto as expressões musicais, pictóricas e plásticas dos odores a fim de determinar os contornos de uma estética olfativa e os meios de constituí-la. Tal atitude implica, em compensação, uma interrogação sobre a aptidão do olfato à expressividade e sobre a possibilidade da criação autônoma de uma verdadeira arte olfativa.

---

19   Cf. *Ibidem*, XXII, La chevelure, p. 29. "*Ô toison, moutonnant jusque sur l'encolure/ Ô boucles! Ô parfum chargé de nonchaloir!/Extase! Pour peupler ce soir l'alcôve obscure/Des souvenirs dormant dans cette chevelure,/Je la veux agiter dans l'air comme un mouchoir!/*
La langoureuse Asie et la brûlante Afrique,/Tout un monde lointain, absent, presque défunt, / Vit dans tes profondeurs, forêt aromatique! Commme d'autres esprits voguent sur la musique, /Le mien, ô mon amour! Nage sur ton parfum. [...]".
"Ó, tosão, felpudo até o pescoço
Ó, caracóis! Ó, perfume carregado de indolência!
Êxtase! Para povoar essa noite de alcova obscura
As lembranças dormentes nessa cabeleira,
Eu a vejo agitar no ar como um lenço!

A lânguida Ásia e a abrasadora África,
Todo um mundo longínquo, ausente, quase defunto,
Vive nas profundezas, floresta aromática!
Como de outros espíritos vagam sobre a música,
O meu, ó, meu amor! Nada sobre o perfume. [...]".

AS EXPRESSÕES LITERÁRIAS DO ODOR

Baudelaire, Flaubert e Zola, por exemplo, são extremamente sensíveis da mesma maneira à dimensão olfativa. O autor de *Salammbô* criou um universo de fragrâncias, myrobalan, bdellim, açafrão, violeta, que o *Chef-des-odeurs-suaves* controla.[20] Igualmente, o naturalismo de Zola o conduz a buscar os odores humanos carregados de sensualidade entre secreções e perfumes, dos quais o camarim de Nana oferece uma amostra inquietante.[21] É longa a lista dos escritores que não devem nada a isso e dedicam seus talentos à descrição das sensações, emoções e reminiscências ligadas ao olfato. Proust saúda assim o gênio olfativo de Chateaubriand em suas *Mémoires d'outre-tombe*: "E uma ou duas, das três mais belas frases das *Mémoires*, é esta: 'um odor fino e suave de heliotrópio exalava de um pequeno quadrado de favas em flor; ele não chegava a nós por uma brisa da pátria, mas por um vento selvagem da Terra-Nova, sem relação com a planta exilada, sem a simpatia da reminiscência e da voluptuosidade; nesse perfume não aspirado da beleza, não purificado em seu seio, não derramado sobre seus traços, nesse perfume carregado de aurora, de cultura e de mundo encontra-se todas as melancolias dos lamentos da ausência e da juventude'."[22] Não se trata aqui de arrolar a totalidade das obras e dos temas literários dedicados aos odores e aos perfumes, porque são outros os caracteres forçosamente lacunares rapsódicos, o que de tal modo oferece

---

20 Cf. *Salammbô*, VII. É provavelmente por referência a esse personagem que Robert Montesquieu intitulou uma de suas coletâneas de poesia *Le chef des odeurs suaves*; ver igualmente a *Correspondance*, t. 1, p. 558; *Carta de 5 de janeiro de 1850*, p. 568, e *Carta de 13 de janeiro de 1850* onde Flaubert descreve a variedade dos odores respirados no deserto.

21 Ver em *Nana* a cena onde o conde penetra no camarim de Nana e teme desmaiar com esse odor de mulher que lhe faz sonhar com um buquê de tuberosas. Ver igualmente *Le ventre de Paris* e *La faute de l'abblé*, que transbordam referências olfativas.

22 *Em busca do tempo perdido, O tempo redescoberto*. Pléiade, Gallimard, p. 919. Proust cita a passagem onde Chateaubriand está em Saint-Pierre e vai jantar com o governador da ilha, que lhe mostra o que ele chama de seu jardim, *Mémoires d'outre-tombe*. Pléiade, Gallimard, 1951. livro VI, cap. V, p. 211. Cf. Igualmente a passagem onde Chateaubriand atravessa Ohio e encontra uma ruína indiana: "Das sinuosidades arenosas, das ruínas ou os túmulos saíam papoulas de flores rosa pendentes na extremidade de um pedúnculo inclinado de um verde pálido. O caule e a flor têm um aroma que impregna os dedos quando tocamos a planta. O perfume que sobrevive a essa flor é uma imagem da lembrança de uma vida passada na solidão." *Mémoires d'outre-tombe*, VIII, cap. II, p. 258.

apenas pouco interesse. Trata-se sobretudo de renunciar à exaustão para focar a atenção nos modelos do gênero, quer dizer, das obras onde a escrita se apoia antes de tudo em um registro olfativo e o coloca adiante como uma forma de expressão decisiva. A esse título, é possível assinalar na literatura francesa pelo menos duas obras-primas olfativas, *O lírio no vale* e *Em busca do tempo perdido*, que exploram cada uma, a sua maneira, a potência afetiva e mnêmica própria ao olfato e a fazem sentir com uma profundidade e uma riqueza nas quais a filosofia teria motivos para se inspirar.

Sem dúvida, não é por acaso que um dos personagens centrais de *Comédia humana* é César Birotteau, cujo retrato extremamente documentado diz respeito a um modelo real, aquele de certo Bully, perfumista de seu estado que inventa uma *lotion de toilette* avinagrada à qual dá seu nome. César Birotteau é o inventor da dupla *Pâte des Sultanes* e *Eau Carminative*, que fazem sua fortuna; segundo o anúncio: "seus odores essencialmente balsâmicos e de um espírito divertido alegram admiravelmente o coração e o cérebro, encantando as ideias e as despertando; elas são também admiráveis mais por mérito do que por simplicidade; enfim é o atrativo mais oferecido às mulheres e um meio de sedução que os homens podem adquirir".[23] Mas é indiscutivelmente *O lírio do vale*, publicado em junho de 1836, que é, na obra de Balzac, a referência por excelência em matéria de literatura olfativa, porque o romance é inteiramente construído sob a percepção dos odores e seu papel central na relação amorosa. Como indica o título, é no registro floral e olfativo que se exprime a essência do amor. O perfume comanda o nascimento do amor, o reconhecimento do outro e a definição de sua identidade.

O lírio do vale relata a história de amor platônico de um jovem homem, Félix, por uma mulher casada, Mme. de Mortsauf. O primeiro encontro é arrebatado sob a égide do perfume. Durante uma festa, Félix, que se aborrece prodigiosamente, encontra refúgio numa banqueta abandonada; uma mulher tomando-o por uma criança senta-se a seu lado. Félix é então atraído imediatamente pelo perfume da desconhecida e é retirado de seu torpor amuado para experimentar uma fascinação sem precedente:

> Imediatamente eu senti um perfume de mulher que reluzia em minha alma como reluzia nela a partir da poesia oriental. Eu olhava minha vizinha e estava mais ofuscado por ela que pela festa; ela tornou-se toda a minha festa.[24]

---

23 *César Birotteau*, ver p. 53-55, Pocket Classiques, 1999.
24 *O lírio do vale, A comédia humana* IX. La Pléiade, Gallimard, 1978. p. 984.

O perfume é assim o detonador do amor e torna-se a própria essência da mulher amada. Antes da percepção de qualquer detalhe visual, Félix, é submergido em uma emoção olfativa que será restabelecida e amplificada pela evocação poética do Oriente e de seus odores. Esse perfume de mulher que reencanta seu universo sombrio, ofusca por seu brilho e eclipsa a visão apoderando-se de seus atributos. A visão retoma em seguida. Trata-se de uma retomada, porque Félix em primeiro lugar olha a desconhecida, mas não a vê, tanto que ele está embevecido. É apenas em um segundo tempo que ele se detém nos ombros, na garganta e nos cabelos dessa mulher de perfume luminoso, cuja visão recobre sua vocação de ser o sentido da distância, da inspeção, implicando uma exterioridade em relação ao objeto. Retomada completamente relativa, porque Félix já está tomado: sua imaginação, prolongando a visão, lhe faz perder a cabeça e beijar os ombros da desconhecida. É a respiração do perfume que desencadeia uma paixão e que lhe arranca esta confissão: "eu amei de repente sem nada saber do amor".[25]

Esse primado da olfação e da respiração continua a valer na ausência do ser amado quando este não é mais cheirado, mas simplesmente evocado: "Pensando que minha eleita vivia em Touraine, eu aspirava o ar com delícias, eu encontrava no azul do tempo uma cor que eu não tinha visto em nenhum lugar."[26] Os sentimentos que se desenvolvem antes mesmo do segundo encontro não desmentem a primeira impressão amorosa olfativa, mas a reforçam em seguida por um processo de cristalização que metamorfoseia a alma gêmea em flor perfumada. A desconhecida, sob o efeito da imaginação poética de Félix, torna-se Lírio no vale, símbolo de beleza e de pureza.

Abatido pelo desaparecimento da mulher amada da qual ignora até o nome, o jovem homem pressionado por seus amigos para se distrair se dirige, em Touraine, ao castelo de Fraspele, onde mora um amigo de sua mãe. Ele descobre um vale magnífico perto de Montbazon, que a seus olhos deve ser o lugar da moradia da bem-amada. Sagacidade do amante que fareja a presença do ser amado e vê seu rosto na paisagem:

> Ela morava lá, meu coração não se enganava... Ela era, como já se sabe sem saber, o LÍRIO DESSE VALE, onde ela crescia na direção do céu preenchendo o vale com o perfume de suas virtudes.[27]

---

25 *Ibidem*, p. 985.
26 *Ibidem*.
27 *Ibidem*, p. 987.

A dimensão olfativa do lírio a leva aqui à visão floral. É o perfume dessas virtudes exaladas no vale que define a mulher amada de maneira perene e imemorável, e que faz dela um ser celeste no odor de sua santidade. O emprego do pretérito "ela *era* o lírio" evoca a magia de uma história de amor como um conto de fadas. Ela *era* o lírio, porque ela foi uma vez a mulher amada. A fórmula no pretérito carrega a marca dessa nostalgia ligada ao ressurgimento odorante do passado perdido que retoma a superfície desarrumando e estimulando as narinas. Ela pressagia que essa figura floral do amor murchará com a morte, visto que ela já foi evocada no passado. "Ela era o lírio" significa igualmente que Mme. de Mortsauf é a própria encarnação da pureza, que ela parece uma aparição, tanto que ela não pertence a este mundo em razão de suas virtudes celestiais. Balzac insiste sobre o fato de que ele queria apresentar uma mulher bela, sensível, virtuosa sob os traços de Mme. de Mortsauf, que não é uma puritana austera, mas uma mulher sensual e pura. O lírio sugere este duplo aspecto; seu perfume inebriante sobe à cabeça enquanto a majestade de suas corolas convida à contenção e à dignidade. Signo de nobreza, os lírios ornam igualmente o brasão do conde de Mortsauf [28] e marcam, portanto, o pertencimento da mulher amada ao homem com quem ela está casada. O lírio perfumado torna-se o símbolo da personalidade de Henriette, a chave de sua identidade e expressão de sua essência ao longo do romance. É assim, por exemplo, que Félix, ao voltar ao castelo, depois de uma longa ausência, saúda Henriette: "bela flor humana que acaricia meu pensamento e que beija minha alma! Ô, meu lírio! Eu lhe digo, sempre intacto e reto sobre seu caule, sempre branco, orgulhoso, perfumado, solitário!".[29]

O segundo encontro confirma essa aproximação olfativa que caracteriza a escrita balzaquiana. Passeando com um amigo de sua mãe, Félix, chega perto do castelo de Clochegourd avistado no famoso vale, e se bem que ele ignore que se trata do lugar da residência de sua bem-amada, ele a pressente e a fareja, mostrando uma vez mais sua sagacidade amorosa. Seu amigo lhe faz, aliás, notar, dizendo: "Cheiras de longe uma bonita mulher como um cachorro fareja a caça."[30] É ainda em termos de respiração que se exprime a felicidade de Félix quando ele se prepara para atravessar a porta da casa onde

---

28   Este "descende de um homem que sobreviveu à forca. Também os Mortsuf portam ouro, a cruz de areia avermelhada e em forma de T que traz no centro uma flor de lírio de ouro com os dizeres: Deus salve o rei nosso senhor, por sentença".
29   *Ibidem*, p. 1.114.
30   *Ibidem*, p. 989.

pressente o cheiro do ser da mulher amada: "Subindo o caminho que costeia Clochegourd, eu admirava essas terras tão harmoniosas, onde eu respirava um ar impregnado de felicidade."[31] Certamente é primeiro a voz preciosa do ser amado que Félix reconhece, antes mesmo de ter visto Mme. de Mortsauf. Mas essa preeminência da voz não eclipsa por essa razão a referência à respiração e ao sopro. O jovem homem, que ousa, com dificuldade, olhar a mulher do conde, por temor de enrubescer confessa a esse propósito que "o sopro de sua alma se desenrolava nas dobras das sílabas, como o som se fragmenta sob a clave de uma flauta; ele expirava ondulosamente próximo a sua orelha, de onde se precipitava a subida do sangue".[32] Félix procura então "aspirar o ar que saía de seu lábio carregado de sua alma".[33] A relação que se faz entre os dois seres repousa mais sobre uma troca de sopros, sobre uma respiração, até mesmo uma inalação do outro e de sua alma, do que de uma troca de olhares e de palavras. A psique vaporizada no ar pelas palavras da condessa é aspirada voluptuosamente por Félix, que se impregna e constrange essa luz falada sob a forma de uma carícia suspensa no sopro. Quando Félix se encoraja e olha atentamente o ser amado para esboçar seu retrato, ele conclui, no fim de uma descrição bastante convencional, que "suas qualidades visíveis só podem, aliás, se exprimir por comparações".[34] Ele recorre então a uma analogia emprestada ao registro olfativo:

> Lembrem o perfume casto e selvagem dessa urze que colhemos ao regressar da cidade de Diodati, essa flor que tens tanto louvado o negro e a rosa, adivinharas como essa mulher podia ser elegante longe do mundo, natural em suas expressões, procurada nas coisas que se tornaram suas, ao mesmo tempo rosa e negra.[35]

Para representar a beleza de Mme. de Mortsauf é preciso imaginar o perfume de uma dama em rosa e negro como uma reminiscência romântica da urze colhida na beira do lago Genève, perto do Palácio Diodati, lugar por excelência da poesia, já que Byron por lá passou. A imaginação de Félix se manifesta então antes de tudo pelo canal do olfato, e é sobre esse substrato olfativo que se enxertam a luz e as cores.

---

31 *Ibidem*, p. 991.
32 *Ibidem*, p. 994-995.
33 *Ibidem*.
34 *Ibidem*, p. 997.
35 *Ibidem*, p. 997.

Mas isso não é apenas o imaginário amoroso que se nutre da fragrância, porque todas as ideias que germinam na cabeça de Félix no contato com o ser amado em Clochegourde são assimiladas a odores florais. Assim os pensamentos são perfumes. "A maior parte de minhas ideias e mesmo as mais audaciosas na ciência ou na política nasceram lá, como os perfumes emanam das flores; mas lá o verdejar da planta desconhecida que lança sobre minha alma sua poeira fecunda, lá onde brilhava o calor solar que desenvolvia as minhas boas qualidades e dissecava as más."[36] O intelecto é inteiramente análogo a um jardim odorífero, fecundado pelos lírios no vale.

É preciso igualmente observar que a identificação da mulher ao perfume não é própria ao seu amante. Ela constitui uma característica constante. Mme. de Mortsauf não é somente um buquê de odores para Félix, mas também para seu marido. Para descrever a personalidade dessa mulher e a maneira pela qual ela é percebida pelas diversas pessoas que a cercam, Balzac não opera uma mudança de ponto de vista, mas procede a uma espécie de variação em torno do tema olfativo. Ele não relata as maneiras de ver, mas de cheirar. Tanto para o amante como para o marido, o amor diz respeito ao nariz. Depois de uma série de reversos da sorte, M. de Mortsauf, melancólico e hipocondríaco se instala em Clochegourde logo depois de seu casamento. "Ele respira nesse vale", diz-nos Balzac, "os inebriantes odores de uma esperança florida".[37] Sua mulher lhe aparece como um bálsamo pleno de frescor sobre suas feridas.[38] Seu amor por ela tem o aspecto de um perfume místico, porque é assimilado à relação entre Cristo e Madalena. É a essa analogia bíblica que recorre Mme. de Mortsauf para explicar a Félix a natureza do laço que a une a seu marido. "O senhor me ama tanto quanto ele pode me amar; tudo o que no seu coração é reservado de afeição ele o derrama a meus pés, como Madalena derramou o resto de seus perfumes aos pés do Salvador."[39] Essa comparação, entretanto, não é fiel aos textos sagrados. Por um lado, ela se apoia em uma inversão dos papéis bíblicos, porque aqui é a mulher que é o Salvador, e o homem a Madalena. Por outro, ele introduz uma distorção à altura, porque o acento não está posto sobre a prodigalidade e a generosidade inerentes ao gesto de Madalena, mas sobre seu esgotamento. É um resto

---

36 *Ibidem*, p. 998.
37 *Ibidem*, p. 1.011.
38 Cf. p. 1.012. "O caráter variável, não descontente, mas mal contente do conde reencontra, portanto, em sua mulher uma terra doce e fácil onde ele se estendia e sentia suas dores secretas amolecidas pelo frescor dos bálsamos."
39 *Ibidem*, p. 1.033.

de perfume de amor que o conde difunde, e ele não pode prodigalizar mais porque a fonte não secou com as vicissitudes da vida. Entretanto, ele dá uma pequena Madalena a sua mulher, e é sem nenhuma dúvida essa referência ao episódio bíblico do vaso de perfume que está na origem do nome de seu primeiro filho.

Se está claro que a identificação e a qualificação da mulher amada mobilizam entre os dois homens os recursos do nariz, sua aproximação olfativa difere, no entanto, sensivelmente e dá lugar a eflúvios diferentes, esboçando sua personalidade. Para Félix, o lírio perfuma; para seu marido é um bálsamo. Para um exala a vida, para o outro caracteriza a morte. Essa divergência sobre a maneira de sentir a mulher amada se mostra invertida pela diferença da aproximação olfativa e visual da paisagem do vale. Um dia, durante um passeio, M. de Mortsauf leva Félix e toda sua família a um campo estéril, pedregoso e seco e exclama, tocando a terra com sua bengala: "Eis aí minha vida!"[40] E acrescenta vendo empalidecer a condessa: "Oh!, mas antes de tê-la conhecido."[41] Imediatamente Félix replica: "que deliciosos odores e belos efeitos de luzes chegam aqui... Eu bem que gostaria de ter minha própria terra, sondando aí talvez eu encontrasse tesouros... Vejais a diferença dos gostos. Para vós esse canto de terra é um campo, para mim é um paraíso".[42] Ele se vê então gratificado com um olhar de agradecimento da condessa. Duelo em torno da terra, metáfora do corpo da mulher. Campo seco e abandonado para um, paraíso odorante e luminoso, cuja profunda riqueza está para ser sondada, para o outro; a paisagem é a imagem da vida afetiva de cada um. O conde não sente mais nada; sua vida se tornou amarga e sua mulher adorna por assim dizer um perfume do esquecimento. Félix, ao contrário, aspira o odor delicioso da vida e quer exumar os tesouros dessa terra paradisíaca encarnada pela condessa.

Mas não é somente a identidade de uma mulher amada que é pensada em termos olfativos, é também a expressão do amor, de suas carícias, suas feridas. Félix manifesta sua paixão inventando uma arte de perfumes e de buquês. Durante horas, ele combina as cores com os perfumes e encontra para a bem amada: "uma ciência perdida na Europa, onde as flores do escritório substituem as páginas escritas no Oriente com as cores perfumadas".[43] Ele compõe sinfonias olfativas dosando as notas perfumadas para produzir uma

---

40   *Ibidem*, p. 1.023.
41   *Ibidem*.
42   *Ibidem*.
43   *Ibidem*, p. 1.054, esse perfume que comunica a todos os seres.

harmonia que serve de substituto sensual à posse da mulher amada. O perfume dos buquês, carregado de sensualidade, envolve os amantes em uma proximidade tal que "Mme. de Mortsauf não era nada mais que Henriette",[44] e torna-se um modo de comunicação dos pensamentos ou da escrita que substitui a impossível carta de amor:

> Compreendes essa deliciosa correspondência pelo detalhe de um buquê, como um fragmento de poesia, compreenderias Saadi. Sentistes nas pradarias, no mês de maio, esse perfume que comunica a todos os seres a embriaguez da fecundação, que faz que no barco mergulhes vossas mãos na onda, que entregues seus cabelos ao vento, e que vossos pensamentos reverdegam como ramagens florestais? Uma pequena erva, a gramínea odorante, é um dos potentes princípios dessa harmonia velada. Também ninguém pode guardá-la impunemente perto de si. Coloques em um buquê lâminas reluzentes e raiadas, como um vestido de redes brancas e verdes, de inesgotáveis exalações moventes no fundo de vosso coração as rosas em botão que o pudor esmaga.[45]

A composição dos buquês aparece como uma forma de sublimação e de substituto artístico às relações sexuais. Félix seleciona cuidadosamente as flores cujo odor, forma e cor sugerem o ato sexual e convidam a mulher amada a se deixar abandonar. Tudo concorre para acarinhar a união carnal e suas volúpias, o perfume "que comunica a todos os seres a embriaguez da fecundação", o "gargalo dilatado da porcelana" que retém as flores aos "dardos triplos", às "folhas lanceoladas recortadas", aos "caules irregulares como os desejos enroscados no fundo da alma" até a "magnífica papoula dupla vermelha acompanhada de suas glandes prontas a se abrir" e o "cheiro de Afrodite escondido na gramínea".[46] Verdadeiras oferendas ao amor, esses buquês perfumados são ao mesmo tempo incitações a ceder à tentação e a verdadeiros exutórios do desejo frustrado, de sucedâneos flamejantes de uma voluptuosidade recusada. Félix confessa isso, aliás, sem desvio: "Esses prazeres neutros nos foram de uma grande ajuda para enganar a natureza irritada pelas longas contemplações da pessoa amada, por seus olhares que gozam radiantemente até ao fundo das formas penetradas."[47]

---

44 *Ibidem*, p. 1.056.
45 *Ibidem*, p. 1.054.
46 Cf. *ibidem*, p. 1.056-1.057.
47 *Ibidem*, p. 1.057.

Capítulo 3 | As Expressões Artísticas do Odor

Os poemas de odores constituem uma forma de carinho impossível. O olfato não é apenas a expressão do amor platônico etéreo, ele também se faz perceber. É preciso remarcar que sob essa ótica o único momento de contato físico prolongado entre os dois amantes, quando Félix toma em seus braços Henriette desmaiada para levá-la para seu quarto e arrumar seus cabelos em desordem, está descrito em termos que não reenviam ao tato, mas ao sopro e à respiração. "Enfim, ontem eu deixei o terreno respeitoso que me inspiras, esse desfalecimento não nos aproximou? Então eu sabia que isso era respirar respirando contigo, quando a crise te permitiu aspirar nosso ar."[48]

Para além das carícias, são também as feridas amorosas e a própria morte que se exprimem de maneira olfativa. Quando Mme. de Mortsauf descobre que Félix em Paris sucumbe aos encantos de Lady Dudley e alimenta com ela uma ligação carnal e apaixonada, ela murcha com essa ferida como uma flor que morre. "A fraqueza dessa voz, outrora tão plena de vida, a palidez mate do som revelava uma dor amadurecida, exalando não sei que odor de flores cortadas sem retorno."[49] Do lírio cortado emana então um buquê mortal. Roída por uma dor profunda, Henriette se abate e não pode mais ingerir qualquer alimento; ela naufraga pouco a pouco em uma lenta agonia entrecortada de sobressaltos e de movimentos de revolta quando sente a morte chegar. "É possível que eu morra, eu que não vivi? Eu que nunca fui procurar alguém num campo. Ela para, parece escutar e sentir através dos muros não sei que odor."[50] Mas antes de sentir o odor da morte, Henriette, presa ao delírio, respira ainda o amor; ela propõe a Félix abandonar sua família, partir para a Itália, fazer loucuras com ele como Lady Dudley. Esse episódio amoroso delirante é colocado lá ainda sob a marca dos odores, porque o médico o classifica como perfume estonteante das flores que ornam o quarto da doente e lhe ordenam levantar:

> Assim as flores tinham causado o delírio, ela não era cúmplice. Os amores da terra, as festas da fecundação, as carícias das plantas a tinham embriagado com seus perfumes e sem dúvida tinham despertado pensamentos de amor felizes que estavam adormecidos desde a sua juventude.[51]

---

48   *Ibidem*, p. 1.075.
49   *Ibidem*, p. 1.149.
50   *Ibidem*.
51   *Ibidem*, p. 1.205.

Reminiscência do período feliz dos buquês, o odor das flores espalha os últimos eflúvios do amor sobre o leito de morte.

Do amor e da morte o odor floral permanece determinante até o fim do romance. Ele vai até mesmo levar esperança de ressurreição, quando Félix pergunta ao padre se ele acredita que "esse belo lírio reflorescerá no céu",[52] ou a exprimir pelo menos a convicção de uma sobrevivência da alma do ser amado no coração daquele que a amou.

> É das pessoas que sepultamos na terra, mas é particularmente das queridas que fizeram do nosso coração uma mortalha, das quais a lembrança se mistura cada dia a nossas palpitações; pensamos nelas como respiramos, elas estão em nós pela lei suave de uma metempsicose própria ao amor. Uma alma está em minha alma. Quando algum bem é feito para mim, quando uma bela palavra é dita, essa alma fala, ela se agita; tudo o que posso ter de bom emana dessa tumba, tal como de um lírio os perfumes que embalsamam a atmosfera.[53]

O lírio no vale pode assim se ler como um longo poema de amor olfativo. Théophile Gautier não está enganado, porque ele é o primeiro, depois da morte de Balzac, a ter prestado uma verdadeira homenagem a essa obra desconhecida em um artigo publicado em *La Presse* de 20 de junho de 1853: "*O lírio do vale* tem entre as obras de Balzac guardada toda proporção, o lugar do *Cânticos dos cânticos* na Bíblia; é a montanha dos aromas do Líbano transplantada ao seio da Touraine e a magnificência das poesias orientais prodigalizada por um amor obscuro. O autor fez de seu lírio uma luminosa atmosfera com sopros trêmulos da brisa, os enrubescimentos pudicos da aurora e as brumas azuladas do incenso." O romance de Balzac é uma ilustração magnífica da potência expressiva da dimensão olfativa, ele faz do perfume a chave da abóbada do amor e serve de paradigma e de fio condutor para compreender a relação com o outro, a percepção de sua personalidade e a constituição de sua identidade.

Para além da exploração dos afetos, está a relação estreita entre o olfato e a memória, que a literatura soube atualizar de maneira magistral na pessoa de Marcel Proust. O autor da *La recherche* criou um verdadeiro universo olfativo, porque não são somente as emoções, mas a realidade inteira que pode se exprimir pelo nariz.

---

52   *Ibidem*, p. 1.196.
53   *Ibidem*, p. 1.220.

O UNIVERSO OLFATIVO DE MARCEL PROUST

> Às vezes encontramos um velho frasco que se lembra
> De onde jorra todo o vivo uma alma que regressa.
> Mil pensadores dormiam, crisálidas fúnebres,
> Tremulando docemente em pesadas trevas,
> Que abrem suas asas e tomam impulso,
> Pintados de azul, congelados de rosa e guarnecidos de ouro.[54]
>
> Baudelaire, *La flacon*

Se Baudelaire é indiscutivelmente um precursor em matéria de poesia olfativa, tanto que seus versos exalam o perfume melancólico dos amores mortos e do *never more*, Proust é sem contestar o escritor em que as palavras e as frases são marcadas pelo odor do tempo reencontrado. O autor de *Em busca do tempo perdido* se inscreve aliás na filiação olfativa não apenas de Chateubriand,[55] mas de Baudelaire a propósito do que ele escreve: "É o próprio poeta que, com mais escolha e preguiça, busca voluntariamente no odor de uma mulher, por exemplo, de seus cabelos e de seu seio, as analogias inspiradoras que lhe evocam 'o azul do céu imenso e redondo' e 'um porto repleto de labaredas e de mastros'."[56] Certamente, em Proust todas as sensações, enquanto constituem o tecido do real, fornecem matéria à obra de busca do tempo perdido, mas o olfato, uma vez que não é costume, ocupa um

---

54 "*Parfois on trouve un vieux flacon qui se souvient/D'où jaillit toute vive âme qui revient./Mille pensers dormaient, chrysalides funèbres,/Frémissant doucement dans Lourdes ténèbres,/Qui dégagent leurs ailes et prennent leur essor,/Teintés d'azur, glacés de rose et lamés d'or.*"

55 Cf. *Em busca do tempo perdido. O tempo redescoberto*, p. 727, onde o narrador opõe os tolos àqueles que têm uma vida interior profunda e o enriquece com escritores verdadeiros: "Isso que modifica profundamente para eles a ordem dos pensamentos, é bem mais alguma coisa que parece em si não ter qualquer importância e que reverte para eles a ordem do tempo lhes tornando contemporâneos de um outro tempo de suas vidas; podemos nos dar conta disso praticamente pela beleza das páginas que ele inspira: um canto de pássaro no parque de Montboissier, onde uma brisa carregada de odor de resedá, é evidentemente o acontecimento de menor consequência do que as maiores datas da Revolução do Império. Eles inspiraram, no entanto, Chateaubriand em suas *Mémoires d'outre-tombe* as páginas de um valor infinitamente grande". Citamos as Éditions de la Pléiade, estabelecidas por Pierre Clarac e André Ferré, em 3 volumes, Paris: Gallimard, 1954.

56 *O tempo redescoberto*, p. 920.

lugar privilegiado, porque antes de ser uma música, um quadro ou um sabor, o tempo e a realidade são em primeiro lugar um buquê de odores. É o que Proust faz observar em *O tempo redescoberto*: "Uma hora não é uma hora, é um repleto de perfumes, de sons, de projetos e de climas. O que chamamos de realidade é uma certa relação entre essas sensações e essas lembranças que nos envolvem simultaneamente [...], relação única que o escritor deve encontrar para jamais encadear em sua frase os dois termos diferentes."[57] Proust se propõe assim a isolar "a substância invisível do tempo"[58] e de restituir "esse passado, essência íntima de nós mesmos".[59] Ele recorre em primeiro lugar a uma metáfora olfativa para definir o que é uma hora e a assimila a um frasco de odores que se difundem e tecem a realidade, misturando a trama perfumada do presente à cadeia das lembranças.

Embora todos os sentidos contribuam a títulos diversos para a elaboração dessa relação entre sensação e lembrança que constitui a realidade, o olfato tem um papel primordial, porque o perfume lança um ponto entre o presente e o passado graças a sua capacidade de evocação de uma temporalidade íntima, subjetiva, emocional. O odor possui uma extraordinária potência que se exprime por meio de toda *La recherche*, a tal ponto que não é exagerado falar da existência de um mundo olfativo na obra de Marcel Proust. A potência da percepção olfativa tem em primeiro lugar sua capacidade fulgurante em atar as relações imediatas entre sensações e lembranças e a exprimir a realidade em sua espessura temporal e sua diversidade sensorial. Sob essa ótica, o olfato suplanta a visão que é muitas vezes impotente para restituir a totalidade da sensação, tanto que ela se impõe e eclipsa todo o resto. Em um sentido, a força da visão faz sua fraqueza, porque por minha acuidade ela interpõe a consciência entre a realidade e o eu, intelectualizando as relações e interditando toda captura imediata. O narrador em *La recherche* sublinha assim a impossibilidade da visão de apreender verdadeiramente os objetos exteriores: "Quando via um objeto exterior, a consciência com a qual eu via permanecia entre eu e ele, o ladeava de um fino debruado espiritual que me impedia de tocar diretamente sua matéria."[60] Entretanto, o olfato é apto a restituir tudo, porque o odor, na maioria das vezes, não tinha sido percebido direta e separadamente de maneira plenamente consciente, mas ele é asso-

---

57 *Em busca do tempo perdido. O tempo redescoberto*, p. 889.
58 *Swann expliqué par Proust. Contre Sainte-Beuve*. La Pléiade. Éditions Gallimard, p. 557.
59 *Contre Sainte-Beuve*. projeto de prefácio, p. 215.
60 *No caminho de Swann*, p. 84.

ciado às outras sensações. Assim, quando ele surge de novo, faz ressurgir ao mesmo tempo, por associação, as sensações às quais ele está ligado. Então ele se torna a única expressão de um cortejo de sensações e as subsume, por assim dizer. Ele pode restituir os lugares e os tempos e manifestar a relação que o sujeito liga ao real em sua sensibilidade. O poder do odor se declina na obra de Proust segundo uma gama sutil que envolve o mundo da infância, os amores nascentes da adolescência à maturidade, a vocação literária e a procura da eternidade. Para além dessas múltiplas facetas, o olfato em Proust reveste três principais figuras: a da intimidade, a da afetividade e a da criatividade literária ligada à memória involuntária.

O olfato, sentido do espaço íntimo e da interioridade

Diferente da visão que permanece na superfície das coisas, o olfato é o sentido da interioridade e da profundidade; ele permite penetrar na intimidade dos seres e das coisas, fazendo sentir suas essências. Desde o início de *La recherche*, o narrador explora essa dimensão descrevendo os lugares e os seres em termos olfativos. A referência aos odores é particularmente pregnante, em *No caminho de Swann*, para descrever esse mundo da infância onde ele entra pelo nariz no mesmo nível dos seres e das coisas. A evocação do universo interior se apoia em um rosário de odores dedilhado pela memória. O narrador vive em um mundo de odores; ele identifica os lugares e os seres a partir de seus eflúvios e os qualifica em termos olfativos. O jovem Marcel evoca assim o pequeno quarto de Combray "onde desde o primeiro segundo, [ele] foi intoxicado pelo odor desconhecido do *vétiver*".[61] O primeiro encontro no seu quarto em Combray foi colocado sob a impressão do *vétiver*. O odor dessa planta aromática que impregna o quarto que se identifica doravante a ele faz corpo com o eu, e penetra em suas profundezas abolindo toda distância entre o espaço interior e o espaço exterior. Em uma passagem de *A sombra das raparigas em flor* o narrador confirma essa análise:

> [...] até nessa região mais íntima do que aquela onde nós vemos e nós entendemos, nessa região onde experimentamos a qualidade dos odores, era quase no interior do meu eu que aquela do *vétiver* impelia em meus últimos redutos sua ofensiva, a qual eu opunha, não sem fatiga, a resposta inútil e incessante de uma fungada alarmada.[62]

---

61 *Ibidem*, p. 8.
62 *À sombra das raparigas em flor*, p. 667.

De par com seu caráter intrusivo, o odor permite aceder ao coração do ser e desarrumar sua intimidade. Ele abole as fronteiras entre o fora e o dentro e lhes faz fusionar em uma mesma imediatez perfumada. Que ele seja exalado ou inalado, ele exprime ou imprime sempre uma intimidade e carrega a marca da interioridade dos objetos ou dos sujeitos.

Não é, portanto, por acaso que Proust recorre a um registro olfativo para descrever esses espaços íntimos, que são os quartos e as salas de repouso. Assim, o refúgio do narrador, o lugar inviolável de sua solidão onde ele se entrega, segundo seus próprios termos, à leitura, ao devaneio, às lágrimas e à voluptuosidade, é identificado por seu odor de íris e de cassis:

> Eu subia soluçando no alto da casa ao lado da sala de estudos, sob os telhados, em uma pequena peça cheirando a íris, onde também um galho de flores de um cassis selvagem crescido lá fora entre as pedras e a muralha entrava pela janela.[63]

Para além do narrador, os espaços privados dos outros membros da família se definem pelas fragrâncias que desvelam sua identidade e sua personalidade. O que há de mais íntimo que o odor de um quarto para dormir que faz sentir a essência de um ser, seu universo natural e sua paisagem mental? Proust evoca assim o quarto de repouso do tio Adolphe, que "desprende inesgotavelmente esse odor obscuro e fresco, ao mesmo tempo forasteiro e de um antigo regime, que faz as narinas sonharem longamente quando penetramos em certos pavilhões de caça abandonados",[64] e ainda mais profundamente os dois quartos contíguos da tia Léonie, cujos estratos de odores exprimem toda uma vida:

> Era desses quartos de província que – do mesmo modo que em certos países, em partes inteiras do ar ou do mar, são iluminados ou perfumados por miríades de protozoários, que não vemos – nos encantam os mil odores que desprendem as virtudes, a sabedoria, os hábitos, toda uma vida secreta, invisível, superabundante e moral que a atmosfera tem em suspenso: odores ainda, naturais certamente, e cores do tempo como aquelas do campo vizinho,

---

63 *Ibidem*, p. 8.
64 *Ibidem*, p. 72.

mas já caseiros, humanos e guardados, gelado e delicado, industrial e límpido de todos os frutos do ano que deixaram o pomar pelo armário; sazonais, mas mobiliários e domésticos, corrigindo o picante do gelado branco pela doçura do pão quente, ociosos e pontuais como um relógio de aldeia, preguiçosos e dispostos, despreocupados e previdentes, camareiros, matinais, devotados, felizes de uma paz que só traz um acréscimo de ansiedade e um prosaísmo que serve de grande reservatório de poesia àquele que os atravessa sem ter vivido.[65]

Suspensos no ar do quarto, os odores, naturais e humanos, misturados em um vaivém industrial, liberam a própria essência de uma vida de província pacífica e doméstica, marcada pelo ritmo das estações, dos trabalhos e dos dias.[66] Os odores apareciam, portanto, como uma síntese e um precipitado da história secreta do sujeito, de seus hábitos e de suas virtudes. Eles são igualmente feitos de instantes móveis da vida, que passa na dimensão ao mesmo tempo física e moral, porque refletem os costumes dos seres, suas atividades materiais e mentais, seu *savoir-faire* e sua sabedoria. Espelho psicológico do indivíduo, eles fornecem uma imagem secreta e invisível, ao mesmo tempo movente e comovente, que é um tesouro de poesia. O odor é propício ao

---

65 *Ibidem*, p. 49.
66 Ver igualmente em *A prisioneira* a descrição olfativa do quarto do narrador que imagina de seu leito os odores da sala de jantar do campo onde poderia se entregar: "do meu leito para essas manhãs tão leves de primavera, eu ouvia os bondes caminharem através dos perfumes, no ar no qual o calor se misturava cada vez mais até chegar à solidificação e à densidade do meio-dia. Mais fresco, ao contrário, em meu quarto, quando o ar untuoso tinha acabado de vir e de isolar o odor do lavabo, o odor do armário, o odor do sofá, nada que a clareza com a qual, verticais e de pé, eles se apoiavam em fatias justapostas e distintas em um claro e obscuro nacarado que, acrescentando um gelado mais suave ao reflexo das cortinas, e das poltronas de cetim azul, eu me via não por um simples capricho de minha imaginação, mas porque era efetivamente possível, seguindo não importa em que bairro novo de um subúrbio parecido com aquele onde morava que, Balbec (nome deixado em branco), as ruas cegas de sol, e não vendo insípidos açougues e a branca pedra de corte, mas a sala de jantar de campo onde eu poderia chegar a qualquer hora, e os odores que eu encontraria lá ao chegar, o odor da compoteira de cereja e de damasco, de sidra, de queijo, de *gruyère*, retidos em suspenso no luminoso congelamento da sombra que eles pintavam delicadamente, como o interior de uma ágata, enquanto que os descansos de talheres em vidro prismático iriavam dos arcos-íris ou salpicavam aqui e ali sobre a toalha pintada de ocelos de pavão". *A prisioneira*, p. 410.

devaneio, à imaginação literária de uma vida singular que não vivemos. A respiração dos eflúvios perfumados de um quarto tece um laço íntimo com o outro do qual inalamos a história apropriando-nos do mais profundo de si. O odor é uma expressão do outro; um condensado do que lhe acontece e que se torna meu. O olfato é o sentido que permite penetrar nos seres e nas coisas no que elas têm de mais secreto: ele revela suas personalidades em sua interioridade. Cada indivíduo vai então se definir subjetivamente de maneira olfativa como uma sedimentação de odores. É assim que o primeiro Swann aparece na memória do narrador como "repleto de lazer perfumado pelo odor da grande castanheira, de cestos de framboesas e de uma haste de estragão".[67] M. de Charlus, por sua vez, é visto como um "personagem pintalgado, pançudo e fechado, parecido a uma caixa de proveniência exótica e suspeita que deixa escapar o curioso odor de frutas ao qual a ideia de experimentá-la somente causaria náusea".[68] Preso à personalidade do indivíduo, o odor revela os vícios e as virtudes. Enquanto ao nariz do narrador o odor de frango assado exprime os méritos de Françoise,[69] o cheiro do aspargo testemunha sua astúcia e sua perfídia.[70]

Esse laço de intimidade que o odor ata entre os seres e as coisas abole a distinção não apenas entre o espaço interior e o espaço exterior, mas entre o vivo e o inanimado. O quarto deixa de ser um espaço exterior inanimado para encarnar o espírito de Léonie. O odor é igualmente a alma dos objetos, ele lhes dá vida e figura humana. Esse animismo olfativo não concerne somente ao espaço doméstico do quarto ou do gabinete, ele se estende à natureza inteira que o narrador explora com seu nariz, inventando toda uma geografia de odores, onde predominam lilases e *aubépines* que vão desde a pequena ladeira de Tansonville até o parque de M. Swann. O olfato permite

---

[67] *No caminho de Swann*, p. 20.
[68] *Le côté de Guermantes*, p. 1.042.
[69] Cf. *No caminho de Swann*, p. 121. "Françoise girava um de seus frangos no espeto, como só ela sabia assar, que tinham levado longe, em Combray, o odor de seus méritos, e que, quando ela nos servia à mesa, fazia predominar a doçura na minha concepção especial de seu caráter, o aroma dessa carne que ela sabia apresentar tão untuosa e tão tenra, que eram para mim nada mais que o próprio perfume de uma de suas virtudes."
[70] Cf. *ibidem*, p. 124. "Françoise achava que para servir a sua vontade permanente de tornar sua casa intolerável para todos os empregados, ela precisava de astúcias tão engenhosas e tão impiedosas que alguns anos mais tarde, nós entendemos por que nesse verão nós comíamos aspargos quase todo dia, e sendo assim seu odor provocava na pobre menina da cozinha encarregada de descascá-los crises de asma de uma tal violência que ela acabou indo embora.

experimentar o laço íntimo à natureza, a osmose entre paisagem interior e exterior. A natureza não é uma entidade estrangeira, mas uma pessoa familiar cujos contornos são reconhecíveis na sucessão de seus eflúvios singulares e sazonais. Ele não é mais um mundo exterior, mas o interior ao narrador que projeta sobre ele os desejos antropomórficos da infância. O olfato é ainda o sentido da exterioridade interiorizada e abre espaço ao devaneio e a interpretação poética. O odor aparece como uma manifestação da existência da natureza, de sua intimidade secreta, de sua feminilidade, uma após a outra, virginal e sensual. Ele vai dar lugar a uma erotização da natureza que prefigura o desejo amoroso para as jovens em flor. É o que revelam principalmente os odores das *aubépines* e dos lilases que constituem vivos personagens habitando o mundo da infância das figuras delicadas de exílio sensual. Por duas vezes, na igreja e perto do caminho que conduzia aos campos depois da propriedade de Swann, as *aubépines* aparecem como mulheres flores cujos odores de amêndoas despertam o desejo de saboreá-las.

> Quando no momento de deixar a igreja, ajoelhado ante o altar me levantei senti subitamente escapar um odor amargo e doce de amêndoas das *aubépines*, e observei então nas flores pontinhos sob as quais eu imaginava que esse odor devia estar escondido, como, sob as partes gratinadas, o gosto de *frangipane* ou, sob as sardas das bochechas da senhorita Vinteuil. Apesar da silenciosa imobilidade das *aubépines*, esse intermitente odor era como o murmúrio de sua vida intensa do qual o altar vibrava [...].[71]

O odor é, portanto, o sopro da vida secreta das *aubépines*, o murmúrio amoroso de uma natureza animada que se oferece no silêncio e na virulência primaveril. O odor de amêndoas doces amargas das *aubépines* exerce uma sedução discreta como uma promessa de gozo escondido. Ele é como uma preliminar das bochechas da menina Vinteuil, dissimulado sob as sardas. O perfume das *aubépines*, que acompanham o narrador ao longo da procura, simboliza os amores virginais, a atração infantil pela senhorita Vinteuil, depois a dolorosa paixão platônica por Gilberte. Ele será, aliás, associado à jovem senhorita Swann em *O tempo redescoberto*.[72] Esse perfume, no entanto, é mais místico que erótico, porque evoca a pureza das comunicantes ou das

---

71 *No caminho de Swann*, p. 113.
72 Cf. p. 991: "Todas as lembranças que compõem a primeira Srta. Swann foram de fato suprimidas da Gilberte atual, retidas bem longe pelas forças de atração de um

jovens casadas tímidas que sobem ao altar com seus buquês. Isso é o que sugere Proust algumas linhas adiante quando descreve o odor de um caminho que sobe até a propriedade de Swann:

> Eu o encontrava impregnado pelo odor das *aubépines*. A cerca viva formava como um séquito de capelas que desapareciam sob a juncada de suas flores amontoadas no repositório, abaixo delas o sol pousava na terra um quadriculado de claridade, como se ele tivesse acabado de atravessar uma vidraça; seu perfume se estendia também untuoso, também delimitado em sua forma, que, se eu tivesse estado diante do altar da Virgem, e as flores também adornadas, teriam cada uma um ar distraído, seu cintilante buquê de *étamines*, finas e radiantes nervuras de estilo *flamboyant* como aquelas que ornavam o púlpito da igreja, ou dos vitrais que desabrochavam nas brancas carnes das flores do morangueiro. Quantos inocentes e camponeses, pareciam em comparação às *églantines* que, em algumas semanas, subiriam elas também, em pleno sol, o mesmo caminho rústico na seda lisa de seu corpete avermelhado que um sopro desfazia![73]

O odor das *aubépines* aparece, portanto, como um odor místico, um odor suave de pureza cuja aura transforma o caminho em igreja e a cerca viva na sequência de capelas, dando ao narrador extasiado a sensação de estar diante do altar da Virgem. Ele prefigura os amores futuros sob uma forma idealizada e inacessível, tanto que a voluptuosidade prometida por sua carne branca permanece casta e etérea. A comparação entre as *aubépines* e o perfume sutil e refinado das *églantines*, "inocentes e camponeses", reforça essa impressão, porque se apoia no contraste entre dois modelos de feminilidade, a virgem de carne imaculada e a mulher mais vulgar de costumes simples e fáceis, cujos pretendentes abrem o corpete facilmente. Esse contraste, entretanto, não deve ser acusado, porque a evocação do corpete de seda enrubesce as *aubépines*, que um sopro desfaz, anunciando a passagem de uma contemplação a distância ao desejo de posse de uma mulher, que se manifesta por meio da respiração do odor do lilás.

---

      outro universo, em torno de uma frase de Bergotte com a qual eles fazem corpos e banhados de um perfume de *aubépines*."

73   *No caminho de Swann*, p. 138.

Capítulo 3 | As Expressões Artísticas do Odor

O perfume das *aubépines*, como dos lilases, é a encarnação de uma presença feminina da natureza que desperta o desejo amoroso. Mas essa presença feminina que revela a fragrância dotada de uma potência erótica suscita no narrador uma atração tão forte que ele quer enlaçar aos lilases. O perfume corresponde igualmente a uma mudança do místico, porque ele não desposa mais a figura cristã da Vigem, mas a figura muçulmana das huris. É isso que sobressai do relato do passeio que leva ao parque de M. Swann:

> Antes de chegar nós reencontramos, vindo ao encontro dos estrangeiros, o odor de seus lilases. Eles mesmos, entre os pequenos corações verdes e frescos de suas folhas, levantavam curiosamente, acima da barreira do parque, seus penachos de plumas malvas ou brancas que lustravam, mesmo na sombra, o sol no qual elas tinham se banhado. Alguns deles, meio escondidos pela pequena casa em telhas, chamada casa dos Archers, onde habitava o guardião, ultrapassavam a catraca de sua minarete rosa. As ninfas da primavera poderiam parecer vulgares ao lado dessas jovens huris que guardavam, nesse jardim francês, os tons vivos e puros das miniaturas da Pérsia. Apesar do meu desejo de enlaçar seu talho flexível e de atrair para mim as fivelas estreladas de sua cabeça odorante passamos sem parar, meus parentes não iam mais a Tansonville desde o casamento de Swann.[74]

O odor dos lilases é uma viva embaixatriz que acolhe os estrangeiros e lhes promete um gozo paradisíaco. Ele deixa pressentir a intimidade da união amorosa como uma mulher sensual que vem ao encontro de vocês. O odor é, portanto, uma promessa de felicidade. À pureza gelada da virgem distante, própria aos perfumes das *aubépines*, sucede a flor lilás da lânguida huri. Mas quaisquer que sejam as nuances de suas fragrâncias, as *aubépines*, os lilases e as rosas silvestres participam dessa erotização da natureza que se exprime através de seu perfume. Todas essas flores mulheres prefiguram as mulheres flores que o narrador vai colher segundo seu humor. O odor é assim um prelúdio às emoções da carne, porque, em Proust, o olfato é não apenas o sentido da interioridade e da intimidade, mas também, e principalmente, o sentido da afetividade em todas as suas formas, da tristeza à alegria, do ódio ao amor.

---

74 *No caminho de Swann*, p. 135.

O olfato, sentido do afeto e do desejo amoroso

De maneira geral, em *La recherche*, as emoções se cristalizam nos odores e nos perfumes. Por uma espécie de metonímia, um afeto será inteiramente contido no odor ao qual foi associado. Essa reciprocidade entre o sentir e o re-sentir aparece com uma evidência fulgurante durante o episódio doloroso em que o jovem Marcel é convidado a se deitar, sem ter podido beijar sua mãe e ter certeza de que ela subiria para lhe dar boa-noite, por causa da presença de uma visita.

> Essa escada detestada na qual eu penetrava tão tristemente exalava um odor de verniz que tinha de algum modo absorvido, fixado, esse tipo particular de desgosto que eu ressentia cada dia e a tornava talvez mais cruel ainda para minha sensibilidade, porque sob essa forma olfativa minha inteligência não podia mais fazer parte [...] meu desgosto de subir para meu quarto penetrava em mim de uma maneira infinitamente mais rápida, quase instantânea, ao mesmo tempo insidiosa e brusca pela inalação – muito mais tóxica que a penetração moral – do odor de verniz particular dessa escada.[75]

A associação entre o desgosto e o odor de verniz desencadeia uma tamanha identificação que a percepção olfativa se impregna de emoção, acabando por fixá-la e amplificá-la. Inalado a cada degrau da escada, o odor de verniz tem a potência radical de inocular o desgosto e de intoxicar o jovem Marcel, em virtude de sua imediatez, de seu caráter insidioso e brusco. Sua fulgurância faz o desgosto se instalar antes que a inteligência tenha tido tempo de refletir, de colocá-la a distância e de encontrar meditações ou remédios capazes de atenuar o sofrimento. A dor é inalada com o odor, ela invade instantaneamente o narrador e o desconcerta antes mesmo que ele possa, racionalmente, lutar. Encarnada pelo odor de verniz, a emoção toma a forma olfativa que precede a consciência e que penetra fisicamente o narrador. Esse é o forçamento do odor que sub-repticiamente metamorfoseia um tormento moral sobre o qual uma tomada é possível, a um custo físico irrepreensível. O odor traz, portanto, a emoção, reaviva-a, amplifica-a, corporificando-a.

Ele se encarrega do prazer ou do sofrimento, independente de sua qualidade própria e da maneira em que é percebido fora de qualquer afeto. Entretanto, o que está em questão não é o caráter agradável ou desagradável

---

[75] *Ibidem*, p. 28.

atribuído ao odor, e sim o sentimento ao qual ele está associado que vai lhe conferir um aspecto prazeroso ou desprazeroso. O odor exprime o afeto não em virtude de uma semelhança, mas por contiguidade, por meio de uma associação heterogênea. Assim, paradoxalmente, um odor de coisas guardadas pode ser portador de prazer, como lembra essa experiência delicada do narrador que penetra em um pavilhão entrelaçado de verde:

> Os muros úmidos e antigos da entrada onde eu ficava esperando Françoise desprendiam um fresco odor de coisas guardadas que me aliviava tanto das preocupações que acabava por fazer nascer em mim as palavras de Swann relatadas por Gilberte, penetrando-me de um prazer, não da mesma espécie que os outros, que nos deixavam mais instáveis, incapazes de retê-los, de possuí-los, mas, ao contrário, de um prazer consistente no qual eu podia me apoiar, delicioso, pacífico, rico de uma verdade durável, inexplicável e certa.[76]

A respiração de uma emanação, muitas vezes percebida como desagradável, é preenchida por um prazer inefável e único, ligado a uma ressurreição do passado no presente, e ligada ao cortejo de lembranças felizes que o fresco odor de coisas guardadas desperta de maneira inesperada. Pouco a pouco a percepção desse gênero de odor portador de um prazer "rico de uma verdade duradora" inexplicada e certa será compreendida e analisada como uma experiência de eternidade. A respiração do odor é, portanto, uma experiência ao mesmo tempo física e metafísica, porque o gozo que ela suscita vai bem além do puro prazer sensorial olfativo.

Aliás, o odor, em Proust, não é ligado de maneira definitiva a um afeto específico, ele pode exprimir os contrários e se nutrir de alegria e de tristeza, sucessivamente segundo o humor do narrador e de suas flutuações mentais. Assim o odor de cereja que é exalado no auge do calor, evocado em *A fugitiva*, é marcado sucessivamente pelo desejo das mulheres e pela angústia da partida de Albertine; ele revela alternadamente um caráter prazeroso e penoso, que é independente da qualidade do perfume percebido:

> Nesse calor que horas mais tarde será impregnado pelo odor de cerejas, o que eu encontro (como em um remédio em que a substituição de um de seus componentes por outro seria suficiente para transformar um estado de euforia e de excitação em um estado de

---

76 *À sombra das raparigas em flor*, p. 492.

depressão) isso não era mais o desejo das mulheres, mas sim a angústia pela partida de Albertine.[77]

A coloração afetiva do odor é, portanto, mutante, ela desposa as variações das emoções como um camaleão. Ela oferece um quadro móvel dos humores do narrador, relata a história de sua memória e de seu jogo singular de associações de ideias. Será assim possível endereçar em Proust uma lista de afetos-odores ou odores-afetos: o odor de verniz do desgosto, o odor de coisas guardadas de prazer, o odor de cereja da angústia ou do desejo das mulheres, o odor da folha da felicidade[78] [...] e traçar os contornos de uma busca olfativa do tempo perdido.

Mas é acima de todo desejo e amor que o odor se pretende encarnar. Com o tato e o gosto, o olfato é o sentido do desejo amoroso. O odor tem de fato um papel determinante no encontro e na cristalização do desejo. Primeiro, a mulher é um perfume. Essa assimilação vale não apenas para a mulher flor ou a *cocotte*, mas para todas as relações amorosas, e em primeiro lugar, para o encontro entre Swann e Odette que prefigura aqueles do narrador com Gilberte e Albertine.

A respiração do perfume de Odette é um prelúdio ao amor e permite a aproximação dos amantes. Desde seu primeiro encontro amoroso, Odete aparece para Swann como a mulher das catleias, carregadas no buquê ou plantadas em seus cabelos e no decote de seu corpete. Um desvio do cavalo e o choque que dele resulta na carruagem desarrumam o vestido de Odette e fornecem a Swann um pretexto para recolocar devidamente as flores caídas do corpete pelos solavancos:

> Mas veja, era realmente necessário fixá-las, senão elas cairiam, e sendo assim eu mesmo as introduzia um pouco mais... Sinceramente, eu não sou desagradável? E exalando-as para verificar se elas realmente não têm cheiro, eu nunca as cheirei. Eu posso? Diga a verdade [...] Nos dias seguintes ele usou o mesmo pretexto. Se ela tivesse as catleias no seu corpete ele diria: "que infelicidade, essa noite as catleias não precisaram ser arrumadas, elas não

---

77 *A fugitiva*, p. 482.
78 Cf. *À sombra das raparigas em flor*, p. 721. "Que às vezes para ter simplesmente sentido odor de folha. [...] ele não me aparecia como uma das felicidades inefáveis que nem o presente nem o futuro nos traz e que experimentamos somente uma vez na vida."

se deslocaram como na outra noite; parece-me que esta aqui não estava realmente no seu lugar. Posso verificar se elas não cheiram mais que as outras". Ou se ela não as tinha mais: "Oh! Nada de catleias esta noite, sem chance de me entregar a minhas manobras". [...] E bem mais tarde, quando o arranjo (ou o simulacro do ritual da manobra), as catleias, caíram em desuso, a metáfora *"faire clateia"* tornou-se um simples vocábulo que eles empregavam sem pensar quando queriam significar o ato da possessão física – onde na verdade nada era possuído – sobrevivente em sua linguagem, onde ela comemorava esse hábito esquecido.[79]

Se no amor o toque está indiscutivelmente implicado, o olfato não lhe deve nada porque a respiração do perfume de flores, ornando o corpete de Odette, serve de preliminar ao ato sexual e lhe torna possível. As catleias tornam-se a metonímia do amor e de sua comemoração. As pequenas manobras táteis e olfativas vão se ritualizar e perdurar metaforicamente depois de seu abandono por meio da expressão *"faire catleia"*.

Não é por acaso que *"fazer catleia"* se substitui a *"faire amor"* na linguagem dos amantes, porque para além do pudor que repugna um vocabulário cru, para além do desejo e da conivência amorosa que levam a inventar pequenas palavras doces que apenas são compreendidas a dois. A metáfora exprime a verdade da posse física. Propriamente falando não se possui o outro, exalamo-lo, afloramo-lo, e guardamos dele apenas um perfume que subsume sua essência. É assim que, depois de ter abandonado Odette, Swann volta ainda "para beijá-la porque tinha se esquecido de guardar em sua lembrança alguma particularidade de seu odor ou de seus traços".[80] O gozo se prolonga pela rememoração do rosto e das características singulares do odor estimulado pela reiteração da sensação. A respiração do odor é, portanto, ao mesmo tempo, um prelúdio e um poslúdio ao gozo, porque ele permite antecipá-lo e fazê-lo durar.

Essa pregnância da dimensão olfativa tende ao fato de que o perfume exprime a essência movente do ser amado e desposa, por sua volatilidade e sua evanescência, o caráter inatingível de sua identidade. Primeiro a essência de Odette é a essência da *cocotte*, da mulher perfumada e sedutora, de má vida. Uma vez casada e tornada Mme. Swann, a mulher das catleias trocará de flor para refazer uma virgindade. Ela perfumará seu interior de odores

---

79 *No caminho de Swann*, p. 232-234.
80 *Ibidem*, p. 238.

que imitam a natureza de sua pureza para fazer esquecer sua torpeza e se dar uma autêntica aparência de dama do mundo. O narrador admirará assim o refinamento do salão de Mme. Swann, graças às bolas de neve e "ao perfume ácido e capitoso de corolas de outras espécies" aparece "tão virginal, tão candidamente florido sem qualquer folha, tão sobrecarregado de odores autênticos quanto a pequena ladeira de Tansonville".[81] O forçamento de Odette consiste em dar a impressão de candura e de pureza graças a um subterfúgio perfumado. Ela maquila seu passado sob a brancura da neve e de fragrâncias floridas. A falsa virgem se faz passar por virgem e, recorrendo a artifícios visuais e olfativos, cria a ilusão de natural. Ela visa produzir uma impressão de classe e de distinção, dissimulando a vulgaridade sob o pó e o perfume refinado, à semelhança da princesa Nassau, essa *"grand cocotte du monde"* de quem o narrador diz que "permanece como Marie-Antoinette ao odor austríaco, ao olhar delicioso, conservado e perfumado, graças a mil fardos adoravelmente unidos que lhe fornecem uma figura lilás".[82] Essa encenação olfativa faz parte das astúcias e da sedução e visa capturar o galante grisalho para tê-lo sob a ponta do nariz. Swann é, aliás, costumeiro do fato; embriagado por seu perfume, ele está a dois passos de sucumbir aos charmes da Mme. de Surgis.

> Assim que Swann viu, apertando a mão da marquesa, do alto e muito perto, a fenda do seu seio, ele mergulhou um olhar atento, sério, absorvido quase preocupado, nas profundezas de seu corpete, e suas narinas, cujo perfume da mulher subiu à cabeça, palpitavam como uma borboleta pronta a pousar sobre a flor percebida.[83]

Se a visão detalha, o nariz desvanece, e o jogo é jogado.

Penetrar na intimidade de um ser amado é se impregnar de seu perfume e sucumbir a sua lei olfativa que eclipsa as outras fragrâncias. É isso que experimenta o narrador quando ele atravessa pela primeira vez a entrada na moradia dos Swann:

---

81 *À sombra das raparigas em flor*, p. 635.
82 *O tempo redescoberto*, p. 979.
83 *Le côté de Guermantes*, p. 707.

Capítulo 3 | As Expressões Artísticas do Odor											141

> Então eu conhecia essa casa de onde chegava até a escada o perfume que Mme. Swann usava, mas que perfumava mais ainda o charme particular e doloroso que emanava da vida de Gilberte.[84]

Estar apaixonado é penetrar em uma hierarquia olfativa, e por mais que a mãe quisesse imitar artificialmente os perfumes das *aubépines* que eram exalados ao longo da pequena ladeira de Tansonville, ela é ultrapassada por sua filha no que elas encarnam. Se os amores entre Odette e Swann são colocados sob a marca olfativa da catleia, em seguida a profusão de flores de perfume ácido e excitante, aquelas do narrador e de Gilberte, se banham no odor das *aubépines* que assinalaram seu primeiro encontro.[85] Entre a filha e a mãe o narrador estabelece, portanto, implicitamente uma filiação olfativa que se exprime pelo odor das *aubépines* por meio dos quais a primeira se constitui e a segunda se reconstitui. Nesse sentido, a atração antiga do jovem Marcel por Odette e depois sua paixão dolorosa por Gilberte poderiam ser interpretadas como a repetição e a comemoração olfativa do despertar sexual que é representado por meio da contemplação e da respiração das *aubépines* da ladeira de Tansonville.

Como as catleias, o perfume ao qual Gilberte é associado revela a impossibilidade da possessão no amor. Banhado de *aubépine*, o odor de Gilberte exala o charme particular e doloroso que emana de uma vida que parece sempre inacessível. Quando o narrador escuta proferir pela primeira vez o nome de Gilberte ele se espalha no ar puro como um perfume misterioso que plaina acima das flores e que exprime a quintessência de um ser, familiar para os próximos, e desconhecido para ele, que se sente dolorosamente excluído.

> Assim passou perto de mim esse nome de Gilbertte, dado como um talismã que me permitiria talvez reencontrar um dia aquela que viria a ser um personagem e que, um instante atrás, era apenas uma imagem incerta. Assim ele passou proferido em cima dos jasmins, dos cravos-da-índia, acres e frescos como as gotas do regador verde; impregnando, irisando a zona de ar puro que ele tinha atravessado – e que ele isolava – do mistério da vida daquela que ele designava para os seres felizes que viviam, que viajavam

---

84 *À sombra das raparigas em flor*, p. 503.
85 Cf. a passagem de *O tempo redescoberto*, p. 991, citado anteriormente, onde todas as lembranças que compõem a estreia da menina Swann são apresentadas como ligadas a "uma frase de Bergotte com a qual fazem corpo, e banhados de um perfume de *aubépines*".

com ela; exibindo sob a *aubépine* rosa, na altura do meu ombro, a quintessência de sua familiaridade para mim tão dolorosa com ela, com o desconhecido de sua vida onde eu não penetrarei.[86]

O nome de Gilberte envolve assim o narrador com o perfume de uma vida insular que o impregna e lhe escapa ao mesmo tempo. O desejo amoroso nascente aparece então como a tentativa de entrada em um mundo onde ele está excluído. Amar é se esforçar em perfurar os estratos odorantes que constitui o outro, de atravessar o círculo de seus odores íntimos para descobrir um paraíso que se sabe *a priori* estar perdido. Antes de recair bem mais tarde em uma insignificância inodora, o nome de Gilberte desliza no ar como *uma bolha odorante* envolvendo sua alma com uma aura perfumada.

Isso é, aliás, próprio aos nomes de pessoas ou de lugares quando eles se tornam familiares, como constata o jovem Marcel: enquanto os nomes das estações de trem anteriores a Balbec-Plage permanecem estranhas, "os nomes de Roussainville ou de Martinville que eu já os tinha escutado pronunciar muitas vezes por minha tia à mesa, na 'sala' eles adquiriam certo encanto sombrio, onde se misturavam ao gosto das geleias ao odor de fogão a lenha e do papel de um livro de Bergotte da cor do arenito da casa em frente. E ainda hoje, quando eles se desprendem como uma bolha gasosa do fundo de minha memória, conservam sua virtude específica por meio das camadas superpostas de meios diferentes que eles precisam atravessar antes de atingir a superfície".[87] Os nomes familiares são, portanto, como bolhas carregadas de sabores, de cores e de odores, que libertam suas mensagens quando sobem à superfície da memória. Essa metáfora da bolha odorante rege a poesia olfativa dos nomes aos quais Proust se dedica em *La recherche*. A título de exemplo, o nome de Guermantes é marcado também por uma mensagem perfumada que por vezes ele libera, fazendo sentir intermitentemente o ar de Combray irisado de *aubépines* e de sol, antes da chuva:

> E o nome de Guermantes é como uma dessas pequenas bolas nas quais injetamos o oxigênio ou outro gás: quando consigo estourá-las, fazendo sair o que elas contêm, eu respiro o ar de Combray desse ano, desse dia misturado a um odor de *aubépines*, que impregna o recanto desse lugar; precursor da chuva, fazendo sucessi-

---

86 *No caminho de Swann*, p. 232-234.
87 *À sombra das raparigas em flor*, p. 662.

vamente o sol desaparecer, deixando-o se estender sobre o tapete de lã vermelho da sacristia, revestindo-o de uma cor de pele brilhante, quase rosa, de gerânio, e dessa doçura, por assim dizer, de júbilo wagneriano, que conserva tanto de nobreza na festividade.[88]

Os nomes possuem, portanto, uma potência olfativa; eles se impregnam de odores, restituem-nos ou os dissolvem não apenas sob o efeito da memória, mas também da imaginação. O nome escutado cristaliza o desejo e o preenche com seu perfume, deixando-se abandonar a uma desilusão análoga àquela do narrador, que tinha "há anos – como um perfumista, um bloco liso de matéria pastosa – feito absorver a esse nome de princesa de Parma o perfume de milhares de violetas",[89] e que, depois de ter encontrado aquela que ele imaginava sob os traços da Sanseverina, foi constrangido a proceder a uma segunda operação que consistia "em retirar todo óleo essencial de violetas e todo perfume sthendhaliano do nome da princesa e a incorporar no lugar a imagem de uma mulherzinha negra ocupada de obras, de uma amabilidade tão tímida que compreendíamos logo em que orgulho altivo essa amabilidade se originava".[90] Sob o efeito da descristalização o perfume de violeta se comuta na imagem inodora da mulherzinha negra.

Mas o imaginário olfativo que rege as relações afetivas entre Swann e Odete, o narrador e Gilberte, atingem, em *À sombra das raparigas em flor*, uma potência inigualável e encontram seu apogeu durante a relação com Albertine. A metáfora das jovens em flores, que substitui a natureza virgem ou huri, atrai mais o olfato, o paladar e o tato que a visão. Em Proust, se ela não exclui a cor, o modelo floral é realmente mais olfativo e gustativo que visual. No desejo amoroso, a visão não intervém em si mesma e por si mesma, mas quando é delegada pelos outros sentidos. Desejar as jovens, não é olhá-las pura e simplesmente, mas as cheirar, as acariciar e as devorar com os olhos. É isso que observa o narrador em *À sombra das raparigas em flor*:

> Os homens, os jovens, as mulheres envelhecidas ou maduras, que pensamos nos agradar, são colocados por nós sobre um plano e uma superfície inconsistente, porque só tomamos consciência deles pela percepção visual reduzida em si mesma, mas é como delegada de outros sentidos que ela se dirige às jovens; eles vão

---
88　*Le côté de Guermantes*, p. 12.
89　*Ibidem*, p. 12.
90　*Ibidem*.

> procurar, um atrás do outro, as diversas qualidades odorantes, tácteis, saborosas, que eles provam assim mesmo sem o recurso das mãos e dos lábios; e capaz, graças às artes de transposição, ao talento de síntese, onde excede o desejo, de restituir sob a cor das bochechas ou do peito, o toque, a degustação, os contatos interditos, eles dão a essas jovens a mesma consistência melosa que eles fornecem quando tocam em um roseiral, ou em uma videira das quais comem com os olhos as uvas.[91]

A percepção visual reduzida a si mesma não nos abandona à superfície das coisas e dos seres que não nos atraem mais, mas possui uma profundidade, "um talento de síntese" e uma potência de transposição sem igual quando é trabalhada pelo desejo. Um olhar habitado de desejo cessa de ser puramente visual para tornar-se olfativo, táctil e gustativo. Os olhos restituem a doçura e o sabor sob a cor da pele, eles se fazem mãos e lábios invisíveis que colhem e mexem com toda inocência e toda impunidade. A contemplação visual não é simplesmente uma promessa de felicidade, um prelúdio ao gozo, ela é o próprio prazer enquanto condensa e transporta as delícias dos outros sentidos. É quando ela é outra coisa que não ela mesma, e que ela transporta em seu campo as sensações olfativas, tácteis e gustativas, que a visão tem um papel decisivo no fenômeno de atração amorosa. O objeto do desejo é o perfume e o gosto das jovens, e o olhar é convocado como representante do olfato, do paladar e do tato.

Proust insiste seguidamente sobre o estatuto de delegado que é transferido à visão:

> Para um convalescente que descansa o dia inteiro em um jardim florido ou em um pomar, um odor de flores e de frutas não impregna tão profundamente os mil nadas dos quais se compõe seu ócio; para mim é essa cor, esse aroma, que meus olhares vão buscar nessas jovens, cuja doçura acaba por se incorporar a mim.[92]

Lá ainda o olhar permite comer com os olhos e saborear a cor e o aroma da doçura das *raparigas em flor*. Assim o olhar cessa de ser o sentido da distância para tornar-se aquele da incorporação do outro em si. Albertine não escapa

---

91 *À sombra das raparigas em flor*, p. 892.
92 *Ibidem*, p. 910.

da regra se lhe confiamos a confissão do narrador durante seu primeiro encontro: "Eu olhava as bochechas de Albertine enquanto ela me falava, e me perguntava que perfume, que gosto elas poderiam ter."[93] A degustação e o toque visual permanecem, entretanto, mais imaginários que reais porque a delegação da visão só vale para os devaneios amorosos, para os desejos adolescentes, em que o sujeito mais espectador que ator gira em torno das jovens sem jamais se colocar realmente que as relações não são consumidas.

Desse ponto de vista, o olhar não é realmente atraído pela beleza própria de uma jovem e não se detém nos traços singulares, mas colhe de flor em flor a imagem do desejo indefinido que não se detém em uma única mulher. É por isso que o desejo das *raparigas em flor* é associado a uma fragrância. Em razão de seu caráter vago, ele é análogo a esses perfumes cantados pelos hinos órficos dos quais o narrador esboça a tipologia:

> [...] esses desejos por uma mulher por quem sonhamos não tornam de maneira alguma necessária a beleza de tal traço preciso. Esses desejos são apenas o desejo de tal ser; vagos como os perfumes, tal como o estoraque era o desejo de Protyraia; o açafrão, o desejo etéreo; os condimentos, o desejo de Hera; a mirra, o perfume das nuvens; o maná, o desejo de Niké; os incensos, o perfume do mar. Mas esses perfumes que os hinos órficos cantam são menos numerosos que as divindades que eles amam. A mirra é o perfume das nuvens, mas também de Protogonos de Netuno, de Nereu, de Leto; o incenso é o perfume do mar, mas também da bela Diké, de Thémis, de Circe, das nove Musas de Eos, de Mnemosine, do Dia da Diakaiosuné. Para o styx, o maná e as especiarias; não paramos de dizer às divindades que os inspiram como eles são numerosos. Amphiétès tem todos os perfumes, exceto o incenso, e Gaia rejeita somente as favas e as especiarias. Assim eram esses desejos que eu tinha das jovens. Menos numerosos que elas, se transformavam em decepções e tristezas muito semelhantes umas às outras. Eu jamais quis mirra. Eu a reservei para Jupien e a princesa de Guermantes, porque ela é o desejo de Protogonos "para os dois sexos tendo o mugido do touro, as numerosas orgias, memorável, indescritível, descendente, jovial, em relação aos sacrifícios de Orgiophantes".[94]

---

93   *Ibidem*, p. 888.
94   *Le côté de Guermantes*, p. 840.

A mitologia perfumada à qual se refere o narrador revela que o desejo, assim como o perfume das divindades, é vago e errante; não está ligado a uma única mulher da qual ele teria exclusividade. É ao mesmo tempo o desejo de Andrée ou de Albertine, como o incenso é o perfume de Diké ou de Circe. Ele nunca é um desejo singular, mas plural. O vago do perfume é apropriado à errância do desejo e restitui a essência vagabunda. Da mesma maneira que um perfume pode celebrar várias divindades, o desejo pode se endereçar a várias mulheres. Isso corresponde ao fato de eles serem menos numerosos que as divindades; são, portanto, correlatos, sem exclusividade. Assim como um mesmo perfume corresponde a várias divindades, um mesmo desejo se distribui sobre várias mulheres adoradas. Mas à imagem do perfume, o desejo se caracteriza por sua evanescência e pelo fato de se dissipar e de se transformar em decepções e em tristezas intercambiáveis, como as mulheres que os suscitaram. A analogia com o perfume enfatiza o caráter não apenas errático, mas fantasmático do amor vaporoso que se dissipa em fumaça. Mas se o desejo não visa ninguém em sua particularidade, ele não procura, entretanto, abraçar a totalidade dos seres em uma espécie de donjuanismo generalizado. Ele é vago, mas não é totalmente indeterminado porque não se impregna de todos os perfumes. O narrador reserva assim a mirra à duquesa de Guermantes e a Jupien que mantém um caso com o barão de Charlus. Seu desejo tem um odor de mulheres e pouco a pouco vai se definir. O perfume de Albertine vai então se sobrepor a todos os outros.

A escolha da *rapariga em flor* bem depois de suas hesitações fica localizada sob o signo do perfume e se manifesta primeiro sob a forma de uma tentativa de efração olfativa. É o que resulta do episódio em que o narrador entra no quarto de Albertine, que lhe pediu para vir vê-la, e se inclina para beijá-la pela primeira vez: "Fui conhecer o odor, o gosto que tinha essa fruta rosa desconhecida."[95] A *rapariga em flor* torna-se uma fruta. Essa metamorfose que se traduz pela substituição de um odor frutado em um odor floral evoca a passagem da defloração ao usufruto. Ela testemunha correlativamente uma maturação do desejo, que vem colher as frutas e experimentar seu perfume em sua dupla dimensão olfativa e gustativa. O olfato e o paladar estão, portanto, indissociavelmente ligados nesse desejo de saborear a fruta e de consumi-la. Infelizmente, Albertine recusa-se a se deixar beijar e soa para chamar alguém para grande decepção do narrador. É interessante constatar que esse beijo fracassado é explicado em termos olfativos, porque é levado em conta o temor de cheirar mal. Interrogando-se sobre as causas dessa atitude de recusa,

---

95   *A sombra das raparigas em flor*, p. 934.

Capítulo 3 | As Expressões Artísticas do Odor

o narrador chega a se perguntar "se o motivo dessa violência não teria sido, por exemplo, uma coqueteria, um odor desagradável que ela teria acreditado possuir pelo qual ela temia desagradá-lo".[96]

A referência ao perfume não vai ser utilizada para descrever o desejo vago a respeito das *raparigas em flor*, mas para caracterizar os traços particulares de Albertine, e principalmente seu riso ante o odor de gerânio:

> [...] esse riso evocava imediatamente as rosas de cor da pele, as paredes perfumadas contra as quais parecia que ele tinha acabado de se esfregar e cujo acre, sensual e revelador como um odor de gerânio parecia transportar com ele algumas partículas, quase ponderáveis, irritantes e secretas.[97]

Pleno de partículas de interioridade perfumada que exterioriza, o riso sensual de Albertine penetra como o odor acre do gerânio e parece uma forma de toque que tanto excita e irrita como faz uma substância secreta, tênue e obstinada. Ele provoca e manipula o narrador, que respira e inala as emanações íntimas da boca de Albertine como um beijo de odores. Esse riso ressoa ao mesmo tempo como um convite ao amor e como uma escapada, à semelhança de um perfume que se expande e se dissipa.

Mas à diferença de Gilberte, cujo encanto está marcado pelo odor das *aubépines*, Albertine aparece como um complexo de sensações olfativas, gustativas e tácteis, cujos perfumes de fruta rosa e de gerânios são apenas uma faceta. À diferença dos amores pelas *raparigas em flor*, o narrador não associa mais um perfume a várias mulheres, mas vários perfumes a uma mulher. Em seu espírito, Albertine é um ser que se modifica pelos múltiplos perfumes. Ela é impregnada de um odor frugal, da fragrância acre do gerânio, mas também do perfume embriagador, inebriante, que ela utiliza para vê-lo. Esse perfume sensual, que faz sonhar com o ato sexual e dá a ilusão do amor, está irremediavelmente ligado a sua lembrança e aparece como um componente necessário do desejo amoroso, do mesmo modo que a música de Vinteuil, ao ponto de o narrador, depois do desaparecimento de Albertine, não poder se ligar a ninguém, não seguindo o mesmo ritual. Ele experimenta assim a vaidade e a vacuidade dos encontros com outras mulheres:

---

96 *Ibidem*, p. 941.
97 *Le côté des Guermantes*, p. 795.

> Elas nunca tinham falado da música de Vinteuil, das *Memórias* de Saint-Simon, elas não tinham colocado um perfume tão forte para vir me ver, elas não tinham brincado de misturar seus cílios com os meus, todas essas coisas importantes, porque parece que elas se permitiam sonhar com o próprio ato sexual e se dar a ilusão do amor, mas na realidade era porque elas faziam parte da lembrança de Albertine e era ela que eu gostaria de ter encontrado.[98]

Assim, todos os perfumes fortes demais evocam Albertine. Para além de suas próprias fragrâncias naturais ou artificiais, a mulher amada se impregna de todos os odores que o narrador lhe atribui.

Albertine torna-se então o suporte central que cristaliza suas projeções e reflete as hesitações de seu coração. O ser amado é, de fato, uma construção do coração que se apoia em uma sedimentação afetiva onde as primeiras sensações se misturam aos sentimentos mais profundos. Proust descreve esse mecanismo em termos análogos ao fenômeno da cristalização em Stendhal:

> Já ia longe o tempo em que eu, olhando Albertine, em Balbec, era despertado por sensações visuais, de sabores, de odores e de tato. A partir das sensações mais profundas, mais ternas, mais indefiníveis eram adicionadas sensações dolorosas. Em suma, Albertine não era como uma pedra rodeada de neve, cujo centro gerador de uma imensa construção passava pelo eixo do meu coração.[99]

Aos cristais de sal stendhalianos que recobrem os ramos de madeira nas minas de Salzbourg e o fazem brilhar com mil fogos, o narrador substitui os cristais de neve que fazem cintilar a pedra albertinal e a arrancam de sua banalidade ordinária. Se em seus grandes traços o esquema de construção de Albertine se assemelha à cristalização descrita por Stendhal, ele é, certamente, mais complexo, porque não se trata apenas de projetar sobre o ser amado as qualidades que o tornam esplendoroso, mas de uma série de sensações ora ternas, ora dolorosas em função das vicissitudes da relação. Quando toma sua forma olfativa essa construção afetiva não se limita a adornar uma mulher insignificante com perfumes radiantes, mas a constituí-la com diversos estratos de odores variáveis, conforme o estado afetivo do narrador. Assim,

---

98 *A fugitiva*, p. 557.
99 Ibidem, p. 438.

Capítulo 3 | As Expressões Artísticas do Odor

pouco a pouco, o perfume de Albertine vai se modificando e se adapta aos contornos acidentais da história amorosa e das suas traições.

Albertine tem sucessivamente o odor da felicidade e o da infelicidade, e se assemelha a uma substância salutar ou amarga que o narrador tem prazer ou desprazer em respirar, em função das variações afetivas e olfativas às quais ele está preso em *A fugitiva*. Assim sob o efeito do ciúme, o charme do perfume do ser amado não permite mais encantar o mundo, recobrindo sua mediocridade de eflúvios perfumados, ele se torna maléfico e se faz objeto de rejeição sob o risco de sufocar. Quando o narrador, roído por sua suspeita, desperta para a descoberta de dois anéis parecidos, ornamentados com uma águia, não pode acreditar nas explicações de Albertine, que alegava que uma das joias era de sua tia e que a outra tinha sido comprada por ela, não podia mais cheirá-la, tanto que ele sofre o martírio:

> É a tais sofrimentos que está ligada a doçura de amar, de se encantar com as intenções mais insignificantes de uma mulher, que sabemos insignificantes, mas quando nos sentimos perfumados por seu odor; nesse momento eu não podia mais me deleitar ao respirar a lembrança de Albertine. Abatido, com os dois anéis na mão, eu olhava essa águia impiedosa cujo bico me atormentava o coração...[100]

Um pouco mais tarde, sossegado, ele pode respirá-lo novamente como um bálsamo de sol para a alma:

> Mas, nesse dia, sentindo o cheiro de Albertine que, enquanto eu estava só no meu quarto compondo uma música, vinha suavemente na minha direção, eu já tinha respirado esse perfume disseminado como uma pulverização no sol, uma dessas substâncias que, como tantas outras, são salutares ao corpo e que fazem tão bem à alma.[101]
>
> Naquele dia, quando estava sozinho no meu quarto compondo uma música, senti Albertine que vinha suavemente na minha direção, eu já tinha sentido esse cheiro, como uma dessas substâncias tão salutares ao corpo que fazem tão bem à alma, disseminado como uma pulverização no sol.

---

100 *A fugitiva*, p. 464.
101 *Ibidem*, p. 486.

A respiração de Albertine vai se tingir de um perfume de alegria, de felicidade ou de angústia, segundo o estado da relação amorosa. A identidade olfativa de Albertine é, portanto, móvel e se apresenta como uma combinação de perfumes contrários, como um emaranhado de uma multiplicidade de odores.

Entretanto, as variações afetivas e olfativas são menos uma função do comportamento de Albertine do que das sensações e da imaginação do narrador. Na realidade, os odores de Albertine não são de Albertine, eles emanam do narrador e exalam os múltiplos odores de seu desejo e de seus humores. Esse perfume modificador do desejo não é um simples fruto dos afetos presentes no que diz respeito ao ser amado, ele sustenta as modificações das percepções sensíveis que colocam em jogo a interação entre o mundo interior e o mundo exterior. Outras percepções, outros desejos. É por isso que Albertine vai tomar o odor do tempo que passa, do dia que vem e dos devaneios do narrador. Ela será essa mulher mutável que o narrador constrói a cada dia em função das mil e uma sensações que lhe atravessam. Esse fenômeno não é próprio do amor por Albertine, ele já está presente quando o narrador experimenta o desejo vago das *raparigas em flor*:

> E enfim essas mudanças de tempo, esses dias diferentes, se eles me restituíssem, cada um, outra Albertine, não seria somente pela evocação de momentos semelhantes. Mas o que se lembra sempre, é que mesmo antes que eu a amasse, cada uma dessas mudanças tinha feito de mim um homem diferente tendo outros desejos, porque já que havia outras percepções e que, por só ter sonhado na véspera com tempestades e penhascos, se o dia indiscreto da primavera tivesse emanado um odor de rosa nessa muralha mal acabada de seu sono entrecortado, despertava uma partida para a Itália.[102]

A construção amorosa é aqui função da paisagem olfativa do narrador. A variação do odor arrasta a variação do desejo e, portanto, do objeto amado. Um odor de rosa ao amanhecer, e eis aí Albertine, que torna o perfume da Itália eterno. Compreendemos então por que o narrador fala de uma imensa construção que passa pelo caminho de seu coração, por que todos os odores

---

102 *Ibidem*, p. 487.

do mundo e todas as sensações experimentadas, de uma maneira mais geral, podem alimentar a edificação da mulher amada.

As quatro figuras, de Odette, de Gilberte, das *raparigas em flor* e de Albertine, testemunham, portanto, a maneira decisiva na qual o olfato intervém no desejo amoroso, ao lado do paladar e do tato. Mas se há um odor do amor em Proust há também um odor da raiva, porque as construções olfativas nauseabundas são igualmente edificadas para desacreditar aqueles que não podem cheirar. O barão de Charlus, por exemplo, que se considera o modelo e a norma do bom gosto, não se opõe a estigmatizar olfativamente as pessoas detestadas ou desprezadas. Na noite mundana ele tenta humilhar a Mme. Saint-Euverte, que escuta suas propostas fustigando seu fedor pestilencial de velha prostituta:

> Acreditam vocês que esse jovem homem impertinente, diz ele me apresentando à madame de Surgis, acaba de me perguntar sem a menor preocupação que se deve ter em esconder esses tipos de necessidades, caso eu fosse à casa de Madame de Saint-Euverte, quer dizer, eu penso, caso eu tivesse cólicas. Eu tentaria, em todo caso, me aliviar num lugar mais confortável que o de uma pessoa, que, se tenho boa memória, celebrava seu centenário quando comecei a sair no mundo, quer dizer: não na casa dela. E, todavia, em que seria interessante escutá-la? Que lembranças históricas, vistas e vividas, do tempo do Primeiro Império e da Restauração, também que histórias íntimas, que não tinham certamente nada de "Santa", mas deviam ser nada "*Vert*"; se acreditássemos que a coxa permanecia ligeira na venerável cambalhota! O que me impediria de interrogá-la sobre essas épocas apaixonantes. É a sensibilidade do meu nariz. A proximidade da mulher é suficiente. Imediatamente eu me disse: Oh! Meu Deus, estourei a fossa da minha latrina", é simplesmente a marquesa que acaba abrindo a boca com qualquer motivo para um convite. E compreendes que se tive a infelicidade de ir à casa dela, a fossa da latrina se multiplicaria em um formidável tonel de despejos.[103]

O barão é costumeiro do fato, porque recorre, frequentemente, a um registro fétido e excrementício para exprimir seu desprezo por essa classe social. Assim, quando a sobrinha de Jupien propõe a Morel lhe pagar o chá,

---
103 *Le côté de Guermantes*, p. 700.

o barão de Charlus explode de cólera e se agarra a Morel, seu amante, reprovando-lhe tolerar tais fórmulas vulgares:

> O "tocar", que eu vejo, não é aliado forçosamente ao "tato", tem, portanto, impedido em você o desenvolvimento normal do olfato, já que você tolerou essa expressão fétida de pagar o chá, a 15 centavos, eu suponho, fez subir seu cheiro de despejos até minhas reais narinas? Quando você terminou um solo de violino, jamais viu em mim que o recompensaria de um peido, no lugar de um aplauso frenético ou de um silêncio ainda mais eloquente ainda porque ele é feito do medo de não poder reter (não que sua noiva o prodigalize), mas o soluço que você traz na borda dos lábios?[104]

Existe assim um imaginário proustiano escatológico, encarnado no barão de Charlus, que beira os odores florais e frutados do amor. O olfato permite, portanto, qualificar ou desqualificar os seres e as coisas, de instaurar as hierarquias afetivas e de traduzir as afinidades eletivas. Ele não se limita, no entanto, à expressão da subjetividade íntima e da vasta gama de afetos, ele possui uma força mnêmica que é a chave de uma experiência de eternidade. Assim para além de sua vocação para restituir as emoções, o odor tem um papel decisivo na criação literária, porque ele faz parte das sensações que trazem as impressões passadas e permite reencontrar o tempo perdido.

O olfato, sentido da memória involuntária e da eternidade

Segundo Proust, realmente, "o romance não é apenas da psicologia plana, mas da psicologia no tempo".[105] É por isso que a obra literária deve se esforçar em isolar a substância invisível do tempo que patina as coisas e os seres e de fornecer a sensação da duração do tempo que passou. A tarefa do escritor é recriar a realidade em sua verdade e "evocar essas impressões passadas que são a matéria da obra de arte".[106] Ora a inteligência só é impotente para cumprir essa tarefa, como confessa Proust em várias passagens:

> Cada dia, eu atribuo menos valor à inteligência. Cada dia me dou conta de que é somente fora dela que o escritor pode capturar

---

104 *A prisioneira*, p. 44.
105 Swann expliqué par Proust. *Essais et Articles*, p. 557. In: *Marcel Proust*, Contre Sainte-Beuve. La Pléiade: Gallimard, edição estabelecida por Pierre Clarac.
106 *Contre Sainte-Beuve*, projeto de prefácio, p. 216.

> alguma coisa das nossas impressões passadas, quer dizer, alguma coisa de si mesmo e a única matéria da arte. Isso que a inteligência nos apresenta sob o nome de passado não é ele.[107]

A inteligência abraça apenas um fantasma do passado, um passado reconstruído pela memória voluntária que fabrica falsas lembranças e não atinge a essência íntima das coisas, sua alma profunda. A busca do tempo perdido não se apoia em um esforço intelectual de rememoração, mas em uma memória involuntária despertada pelas sensações, e mais particularmente pelo odor e o sabor:

> A memória voluntária, que é principalmente uma memória da inteligência e dos olhos, só nos fornece, do passado, falsas faces; mas um odor, um sabor reencontrado em circunstâncias tão diferentes despertam em nós, apesar de nós, o passado, nós sentimos como esse passado era diferente daquele que nós acreditávamos lembrar, e que nossa memória voluntária pintava, como os maus pintores, com as cores sem verdade.[108]

O protótipo do mau pintor ou do artista malsucedido, que pretende ressuscitar o passado por um ato consciente e deliberado da memória voluntária, é encarnado, na *La recherche*, por Legrandin. Legrandin, de fato, permanecerá como um homem de letras, mas jamais será um escritor, porque ele deliberadamente antecipa encontrar sua juventude por meio da companhia do narrador, fazendo renascer voluntariamente as sensações primaveris e seus cortejos de buquês floridos:

> Venham fazer companhia a vosso velho amigo, ele me disse. Como um buquê que um viajante nos envia de um país onde não voltaremos mais, me faça respirar as flores de primavera da sua adolescência longínqua, que, faz anos, eu também atravessei. Venham com a primavera, a barba do religioso, a bacia de ouro, venham com o *sédum* de que é feito o buquê de dileção da flora balzaquiana, com a flor do dia da Ressurreição, a margarida e a bola de neve dos jardins

---

107 *Ibidem*, p. 211, ver, igualmente, p. 216.
108 Swann expliqué par Proust. *Essais et Articles,* p. 558.

que começam a perfumar as áleas de vossa tia, enquanto não chegam mais as últimas bolas de neve das saraivadas da Páscoa.[109]

Marcado pela vontade factícia de ressuscitar os odores floridos da primavera, o empreendimento de Legrandin é destinado ao fracasso, porque ele só traz um passado intelectualizado e só pode trazer à luz uma obra acadêmica, sem espessura nem profundidade. Legrandin é assim o anti-Proust, o escritor de salão que só evoca um passado intelectualizado afetado pelos buquês convencionais.

O verdadeiro artista, ao contrário, é aquele que conhece os signos que lhe são endereçados apesar de suas sensações, ao acaso das circunstâncias para fazer disso a matéria de uma obra de arte. Proust não cede a um anti-intelectualismo, porque a sensação sozinha não é suficiente para criar uma obra de arte, ela deve ser ultrapassada e compreendida pelo pensamento que se põe a sua escuta para converter o sensível em inteligível. O narrador especifica, a propósito das coisas passadas, que "é da existência de nosso pensamento que depende sua sobrevivência para qualquer tempo, o reflexo das lâmpadas que são apagadas e o odor das alamedas que não florescerão mais".[110] Não se trata, portanto, de desalojar a sensação, mas de ir além dela para descobrir um sentido que ela indica, sem o dar, e apreendê-lo pelo pensamento. Certas sensações remetem a algo diverso delas mesmas não se reduzem à expressão das qualidades presentes nos objetos, mas elas convidam a decifrar, atrás de sua atualidade, uma mensagem secreta que o passado nos endereça. A tarefa do escritor não é, portanto, reconstituir artificialmente um passado, mas interpretar os signos e liberar a verdade das sensações.[111] É isso que Proust revela em *O tempo redescoberto*:

> É preciso tentar interpretar as sensações como os signos, tanto das leis quanto das ideias, experimentando pensar, quer dizer, retirar da penumbra isso que eu tinha sentido, convertendo-o em equivalente espiritual, ora esse meio que me parecia o único, que outra coisa poderia fazer uma obra de arte?[112]

---

109 *No caminho de Swann*, p. 126.
110 *A prisioneira*, p. 285.
111 Ver sobre esse ponto Gilles Deleuze, *Proust et les signes*.
112 *O tempo redescoberto*, p. 879.

Em suma, trata-se de liberar o espírito das sensações e de transformar pela escrita as imprecisões materiais brutas em ideias verdadeiras. É esse precisamente o caráter involuntário da sensação que é uma garantia de autenticidade e uma resposta da verdade do real reencontrado, como confirma o narrador:

> Eu ainda não tinha procurado os dois pavimentos desiguais do pátio onde eu tinha tropeçado. Mas é justamente de maneira fortuita, inevitável, cuja sensação tinha sido encontrada, controlava a verdade do passado que ela reavivava, as imagens que ela provocava, já que sentimos seu esforço para subir na direção da luz, sentimos sua alegria pelo real reencontrado. É também a verificação da verdade de todo quadro feito de impressões contemporâneas, que ela conduz imediatamente com esta infalível proporção de luz e de sombra, de relevo e de omissão, de lembrança e de esquecimento, que a memória ou a observação consciente sempre ignoraram.[113]

Essa memória involuntária é uma mistura de lembrança e de esquecimento; graças a isso o passado é preservado, porque nenhuma ponte tinha sido construída entre o presente e o passado. Essa é a recompensa de certo tipo de esquecimento que a lembrança nos oferece para respirar o ar puro do paraíso perdido. Isso se deve ao fato de o passado ter permanecido no seu lugar, em sua época, isolado para permanecer intacto, não sendo contaminado pelo presente ou falseado pela união das ideias.[114]

Se ela se apoia nas experiências sensoriais, cujo caráter involuntário impede qualquer falsificação, a estética proustiana não conduz a um puro sensualismo, já que o escritor deve decodificar a sensação e se entregar a um trabalho de interpretação. Essa interpretação consiste em liberar a alma das coisas e dos seres desaparecidos para recolher sua verdade. Proust compara, aliás, as várias retomadas do passado a uma alma cativa que busca se

---

113 *Ibidem*.
114 Cf. *O tempo redescoberto*, p. 870. "Sim, se a lembrança, graças ao esquecimento, não pode contrair algum laço, lançar algum anel entre ele e o minuto presente, se ele permaneceu em seu lugar, na sua época, se ele guardou as distâncias, seu isolamento no vazio de um vale ou no alto de um cume, ele nos faz respirar outra vez esse ar mais puro que os poetas em vão experimentaram fazer reinar no paraíso e que não poderia dar essa sensação profunda de renovação que se ele já tinha respirado, porque os verdadeiros paraísos são os paraísos que foram perdidos."

libertar.[115] O passado não morre, ele tem uma alma que é prisioneira dos objetos; todos os esforços da inteligência para evocá-la são vãos; é necessário responder ao chamado que se produz de maneira fortuita, ao acaso de uma sensação escondida em um objeto. Involuntariamente, a sensação interpela o pensamento e dispõe de uma força de evocação e de invocação por buscar as leis e as ideias que o escritor deve encontrar descendo às profundezas de seu eu íntimo. Portanto, a sensação é como um vaso que contém uma alma prisioneira cujo sentido para o pensamento deve ser libertado.

Por direito, todas as sensações podem despertar o passado a sua revelia: o gosto da Madeleine, a visão dos campanários de Martinville, o retinir da colher contra o prato, a goma do guardanapo, ou os tropeções nos tijolos desiguais; no entanto, o cheiro e o sabor ocupam um lugar privilegiado e eclipsam a visão que permanece associada demais à memória voluntária. O olfato e o sabor se produzem em nós apesar de nós, e obedecem menos aos decretos da vontade do que a audição, a visão ou o tato. Ora se os críticos literários deram valor ao sabor por meio do qual o narrador prova a substância invisível do tempo reencontrado, e comentaram abundantemente o episódio da pequena Madeleine que faz ressurgir o mundo de Combray do fundo da xícara de chá na qual foi mergulhada, esqueceram mais frequentemente de fazer justiça ao olfato e a seu perfume de eternidade. É preciso observar, com efeito, que a experiência da Madeleine não atesta somente a potência do sabor, mas também o gosto e o cheiro misturados. Proust reenvia expressamente ao duplo registro sensorial ao não falar somente do sabor, mas do "perfume de uma xícara de chá", termo que envolve ao mesmo tempo a fragrância e o sabor.[116] Quanto a isso nenhuma dúvida é possível, pois ime-

---

115 "Acho muito razoável a crença céltica segundo a qual as almas daqueles que se foram encontram-se cativas em algum ser inferior, um animal, um vegetal ou algo inanimado, perdidas de fato para nós, até o dia, que para muitos nunca chega, no qual ocorre passarmos perto da árvore e tomar posse do objeto em que estão presas. Então, elas estremecem, nos chamam e, tão logo as reconhecemos, o encantamento se desfaz. Liberadas por nós, elas venceram a morte e voltam a viver conosco. Acontece o mesmo com nosso passado. É uma perda de tempo tentarmos evocá-lo, todos os esforços da inteligência são inúteis. Ele está oculto fora do seu domínio e de seu alcance em um objeto material qualquer (na sensação que nos propiciaria esse objeto material) do qual não suspeitamos. Depende do acaso encontrarmos esse objeto antes de morrer ou não". *No caminho de Swann*, p. 44; ver também Contre Sainte-Beuve, projeto de prefácio, p. 211.

116 "É assim que eu ficava muitas vezes até a manhã, sonhando com os tempos de Combray, em minhas tristes noites sem sono, a tantos dias também, cuja imagem me foi recentemente trazida pelo sabor – o que chamaríamos em Combray de 'perfume'

diatamente depois do relato o narrador apresenta não somente o sabor, mas o odor, como almas do passado:

> Mas quando nada subsiste de um passado antigo, depois da morte dos seres, depois da destruição das coisas, únicas, mais frágeis, mas mais vivazes, mais imateriais, mais persistentes e mais fiéis, o cheiro e o sabor permanecem ainda por muito tempo como almas, a lembrar, a aguardar, a esperar, sobre a ruína de todo o resto, a carregar sem se dobrar, sobre sua pequena gota quase impalpável, o edifício imenso da lembrança.[117]

O odor e o paladar possuem então uma potência de reminiscência superior especialmente em virtude de sua vivacidade, de sua persistência, de sua imaterialidade e de sua fidelidade. A visão fecha sobre a materialidade de uma imagem, que se impõe e faz tela para a lembrança que ela traveste ou que ela não deixa filtrar. O tato esbarra em uma física do contato e com a resistência compacta da matéria que pode pesar sobre a alma do passado e impedi-la de voar. Por sua vez a audição pode esbarrar sobre a materialidade do som e não evocar eco antigo algum. Qualquer que seja sua potência esses três sentidos estão bem mais limitados ao presente, a sua imediatez, e as lembranças que despertam não vão além de certa temporalidade limitada. Se contribuem inegavelmente para a busca do tempo perdido, estão distanciados pelo odor e pelo sabor que, únicos, permanecem na arena "sobre a ruína de todo o resto", para conservar a lembrança vivaz do que não existe mais. Por isso parece difícil subscrever o juízo de Roland Barthes que afirma que "em Proust três sentidos sobre cinco conduzem a lembrança",[118] e o olfato não faz parte deles. Quando confessa que "[seu] corpo não está em jogo na história da Madeleine, dos tijolos e dos guardanapos de Balbec",[119] e que "daquilo que não voltará mais, é o cheiro que [lhe] volta",[120] ele esquece que o perfume da Madeleine e da xícara de chá põe em jogo sensações ao

---

– de uma xícara de chá e, por associação de lembranças...". *Ibidem, No caminho de Swann*, I, p. 186.

117 *No caminho de Swann*, I, p. 47.
118 *Roland Barthes par Roland Barthes,* Œuvres complètes. Seuil, 1995. t. 5, p. 198, citado anteriormente.
119 *Ibidem.*
120 *Ibidem.*

mesmo tempo olfativas e gustativas. Embora Gilles Deleuze tenha, contrariamente a Roland Barthes, percebido que em Proust "as qualidades sensíveis significativas sejam sobretudo os cheiros e os sabores",[121] não é possível aderir totalmente à explicação que ele dá sobre isso. Para ele, com efeito, o privilégio do odor e do sabor se deve ao fato de que eles são "as mais materiais dentre as qualidades".[122] Ora, na passagem citada Proust diz precisamente o contrário. Se, mais do que as outras sensações, o cheiro e o sabor constituem os últimos cumes a dar testemunho depois da erosão do passado e carregam "o edifício imenso da lembrança", é porque elas são mais imateriais. Assimiladas a almas, elas são ao mesmo tempo materiais e imateriais porque contêm o espírito do passado e liberam sua essência retida em seus tecidos tênues. Seu caráter frágil, mais imaterial e impalpável, sem dúvida se presta melhor para essa conversão necessária do sensível para o espiritual próprio da obra de arte. Por isso, a procura do tempo perdido se estabelece como prioridade sobre as sensações olfativas e gustativas, e repousa sobre a memória involuntária dos cheiros e dos sabores.

Então, não é espantoso que o episódio da Madeleine, que mistura indissociavelmente o sabor e o odor, seja apresentado como o protótipo da experiência do tempo reencontrado. Se o odor e o sabor são como espíritos adormecidos que acordam involuntariamente, nem por isso ressuscitam o mundo antigo tal como foi vivido; eles não permitem nem reviver o passado nem recuperar o tempo perdido. A experiência oferecida pelo perfume da Madeleine, com efeito, não é uma experiência temporal, mas, sim, extratemporal. A felicidade que ela traz está livre do tempo porque abraça ao mesmo tempo o presente e o passado e os faz coincidir retirando deles uma comunhão de impressão. É isso o que sobressai na passagem onde o narrador se interroga sobre as causas dessa alegria que o invade no momento em que experimenta certas sensações, como o gosto da madeleine ou o engomado do guardanapo:

> [...] essa causa eu a adivinhava ao comparar essas diversas impressões felizes e que tinham entre elas isso em comum, que eu as experimentasse ao mesmo tempo no momento atual e em um momento longínquo, até empilhar o passado sobre o presente, a me fazer hesitar em saber em qual dos dois eu estava; no verdadeiro ser que saboreava em mim essa impressão, saboreava-a no

---

121 *Proust et les signes*. PUF, 2003. p. 51.
122 *Ibidem*.

> que tinha de comum com um dia antigo e agora, no que tinha de extratemporal, um ser que só aparecia quando, por uma dessas identidades entre o presente e o passado, ele pudesse se encontrar no único meio onde pode viver, gozar a essência das coisas, quer dizer, fora do tempo.[123]

Portanto, é claro que as impressões sensíveis, que vão se tornar a matéria da obra de arte, repousam sobre a experiência de uma identidade entre o passado e o presente que abole a ordem do tempo e suprime todo medo do futuro. Tão fugitiva quanto seja, essa experiência extratemporal de um gozo da essência das coisas é em realidade uma contemplação da eternidade, como confirma o narrador.

> [...] o que o ser ressuscitado em mim por três ou quatro vezes acabava de experimentar, eram talvez fragmentos de existências subtraídos ao tempo, mas essa contemplação, ainda que de eternidade, era fugidia.[124]

A sensação experimentada não faz ressurgir o passado tal como foi vivido ou tal como é rememorado, mas tal como é em si, tal como em si mesmo a eternidade o conserva.[125] Ela produz "um pouco de tempo em estado puro".[126] A reminiscência não deve ser confundida com uma simples lembrança, ela testemunha uma presença do passado no presente tal como nos propulsiona para fora do tempo e do lugar atual. A experiência de eternidade resulta assim de uma cavalgada do passado e do presente na sensação, que liberta a essência verdadeira das coisas e do eu. Nem é uma reconstituição do passado nem a percepção de um presente atual, mas um fragmento feliz da existência subtraído ao tempo. Por isso a sensação é real sem ser atual e possui o estatuto de uma idealidade na medida em que ultrapassa a simples materialidade para expressar uma essência diferente de si mesma. É o que observa o narrador:

> [...] mas que um barulho, que um cheiro, já escutado ou respirado antes, o sejam de novo, ao mesmo tempo no presente e no

---
123 *O tempo redescoberto*, p. 871.
124 *Ibidem*.
125 Ver sobre esse ponto as análises de Gilles Deleuze no capítulo V de *Proust et les signes*.
126 *O tempo redescoberto*, p. 872.

passado, *reais sem ser atuais, ideais sem ser abstratos*,[127] assim que a essência permanente e habitualmente escondida das coisas é liberada, e nosso verdadeiro eu, que às vezes há muito parecia morto, mas não o era inteiramente, desperta, se anima dele recebendo o alimento celeste que lhe é trazido. Um minuto franqueado da ordem do tempo recriou em nós, para senti-la, homem livre do tempo. E esse aí, compreende-se que esteja confiante em sua alegria, mesmo se o simples gosto de uma madeleine não pareça conter logicamente razões para essa alegria, compreende-se que a palavra morte não tenha sentido para ele; situado fora do tempo, que poderia ele temer do futuro?[128]

O barulho, o cheiro ou o sabor aqui são portadores ao mesmo tempo de uma identidade, entre o passado e o presente, e de uma diferença, porque a sensação contém em si algo que não si mesma e reenvia a um mundo que nada tem a ver logicamente com ela. Assim não é o simples gosto da madeleine que contém em si as razões da alegria, mas, sim, aquilo ao qual está associado em virtude de uma relação de contiguidade. Embora não seja imanente à sua própria natureza, mas, sim, à relação singular e contingente que essa enlaça aos outros acontecimentos, o cheiro, assim como o sabor, possui então uma extraordinária potência em libertar o homem do tempo e em libertá-lo do medo do futuro e da morte. Por isso, definitivamente, a sensação olfativa interpretada pelo pensamento dá o gozo de eternidade.

Poderíamos, no entanto, valorizar que, no célebre exemplo da madeleine, Proust privilegie o sabor e se refira antes de tudo a ele. Ele evoca, com certeza, o odor, mas insiste mais sobre o sabor. Quer dizer então que o odor seja sempre tributário do sabor e não seja capaz por si só de liberar a essência do passado e de dar matéria a uma experiência de eternidade? Quando Proust evoca os exemplos de reminiscências que vão nutrir a obra de arte, ele se apoia sobretudo no episódio da madeleine, e menciona igualmente os tijolos desiguais, o barulho da colher ou o engomado do guardanapo em *O tempo redescoberto* . Uma leitura atenta, no entanto, mostra que o cheiro em nada tem a invejar nas outras sensações. Enquanto os exemplos de sabor são raros e se limitam ao caso da madeleine, Proust alega muitos casos de odores que têm um papel análogo às sensações sonoras, táteis e gustativas. Quanto a

---

127 Nós grifamos.
128 *O tempo redescoberto*, p. 873.

isso, passa-se com o olfato como com os outros sentidos: tudo depende da natureza do apelo e da potência do sinal emitido.

Com efeito, quando a sensação ao acaso de um encontro faz sinal para outra coisa além dela mesma, o eu é tomado por um sentimento de prazer inexplicável e é convidado pelo pensamento a ir além. É o que surge, por exemplo, do relato do narrador, quando é interpelado bruscamente por sensações que o arrancam de seus lamentos por não ter disposições para as letras e o estofo de um grande escritor:

> Pois bem fora todas essas preocupações literárias, e em nada se ligando a elas, de repente um teto, um reflexo de sol sobre uma pedra, o cheiro de um caminho me faziam parar com um prazer particular que me dariam e também porque tinham o ar de esconder, além do que via, algo que convidavam a vir pegar, e que apesar de meus esforços eu não conseguia descobrir. Como eu sentia que isso se encontrava neles, ficava lá imóvel, a olhar, a respirar, e a me atarefar a ir com meu pensamento além da imagem ou do cheiro.[129]

Ora o esforço para decifrar pelo pensamento o que se esconde atrás da imagem e do cheiro não é sempre necessariamente coroado de sucesso. É preciso distinguir dois tipos de apelos lançados pelas sensações e que ficarão como signos mudos para sempre e os que serão signos falantes aos quais o eu vai poder responder recolhendo-se em si mesmo para decifrar-lhes o sentido.

O primeiro tipo agrupa os apelos falhos, onde a sensação faz signo em direção a um não-sei-o-quê misterioso que o eu não pode conseguir nomear; condenado ao silêncio, é impotente para acordar o passado apesar de todos os seus esforços para fazê-lo subir das profundezas de sua interioridade. Os exemplos mais marcantes são tomados emprestados da visão nos "Projetos de prefácio" de *Contre Saint-Beuve*, onde a percepção de um pedaço de tecido verde ou de um grupo de árvores interpela em vão o narrador como o fantasma de um passado impossível de ser ressuscitado.[130] Mas o olfato não escapa à regra, porque certos perfumes, por mais potentes que sejam, lançam apelos falhos de tal modo que o narrador fracassa em determinar seu sentido escondido e deve se resignar a fazer o luto do passado. Assim o famoso perfume dos espinheiros, que a exaltação do narrador "levou e com sucesso a [...] fazer atravessar tantos

---

129   *No caminho de Swann*, p. 178.
130   Cf. Projeto de prefácio.

anos sucessivos, enquanto ao redor os caminhos estavam apagados e estavam mortos aqueles que os pisaram e as lembranças dos que os pisaram",[131] não se deixará adentrar pelo pensamento e ficará definitivamente mudo. O narrador se vê constrangido a reconhecer seu fracasso:

> Mas eu podia ficar bem em frente aos espinheiros a respirar, a levar adiante meu pensamento que não sabia o que fazer disso, a perder, a encontrar seu invisível e fixo cheiro, a me unir ao ritmo que suas flores lançavam, aqui e ali, com uma alegria juvenil e com intervalos inesperados como certos intervalos musicais, elas me ofereciam indefinidamente o mesmo charme com uma profusão inesgotável, mas sem me deixar ir mais fundo, como essas melodias que tocamos 100 vezes seguidas sem ir mais fundo em seu segredo.[132]

A despeito de sua potência mística e erótica, o cheiro dos espinheiros não terá o papel detonador de uma madeleine, e não se prestará a uma experiência metafísica de eternidade. Por mais que esteja carregado afetivamente, ele não se deixa decifrar e aprofundar de modo a que o passado se torna letra morta. O mutismo da sensação, portanto, não está ligado à sua fraqueza e não depende de sua intensidade emocional. Mas se o perfume dos espinheiros não entrega seu segredo, isso não significa que todo odor seja mudo e não possa advir à palavra.

Com efeito, é preciso distinguir um segundo tipo de sensações compreendendo os apelos que encontram um eco nas profundezas do eu e o preenchem com a alegria do real reencontrado fazendo remontar à superfície fragmentos do passado. Entre as sensações olfativas que não se remetem a vagas reminiscências e permitem verdadeiras descobertas, figuram não só o perfume da madeleine, mas igualmente odores particulares, que em si mesmos e por si mesmos, sem referência alguma ao sabor, fazem respirar um ar de eternidade e dão a sentir um pouco de tempo em estado puro. Proust menciona dois exemplos privilegiados em *A prisioneira*:[133] o cheiro dos gravetos de madeira queimados e o cheiro de gasolina.

---

131   *No caminho de Swann*, p. 184.
132   *No caminho de Swann*, p. 138.
133   Ver igualmente em *Jean Santeuil*, o odor especial da casa em madeira, à beira do mar, a propósito da qual o ator confessa: "Também ao senti-la eu senti toda uma vida vir à tona, que minha imaginação não conhecera, que ela recolheu naquele instante, saboreando-a, não sei se é no odor que sinto ou no próprio odor que minha memória

Capítulo 3 | As Expressões Artísticas do Odor

A primeira experiência do passado ressuscitado nasce involuntariamente da aspiração do cheiro do fogo de lenha que faz ressurgir no quarto de Paris, nos Champs-Élysées, o duplo universo de Combray e de Doncières:

> Françoise acabara de acender o fogo, e para fazê-lo pegar nele jogava alguns gravetos cujo cheiro, esquecido por todo o verão, descrevia em torno da lareira um círculo mágico, no qual, percebendo a mim mesmo a ler ora em Combray ora em Doncières, eu estava também tão alegre por estar no meu quarto em Paris, quanto se estivesse prestes a partir em passeio para os lados de Méseglise ou a encontrar Saint-Loup e seus amigos servindo no campo.[134]

Essa experiência olfativa verifica bem os critérios requisitados para figurar no rol das experiências extratemporais, porque ela é experimentada ao mesmo tempo no presente, em Paris, e no passado, em Combray e Doncières, e traz à luz uma identidade fazendo com que se cavalguem num círculo mágico que abraça a eternidade. Além disso, é acompanhada pela alegria do real reencontrado. O narrador explica assim que essa sensação idêntica refaz dele mesmo, inteiramente, a criança e o adolescente que foi no passado e lhe oferece a respirar os fragmentos do passado:

> O cheiro no ar gelado, dos gravetos de madeira, era como se um pedaço do passado, um *iceberg* invisível, destacado de um antigo inverno que avançava sobre meu quarto, aliás, raiado por tal perfume, tal luminosidade, assim como que por anos diferentes em que me encontrava mergulhado, invadido, antes mesmo que os identificasse pela alegria das esperanças abandonadas há muito tempo.[135]

Esse cheiro de gravetos queimados tem um perfume de eternidade que ele oferece a provar como uma madeleine mergulhada na xícara de chá. Dúvida alguma é possível porque essas duas experiências estão assimiladas e

lhe apresenta, entretanto, gosto mais de acreditar (na) essência comum aos dois, (na) identificação dos dois, como se fosse preciso uma tal coisa para que eu uma sensação perdesse essa qualquer coisa de pessoal que tem no presente que percebe, e que a memória não pode lhe retirar." La Pléiade, Gallimard, p. 400.

---
134 *A prisioneira*, p. 26.
135 *Ibidem*, p. 27.

apresentadas como puro estado de felicidade, que a música de Vinteuil, do mesmo modo, pode evocar:

> Eu me dizia que, depois de tudo, era possível que, se as frases de Vinteuil pareciam ser a expressão de certos estados de alma análogos aos que experimentei saboreando a madeleine molhada na xícara de chá, nada me assegurava que a vagueza de tal estado fosse a marca de sua profundidade, mas, sim, apenas daquilo que não soubemos ainda analisar, de que nada haveria, portanto, de mais real nelas do que em outras. No entanto essa felicidade, esse sentimento de certeza na felicidade, enquanto eu bebia a xícara de chá, enquanto eu respirava em Champs-Élysées um cheiro de lenha velha, isso não era uma ilusão.[136]

Portanto, é claro que Proust confere ao cheiro de gravetos queimados o mesmo estatuto que dá à madeleine molhada na xícara de chá, se bem que ele não tenha uma dimensão também arquetípica.

O segundo exemplo de experiência olfativa de eternidade está ligado à respiração de um cheiro de gasolina que irrompe no quarto e que restitui o mundo de Balbec e os amores por Albertina e as jovens raparigas em flor:

> Como um vento que se inflasse por uma progressão singular escutei com alegria um automóvel sob a janela: senti seu cheiro de gasolina. Ele pode parecer lamentável aos delicados (que são sempre materialistas para os quais ele estraga o campo, e para certos pensadores, materialistas a seu modo também [...]. Mas, para mim, da mesma forma (como talvez um cheiro desagradável em si, naftalina ou de vetiver, me houvesse exaltado, devolvendo-me a pureza azul do mar no dia de minha chegada a Balbec), esse cheiro de gasolina que escapava com fumaça da máquina tantas vezes se esvanecera no pálido azul, nesses dias tórridos em que eu ia de Saint-Jean-de-la-Haise a Gourville, como ela me havia seguido em meus passeios nas tardes de verão enquanto Albertine estava pintando, ela fazia florescer em mim por todo lado, embora eu estivesse em meu quarto obscuro, os mirtilos, as papoulas, os trevos encarnados, e me embriagava como um odor dos campos, não circunscrito e fixo como o que fica

---

136 *Ibidem*, p. 381.

Capítulo 3 | As Expressões Artísticas do Odor

> aposto frente aos espinheiros, e retido por seus elementos untuosos e densos flutua com certa estabilidade frente à cerca viva, mas um odor frente ao qual as estradas fugiam, mudavam o aspecto do solo, precipitavam-se aos castelos, empalideciam o céu, dissociavam-se as forças, um cheiro que era como um símbolo de salto e potência e que renovava o desejo que tive em Balbec de subir na gaiola de cristal e aço, mas dessa vez não mais para ir visitar moradias familiares com uma mulher que eu conhecia demais, mas para fazer amor em lugares novos com uma mulher desconhecida. Odor que acompanhava a cada momento o chamado das buzinas dos automóveis que passavam, sobre o qual eu adaptava as palavras como que sob um comando militar: Parisiense, levanta-te, levanta-te, venha almoçar nos campos e fazer canoagem no rio, à sombra das árvores, com uma bela jovem, levanta-te, levanta-te.[137]

O cheiro da gasolina é portador de uma alegria que não contém razões lógicas, porque não somente é desagradável ao nariz dos delicados, mas faz surgir os aromas dos campos em flor no seio do meio urbano e industrializado. O poder mnêmico não pertence então à natureza desse odor que simboliza aqui o contrário daquilo que ela é. No presente, um cheiro de cidade, no passado, um odor de campo. A exalação mais prosaica torna-se assim fonte de poesia, porque é atravessada por uma carga afetiva que faz esquecer sua essência, transforma o lamentável em exaltador, e preenche o narrador com essa famosa alegria inexplicável que é o fruto de uma contemplação de eternidade. Essa alegria é o signo do real reencontrado, de uma experiência extratemporal onde o passado se empilha sobre o presente, fazendo florescer no quarto os mirtilos, as papoulas e os trevos encarnados de outrora, e desfiar estradas a toda velocidade a ponto de embriagar o narrador imóvel no fundo de seu leito. Reforçada pelas buzinas dos automóveis, essa experiência olfativa, na qual Paris e Balbec são idealmente misturadas, toma a forma de uma ressurreição dentre os mortos, como sugere a fórmula "levanta-te, levanta-te", que desperta o desejo amoroso. Se ela evoca o mundo luminoso de Balbec, o desejo vago pelas jovens em flor, o amor por Albertine e os passeios com toda liberdade pelas tardes ardentes de verão, ela de nenhum modo é a reconstituição do passado ao idêntico. "Símbolo de salto e de potência", o cheiro do petróleo é uma imagem móvel da eternidade. Ela oferece uma essência comum fora do tempo, a do desejo amoroso, que não

---

137 *A prisioneira*, p. 410-411.

é recebido como idêntico, mas, sim, como renovado. Anteriormente desejo de fazer amor em lugares familiares com uma mulher conhecida demais, torna-se desejo de fazer amor em lugares novos com uma desconhecida. A sensação experimentada é então ao mesmo tempo semelhante e diferente ao passado e ao presente. Por isso ela atravessa o tempo e dá lugar a uma contemplação alegre de eternidade.

Todo o problema é então saber como o escritor pode produzir essa contemplação fugitiva da essência das coisas, oferecida fortuitamente pela sensação. É a essa questão espinhosa que se consagra o narrador em *O tempo redescoberto* depois de haver comunicado sua decisão de se prender a essa contemplação e de fixá-la.[138] Proust denuncia o engano que consiste em acreditar que bastaria voltar voluntariamente aos lugares do passado para apreender sua essência, como se as impressões antigas existissem fora de si nas coisas. Muito depressa o narrador, que se questiona sobre sua própria vocação de escritor, descarta essa sensação e compreende que a contemplação não deve ser procurada nos objetos, mas em si, nas profundezas do espírito. "Impressões tais como eu buscava fixar podiam apenas se evanescer ao contato com um gozo direto que foi impotente quanto a fazê-las nascer. A única maneira de experimentá-las outra vez era tratar de conhecê-las mais completamente lá onde se encontravam, isto é, dentro de mim mesmo, quer dizer, nas profundezas."[139] Trata-se então de explorar o eu verdadeiro, o ser extratemporal que se nutre da essência das coisas e transforma a escritura das sensações em um equivalente espiritual. O escritor autêntico é aquele que fecha a relação entre sensações e lembranças constitutivas da realidade, "em anéis necessários por um belo estilo".[140] Ele atinge a verdade "quando aproximando uma qualidade comum a duas sensações, ele destacará sua essência reunindo-as uma e outra para subtraí-las às contingências do tempo em uma metáfora".[141] Somente a metáfora, aos olhos de Proust, dá eternidade ao estilo.

Ora um dos registros mais potentes da metáfora em *La recherche* é de ordem olfativa. O exemplo mais contundente concerne à sonata de Vinteuil, que dá ritmo ao encontro de Swann e Odette, e enfeitiça o narrador com sua pequena frase muitas vezes tocada sem dela esgotar o charme e a beleza. É a linguagem do perfume que, por muitas vezes, restitui o mistério inefável da música e expressa seu segredo. Assim, em *No caminho de Swann* o narrador

---

138 *O tempo redescoberto*, p. 876.
139 *Ibidem*, p. 877.
140 *Ibidem*, p. 889.
141 *Ibidem*.

"reconhece secreta, ruidosa e dividida a frase aérea e olorosa que ele amava [...] No fim ela se afasta, indicatriz, diligente, entre as ramificações de seu perfume".[142] A metáfora não é fortuita, ela retorna como um refrão sob a pena de Proust quando ele escreve, um pouco mais longe, que essa pequena frase musical "passava leve, apaziguante, murmurada como um perfume",[143] ou que o narrador "havia tentado destrinchar, como que ao modo de um perfume, de uma carícia, ela o contornava, ela o envelopava".[144] O autor de *La recherche* mistura igualmente as sensações táteis e olfativas para forjar metáforas de rara beleza. Ele compara assim os efeitos da sonata de Vinteuil sobre o narrador à "seda balsâmica de um gerânio", e retoma essa imagem floral para expressar aquilo que é sentido por meio dessa música:

> As sensações vagas dadas por Vinteuil, vindas não de uma lembrança mas de uma impressão (como as dos sinos de Martinville), teria sido necessário encontrar, da fragrância de gerânio de sua música, não uma explicação material, mas o equivalente profundo, a festa desconhecida e colorida (da qual suas obras pareciam fragmentos disjuntos, brilho das fraturas escarlates), modo segundo o qual ele "ouvia" e projetava para fora de si o universo.[145]

A fragrância de gerânio da música de Vinteuil, por seu brilho sensual, faz eco ao riso de gerânio de Albertine que circunda o narrador ao modo de uma carícia embriagadora e perfumada. Os odores e os perfumes constituem então um reservatório de *metáforas* no qual os escritores podem sorver para expressar a essência da música, e a cumplicidade dos sentidos que se enlaçam e se respondem em uma magnífica sinestesia.

Proust nada tem então a invejar em Chateaubriand, a sua brisa carregada de perfume de resedá ou a seu odor de heliotrópio. O olfato tem nele uma potência estética inigualável: ele é não somente o sentido que permite descer nas profundezas da intimidade e da afetividade, e de se elevar a uma contemplação da eternidade, mas é um tesouro de poesia pelo jogo das metáforas que fornece para converter a sensação em ideia. *À la recherche du temps perdu* pode assim se ler como um buquê de odores, misturando o vetiver e a íris da

---

142 *No caminho de Swann*, p. 211.
143 *Ibidem*, p. 348.
144 *Ibidem*, p. 348.
145 *A prisioneira*, p. 375.

infância aos espinheiros e aos lilases da adolescência, ressaltados na maturidade pelo brilho das catleias e do minium dos gerânios.

AS EXPRESSÕES MUSICAIS E PLÁSTICAS DO ODOR

Música e perfume

Se o charme indefinido do perfume e das fragrâncias encarnadas restitui a doçura aérea da sonata de Vinteuil, é preciso notar que a música por sua vez, em Proust, é dotada de uma potência olfativa tal que oferece a sentir os odores ao ponto em que nos incomodem. Música e perfume mantêm assim relações privilegiadas e se expressam um ao outro em uma perfeita harmonia e reciprocidade O narrador afirma a Mme. de Cambremer a propósito da ópera de Debussy:

> É totalmente Pelléas, [...] esse odor de rosas que sobe até o terraço. É tão forte na partitura que tive como que a *hay-fever* ou a *rose-fever*. Ele me fez espirrar cada vez que escutava essa cena?[146]

Atrás do propósito mundano, destinado a bajular o gosto do modernismo da esnobe Mme. de Cambremer, o narrador atrai a atenção sobre a aptidão de Debussy para restituir um mundo olfativo pela potência conjugada de palavras e sons, e convida de uma maneira geral a que se pergunte como pode a música expressar o odor.

Debussy ou a música dos odores

Pela evidência em *Pelléas e Mélisande*,[147] a presença musical do perfume não está restrita à cena III do ato III, à que Proust faz alusão, mas impregna fortemente a ópera inteira porque é em termos olfativos que são ditos o amor e a morte. Quando Golaud, que surpreendeu um pouco antes a cena de sedução entre sua jovem mulher, Mélisande, e seu meio-irmão Pelléas, arrasta-o pelos subterrâneos do castelo para encontrar a gruta marinha muito profunda onde sua esposa havia supostamente perdido seu anel, ele o força

---

146 *Le côté de Guermantes*, p. 813.
147 Encenada pela primeira vez em 30 de abril de 1902, na Ópera-Cômica, *Pelléas et Mélisande* foi composta por Claude Debussy, sobre um libreto de Maurice Maeterlinck.

a respirar o odor de morte que sobe do abismo, à guisa de advertência ligeiramente velada:

> "Pois bem eis aqui a água estagnada da qual eu vos falava. Vós sentis o odor de morte que sobe? Vamos até a ponta desse rochedo que sobressai e debruçai-vos um pouco: ele virá vos atingir o rosto... Debruçai-vos, não tenhais medo, eu vos segurarei. Dai-me não, não a mão, ela poderia escorregar, o braço. Vós vedes o abismo, Pelléas, Pelléas.[148]

Esse odor de morte, que emana da gruta para atingir o rosto, prefigura a cena IV, onde Golaud, tomado pelo ciúme, tira sua espada nas trevas e com ela acena golpes furiosos para Pelléas e Mélisande, enlaçados perto da fonte no fundo do jardim, ferindo assim sua mulher e matando seu meio-irmão. No momento ele deixa pairar a ameaça da queda mortal convidando Pelléas a se debruçar sobre a grota e propondo a ele segurá-lo. Pelléas não se engana quanto a isso, pois protesta contra esse perfume mórbido com um "eu sufoco aqui, saiamos".

A música nessa cena II do ato III é também expressiva por seus ritmos que arrastam o odor de morte que emana das águas estagnadas. Aliás Jankélévitch supunha quanto a isso que a utilização, por Debussy, dos pedais e dos ritmos muito lentos traduz uma obsessão pela estagnação, em especial pela estagnação da água que é encontrada em toda a obra, e mais particularmente nessa cena II do ato III.[149] As cores orquestrais muito sombrias e muito graves dominadas pelo papel do solista no fagote e dos timbales acentuam a ameaça do abismo de onde sobe o odor sufocante de morte. Toda cena é em tom menor e repousa sobre essa tônica.

Uma vez fora dos subterrâneos, ao ar livre no terraço, é ainda no registro olfativo que se expressa o alívio de Pelléas:

> Ah! Eu respiro enfim! Acreditei por um instante que me sentiria mal nessas enormes grotas, estive a ponto de cair. Nelas há um ar úmido e pesado como uma rosácea de chumbo, e trevas espessas como uma massa envenenada. E agora todo o ar de todo o mar!

---

148 Cf. cena II do ato III.
149 Ver sobre esse ponto, *Debussy et le mystère*, Plon, e *La vie et la mort dans la musique de Debussy*. La Baconnière. Neuchâtel.

> Há um vento fresco, verde, fresco como uma folha que acaba de se abrir sobre as pequenas lâminas verdes.
> Vejam! Acabaram de regar as flores no beiral do terraço e o odor da verdura e das rosas molhadas sobe até aqui. Deve estar perto de meio-dia; elas já estão à sombra da torre. É meio-dia, escuto o tocar dos sinos e as crianças descem para a praia para se banhar. Vejam, eis vossa mãe e Mélisande em uma janela da torre.[150]

Primeiro é um perfume de liberdade que Pelléas respira, perfume que varre a sensação de opressão e afasta a ameaça da morte. O odor mórbido das águas salobras nas trevas dá lugar aos verdes eflúvios marinhos. A abertura infinita de "todo o ar de todo o mar" quebra a manilha pestilenta da grota e dissipa o perfume envenenado da reclusão. Mas é também o fresco perfume dos amores da infância, simbolizados pela vegetação úmida e pelas rosas molhadas, que sobe até as narinas de Pelléas ao sair do lúgubre subterrâneo. O odor venenoso das águas estagnadas e tenebrosas dá lugar ao delicado aroma das flores regadas pelas águas claras da fonte. As rosas que exalam seu perfume molhado expressam a doçura de um meio-dia radioso de amor, e essa impressão é revezada com os gritos das crianças que correm para o banho e pela visão fugitiva das figuras amadas da mãe e da amante em uma janela da torre. Mais profundamente ainda a evocação do odor de rosas na sombra da torre constitui uma reminiscência da cena romântica em que Mélisande na janela desata seus longos cabelos para a noite, frente a um Pelléas ofuscado por sua luz. Aos pés da torre, Pelléas pede à jovem mulher que se debruce para contemplar sua beleza e lhe pegue a mão. Mélisande se debruça então e grita que vê uma rosa nas trevas, que Pelléas não percebe. Do alto de sua janela, à beira de cair, ela não pode se aproximar mais e é então que toda sua cabeleira se desenrola ao longo da torre e cai nos braços de Pelléas, que a cobre de beijos. O jorro celeste da cabeleira que se espalha até sobre os ramos de um salgueiro inunda Pelléas e o embriaga de felicidade.[151] É essa chuva doce do céu que acorda, na cena III, as ervas e as rosas molhadas.

Assim, em Debussy o odor é, ora um ora outro, portador de amor e de morte, e possui uma forma de ambivalência. Essa ambivalência é encontrada por duas vezes: no simbólico da rosa entrevista nas trevas por Mélisande, ou

---

150 *Pelléas et Mélisande*, ato II, cena III.
151 Cf. ato III cena I: "Eu jamais vi cabelos como os seus, Mélisande. Veja, veja, veja, eles vêm de tão alto e me inundam ainda até o coração; eles me inundam ainda até os joelhos! E são doces, doces como se caíssem do céu."

Capítulo 3 | As Expressões Artísticas do Odor

já alcançada pela sombra da torre para Pelléas. Ao perfume do amor já se mistura sub-repticiamente o odor imperceptível da morte. A música enlaça essa passagem do odor de morte na sombra da grota ao odor de vida e de amor à luz do dia. De *ut menor* durante a cena subterrânea, ela passa a *lá maior* e se torna radiosa com uma dominante de sol. Ao lúgubre fagote sucede uma melodia de harpas, de flautas clochettes e violinos que debulham notas cristalinas como gotinhas de orvalho perfumado. A evocação eufórica do ar marinho se faz em *ut maior*, e a doçura do perfume de rosas molhadas em *fá diese maior*. De novo quando Golaud no final dessa cena sobre o terraço reintroduz sub-repticiamente o odor de morte no seio de embriaguez dos cheiros do meio-dia, fazendo injunção junto a Pelléas para cessar seu pequeno jogo com Mélisande, a música passa brutalmente para *mi bemol menor*.

Essas rupturas de tom, essa mobilidade da música que passa de um tempo pesado suspenso e imóvel ao brilho de uma nota viva e leve são totalmente apropriadas às impressões olfativas de Pelléas alternadamente saturadas pelo odor salobre da água estagnada e revivificadas pela frescura do ar marinho, da suavidade molhada das rosas como uma bolha de perfume que se eleva antes de explodir na sombra mórbida de Golaud. Assim, apesar do caráter mundano de seu propósito, o narrador proustiano não estava errado de todo em temer o *hay-fever* ou a *rose-fever*, portanto, que o odor da rosa impregna a partitura de *Pelléas et Mélisande*. Com essa ópera é localizada uma forma de expressão olfativa que resulta do casamento da música com as palavras. Com certeza a música dos odores na arte lírica de Debussy repousa ainda sobre um pedestal literário e se apoia sobre o libreto de Maeterlinck.

A questão se coloca agora em saber se podemos ir além das palavras e dos cantos da ópera para pensar uma pura música olfativa que faça a economia da mediação do texto. Aí ainda Debussy pode servir de modelo porque a referência ao odor não é um simples hápax em sua obra. Independente do recurso a um suporte textual, o músico sempre se mostrou particularmente sensível aos perfumes e aos odores, como testemunham os títulos de certas composições suas: *Les parfums du soir*, em Ibéria ou *Les sons et les parfums tournent dans l'air du soir dans les preludes*, livre I (1909-1910). Debussy concebe a música como uma arte ao ar livre, à medida do vento e do mar onde as impressões visuais, sonoras e olfativas se respondem em uma harmonia natural. Na *Revue Blanche*, ele escreve em 1º de junho de 1901:

> Entrevejo a possibilidade de uma música construída especialmente para o ar livre, todas em grandes linhas e em ousadias vocais e ins-

trumentais, que seriam tocadas ao ar livre e planariam alegremente sobre os cimos das árvores [...]. Haveria aí uma colaboração misteriosa do ar, do movimento das folhas e do perfume das flores com a música; essa reuniria todos os elementos em um entendimento tão natural que pareceria participar de cada um deles.

Debussy explora assim as correspondências e inventa o que poderíamos chamar de uma "harmonia sono-olfativa". Essa vontade audaciosa de ligar o som ao perfume já surgia quando, nos anos 1887-1889, cinco poemas de Baudelaire foram musicados, especialmente *Harmonie du soir*, composta em 1889 sobre o ritmo de uma velha sarabanda e marcada por acentuações wagnerianas.

"Os perfumes da noite"

Em Ibéria,[152] composto de três movimentos, *"Pelas ruas e caminhos"*, *"Os perfumes da noite"*, *"A manhã de um dia de festa"*, a linguagem musical de Debussy restitui o calor luminoso das aldeias espanholas, a suavidade mágica das noites andaluzas, a alegria do povo em festa que dança nas ruas. O tríptico de Ibéria atinge uma riqueza sem precedentes, pois visa exprimir sensações tanto visuais e tácteis quanto olfativas. Essa correspondência entre som e odor constitui um verdadeiro desafio, pois parece impossível transcrever musicalmente sensações olfativas. A escrita do primeiro e do terceiro movimentos parece mais fácil, pelo menos se acreditarmos na carta de 10 de agosto de 1908, na qual Debussy confessa: "Escuto os barulhos que fazem os caminhos da Catalunha, e ao mesmo tempo a música das ruas de Granada."[153] Após ter evocado em um primeiro quadro essas ruas e esses caminhos em um ritmo de Sevilhana, Debussy se arrisca, no entanto, a exprimir musicalmente as sensações olfativas, em *"Les parfums de la nuit"* e a recriar a atmosfera embriagadora e capitosa da noite espanhola. A escrita musical repousa sobre uma dispersão de timbres e uma explosão da forma já presentes em *"Jeux de vagues"*, mas que Debussy aqui explora de maneira mais avançada e sistemática. Essa técnica que consiste, segundo Harry Halbreich, "em uma justaposição por imbricação de elementos com retornos irregula-

---

152 Cf. *Images pour orchestre*, II.
153 Citado por Harry Halbreich em *Claude Debussy*, Edward Lockpeiser, Fayard, p. 691.

res, dando origem, por proliferação orgânica, a elementos novos",[154] essa técnica é bem apropriada para os movimentos dos eflúvios que se misturam, se recobrem e se dissolvem no ar da noite para exalar novamente suas notas potentes ao sabor da brisa, como uma onda perfumada que vem morrer nas narinas e deixa lugar a uma nova onda de aromas. Desde o começo da peça, em um ritmo lento de habanera, Debussy evoca os perfumes langorosos e sensuais que saturam a atmosfera e ficam estagnados no ar da noite por uma melodia de oboé de caráter arrastado e pelos *pizzicati* dos violinos que dão a impressão de um tempo musical imóvel, de uma ausência de peso de sonho, de uma evaporação ondulatória das notas com um tom dominante em *fá sustenido maior*. Ao calor sensual dos oboés, ele mistura aqui e ali celesta e harpas que sugerem o murmúrio fresco das fontes, e os glissandi das cordas esposam a volatilidade dos eflúvios ou da leve brisa. A forma da peça é extremamente móvel, desdobra-se em volutas alternando o langor dos oboés, as cordas graves das violas e dos violoncelos com o frescor das harpas e das flautas, perpassadas alternadamente pelas retomadas e variantes do tema da primeira parte e, depois, por antecipações da alegre marcha do terceiro movimento que os sinos matutinos ao longe e o trompete anunciam no final.

"Os sons e os perfumes rodopiam no ar da noite"

Nos *Prelúdios*, livro I, Debussy expressa com maior força a harmonia de sons e de perfumes com um refinamento todo baudelairiano. O verso célebre da *"harmonia da noite"*, "os sons e os perfumes giram no ar da noite" torna-se o título do quarto prelúdio no qual Debussy, com a ajuda de um único piano, cria uma obra-prima de música olfativa. Em ritmo de valsa muito lenta, que faz eco ao verso de Baudelaire, "valsa melancólica e vertigem langorosa", a peça se desenrola como um ostensório que espalha um perfume persistente, em tonalidade de *lá maior*, percorrida por combinações harmônicas e séries melódicas que se evaporam em intervalos. Harry Halbreich, que vê nesse pedaço um dos pontos altos dos *Prelúdios*, estima "que nele se respira uma atmosfera voluptuosa e um pouco teimosa, como certos cheiros de erva ou de madressilva, com essa forma harmônica de uma cor tão estranha que percorre a peça com a ajuda de um *ostinato*".[155] Debussy é, em suma, o Baudelaire da música; ele maneja as correspondências com brio tal que as notas olfativas e sonoras se respondem.

---

154 *Claude Debussy*, p. 682.
155 Op. cit., p. 583.

Com certeza a tarefa é facilitada pela existência de uma temporalidade musical e por uma dinâmica sonora capaz de abraçar as evoluções e circunvoluções do perfume. Desse ponto de vista, a pintura e a escultura parecem pouco favorecidas. Em regra geral as artes plásticas são mais estáticas; elas implicam uma visão *tota simul* pouco adaptada às metamorfoses sucessivas de eflúvios que esvoaçam no vento. Daí, então, as correspondências correm o risco de falhar, de modo que o apelo do odor quebra-se no silêncio da cor. Baudelaire, que evoca perfumes "doces como os oboés, verdes como os prados",[156] estaria errado ao estender a harmonia dos sons e dos odores à cor? Devemos estimar ao contrário, que a pintura e a escultura são impotentes para reproduzir a fragrância e que a cor não pode rimar com o odor?

PINTURA E PERFUME

A evocação dos odores ou a representação do perfume na pintura é um fenômeno tanto mais raro quanto se trata de restituir o invisível pelo visível, o informe pela forma, e de fechar nos limites fixos de um quadro o que por essência se evapora e não tem forma delimitada. Como reproduzir o cheiro pela cor e evocar o olfato pela visão? Poucos artistas tentaram essa aventura e, quando a ela se arriscam, fazem-no com frequência de uma maneira muito convencional correndo direto para o fracasso. O pintor Boizot, que empreendeu a representação do olfato e da audição em um par de quadros, hoje desaparecidos, apreendeu isso a duras penas, pois atraiu esse comentário pouco ameno de Diderot nos *salões* de 1771: "M. Boizot: 49-L'odorat. 50--L'ouie, Mauvais [O Sr. Boizot: 49-O olfato. 50-A audição, Ruim].[157] É marca da grande arte saber encontrar a cor vaporosa dos odores. Na maior parte do tempo a pintura permanece inodora e impotente para recriar a fragrância de um buquê. O próprio Diderot não se engana a esse respeito, quando critica, nos *salões*, uma natureza morta de Gerard Van Spaendonk:

> [...] foi dito dessas flores, e crítica pareceu pelo menos engenhosa, que por mais belas fossem, poderíamos reprovar-lhes a falta do aroma. Com efeito, nada iguala o brilho e a vivacidades de suas

---

156 *As flores do mal*, Correspondência, Edições Garnier, p. 13.
157 *Héros et Martyrs*, Salão de 1771, Paris: Hermann, 1995. p. 161.

cores; mas será que nelas encontramos essa leve penugem, essa espécie de vapor que por si só poderia lembrar à vista a ideia dos doces perfumes que exalam?[158]

O filósofo destaca, aí, a dificuldade de evocar a sensação olfativa na pintura e a necessidade de uma transposição do registro olfativo no quadro visual. No entanto, a pintura pode dar à vista a ideia de um perfume, mas não faz com que ele seja sentido; ela recorre a efeitos visuais supostos corresponder à sensação olfativa. Ela fica então condenada a inventar engodos, a forjar a ilusão de fragrância. Em suma, para sugerir o odor, seria preciso criar "uma pintura em *trompe-nez*".[159] A imaginação dos artistas deve ser particularmente inventiva quanto a isso, o que é, sem dúvida, uma das razões pelas quais o odor e o olfato raramente constituíram o objeto central das investigações pictóricas.

É preciso toda a virtuosidade de um Fragonard para ser bem-sucedido no esforço de realizar uma tela como *Le sacrifice de la rose* [O sacrifício da rosa], que se tornou o emblema das perfumarias de Grasse. Alegoria da perda da virgindade e da vertigem amorosa, *O sacrifício da rosa* apresenta-se como uma oferenda ao amor. O quadro representa um anjo sob os traços de um belo adolescente que queima, sobre um altar cinerário, a rosa que uma jovem acaba de lhe dar em sacrifício. A jovem, desfalecida frente ao altar do amor, está nua e abandonada a seu gozo extático. A cabeça levemente caída para trás e inclinada sobre o ombro esquerdo, a boca entreaberta e os olhos fechados, uma mão sobre o peito, ela está toda entregue ao amor. O anjo, asas abertas, que a ampara com uma das mãos, ajudado por um anjinho, pousa delicadamente a cabeça loura sobre seu flanco direito, abrasando, ao mesmo tempo, com o fogo da tocha, que tem em sua outra mão, a rosa sacrificada sobre o altar. O perfume vaporoso que daí se desprende escapa da tela e a impregna com forte carga de sensualidade e de erotismo. Mas, se Fragonard soube restituir o perfume da sexualidade por meio de uma jovem que dá sua flor, seu objeto pictórico não é o odor em si, de modo que seria excessivo considerá-lo um pintor olfativo. Quer isso dizer que a tentativa de expressar

---

158 *Ibidem*, p. 357.
159 É o título de um artigo assinado Boba'no, publicado em *L'odeur, essence d'un sens*. O odor, essência, p. 202-205.
    N.T.: *Trompe-nez*, "engana-nariz", expressão criada pela autora, à semelhança de *trompe-l'œil* "engana-olho", expressão existente que designa um tipo de imagem que transmite uma ilusão de relevo.

o olfato pela vista seja geralmente indireta, periférica, até mesmo marginal, e que a evocação do odor pela cor esteja sempre destinada a ser um plano de fundo, como um coadjuvante ou um complemento de sensações visuais, sonoras e táteis? Em todo caso, ficaríamos, tentados a crê-lo, bastando examinar o conjunto do patrimônio pictórico da humanidade onde se vê como são raros os quadros que têm por objeto primeiro a dimensão olfativa.

A título de exceção é preciso, no entanto, mencionar duas manobras originais que correspondem a duas vias possíveis de expressão do olfativo pela pintura. A primeira é de ordem alegórica e a segunda de ordem simbólica. Isso não significa que seja impossível visualizar uma forma de pintura abstrata do olfato. Louise Bourgeois começou a explorar essa via em 1968, com um quadro intitulado *Le doux parfum de l'indigo* [O doce perfume do índigo], baseado em formas abstratas, linhas e espirais, forma à qual retornou mais recentemente, em 2007, em sua última obra intitulada *Extreme Tension*. Em 11 grandes painéis ela descreve, da cabeça aos pés, seu corpo despedaçado, as sensações que a sufocavam às vezes, a dor, as câimbras, as palpitações, a respiração, as ondas de calor e a transpiração. O último painel tem por título *The smell of the hunted animal* [O cheiro do animal caçado], repousa sobre uma série de linhas verticais, como um odor de fumaça.[160]

Gonzales Coques e a alegoria do olfato

Bem antes disso, na pintura clássica, um aluno de Pieter II Brueghel, Gonzales Coques, atrelou-se à delicada tarefa de representar os cinco sentidos e tornar o quadro suporte visual de sensações não visuais.[161] Esse pintor belga da escola flamenga consagrou uma série de quadros sobre os cinco sentidos e recorreu a alegorias para contornar a dificuldade de produzir com o pincel e a paleta as sensações sonoras, olfativas, tácteis e gustativas. Gonzales Coques era muito conhecido, no século XVII, por seus retratos individuais ou de grupos em pequeno formato que lhe valeram a alcunha de "Pequeno Van

---

160 Ver igualmente o quadro do pintor futurista Luigi Rossolo, *Le Parfum*, e a análise que dele faz Hélène Faivre, em *Odorat et humanité en crise à l'heure du déodorant parfumé* [Olfato e humanidade em crise, na hora do desodorante perfumado], op. cit., p. 132-133.

161 Gonzales Coques não é o único pintor que procurou evocar os cinco sentidos, no século XVII. Antoine Bosse (1604-1676) dedicou igualmente cinco quadros aos sentidos, notadamente ao olfato, no qual se inspirou um pintor anônimo (ver, no Museu de Belas Artes de Tours, o quadro intitulado "*Odoratus*", que representa um casal rodeado de cães farejando o ar e que respira o perfume de um buquê no átrio de uma escadaria monumental que dá acesso a um jardim).

Dycke", mas ele era igualmente excelente no retrato alegórico. Na série de cinco quadros conservados em Londres na National Gallery, Gonzales Coques faz o retrato de cinco supostos artistas encarnar os cinco sentidos. O retrato intitulado "*Smell*" [odor], com data anterior a 1661, representa sobre um fundo pardo o escultor e arquiteto Lucas Fayd'herbe, com traje da época, sentado de frente e fumando um longo cachimbo. O odor e o olfato parecem evocados de maneira muito convencional por um fumante de cachimbo, remetendo unicamente para a imagem do tabaco. No entanto, o quadro desprende uma estranha impressão de abstração e ultrapassa o quadro de uma simples visão pictórica do odor. Nada tem de uma pintura realista, porque fumaça alguma escapa do cachimbo e nenhuma narina está fremente. O odor não é evocado de modo visual, por volutas brancas que escapam em abundância ou por um nariz que fizesse um esforço sensível para aspirá-la. Bem ao contrário, o olhar se faz ausente, pois tudo é concebido para desviá-lo de uma simples visão do quadro. O artista que serve de suporte à evocação olfativa tem os olhos perdidos no vago e parece não ver nada. Está todo absorto por esse cachimbo enfiado em sua boca e que ele segura negligentemente na mão esquerda. Ele é esse cachimbo e nada mais, de modo que sua imagem se apaga para deixar elevar-se o odor de tabaco. A escolha de um artista como suporte alegórico aos cinco sentidos deixa entender que, aos olhos de Gonzales Coques, todas as faculdades sensoriais dão lugar a contemplações estéticas e podem apreender a beleza sob suas diversas formas.

A representação alegórica do olfato em Coques não está congelada na imagem do tabaco, mas dá lugar a variações, como testemunha uma segunda série de quadros consagrados aos cinco sentidos.[162] A tela intitulada "*Mirosul*" [O olfato], que figura no Museu de Bucareste, representa um homem moreno com cabelos longos que respira sua mão e que segura, na outra, um objeto cuja natureza é difícil de determinar, frasco, tabaqueira, ou pote de pomada. Menos expressiva do que a precedente, ela evoca, no entanto, o aspecto íntimo e sensual do odor que impregna a pele e vem perturbar as narinas.

Gauguin: Noa Noa *ou a pintura perfumada*

Mas é, sem dúvida, em Gauguin que a experiência da evocação do cheiro pela cor é mais pregnante. Não mais se trata de representar, como em Coques, os sentidos, trata-se de fazer sentir o cheiro dos trópicos nos qua-

---

162 Cf. Museu Sibio, Bucareste.

dros. Paul Gauguin se coloca de saída nessa ótica de uma pintura olfativa, especialmente em seu álbum intitulado *Noa Noa*. Esse nome é autoexplicativo: empregado como substantivo e como adjetivo na língua maori, designa o perfume ou aquilo que é odorífico.

A busca de uma estética que convoca o nariz não é uma tentativa menor e marginal, mas a expressão de uma preocupação fundamental na pintura de Gauguin. A arte pictórica não se dirige apenas à visão, mas a toda a sensibilidade e atinge a inteligência de maneira imediata e instantânea. A seus olhos, "a pintura é a mais sublime de todas as artes; ela é a soma de todas as nossas sensações e, ao contemplar, cada um de nós, pode criar a história segundo sua imaginação, uma simples olhadela é suficiente para submergir nossa alma nas reflexões mais profundas; sem esforço algum da memória, tudo se adiciona em um só instante".[163] A impressão que resulta do arranjo das cores, da luz e da sombra ultrapassa o quadro visual para tornar-se um símbolo dirigido a todos os sentidos. Fortemente marcado pelo modelo poético baudelairiano, Gauguin procura as correspondências, uma música do quadro, e atribui ao perfume uma vocação pictórica essencial. Ele visa uma harmonia que vai além dos sentidos e do real, e que convida a pensar sem a mediação das imagens e das palavras:

> Obtenho, por arranjo de linhas e de cores, com o pretexto de um assunto qualquer tomado por empréstimo da vida ou da natureza, sinfonias, harmonias, que não representam absolutamente nada de real, no sentido comum da palavra, não expressando diretamente qualquer ideia, mas que devem fazer pensar, como a música faz pensar, sem a ajuda das ideias ou das imagens, simplesmente por afinidades misteriosas que se dão entre nossos cérebros e tais arranjos de cores e linhas.[164]

Os verdes ácidos, os violetas sombrios e os amarelos brilhantes cantam assim a música das cores, mas essa harmonia envolve também uma gama de odores, como testemunha essa confissão a Fontainas, em março de 1899:

> Aqui perto de meu abrigo, em pleno silêncio, sonho com harmonias violentas nos perfumes naturais que me embriagam. Delícia

---
163 *Notes synthétiques*, citado por B. Thompson, *Gauguin*, Thames & Hudson, p. 33.
164 Entrevista de Gauguin por E. Tardieu, no jornal *L'Echo de Paris*, 13 de maio de 1895.

Capítulo 3 | As Expressões Artísticas do Odor 179

>posta em relevo por um não sei qual horror sagrado que adivinho na direção do imemorial. No passado odor de alegria que eu respiro no presente.[165]

Com certeza, como em Baudelaire, para além do presente, o perfume das cores beira a nostalgia de um Taiti mítico que Gauguin se esforça por exumar reencontrando os traços das lendas maoris e o culto dos mortos, como no quadro *Manao Tupapau* (L'esprit des morts veille) [O espírito dos mortos vela].

A sensibilidade aos odores, no entanto, não está simplesmente ligada a um gosto pelo exotismo, na busca de um paraíso perdido ou ao desejo de um retorno a uma vida primitiva edênica, como poderia sugerir a evocação de Taiti tradicionalmente designada como a perfumada, "Noa Noa". Para Gauguin, o odor é a expressão de uma essência das coisas e dos seres em seu mistério e sua profundidade. O pintor reivindica uma verdadeira abordagem olfativa do mundo. Para expressar a exuberância e a serenidade da natureza, ele estima ser necessário, como diz, "ter entendido o odor". É por isso que ele se inspira na natureza e nas mulheres maoris para pintar suas paisagens tropicais e seus nus, respirando-lhes o odor. Ele escreve também a sua mulher Mette em uma carta datada de julho de 1812.

>Estou em pleno trabalho, agora conheço o solo; seu odor e os taitianos que retrato, de modo muito enigmático, são maoris e não orientais de Batignolles. Levei quase um ano para chegar a compreendê-los.[166]

Quando descreve um de seus primeiríssimos quadros de Vahiné, "a mulher com a flor", *Vahiné no te tiare*, que hoje se encontra no Museu de Copenhaguen, ele não acentua a semelhança visual, mas, sim, a percepção de uma interioridade. "Foi um retrato que se parecia com o que meus olhos velados por meu coração perceberam. Creio, sobretudo, que se pareceu com o interior".[167] Não as trata tanto de olhar o outro, mas de senti-lo. Assim, Gauguin é menos sensível à vista dessa mulher taitiana de que à aura per-

---

165 Carta CLXX a André Fontainas, *Lettres à sa femme et à ses amis* [Cartas a sua esposa e a seus amigos], recolhidas, editadas e prefaciadas por Maurice Malingue. Paris: Grasset, p. 292.
166 Carta CXXX a sua esposa, op. cit., p. 233.
167 *Noa Noa*. Edições de J. Loize, A. Balland, p. 24.

fumada, simbolizada pela flor que revela sua intimidade. É, aliás, em termos olfativos que ele esboça seu retrato, quando do primeiro encontro. "Ela levava", diz ele, "uma flor na orelha que escutava seu perfume".[168] Ele a descreve como "uma dessas mulheres que espalham a seu redor esta mistura de odor animal e de sândalo, de gardênia".[169] O *tiare* representado no quadro é uma variante muito cheirosa da gardênia, usada em perfumaria e que se tornou o emblema da ilha. Escutar o perfume das coisas e dos seres, essa poderia ser a palavra chave desse ateliê dos trópicos fundado por Gauguin para apreender a alma maori. A cor é a música do odor. E é em seu álbum *Noa Noa* que ele vai mais longe nessa tentativa, pois ele a coloca inteiramente, desde o título, sob a égide do perfume.

Em maio de 1895 ele declara ao jornalista Eugène Tardieu:

> Antes de partir, vou publicar, com meu amigo Charles Morice, um livro no qual relato minha vida em Taiti e minhas impressões de arte. Morice comenta, em versos, a obra que trouxe de lá. Isso explicará por que e como fui pra lá – O título desse livro? *Noa Noa*, que significa odorífico, na língua local; será o que exala Taiti.

Esse álbum é, ao mesmo tempo, um relato de viagem, um testemunho da vida de Gauguin durante sua primeira estadia no Taiti, um comentário dos seus quadros; ele está acompanhado por poemas de Charles Morice e deu origem a diversas versões retrabalhadas. O manuscrito intitulado *Noa Noa, viagem ao Taiti*, conservado no departamento gráfico do Museu do Louvre, única versão do texto inteiramente validada por Gauguin, é concebido como um livro destinado tanto a ser lido quanto a ser visto; ele comporta um relato escrito com tinta castanha e numerosas iluminuras que deviam ser acompanhadas por gravuras. *Noa Noa* foi publicado em 1º de maio 1901 e foi apresentado por seu editor sob o signo de uma pintura perfumada, como prova sua apresentação: "Boas páginas desse livro que exala tão forte o perfume, a dupla essência da natureza e da arte – essas duas selvagerias divinas."

Entre as numerosas ilustrações, fotos, desenhos e aquarelas, figura uma tiragem em preto sobre papel do Japão de uma gravura em madeira, intitulada Noa Noa. Portanto, Noa Noa não é apenas o título geral de um álbum, mas o nome de uma obra pictórica dedicada expressamente ao perfume.

---

168 *Noa Noa*, p. 25.
169 *Ibidem*.

Capítulo 3 | As Expressões Artísticas do Odor

A ordem das gravuras é contestada, mas, segundo Bárbara Stern Shapiro,[170] "Noa Noa é a primeira de uma série de imagens que representam os aspetos agrários da vida das populações indígenas. A profusão das formas vegetais introduz efetivamente a série. Encaradas como um conjunto, as madeiras gravadas incorporam elementos decorativos que Gauguin realizou durante sua primeira estadia no Taiti." Noa Noa é uma xilogravura em preto sobre papel Japão preparado em amarelo, ocre, vermelho alaranjado e verde. Os matizes das cores quentes, realçadas com verde prestam-se à evocação de um universo tropical, mas, diversamente de certos quadros, não é tanto a cor, mas o traço voluntariamente impreciso e vaporoso que sugere o odor.

A evocação do odor se faz por meio de uma série de linhas e de movimentos circulares, como volutas que se elevam da terra para o céu, linhas vagas definindo formas desfocadas de animais que cercam o personagem em primeiro plano visto de costas, movendo seu corpo, com seu rosto voltado para uma mulher, ao longe e leiras do campo no qual ela se encontra. No centro há uma árvore misteriosa cuja folhagem incorpora as imagens de duas mulheres sentadas, em um cenário vegetal. Esta árvore onírica, simultaneamente miragem e nuvem, está cercada de flores suspensas nos ares, como lianas perfumadas que se torcem delicadamente, voltadas para o céu. Tudo contribui para causar uma impressão de sonho vaporoso, de uma fusão da natureza e do homem, por uma espécie de decomposição orgânica e de evaporação, de mistura olorosa do mundo vegetal e animal que cerca o homem e o envolve com seus eflúvios. Essa impressão é reforçada pela incrustação, no alto do quadro, de uma espécie de filactério ou de bolha, onde figuram a inscrição da cobertura Noa Noa bem como as iniciais de Gauguin. O quadro é, assim, uma exalação tropical, e seu sucesso decorre de seu caráter aromático.

Pelo contrário, o insucesso de uma obra de arte manifesta-se igualmente em termos olfativos. A pintura clássica, submetida à reprodução do real, é adulterada e recende a academismo. Quando ele defende sua célebre composição "De onde viemos? O que somos? Para onde vamos?", ele exclama: "Isto não fede a modelo, a profissão e a pretensas regras."[171] Gauguin foge da insipidez e procura, sempre, novos perfumes, cada vez mais fortes e nunca aspirados, como testemunha essa observação antes de sua partida para as

---

170 Cf. *L'atelier des tropiques*. Edições da Reunião dos Museus Nacionais, 2003. p. 167.
171 Carta a Monfreid, março de 1898, V. Segalen, *Lettres à Daniel de Monfreid*. Paris, 1950. p. 94.

ilhas Marquesas: "Minhas telas da Bretanha viraram água de rosas por causa de Taiti; Taiti tornar-se-á água de colônia por causa das Marquesas."[172]

Esse perfume mais sutil, Gauguin o fará sentir em *Contes barbares*, uma de suas últimas telas. George T. M. Shackelford estima que essa tela poderia ser a conclusão apropriada para a carreira do pintor pelo tanto que apresenta, no topo, a harmonia sensorial e atinge tanto as narinas quanto os olhos. Essa obra-prima de sinestesia representa duas mulheres polinésias seminuas sentadas, no primeiro plano, em um quadro luxuriante no qual proliferam flores e frutas, tal um paraíso exótico e vaporoso. A primeira, à direita, tem tez clara e uma abundante cabeleira ruiva, coroada de flores brancas que caem nas suas costas, como cascatas de luz. A segunda, de tez mais escura, está sentada, em uma postura tradicional do budismo. Com os olhos vagos, essas duas mulheres não estão olhando, elas estão voltadas para dentro de si. Atrás delas vê-se uma estranha criatura com pés em forma de garras e cabelos ruivos, vestida de violeta, meio homem e meio raposa, com olhos verdes oblíquos que lembram a raposa com olhos fixos, símbolo da perversidade, entre os índios, presente no baixo relevo "sejam amorosas". É um quadro perturbante que se contempla com o nariz, com muito bem percebeu Richard Bretell: "a aura do mistério perturbador, as brumas vaporosas, o 'perfume' insistente e a exótica abundância de vegetais, de frutas, flores e árvores que quase engolem os personagens surgidos dessa luxuriância que não saberiam dominar. [...] Na verdade, as flores que pensamos respirar vencem, aí, os humanos cujos olhares vagos esquecemos, para admirar a Íris estilizada à direita do personagem central, ou os 'lótus' apreciados por Gauguin em Taiti".[173] Os *Contes Barbares* estão saturados de odores e exalam o sopro poético das flores que desprende um buquê sibilino, como as mensagens de Íris, a mitológica deusa dos perfumes.

ESCULTURA E PERFUMES

Se, com Gauguin, a pintura se torna odorante, torna-se possível pensar que todas as artes plásticas são dotadas da mesma capacidade. Com Noa Noa e as gravuras em madeira, é também a possibilidade de uma escultura olfativa que surge, pois a fronteira é tênue entre pintura e baixo relevo. É verdade que

---

172 Cf. Joly Segalen, Carta LXXV, junho de 1901, p.177.
173 Catálogo da exposição Gauguin, Washington, Chicago, Paris, 1988-1989, p. 474, op. cit., Shackelford, Splendeurs et misères: Gauguin aux îles Marquises [Esplendores e infortúnios: Gauguin, nas ilhas Marquesas]. *Gauguin*, L'atelier des tropiques [Gauguin, O ateliê dos trópicos]. Edições da Reunião dos Museus Nacionais, 2003.

Capítulo 3 | As Expressões Artísticas do Odor

as esculturas de Gauguin cativaram menos a atenção que seus quadros, mas deveremos ver, nisto, uma prova da impossibilidade de expressar o perfume em três dimensões? De fato, a ideia de uma "escultura olfativa" parece uma contradição em termos de espessura bruta pelo tanto que a matéria, em sua dureza imóvel, se contrapõe à volatilidade do odor, à sua fugacidade e à forma como se esvanece. A solidez do material do escultor combina-se mal com a fluidez do perfume, pouco inclinado a fixar-se e a tomar o aspecto de uma forma em três dimensões. Parece, pois, bastante difícil conceber uma aliança entre a pedra e o perfume. Será, então, que os moldes e os cinzéis têm menos poder de expressão que a tela e os pincéis? Longe disso, pois certas esculturas têm tamanho poder que fazem brotar o odor do modelado e da cor, testemunhando uma imaginação criativa capaz de buscar suas origens tanto em um realismo olfativo quanto em um simbolismo do mesmo gênero.

Zumbo, a escultura malcheirosa

Na linha realista, é preciso distinguir Gaetano Giulio Zumbo em primeiro lugar, pois ele poderia suportar facilmente a comparação com as telas de Xeusis que causam impressão de relevo, mas na categoria dos falsos odores ("engana-nariz" ver nota 4). Esse padre siciliano, nascido em 1656, escultor de figuras anatômicas em cera representando cadáveres em decomposição, tornou-se conhecido na Itália por suas cenas teatrais da decomposição dos corpos e pelas suas miniaturas evocando sepulcros ou cenas de epidemias. Em suas *Cenas da Peste*, em cera colorida, o realismo é tão grande que o baixo relevo parece exalar um cheiro sufocante de podridão. O próprio Sade deixa-se surpreender durante sua viagem pela Itália; ele narra sua surpresa, na Câmara de Artes de Florença, ao ver o espetáculo macabro apresentado pela obra daquele a quem denomina Zummo: "Vemos um sepulcro repleto de cadáveres; em cada um deles podemos observar as diversas graduações da putrefação, desde o cadáver do dia até aquele inteiramente descarnado, devorado pelos vermes. Essa ideia bizarra é a obra de um siciliano chamado Zummo. Tudo é feito em cera, colorida com as cores naturais. A impressão é tão forte que os sentidos parecem avisarem-se mutuamente: levamos naturalmente a mão ao nariz, instintivamente, ao observar esse horrível detalhe [...]."[174] Como indica o próprio título, esse teatro de cera fede e o contágio parece tomar conta do expectador enojado que tampa o nariz.

---

174 *Viagens à Itália, Florença. Obras completas*, XV, p. 152. Encontramos a mesma observação escrita por Sade na *História de Julieta. Obras completas*, IX, p. 23.

Sem dúvidas o padre Zumbo, no seu realismo pestilento, não é o embaixador ideal da escultura odorífera. No entanto, forçoso é reconhecer que, por meio de seus fantasmas de cera, ele soube restituir esse odor de morte que nos assombra, essa essência da peste atribuída, outrora, a miasmas envenenados, emanações pútridas ligadas à corrupção do ar.

Rodin e o odor de Íris

A esse espetáculo macabro, a contemplação da obra *Íris mensageira dos deuses*, de Rodin, oferece um poderoso antídoto, pois não se trata aí de odor mortífero, mas de perfume do desejo, do amor e da vida. Esse bronze de Rodin, esculpido em 1891, e do qual existem várias versões, teria certamente impressionado o marquês de Sade com a mesma força que as cenas da peste de Gaetano Zumbo, pois é uma das mais audaciosas esculturas já realizadas: ela exibe, ou melhor, coloca debaixo do nariz do espectador o sexo nu e resplandecente de uma mulher sem cabeça, abrindo largamente as pernas, segurando o pé direito em sua mão direita, tomando a postura aérea de uma dançarina revirada, desafiando o equilíbrio. A referência a Íris é rica em significados. Filha do Titan Taumas e de Electra, Íris era considerada, na mitologia, ora como virgem, ora como amante de Zéfiro e mãe do amor. Íris é a deusa do perfume e é a portadora das mensagens dos deuses, deixando um rastro, à sua passagem, simbolizado pelo arco-íris. Conta a lenda que Íris purificava Juno com perfumes quando a deusa voltava dos Infernos para o Olimpo. A flor íris conservou, ela própria, a simbologia dessa função de mensageira e suas três pétalas representam a fidelidade, a sabedoria e o valor. A íris é, também, a flor dos artistas e dos poetas.

No bronze de Rodin, Íris está simbolizada inteiramente pelo sexo dessa mulher que exibe sua flor e que manda sua divina mensagem perfumada. Curiosamente, nada há de obsceno nessa escultura, pois o sexo respira e exala o sopro do desejo, da vida e do amor. A postura é, ao mesmo tempo, casta e erótica, à semelhança da deusa, ora virgem, ora amante. A Íris de Rodin tem a graça leve de Hermes, e suas pernas parecem duas asas do sexo que voa pelos ares. De fato, na mitologia, a mensageira "corre como o vento", assim como faz Zéfiro, seu amante. Esse sexo, aberto em todos os sentidos, que pode ser contemplado sem temor nem escândalo, como *L'origine du monde* [A origem do mundo], de Courbet, palpita de beleza e sensibilidade. No entanto, ele não está isento de ambiguidades e de tensões, a riqueza expressiva da escultura excede, sem dúvida, as interpretações. O sexo é, primeiro, o lugar do prazer e do nascimento. Íris, a flor do artista, tanto é, pois, o símbolo da procriação quanto o da criação artística. Ela faz pensar na unidade do ato sexual e do ato criador, na fecundidade recíproca e na identidade dos respectivos gozos. O sexo da mulher e a mão do artista também são os mediadores entre os homens e os deuses, colorindo o mundo com seus esplendores. Mas, essa erótica que floresce pode murchar igualmente, visto que Íris conduzia, também, as almas aos infernos, e sua principal ocupação era a de cortar o cabelo fatal das mulheres que iam morrer. É, pois, sob o duplo registro de Eros e de Tanatos que se deve colocar a obra de Rodin. Sem dúvida, não é por acaso que o escultor escolheu suprimir a cabeça, após diversos esboços, e só conservou um busto fragmentado. Íris perdeu a cabeça, e nisto devemos ver os efeitos conjugados do amor e da morte. Assim, os homens estão "em perfume" e podem farejar a essência de sua condição de amor e de morte, ao aspirar a flor da íris.

De modo geral, entretanto, o significado do perfume não se limita a uma mensagem erótica ou "tanática", ao odor de vida na morte ou de morte na vida; essa mensagem ultrapassa qualquer simbologia congelada para alargar-se aos confins do imaginário humano. Não se trata, aqui, de firmar os contornos de um imaginário *osmófilo*, nem de explorar as imagens exaustivamente, analisando as belas-artes em sua diversidade e recenseando o conjunto de obras criadas em torno de uma temática olfativa. Quer seja a literatura, a música ou as artes plásticas, cada uma, em seu registro, é capaz de inventar as formas de uma estética olfativa e de exprimi-las. Em uma entrevista radiofônica, Ariana Ascaride não declarava que, para ela, "o teatro era, antes de tudo, um odor, o da caixa de maquiagem de seu pai, um comediante"?[175] E a sétima arte nada fica a dever, malgrado seu surgimento recente.[176] É verdade que, entre as belas-artes, algumas se prestam mais do que outras para a elaboração de tal estética, e que a arquitetura, por exemplo, parece retraída a esse respeito. Significará isso que uma arquitetura olfativa seja impossível e vai de encontro a limites insuperáveis?

---

175 Cf. programa de rádio "Ça me dit, l'après-midi", difundido por France Culture em 11 de novembro de 2006.
176 A respeito do cinema e dos odores, além das adaptações dos romances de Gaston Leroux, *Le parfum de la dame en noir* [O perfume da dama de preto], e de Süsskind, *O perfume*, história de um assassino, que apresentam um interesse medíocre, é preciso ver, em especial, o filme de Dino Risi, *Parfum de femme* [Perfume de mulher]. Ver, igualmente, o artigo de Yanne Fagen, *Les parfums de la salle en noir* [Os perfumes da sala escura], *Odeurs, l'essence d'un sens* [Odores, essência de um sentido] com direção de Jacqueline Blan-Moucher, revista *Autrement*, n° 92, setembro de 1987.

RUMO A UMA ARQUITETURA OLFATIVA

Seria um abuso afirmar a existência de uma verdadeira arquitetura baseada em uma arte do olfato. Todavia, as encenações olfativas não estão limitadas ao espaço teatral, elas podem estender-se à implementação do meio ambiente. Ao longo da história, o uso de perfumes, na forma líquida ou de misturas a serem queimadas, para criar ou purificar uma atmosfera difundiu-se largamente, e não se esperou a invenção dos difusores odoríferos para criar um espaço com odor agradável. Já Nero passava por ter instalado aparelhos murais em certas áreas dos palácios para distrair seus convidados com chuvas de óleos perfumados e de pétalas de flores. O piso de certos cômodos também era coberto com pétalas de flores.

Encarada do ponto de vista olfativo, a arquitetura obedece a regras de construção que assumem essencialmente duas formas, desodorizantes e perfumes. Essas regras se aplicam tanto ao espaço público quanto ao privado. No segundo, a vontade de controlar os odores atua sobre as normas de organização e de disposição dos cômodos, originando normas de higiene e de arejamento. A existência de áreas para fumantes, por exemplo, testemunha a favor da consideração do odor nos modelos arquitetônicos. Também é por um imperativo do olfato que o arquiteto separa as cozinhas e as privadas das áreas de uso social. Essa distribuição muda, entretanto, em função do modo como o mau cheiro é reconsiderado ou neutralizado. Assim, a existência de cozinhas americanas sem separação com a área de estadia é correlativa de uma reavaliação dos odores dos alimentos e da racionalização da evacuação desses odores. A colocação das privadas nos banheiros segue a mesma lógica.

As normas olfativas determinam igualmente o aproveitamento do espaço público. Alain Corbin relata que, até o fim do século XVIII, as preocupações com a higiene resultaram em verdadeiras estratégias de desodorização que se manifestaram através da vontade de reorganizar o espaço público, para lutar contra o fedor e o nauseante.[177] Implantou-se, assim, uma arquitetura olfativa que consistiu em evacuar para fora dos muros da cidade os cemitérios, os hospitais, os açougues, as profissões ou as atividades responsáveis pelos maus cheiros, como os curtumes e os tintureiros. Consistiu, também, em favorecer o saneamento e a circulação do ar, com a criação de ruas largas e de praças. Esse esforço maciço de desodorização levou a pavimentar as ruas,

---

177 Cf. *O miasma e a junquilha*, segunda parte: Purificar o espaço público, notadamente no cápítulo I, "As estratégias da desodorização".

isolando a sujeira do solo e da podridão do lençol freático, a revestir as paredes e a caiá-las, para evitar exsudações nauseabundas, a drenar os solos para assegurar a evacuação das imundícies, a secar os pântanos, a empreender uma privatização dos dejetos, a promover desinfecções maciças que se tornaram possíveis graças à descoberta do ácido muriático, ocorrida em 1763, por Guyton de Morveau, constituindo uma verdadeira revolução olfativa.

Entretanto, o urbanismo em foco baseia-se mais na aplicação de técnicas de renovação do ar e na purificação higienista do que em uma verdadeira arte olfativa. Se a arquitetura contemporânea[178] persevera nesta abordagem de desodorização, expulsando das cidades as usinas e indústrias poluentes, ela se orienta, todavia, para novas pesquisas osmológicas, promovendo um arranjo do espaço público baseado na invenção de formas odoríferas e de criações inéditas, tais como a arte de jardins de cheiros ou nos difusores de perfumes em locais fechados que já oferecem ao nariz algo para respirar.

Em definitivo, se uma arquitetura olfativa ainda está balbuciando, existem, entretanto, da literatura à escultura, formas exemplares de uma estética do olfato. A esse respeito, Balzac, Proust, Debussy, Gauguin e Rodin não encarnam por si sós esta estética, mas constituem arquétipos que atestam a possibilidade de arrancar o odor do silêncio e de conferir-lhe uma dimensão artística. Eles são arautos de um imaginário olfativo, figuras de proa avançadas de um panteão onde se destacam igualmente escritores como Huysmans ou Maupassant, e músicos como Wagner[179] ou Suzanne Giraud, em colaboração com Olivier Py.[180] Marcado pelos odores do amor e da morte, pelas viagens nas profundezas aromáticas do espaço e do tempo, esse imaginário olfativo está impregnado de doce melancolia, de sensualidade, ora inocente, ora perversa, de devaneio longínquo e de mística secreta. Sutil e refinado, ele esposa os meandros do pensamento, que se transporta para outro lugar, dos limbos da memória aos sonhos etéreos de uma renovação. Embora possa exalar flores inéditas, o perfume é, muitas vezes, o vaso do passado e o frasco da evasão.

---

178 Ver, a esse respeito, o artigo de Alexandre Fernandez: Des villes sans odeurs? Représentation de l'urbanité au XXe siècle [Cidades sem cheiros? Representação da conurbação no século XX]. *Odeurs et parfums* [Odores e perfumes], op. cit., p. 21-28.
179 Cf. Parsifal, III, II, a tentativa de sedução de Parsifal pelas meninas-flor. No domínio musical, é preciso mencionar, igualmente, a suíte "Parfums", do compositor Roger Roger (agradecemos a Ariel Suhamy por nos tê-lo assinalado).
180 A ópera *O vaso de perfumes* de Suzanne Giraud, criada em 2004, a partir do libreto do cenarista Olivier Py, inspira-se no episódio bíblico de Maria Madalena, que unge com perfumes os pés de Cristo e os enxuga com seus cabelos.

"Minha alma viaja com o perfume, assim como as almas de outros homens viajam na música",[181] diz-nos Baudelaire. Deve-se notar, porém, que esse convite a viajar suscitado pelo perfume não é realizado diretamente por ele, mas, sim, por meio da literatura, da música e das artes plásticas que o enobrecem, dando-lhe suas vozes e suas formas. Será, então, que, solitário, o perfume se esquiva, que não possa, ele próprio, ser fonte de beleza nem elevar-se à categoria de verdadeira arte? Após ter delineado os contornos de uma estética olfativa inerente às várias formas de arte, falta determinar se é possível a existência de uma criação artística e de uma contemplação pura dos odores.

---

181   Cf. *Un hémisphère dans une chevelure* [um hemisfério em uma cabeleira].

Capítulo 4

A ARTE OLFATIVA

> Eram dezenas, centenas de milhares de odores específicos que ele havia colecionado e que estavam à sua disposição. [...] Usando apenas a imaginação, ele era capaz de combiná-las de novas maneiras, tão bem, que nele criava odores que absolutamente não existiam no mundo real. [...] Seu dom lembrava, talvez, o do pequeno músico prodígio que soube extrair das melodias e das harmonias o alfabeto de notas simples que, desde então, compõe, ele próprio, melodias e harmonias inteiramente novas.
>
> Patrick Süsskind, *O perfume*

A ARTE DO PERFUME E SEU ESTATUTO ESTÉTICO

À pergunta de saber se o perfume pode, pela sua própria força, originar um belo olfativo, uma estética autônoma, sem o socorro e a colaboração das outras artes, Jean-Baptiste Grenouille, o herói de Patrick Süsskind, respondia afirmativamente, sem hesitação. Ele é o próprio exemplo da criança prodígio que compõe, com uma arte divina, um mosaico de perfumes de grande beleza diante do qual a multidão, admirada, só pode prosternar-se. Mas, essa essência sublime, sonhada, tem o charme cruel de um romance inventado, e o gênio mortífero de Grenouille nada tem de um modelo a ser imitado.

Nos fatos, a ideia de uma estética olfativa pura implicando a procura de um belo odorante, que possa ser contemplado e possa ser objeto de um julgamento pelo olfato, tocou raramente os espíritos, como confessa Santo

Agostinho: "Do charme dos perfumes, não me preocupo. Ausentes, não os procuro; presentes, não os afasto. Estou pronto para deles abrir mão sempre. É, pelo menos, o que me parece, talvez esteja me enganando?"[1] Alguns anos mais tarde, nas nossas sociedades, a situação não mudou muito: qualquer que seja seu desenvolvimento, a perfumaria não figura entre as belas-artes e não pode pretender rivalizá-la com a literatura, a música e as artes plásticas. Ela pertence à arte do bem-viver e parece aplicar competências mais técnicas do que artísticas propriamente ditas. A composição dos perfumes obedece a uma lei de produção em série e inclui-se, no máximo, na categoria das artes decorativas; ela é muitas vezes associada à criação dos adereços, das joias e ao conjunto das atividades de luxo. A maior parte dos perfumistas atuais são costureiros e suas obras pertencem mais às artes da moda. Nessas condições, o valor estético do perfume parece limitar-se a ser caracteristicamente agradável, não podendo atingir a dimensão do belo. A criação de perfumes não passaria, portanto, de arte menor e não poderia elevar-se ao nível das belas-artes, pois tem por função agradar e aumentar o poder de sedução. Mas, talvez nos enganemos e devêssemos nos questionar, como Santo Agostinho nos convida a fazer?

Hoje, de fato, delineia-se uma nova tendência de arrancar o perfume do seu estado de produto de luxo e de consumo e conferir-lhe uma dimensão artística, como mostra a multiplicação das exposições que lhe são dedicadas. Assim, as exposições itinerantes na França e em outros países, organizadas pelo Comitê francês do perfume, notadamente o "hino ao perfume", em 1992, ou, mais recentemente, "Perfume, a exposição" e "Perfume, outra viagem", têm por objetivo promover não só a dimensão econômica, mas também cultural e artística do perfume. "Perfume, a exposição", por exemplo, está fundada em um conceito interativo e comporta oficinas de odores, conferências e visitas descobertas; ela aborda quatro temas da perfumaria, a história, a criação, o frasco e o universo do perfume, ilustrando-os com ajuda de animações tecnológicas, tais como os órgãos eletrônicos de perfumes, os *odoramas*. As iniciativas locais, como a exposição "Aroma, Aroma" no Museum für Gestaltung, em Basileia, ou "Segredos do perfume, viagem através da essência", em Rennes, em dezembro de 2001, se multiplicam igualmente e levam a conhecer melhor o universo dos odores e a experimentar contemplações olfativas. O desenvolvimento de museus dedicados ao perfume e à perfumaria libera essa arte da sua dimensão estritamente econômica para enraizá-la no patrimônio cultural. É assim que, na França, a abertura de três

---

[1] Confissões, X, XXXII.

museus, no fim dos anos 1980 testemunha esse esforço de comunicação e de valorização estética dos perfumes. Em 1987, a compra e a readaptação do castelo de Chamerolles para "Passeios de perfumes" pelo conselho geral do Loiret tiveram por objetivo restituir a história dos aromas e a arte olfativa dos séculos XVI a XX por meio de uma coleção de objetos tais como as caixas de pomadas[2] e as caixas de moscas,[3] as fontes de perfumes e a reconstituição de laboratórios e de gabinetes de trabalho. Esse castelo, construído na época do Renascimento por Lancelot 1º de Lac abriga, assim, tesouros olfativos, incluindo um órgão de perfumes reunindo cerca de 270 frascos de essências várias.

Dois anos depois, em 1989, inaugurou-se, na cidade de Grasse, o museu internacional da perfumaria, que não só retrata quatro mil anos de história dos perfumes, de sabões, de maquiagens, da cosmética, mas, também, revela todas as etapas da criação, desde a colheita das matérias-primas até a fabricação da fragrância final e o lançamento do produto. O visitante descobre a gama das várias matérias-primas usadas, sejam naturais ou sintéticas. O perfumista dispõe de cerca de 200 componentes de origem vegetal ou animal e de vários milhares de produtos sintéticos. Longe da simples combustão de resinosos e de gomas, presentes desde a Antiguidade, são apresentadas as principais técnicas de composição dos perfumes,[4] a *destilação* em alambique, inventada pelos árabes, no século XIV, a *enfloragem* a frio ou a quente baseada no poder de óleos e de gorduras em absorver os odores, a *extração por meio de diluentes voláteis* como o hexano ou o etanol, que absorvem o perfume dos materiais odorantes, a *extração por gás carbônico supercrítico*,[5] a *espremedura* para obter óleos essenciais contidos nas frutas cítricas, a *concentração a vácuo ou a frio* para conservar os princípios aromáticos das frutas, a *infusão*, que requer seis meses de maceração bem como todos os processos químicos usados para fabricar os produtos sintéticos, o *fracionamento*

---

2   Pomadeiros eram bolas aromáticas contidas em recipientes esféricos, que eram tidos como proteções contra a peste e que deviam ser cheiradas de vez em quando.
3   **N.T.:** Moscas eram confetes de tafetá preto que as mulheres colavam, geralmente no rosto, para destacar a brancura da tez.
4   Para maiores detalhes a respeito das técnicas, ver o site do museu, bem como o primeiro capítulo do livro de Maurice Chastrette, *L'art des parfums*, Questions de Science. Hachette, 1995.
5   Esse processo, não poluente, baseia-se na pressurização do CO_2, a mais de 73.8 bares (75,3 kg/cm^2, aprox.) e a uma temperatura superior a 31º centígrados para fazê-lo passar ao estado supercrítico no qual passa a ter um forte poder de solvente, permitindo a extração da matéria-prima.

que separa as essências, isolando seus elementos químicos,[6] a cromatografia gasosa que permite decompor um odor e seus componentes, separando as moléculas, o *headspace, espaço de cabeça*, ET.[7]

Enfim, a criação da osmoteca [museu de aromas] de Versailles, em 1990, impulsionada notadamente por Jean Kerleo, perfumista-criador da Casa Patou constitui um elemento decisivo, pois o perfume entra em definitivo na história e possui um verdadeiro museu onde são conservadas 1.300 fragrâncias vindas do mundo todo. Cada casa é convidada a enviar 500 ml do seu perfume, na sua fórmula mais concentrada. Todos os perfumes são etiquetados e classificados em uma câmera fria e cega, para evitar qualquer alteração. Essa verdadeira biblioteca de perfumes guarda não só os perfumes fabricados atualmente, mas, também, os vestígios dos aromas do passado. São mais de 1.300 fragrâncias, 300 das quais haviam desaparecido e foram reconstituídas a partir de suas fórmulas e das análises químicas das vestimentas que haviam impregnado. O visitante que passeia pela osmoteca pode, assim, usando pequenas tiras de papel mergulhadas na substância aromática para testar-lhe o odor, cheirar a lendária "Água da rainha da Hungria",[8] destilada a álcool à base de flores de alecrim, ou, ainda, a famosa "água admirável", "*aqua mirabilis*", vendida em 1693 por Gian Maria Farini, muito apreciada por Napoleão e que será mais conhecida na França com o nome de água de Colônia.

Todas essas iniciativas convergem para mostrar que são bem tênues as fronteiras entre o produto de luxo e a obra de arte, e para conferir ao perfume um novo *status*. Elas convidam a meditar a respeito da questão de saber se é possível fundar uma arte olfativa análoga à pintura ou à música e promover a criação de perfumes à condição de belas-artes.

Uma arte do belo e do agradável?

Como tudo o que se refere a sensibilidade, odores e perfumes podem dar origem a uma estética. O problema todo está em saber em quais categorias

---

6   Esse fracionamento permite obter um odor diferente do odor inicial. Assim, a partir de um odor de gerânio fracionado pode-se obter um cheiro de rosa.

7   Diferentemente dos processos clássicos de separação como a destilação ou a extração por solventes orgânicos que resultam em produtos cuja fragrância difere do odor da flor viva, o *headspace* permite obter perfumes bem fiéis em relação à flor. A técnica consiste em transportar por uma corrente de gás as moléculas odoríferas exaladas pela flor cortada e fixá-las em um absorvente e, depois, liberá-las e analisá-las com um cromatógrafo.

8   Criada no século XIV por um monge para a rainha, esse perfume passava por ser uma água de beleza e de juventude, pois a soberana, bastante idosa, teria sido embelezada e rejuvenescida, a ponto de ser pedida em casamento pelo rei da Polônia.

ela se baseia. Será, apenas, uma estética do belo ou, simplesmente uma estética do agradável? No sistema kantiano, a estética dos perfumes seria classificada antes na categoria do agradável do que na do belo. O autor da *Crítica da faculdade de julgar* distingue, de fato, a satisfação ligada ao belo daquilo que nasce do agradável. O agradável, segundo ele, designa "o que agrada ao sentido na sensação";[9] ele remete à subjetividade e ao sentimento do prazer e da pena. Pode envolver uma representação objetiva, como toda sensação que leva a perceber um objeto. Entretanto, não é essa dimensão que se procura no objeto, mas a satisfação que ele proporciona. O objeto não é considerado como objeto de conhecimento, mas de gozo.[10] Para Kant, a satisfação relativa ao agradável está ligada a um interesse, o prazer dos sentidos associado à existência da coisa. Isto não significa que, por isto, a coisa seja boa, pois, para tal, é preciso também que a razão julgue que ela o é.[11] Em muitos casos, decerto, o agradável e o bom são idênticos, pois o que agrada aos sentidos pode agradar à razão, mas os princípios da determinação não são os mesmos. É preciso distinguir o que agrada imediatamente ao sentido do que agrada, no mediato, à razão que encarou as consequências da coisa. O agradável e o bom têm, entretanto, isto em comum, que a satisfação propiciada é interessada, pois ela não é determinada apenas pela representação do objeto, mas também pela sua existência.

Eis por que o agradável, assim como o bom, se distinguem do belo que, ele, é objeto de uma satisfação desinteressada. O julgamento de paladar, que tem por função, em Kant, determinar subjetivamente a beleza de um objeto, implica que eu faça uma apreciação do mesmo, sem preocupar-me com sua existência. "O julgamento do paladar é apenas contemplativo; é um julgamento que, indiferente à existência do objeto, só liga sua natureza ao sentimento de prazer ou de pena. Todavia, essa contemplação, ela mesma, não é regida por conceitos; de fato o julgamento do prazer não é um julga-

---

9   *Crítica da faculdade de julgar*, livro I, § 3.
10 É o que mostra o exemplo que se encontra no § 3 da *Crítica da faculdade de julgar*: "A cor verde dos prados é uma sensação objetiva, na qualidade de percepção de um objeto dos sentidos. Seu caráter agradável é uma sensação subjetiva pela qual o objeto é considerado como objeto de satisfação, o que não é um conhecimento do mesmo."
11 Kant adota o exemplo do gozo de um prato, no §4: "sem hesitar, diz-se de um prato que excita o sabor, pelas especiarias e outros ingredientes, que ele é agradável e, ao mesmo tempo, confessamos que ele não é bom. É que ele convém imediatamente aos sentidos, mas desagrada, quando considerado no mediato, isto é, pela razão que considera as consequências".

mento de conhecimento (nem teórico, nem prático), ele não está baseado em conceitos, ele não tem, tampouco, *conceitos por finalidade.*"[12] As duas categorias do belo, do bom e do agradável têm, portanto, em comum estabelecer uma relação entre a faculdade de desejar e de acarretar uma satisfação, mas a natureza dessa satisfação é especificamente diversa.[13] No caso do agradável, a satisfação está patologicamente condicionada pela existência do objeto e se revela ligada a um interesse sensorial. O agradável é o que agrada aos sentidos e que provoca um verdadeiro prazer, variável de um indivíduo a outro. No caso do bom, a satisfação é de ordem prática; ela está unida a um interesse da razão por uma coisa ou ação. Para achar uma coisa boa, é preciso que eu saiba o que o objeto deveria ser e que eu tenha, portanto, um conceito desse objeto. É por isto que o bom é o que agrada pelo simples conceito, graças à razão.[14] Tendo por base um conceito da razão, o bom ver-se-á atribuído, portanto, a um valor universal e objetivo. No caso do belo, pelo contrário, a satisfação é desinteressada, pode ser partilhada por todos, sem que obedeça, por isto, a um conceito objetivo da razão. É assim que, para Kant, "é belo aquilo que agrada universalmente sem conceito".[15]

A partir daí, fica claro que a arte da perfumaria não se enquadra na categoria do belo, mas na do agradável, pelo menos quando as fragrâncias não nos incomodam. De um lado, o olfato não se distingue do paladar, devido à sua proximidade e a seu parentesco. As sensações olfativas são tributárias de células capazes de reconhecer e classificar as moléculas químicas que se espalham nas narinas e na boca. É, assim, difícil definir e distinguir as sensações. Em resumo, o olfato é um sentido impuro, misturado ao paladar. Kant o define, como vimos, como uma espécie de paladar a distância.[16] Então a dificuldade de separar o paladar do olfato constitui um obstáculo para uma abordagem puramente contemplativa do olfato, haja vista que o paladar implica sempre uma forma de satisfação interessada que está mais ligada ao agradável e ao útil do que ao belo. Convém, daí, incluir a composição dos perfumes entre os prazeres ligados à existência e ao consumo de objetos tais como os de cozinha. Por outro lado, se Kant não faz alusão clara às fragrâncias criadas pelo homem, ele considera, na *Crítica da faculdade de julgar*, que o perfume das flores pode ser considerado agradável, mas não participa da

---

12   *Crítica da faculdade de julgar*, livro I, § 5.
13   Cf. *Crítica da faculdade de julgar*, livro I, §§ 5-7.
14   *Ibidem*, livro I, § 4.
15   *Ibidem*, livro I, § 9.
16   Cf. *Antropologia do ponto de vista pragmático*, I, 18.

definição da sua beleza porque ele não agrada necessariamente de modo universal e não provoca um julgamento de sabor, que pretenda à adesão de cada um, como se fosse objetivo. "Dizer: esta flor é bela significa dizer também sua ambição a satisfazer a todos. O caráter agradável de seu odor não lhe confere qualquer direito. Pois, se seu perfume agrada a um, obceca a outro."[17] Além disso, no caso do julgamento de um perfume a satisfação está ligada, em grande parte, ao seu uso e depende da existência do objeto. Devemos concluir, com Kant, que não pode haver belos perfumes?

Além do fato de a distinção entre o belo e o agradável ser problemática, na medida em que nem sempre é fácil distinguir o que é interessado na existência do objeto do que não o é, não vemos por que o perfume não poderia, no absoluto, ser objeto de uma contemplação desinteressada no decorrer da qual a consideração da existência do objeto seria puramente gratuita. A esse respeito, é mais fácil legitimar a existência de uma estética olfativa do que a de uma estética gustativa, pois a separação entre a necessidade e o prazer é mais nítida na primeira. De modo geral, é preciso evitar dicotomias rígidas demais, pois o fato de uma coisa ser útil ou agradável não impede que ela possa ser considerada bela. É possível apreciar objetos utilitários ou agradáveis de um ponto de vista estético, independentemente dos seus interesses práticos. A beleza está no olhar e não no objeto olhado, como realça Paul Valéry, e nesse caso, aqui, no nariz que revela sua sagacidade, e não na coisa cheirada. Podemos nos perguntar, também por que o olfato, contrariamente à vista e à audição, não seria capaz de dar origem a um julgamento de sabor. Não poderíamos dizer a seu respeito: "é olfativamente belo o que agrada universalmente ao olfato, sem conceito"?

A questão consiste, pois, em saber se é possível constituir uma verdadeira estética olfativa, implicando considerar-se a composição de perfumes uma obra de arte e a contemplação olfativa como um procedimento artístico. Podemos elaborar categorias estéticas olfativas e substituir a fórmula "isso cheira bem" por "isso cheira belo", como faz o grande costureiro e perfumista Kenzo? Edmond Roundnitska aposta, de forma decidida, na afirmativa e reivindica a existência de belos perfumes em seu livro *A estética em questão*. Ele estima que "a audiência dos grandes perfumes, assim como a da bela música, é universal",[18] e que os dados intrínsecos do olfato permitem fundar uma estética olfativa. Desde que esse sentido seja educado e cultivado, ele pode ocasionar um autêntico julgamento de gosto. Atrás dele, um grupo de

---

17 *Crítica da faculdade de julgar*, livro I, § 32.
18 *A estética em questão*, p. 167.

perfumistas redigiu um manifesto pedindo o reconhecimento da criação de fragrâncias como obra de arte original. Os signatários aspiram "a emergência de uma perfumaria de arte e de teste cujo papel seria o da invenção e experimentação de novos conceitos olfativos, uma perfumaria piloto cuja riqueza de invenção arrastaria toda a perfumaria em um movimento ascendente".[19]

A composição dos perfumes e seu status

O projeto de atribuir ao perfume o *status* de obra de arte entra em choque com certo número de obstáculos epistemológicos e de dificuldades que devem ser removidos, examinando-se a natureza da criação olfativa e as suas principais características.

Uma das primeiras objeções contra a constituição de uma verdadeira estética dos perfumes decorre do caráter efêmero e volátil do odor, que não se adéqua à perenidade própria de uma obra de arte. É, notadamente, aquilo que realça Henri Delacroix em sua obra *Psicologia da arte*: "Nem o olfato nem o sabor se prestam à formação de conjuntos fortes e duráveis, como a melodia e a forma. Elas podem reforçar a impressão estética, criar, até por conta própria, uma impressão momentânea. São incapazes de criar, por si sós, um desses conjuntos amplos e duráveis que compõem a vista e a audição."[20]

Essa análise apoia-se no pressuposto de ter a obra de arte uma forma sólida e durável, como um quadro ou uma escultura. Mas esse pressuposto é discutível porque constitui em tornar o modelo pictórico ou escultural em uma norma para as outras artes, ignorando as respectivas especificidades e limita os cânones da arte a uma definição petrificada da beleza como eternidade. Ora, a arte dita "efêmera", como as embalagens do artista plástico Christo ou as performances de artistas que pintam e improvisam uma obra à vista dos espectadores, recobrindo-a de cores, em seguida, ou destruindo-a, os *happenings* realizados *hic et nunc*, destinados a serem produzidos um única vez, desmentem essa definição por restringir excessivamente a obra de arte. Existe, na pintura, uma arte do efêmero, do evento, do fugidio, e o perfume poderia, ele também, inserir-se nesse quadro.

---

19 "Des parfumeurs créateurs se manifestent" [Perfumistas criadores se manifestam]. In: *Odeurs, l'essence d'un sens*, dirigido por J. Blanc-Mouchet. p. 208.
20 P. 142.

Capítulo 4 | A Arte Olfativa

Além disso, a ideia de que o perfume evapora-se, desaparece e não pode constituir, por si só, uma forma sólida e durável, também é contestável. De fato, por um lado, certos perfumes são persistentes e possuem uma essência durável, como comprova o perfume de Joséphine,[21] no salão da Malmaison, que ainda impregna a atmosfera, muito após sua morte. Por outro, é errado pensar que, dissipado o perfume, nada resta dele. Desse ponto de vista, a oposição entre o olfato, condenado à instantaneidade evanescente, e a audição, capaz de formar um conjunto extenso e durável devido à melodia também não é convincente. O som também se esvaece e desaparece. A música é inteiramente marcada pela temporalidade, mas, uma vez a execução da peça concluída, podemos dizer que não ficou nada? Ela permanece na memória e pode ser reproduzida. Desse ponto de vista, existe uma analogia entre as partituras e as fórmulas dos perfumes que são a marca da obra e permitem atualizá-la. É o que observa Edmond Roudnitska: "Quando os sons da melodia se foram, o que eles deixam? A lembrança na memória daqueles que a ouviram e a partitura, que vai poder perpetuar essa melodia. Mas, isso é muito análogo com o perfume. Ele também vai permanecer para sempre na memória daqueles que o aspiraram e foram impressionados pela sua forma e que o reconhecerão facilmente devido a essa forma. E, assim como a melodia renasce graças à partitura, ao disco, à voz humana, o perfume pode renascer graças a um novo perfumante, a um novo frasco e principalmente, graças à sua fórmula (vejam bem que é uma forma), que é seu enredo para reconstituição."[22] Segundo Edmond Roudnitska, o fato de essa evidência escapar à maior parte dos filósofos e dos críticos de arte decorre do caráter comunicável da partitura musical, ao passo que a fórmula do perfume não tem essa característica, por motivos comerciais, por risco de pilhagem. Esse caráter secreto da criação do perfume, guardado com ciúme, impede que ele seja concebido como uma obra implicando uma composição complexa. Esse obstáculo é certamente menos impeditivo nos nossos dias, pois a existência da cromatografia gasosa permite detectar as moléculas que entram na composição de um perfume e o transformam em um segredo de polichinelo. A esse respeito, deve-se notar que, se a invenção dos perfumes fosse libertada dos interesses econômicos e sociais por um sistema de proteção como os direitos de autor e a proibição de plagiar, ela poderia facilmente dispor de um *status* análogo ao de uma obra musical. A criação de perfumes repousa, portanto, na invenção de uma forma olfativa original, e são a qualidade e a

---

21 **N.T.:** Primeira esposa de Napoleão.
22 *A estética em questão*, p. 166.

harmonia dessa forma que constituem a beleza da composição. "Um belo perfume", segundo Edmond Roudnitska, "é uma composição cujas proporções são harmoniosas e a forma geral é original".[23] O autor, compositor perfumista, destaca que, "para ser bela, esta forma deverá corresponder à nossa expectativa de novidade e possuir as qualidades de um grande perfume: caráter, vigor, poder de difusão, delicadeza, clareza, volume, persistência".[24]

Entretanto, poderíamos argumentar que a fórmula de um perfume reveste-se de um caráter químico e que, diversamente de uma composição musical, ela permanece de ordem puramente sensorial e não tem vocação para exprimir o inteligível. Essa é, aliás, uma das maiores objeções que Hegel faz a respeito de uma arte olfativa. Para ele, o odor se reduz à sua dimensão física e psicológica e se revela inapto para ultrapassar o sensorial e manifestar o espírito. Quando ele procura determinar quais são os sentidos capazes de perceber as obras de arte e de causar um gozo estético e quais não o são, Hegel inclui a visão e a audição na primeira categoria, e o olfato na segunda, ao lado do paladar e do tato; exclui o olfato do domínio das belas-artes: "Para o que toca ao olfato, ele não pode tampouco ser um órgão adequado para o gozo artístico porque os objetos só o afetam por efeito de uma decomposição química, tanto quanto se dissolvem no ar. É, também, uma ação inteiramente física."[25] Assim como o tato e o paladar, o olfato não é um órgão adequado para o prazer estético, pois ele mantém, apenas, uma relação física e sensorial com os objetos. Segundo Hegel, não pode existir estética do tato porque o toque não faz perceber um objeto inteligível, mas tão só sensorial, pois ele estabelece o contato com as propriedades materiais do objeto, seu peso, sua dureza, sua resistência e não causa uma contemplação intelectual. O paladar guarda uma relação de consumo e de destruição com os objetos e não os deixa subsistir livremente. Ele se interessa pelas qualidades químicas dos alimentos e os considera não de forma contemplativa, mas prática. O olfato, ele também, supõe uma destruição de seus objetos, que decompõem e se dissolvem no ar. Ele provoca unicamente uma ação física e não permite exprimir o ininteligível no sensorial. Ao contrário da audição e da visão, propícias para a contemplação, o olfato ficaria limitado a uma pura estética sensorial.

Essa tese, que nega qualquer vocação contemplativa, é extremamente redutora, por dois motivos. Primeiro, se a arte pode ser uma manifestação do espírito no sensorial, ele não retorna totalmente inteiro. Pode haver uma

---

23 *O perfume*. PUF, "*Que* sais-je?", p. 75.
24 *Ibidem*, p. 74.
25 *Estética*, 3ª parte, Introdução, divisão, Livro de bolso, p. 17.

arte do sensorial, tendo por missão exprimir o corpo e não o espírito, ou que nega ao ato criador qualquer caráter expressivo ou intencional. Os prazeres estéticos não são necessariamente expressivos do espírito. Assim, por exemplo, na dança contemporânea, Merce Cunningham nega que os balés sejam a expressão de estados d'alma, Ele procura subtrair-se das rotinas mentais e encontrar movimentos novos, inconcebíveis para o espírito, que vai descobrir ao acaso de sequências e de encadeamentos físicos escolhidos por sorteio.

Segundo, ainda que aceitássemos o pressuposto pelo qual a arte deve manifestar o espírito no sensorial, vemos mal porque Hegel pode afirmar que o olfato não pode ter vocação contemplativa. Existe, no perfume e no fato de aspirá-lo, a possível evocação de todo um mundo do espírito. Toda a experiência proustiana da busca do tempo perdido, como vimos, está aí para testemunhá-lo. O odor e o sabor são almas que despertam o passado escondido nos confins da memória[26] e que estimulam a criação artística. O olfato está prenhe de um universo de sentimentos e de ideias, que o aroma restitui, na sua instantaneidade. Em resumo, o perfume respirado é a eternidade do espírito, reencontrada no sensorial.

Decerto, é verdade que a arte dos perfumes é tributária da matéria e implica um conhecimento químico dos corpos odorantes, da natureza de suas fragrâncias, de suas volatilidades e de suas compatibilidades. De fato, os perfumistas recorrem a duas fontes de materiais: os produtos naturais, de origem vegetal e animal,[27] e os de síntese química.[28] Nessa segunda categoria

---

26   Cf. passagem já citada, *No caminho de Swann*, p. 32.
27   Ver, a esse respeito, a classificação usada por Edmond Roudnitska, *L'esthétique en question* [A estética em questão], II, cap. III. "*Os materiais e sua utilização*, p. 180-194. Os produtos de origem vegetal podem ser extraídos de várias partes da planta (botões, flores, frutos, grãos, raízes, folhas, caules, madeira, casca, resina, musgo,...). Os produtos de origem animal são mais raros: âmbar cinza, civeta, castoreum e almíscar.
28   Edmond Roudnitska faz um lista que inclui, primeiro:
    – os hidrocarbonetos, notadamente os terpenos presentes nas essências cítricas, os sesquiterpenos encontrados, por exemplo, nas essências de patchouli, de sândalo e de vetiver, os álcoois terpênicos – como o linalol, que entra na essência do pau-rosa, o mentol, o borneol (essência dos pinheiros) – sesquiterpênicos, como o santalol, o patchulenol, o cedrol – aromáticos – como o álcool fenilético constituinte das essências de rosa e de flor de laranjeira;
    – os fenóis e éteres de fenol, como o timol (essência de tomilho), o astragol e o anetol (estragão e anis) ou o eugenol, com cheiro de cravo;
    – os aldeídos: alifáticos, como o aldeído C8, encontrado nas essências de cítricos, e aromáticos, como o aldeído benzoico, que tem cheiro de amêndoas amargas;

figuram, primeiro, os produtos de síntese elaborados a partir da análise dos elementos químicos que constituem as essências naturais. Essa análise tem por objeto identificar os constituintes químicos, isolá-los e reproduzi-los, eliminando aqueles que forem indesejáveis, para obter produtos puros e essências com qualidade máxima. Os produtos sintéticos também são criados por combinações químicas, de modo que a gama de combinações químicas possíveis se estende de forma indefinida. Enquanto, até a década de 1960, os perfumes se compunham de 75% de produtos naturais e 25% de sintéticos, hoje essas porcentagens inverteram-se largamente. Os perfumes naturais contêm, em média, de 0,5 a 5% de produtos naturais. Os produtos de síntese tendem, portanto, a suplantar os naturais por causa, em parte, de um menor custo de produção.[29] Fica claro, pois, que um bom conhecimento de química é uma condição *sine qua non* de um perfume de sucesso. Edmond Roudnitska destaca, assim, três características que norteiam a elaboração de um perfume: a qualidade que determina a nota odorante, a intensidade e a durabilidade.[30]

Entretanto, se a criação do perfume é comandada pelas exigências inerentes à natureza dos produtos e implica ficar atento à compatibilidade, à intensidade e à duração dos mesmos, ela não se resume nem em uma pura técnica, nem em um problema de química. A química, em si mesma, nada tem a ver com as preocupações estéticas. O criador de perfumes é, antes de tudo, um compositor que inventa combinações novas, testando-lhes a beleza. Ele reúne

---

- as cetonas, como as cetonas cíclicas – entre as quais podemos citar a jasmonata, que cheira a jasmim, a carvona (cetona do orégano), a tuiona (cetona da tuia, do absinto e da barbotina) –, como as cetonas macrocíclicas, a exaltona com traços de almíscar, a almiscarona ou a civetona, a ionona com odor de violeta;
- as lactonas, muito persistentes, como a cumarina encontrada nas favas de tonca, com um odor meloso de tabaco inglês, a nanolactona, com cheiro de coco, a undecalactona, com forte odor de pêssego;
- os ésteres, a categoria mais rica em quantidade de corpos odorantes entre os quais estão os acetatos de linalina contidos na lavanda, no jasmim, na rosa e na bergamota, os acetatos de giranil, concorrente, entre outros, do odor de rosa, aos acetatos de benzil, principal componente da essência de jasmim;
- os compostos nitrados, como o indol, que tem um papel nas notas florais (jasmim, flor de laranjeira, narciso etc.), a scanola, que tem um papel importante nas notas animais (questão, por exemplo), os almíscares nitrogenados sintéticos.

Para maiores informações, ver *A estética em questão*, p. 184-190.

29   Como exemplo, 1 kg de essência pura de jasmim de Grasse custa cerca de 22.800 euros, enquanto 1 kg de hediona, uma molécula sintética que reproduz o cheiro do jasmim, vale apenas 31 euros.
30   Cf. *A estética em questão*, p. 173.

e conjuga as matérias odorantes para constituir uma fragrância. Como ressaltava Étienne Souriau em sua conferência intitulada "A música dos perfumes" a afirmação de uma dimensão estética do olfato baseia-se na possibilidade de se reunirem os vários dados qualitativos desse sentido, de se receitarem, de se prescreverem, de exprimirem relações, de fornecerem um sistema de qualia, suscetíveis de serem reunidos e combinados de modos múltiplos e variados.

Se ela busca apoio em essências naturais, ou em produtos de síntese, a criação não se reduz, por isso, a uma descoberta empírica; ela recorre a uma concepção intelectual dos efeitos de tais corpos odorantes sobre tal outro. Ela não se limita a uma simples soma, ela requer uma consideração das relações e das proporções para constituírem uma forma. Ela implica, ao mesmo tempo, imaginação, memória e uma antecipação da durabilidade e dos efeitos dos produtos combinados. Ela pressupõe uma forma de pensamento abstrato, pois não se trata de reproduzir simplesmente a natureza, mas de inventar odores desconhecidos. Era assim que Chanel, por exemplo, concebia a criação de um perfume original. O célebre n° 5, criado por Ernest Beaux em 1921, que permanece hoje na primeira posição em vendas, no mundo inteiro, era descrito pela grande costureira como um buquê de flores abstratas. A composição desse perfume não se baseia em odores florais, naturais e concretos, mas em um produto de síntese, um aldeído que lhe confere um caráter inédito.

O compositor não é, portanto, um puro nariz, ele é, também, e acima de tudo, um espírito que se interessa pelas formas olfativas. O perfume é, assim, uma construção do espírito que abraça mentalmente os odores para ajustá-los, entre eles, de modo intelectual, sem necessidade de cheirá-los previamente. Beethoven, surdo, continuava compondo música, um perfumista anósmico pode continuar a inventar fragrâncias. A criação é uma operação do espírito, como lembra Edmond Roudnitska: "Para compor, não temos, pois, necessidade de sentir nossos materiais concretamente, sensorialmente. O esforço mental basta para invocá-los, e a combinação das formas que representam só pode ser feita, ela também, no abstrato, sem possibilidade de controle material imediato."[31] Aliás, Edmond Roudnitska não é um caso isolado, pois muitos perfumistas, hoje, continuam partilhando essa convicção, segundo a qual a composição não é um simples processo químico empírico. Jean-Claude Ellena, autor notadamente de Terre d'Hermès, revela que, para construir um perfume, ele deve ter, na cabeça, todos os ingredientes. Ele não atua tateando, sorvendo os aromas em seu órgão de perfumes. Segundo ele, os perfumes não se escrevem com o nariz, mas com papel e um lápis, assim

---

31   A estética em questão, p. 197.

com o as fórmulas matemáticas.[32] A invenção de fragrâncias obedece a um processo algébrico; trata-se de equacionar os odores, de pensar nas suas relações e no seu equilíbrio, para produzir novos acordes. Jean-Claude Ellena abre assim, de forma magistral, o caminho para uma matematização rigorosa das relações entre as moléculas odorantes e para uma apreensão conceitual dos odores pela pura inteligência e pela pura imaginação. A criação não resulta de uma alquimia misteriosa; baseia-se em um conhecimento racional das leis e propriedades dos componentes odorantes, conhecimento esse favorecido pelo desenvolvimento de produtos de síntese fabricados cientificamente.

Se ela nada tem de uma expressão sensorial bruta, de uma combinação química fortuita, a perfumaria não se reduz, pelos motivos expostos, a um cálculo mental; ela exprime o espírito do seu autor e traz a marca da imaginação do mesmo. O criador perfumista imprime seu estilo ao odor, estilo que funciona como assinatura. Assim Jean-Paul Guerlain, por exemplo, reivindica um estilo próprio que atua como um sinal de reconhecimento dos perfumes da sua sociedade. Ele define um estilo Guerlain baseado em um acordo específico de notas odorantes que impregnam todas as suas composições originais e permitem identificar o autor por meio das variedades das invenções. "Os perfumes de Guerlain têm, todos eles, um ar de família. A chave do enigma está em um acordo secreto, à base de jasmim, realçado de rosa, de baunilha e de fava tonca que se encontra em cada uma das nossas criações. É nosso selo olfativo, nosso fio de Ariane."[33]

Por conseguinte, a redução da arte dos perfumes a sua dimensão sensorial empírica está mais para preconceito e ignorância do processo de criação olfativa do que para realidade. O espírito está sempre presente, tanto nas cores quanto nos odores, manifestando-se nos frascos como no quadro. Como um gênio na garrafa, o espírito do perfume escapa ao ser aberto o frasco, que é seu embaixador junto ao público.

A arte do frasco

A arte do perfume também é a arte do frasco, pois o recipiente deve exprimir o conteúdo, evocar a fragrância e despertar o desejo de senti-la. De fato, a primeira representação do perfume passa, na maioria das vezes, pela mensagem transmitida pelo frasco, antes mesmo de se poder julgar a qualidade

---

32   Cf. sua entrevista e seu retrato no jornal *Libération*, p. 32, junho 2006.
33   Palavras recolhidas por Isabelle Raison, Reportages insolites "Guerlain au paradis de senters". *Valeurs actuelles* n. 3218, 1° de agosto de 1998.

do conteúdo. A publicidade em grande escala não pode ter por base a aspiração direta da fragrância ou a remessa de amostras. Eis por que a publicidade de um perfume usa a imagem do frasco que deve sugerir suas qualidades odorantes e induzir o consumidor a adotá-lo. A arte de desenhar frascos une-se necessariamente, portanto, à arte dos perfumes. Para um conteúdo excepcional, é preciso um frasco incomum. É o que percebeu tão bem François Coty, que considera o perfume e sua embalagem como uma única e mesma unidade artística.

A elaboração de frascos luxuosos está ligada, tradicionalmente, ao artesanato do vidro ou à cristaleria, e figura, na melhor das hipóteses, na rubrica das artes decorativas, mas o caráter único e original de certas peças, cujas matéria, forma e cor vão muito além do destino utilitário do frasco para despertar um puro prazer estético, evocando e fazendo sentir o perfume por meio dos olhos, elevando-o à categoria de escultura olfativa. A perfumaria pode dar origem a obras-primas, não só no que toca à invenção de novas fragrâncias, mas também a frascos cujas formas esculpidas e cinzeladas fazem deles verdadeiros objetos de arte. A audácia e a imaginação de um Julien Viard, que inventa frascos de grande beleza, no estilo floral do início do século XX, nada ficam a dever à escultura. Julien Viard teve, aliás, boa formação, pois seu pai era um escultor. Seus frascos unem os estilos geométrico e floral, as linhas simples do gargalo e a sofisticação das rolhas, invocando, ao mesmo tempo, a simplicidade e o luxo, seu frescor natural e suas notas ricamente trabalhadas. Hoje, a fabricação de protótipos de frasco foi alçada à categoria de arte plástica e mobiliza a imaginação e a inventividade de designers que se tornaram famosos, como Joël Desgrippes, Pierre Dinand, Serge Mansau ou Federico Restrepo.

A separação entre a escultura e a fabricação de frascos decorre, muitas vezes, mais de convenções estabelecidas do que de uma real distinção entre arte plástica e arte decorativa. A arte do perfume implica competências cruzadas entre a química e a cristaleria, a arte e a indústria, e derruba fronteiras estabelecidas. Alguns frascos célebres, como o de *L'air du temps*, de Nina Ricci, de puro cristal, cuja rolha é formada por pombas que se pousam delicadamente, requereu toda a criatividade da Casa Lalique. Outros mobilizam a *expertise* cruzada dos costureiros perfumistas como Thierry Mugler ou Jean-Paul Gaultier, que desenhou, ele próprio, o busto de mulher vestida com um corpete que se tornou figura de proa de seu perfume epônimo. Nessa contradança entre a moda, o design e a arte pop, torna-se bem difícil traçar uma fronteira entre as belas-artes e as artes decorativas.

Certos frascos são verdadeiras obras de arte ou foram concebidos pessoalmente por artistas como Salvador Dali ou Niki de Saint Phalle. Assim, Salvador Dali esculpiu o frasco do perfume que leva seu nome em 1980 e o concebeu como uma boca de mulher com uma orla de pétalas de rosa, tampado por uma rolha pontuda como os chapéus dos beis orientais. O frasco de vidro fosco de *Dalissime*, criado em 1994 pelos designers da casa Dali para prestar homenagem à musa Gala, inspira-se em uma das telas do mestre, *Christmas*, pintada em 1936, e representa a torre do tabuleiro de xadrez que figura no quadro. Repousa sobre um soco esférico dominado por uma boca feminina polpuda e um nariz sensual. A tampa tem a forma de um capitel, o que confere ao frasco a estatura de uma coluna corintiana, evocando um templo erguido em honra da feminilidade, do seu mistério e do seu exotismo. Corpo esguio e flexível em um drapeado azul no colo frágil, encimado por uma rolha em forma delicada de cabeça, o frasco romântico de *Dalistyle*, lançado no mercado em 2002, inspira-se no quadro *Femme à la tête de roses* [Mulher com cabeça de rosas].

Niki de Saint Phalle também rejeita a ideia de uma demarcação rígida entre a escultura e a fabricação de perfumes. Em 1981, a escultora foi convidada pela firma americana Jacqueline Cochran para lançar uma nova gama de perfumes com seu nome para financiar a realização de um jardim de tarôs, série de 23 esculturas monumentais, inspiradas nas cartas do jogo de tarô. Se a criação de perfumes tem finalidades lucrativa e comercial, ela não se resume nisso, pois Niki de Saint Phale recusa a distinção categórica entre criações nobres, desinteressadas, e as produções comerciais que um mercado de obras de arte basta para baralhar. Ela rompe os cânones burgueses da arte estabelecida, mostrando que a pintura e a escultura podem se tornar perfumes. O frasco não é considerado como um subproduto, mas é um objeto escultural completo. É assim que os protótipos de frascos, que ela própria concebeu, possuem um estilo que nada ficam a dever à sua escultura, casando as formas geométricas com as volutas coloridas. Um dos frascos da série, por exemplo, é um cubo encimado por uma rolha audaciosa onde se enlaçam duas cobras, uma com a cor do ouro e a outra com uma coloração de lápis-lazúli, com anéis e grãos amarelos, vermelhos e verdes que rutilam como pedras preciosas.

O frasco não é, portanto, um simples receptáculo, uma embalagem, alheio à obra de arte. Ele forma um todo com o perfume, impregna-se com ele, de sorte que se opera uma circulação e que se estabelece uma permeabilidade entre o continente e o conteúdo. Baudelaire já sugeria essa osmose nos dois primeiros versos de seu poema "Le flacon" [O frasco]:

> Il est de forts parfums pour qui toute matière
> est poreuse. On dirait qu'ils penetrent le verre.[34]

---

34 *As flores do mal*, XVIII. Edições Garnier, p. 52.

> [Há perfumes para os quais toda matéria
> é porosa. Parece que eles penetram o vidro.]

Assim, é pela poesia dos frascos e dos nomes escritos em suas etiquetas que se abre a contemplação olfativa do perfume. Estética olfativa pressupõe uma síntese, e essa correspondência entre os sons, as cores e os odores que o autor de *As flores do mal* havia magnificamente percebido. A potência do perfume é tal que ultrapassa o quadro do odor e restitui as sensações que se tocam, em sua riqueza e diversidade mescladas. Abrir um frasco é abrir um mundo, é sentir os odores, os sons, as cores e os sabores que dialogam. Os perfumistas não se enganaram, batizando seus perfumes como "canto de aromas", "hora azul", "vaga lembrança", de Guerlain, "vento verde", de Balmain. Isto se deve à força evocativa, ao poder mnemônico do odor que reconstitui, com uma baforada, fragmentos dispersos do passado. A arte dos perfumes não está, entretanto, destinada à evocação do passado, nem está carregada de nostalgia. Ela pode abrir a contemplação de novos mundos, pela busca de odores exóticos, inéditos, que arrancam a imaginação dos estereótipos graças à combinação indefinida dos componentes olfativos. As formas e os materiais dos frascos não desposam necessariamente os contornos de uma época antiga e não adotam sistematicamente um estilo rococó e antiquado que evoca o salão ou o *boudoir*. Longe de encerrar-se na cristaleria de Boêmia, podem ser modernos convictos e futuristas, como os vaporizadores metálicos circulares do Rive Gauche, de Yves Saint-Laurent ou as latas de conserva de Jean-Paul Gaultier, que servem de embalagem para seu perfume feminino, adotando os caminhos da *pop art*.

Nessas condições, parece difícil negar ao compositor perfumista o *status* de artista que se coloca debaixo dos auspícios do belo, a fim de criar fragrâncias e frascos. Será preciso, então, revisar as categorias atuais e inserir a atual arte dos perfumes, sem maiores formalidades?

Os limites da arte atual dos perfumes

Se as composições dos perfumistas são originais e inventivas, constituindo no direito verdadeiras obras de arte, elas ficam marcadas, de fato, pela vocação comercial, de forma que o manifesto em prol do reconhecimento do estatuto de artista perfumista e de sua criação original permanece letra morta. Malgrado os esforços para promover uma arte autêntica, a estética dos perfumes que Edmond Roudnitska desejava permanece programática, por motivos que dizem respeito à sua produção e ao seu uso. A industrialização da perfumaria consequente da descoberta de produtos de síntese, bem menos onerosos, acarretou mudanças profundas no modo de conceber as essências. A busca de novas moléculas odorantes é realizada em laboratórios que estão nas mãos de grandes grupos industriais que impõem seus imperativos econômicos e comerciais. Com exceção da Casa Chanel, que permaneceu independente, as grandes marcas de perfume pertencem a grupos internacionais que não fabricam mais suas fragrâncias, mas fazem-nas produzir por firmas de composição. Os grupos que compram essas marcas não são especializados em perfumes e visão a rentabilidade imediata, sem terem políticas estabelecidas nem visão a longo prazo em matéria de estética olfativa. Resulta uma grande precariedade das diretivas e das pesquisas em função das modificações das estratégias empresariais que não hesitam em comprar e a revender muito depressa se os lucros esperados não forem suficientes. As firmas de composição que empregam os criadores de perfumes ficam sujeitas ao marketing e orientam a concepção das fragrâncias em função das encomendas que recebem. Os "narizes" veem, assim, suas margens de manobra limitadas e suas criatividades refreadas, já que ficam sujeitos a um caderno de encargos e a instruções que lhes passam diretivas a serem obedecidas, para compor perfumes segundo exigências do cliente quanto a preços e imagem do produto, tendo em vista o público alvo. A busca do belo perfume fica, então, em segundo plano, pois é preciso colocar no mercado produtos capazes de agradar a maior número de pessoas, ou a uma clientela alvo, tentando atender, ao máximo possível, a suas aspirações, a suas representações do mundo, a seu estilo de vida. Longe de ser original e singular, o perfume é, muitas vezes, uma cópia disfarçada de uma fragrância bem-sucedida, tende a tornar-se banal e comum, capaz de seduzir o maior público possível e de conquistar parcelas do mercado. O lançamento de um perfume não aposta, primeiro, no sucesso pela sua qualidade, mas procura alcançá-lo mediante grande reforço de publicidade. O lançamento mundial de um perfume apoia-se em um orçamento publicitário colossal. O lançamento, em 1995, do CK1, de Calvin Klein custou perto de 100 milhões de dólares, segundo Jean-Pierre Petitdidier, entrevistado por Annik Le Guérer, em 1999, "mais de 80% do preço de venda de um perfume corresponde a publicidade e marketing. A essência, em um perfume, a composição perfumante só representa, aproximadamente, 2% [...]. Portanto, a partir do momento em que a essência não representa mais que 2%, quando se compra uma água de colônia por 80 francos, ela custa 1,60 franco. Se houver apenas 1,60 franco de produtos perfumantes não se pode, evidentemente, utilizar produtos caros. Nem rosas, nem jasmim, mas produtos sintéticos, baratos".[35] Nessas condições, é claro que a qualidade do perfume fica prejudicada e não se trata mais de criação artística. Desse ponto de vista, as regras de fabricação de um produto, enunciadas por Patrik Choël, presidente dos perfumes e cosméticos da LVMH, são especialmente eloquentes: "Pensar na elaboração de um conceito, de uma ideia forte e simples, encontrar, em seguida, um nome que reflita o produto e imaginar um frasco e uma embalagem únicos, desenvolver uma campanha de comunicação adequada e, por fim, criar o perfume. Coloco de propósito a criação da fragrância em último lugar."[36] Decerto, alguns criadores independentes, como Frédéric Malle ou Olivia Giacobetti tentam lutar contra essa tendência maléfica para a arte do perfume, mas eles permanecem muito minoritários.

Os efeitos perversos da mundialização da indústria do perfume se fazem sentir não só na criação das fragrâncias, mas também na maneira de apreciá-los. O julgamento do sabor é moldado pelas campanhas promocionais em grande escala e não se exerce com total liberdade. Annik Le Guérer observa assim que a força da manipulação é tal que, "por ocasião de testes realizados às cegas, Arpège é preferida ao *n° 5*, mas a posição relativa dos dois perfumes se inverte quando são 'marketados', isto é, apresentados com seus próprios nomes".[37] A aura do perfume carrega muitas vezes, portanto, os fantasmas, o imaginário deturpado que a propaganda terá instilado de forma que o julgamento será afetado desde o início.

Ainda que os esforços para frustrar as ofensivas comerciais fossem coroados de êxito, a constituição de uma arte olfativa esbarra em um obstáculo ligado à finalidade do perfume. A obra olfativa não é um objetivo sem fim, para retomar uma fórmula kantiana, ela se mantém subordinada a um uso das fragrâncias para fins de adorno e de sedução. Assim, o prazer sentido ao respirar um perfume parece ter, sempre, uma natureza mista, pois é verdade que a emoção estética vem sempre com laivos de uma carga erótica, dos quais tem muita dificuldade de libertar-se. Quer dizer, então, que uma contemplação olfativa nunca seja pura e não possa realmente ocasionar esta satisfação desinteressada que é, segundo Kant, próprio do julgamento de sabor? Decerto, o caráter misto do prazer olfativo não é um argumento que permita desvalorizá-lo e privar o perfume de sua dimensão artística. É totalmente possível aceitá-lo, recusando a natureza um pouco factícia e maniqueísta da distinção

---

35 Ver Annik Le Guérer, *Le parfum des origines à nos jours*, p. 349.
36 Conversa com Patrik Choël, palavras recolhidas por V. Jacoberger-Lavoué, op. cit., Annik Le Guérer, *ibidem*, p. 274.
37 Op. cit., p. 214.

entre artes utilitárias, destinadas a uma satisfação interessada e às belas-artes que exprimem uma pura satisfação desinteressada. Assim como podemos indagar-nos, com Kant, para saber se houve alguma vez uma única ação moral efetuada por dever e isenta de motivações patológicas, podemos nos indagar se uma satisfação estética desinteressada já existiu alguma vez, pois, assim como as belas-artes não escapam às leis do mercado, os estetas não são ascetas despidos de motivações e de sensualidade. Essa observação não permite, todavia, furtar-se à questão de saber se é possível conceber, por direito, prazeres olfativos resultantes de uma contemplação que não tenha outra finalidade que senão ela mesma. A arte olfativa, na sua essência, produz sempre, necessariamente, prazeres mistos, ou pode ocasionar prazeres sem misturas? A aposta é grande, pois se trata de saber se é possível, na realidade, considerara o surgimento de uma arte olfativa livre, existente por si mesma e para ela mesma, fundamentada na criação de odores e de categorias estéticas independentes das configurações e das finalidades atinentes à perfumaria. Essa questão implica, de fato, a busca de modelos de uma arte de odores fora da esfera da perfumaria, a fim de considerar um olfatismo libertado da cosmética e dos imperativos do mercado. Esse processo, que poderia aparentar-se a um sonho vazio, não deixa de fazer sentido, pois existem modelos filosóficos, literários e históricos de arte olfativa, que convidam a conceber a pura beleza das fragrâncias.

UM MODELO FILOSÓFICO DE ARTE OLFATIVA: O PURO PRAZER DOS ODORES EM PLATÃO

A ideia de uma arte olfativa capaz de ocasionar prazeres puros está longe de ser um absurdo, em certos filósofos, pois até para os críticos do sensorial, o odor não se limita necessariamente à evanescência da sensação mutável e transitória ou ao luxo e à frivolidade do perfume. Assim, paradoxalmente, Platão, crítico vigoroso dos erros e das paixões ligadas aos sentidos, procurando elevar o homem acima do mundo sensorial, preso ao devir, para contemplar o mundo inteligível no seu ser imutável, confere um lugar proeminente aos odores. Seu pensamento, que ninguém pode suspeitar de complacência para com os sentidos, pode servir, pois, de contraprova atestando a existência de um belo olfativo e a possibilidade de uma estética pura dos perfumes. A percepção do odor pode dizer respeito, de fato, a verdadeiros prazeres e dar acesso à contemplação do belo em si. É o que desponta da teoria dos prazeres esboçada por Sócrates no decorrer de seu diálogo com Protarco, no Filebo. O mestre de Platão distingue, de fato, dois tipos de prazeres, segundo um esquema dicotômico: os prazeres impuros ou mistos e aqueles puros e sem misturas. Os primeiros são ditos impuros ou mistos, na medida em que implicam um misto de gozo e de dor. Ocorre, assim, por exemplo, com os prazeres ligados ao teatro, tanto na comédia, na qual rimos do ridículo de alguém, quanto na tragédia, onde os choros se misturam ao gozo da representação.[38] Mistura de limite e de ilimitado, os prazeres mistos são prazeres relativos, pois variam em função da dose maior ou menor da dor que os compõe. Existem, assim, misturas nas quais o prazer sobrepuja a dor, outros em que eles se equilibram e outros nos quais a dor supera o prazer, como no caso da sarna e das coceiras.[39] Esse primeiro tipo de prazer depende do mundo sensorial e leva a marca do devir, pois implica uma alteração dos estados.

Os prazeres puros em compensação são isentos de qualquer dor, eles se opõem aos prazeres mistos e são considerados verdadeiros, pois visam o ser, têm ligação com o que é intrinsecamente belo e exprimem o inteligível por meio do gozo sensorial. Assim, o prazer que acompanha a sensação é, simultaneamente, de ordem sensorial e inteligível e possui uma especificidade que não tem qualquer relação com uma cócega, já que não se refere a uma beleza particular, mas à beleza em si mesma. Ora, ao contrário de qualquer expectativa, figura na lista dos prazeres puros a percepção de determinados odores. Quando Protarco pergunta a Sócrates "quais são, [...] os prazeres que podemos considerar, a justo título, como verdadeiros?" este lhe responde: "São aqueles que se ligam ao que denominamos belas cores, às figuras, à maioria dos odores e dos sons e a todas as coisas cuja privação não é sensorial nem dolorosa, mas que proporcionam gozos sensoriais, agradáveis e puros de qualquer sofrimento."[40] Não é, portanto, a título de excepcional que o odor desperta puros prazeres, mas é o caso mais frequente. É preciso notar, em segundo lugar, que o odor ocupa um lugar de destaque ao lado da figura, da cor e do som; ele é objeto de uma menção, ao passo que o sabor e o tato não são evocados. Decerto, Platão não exclui que os prazeres táteis e gustativos pertençam à categoria dos prazeres verdadeiros, pois essa rubrica inclui o conjunto dos gozos ligados a coisas "cuja privação não é nem sensível nem dolorosa". No entanto, os únicos exemplos de prazeres verdadeiros que ele apresenta, fora dos deleites puros visuais, sonoros e olfativos são os da ciência,[41] que não dependem nem do paladar nem do tato.

---

38 Cf. *Filebo*, 47e e 50b.
39 Cf. *Filebo*, 46c-47b.
40 *Filebo*, 50e-51c.
41 *Filebo*, 52b.

Apresenta-se, então, a questão de saber no que consistem esses prazeres olfativos verdadeiros ou puros.[42] É aí que as dificuldades começam, pois Platão não dá qualquer precisão a esse respeito. É evidente que os prazeres verdadeiros, entre os quais figura a maioria dos odores, não são decorrentes da percepção de uma beleza sensorial específica, mas estão da beleza em si própria. É o que revelam os exemplos visuais e sonoros apresentados por Sócrates para esclarecer a natureza dos prazeres verdadeiros:

> Quando falo da beleza das figuras, não estou querendo dizer o que a maioria das pessoas entende por essas palavras, seres vivos, por exemplo, ou pinturas; eu entendo, diz o argumento, a linha reta, a circunferência, as figuras planas e os sólidos formados com base na linha ou na circunferência por meio de revoluções, de esquadro, se me entendes. Pois sustento que essas figuras não são belas como as outras, por alguma relação, mas que são sempre belas em si mesmas e pelas suas naturezas, que ocasionam certos prazeres que lhes são próprios e nada têm a ver com os prazeres do titilar. Acrescento que há cores que apresentam belezas e propiciam prazeres carregados do mesmo caráter.[43]

Os prazeres verdadeiros que nascem da contemplação das figuras têm essência geométrica. Não são decorrentes de simples representações sensoriais ou de retratos particulares do vivente, mas estão ligados a formas geométricas como a linha, a circunferência e as figuras planas e os corpos sólidos, construídos por meio de instrumentos precisos e rigorosos. São a charneira ente o sensorial e o inteligível e abrem caminho para a contemplação do belo por si próprio. De fato – e não é Kandinsky que irá desmenti-lo –, essas formas geométricas são belas nelas mesmas, de modo absoluto, pois são abstratas, imutáveis e não dependem de uma figura sensorial particularmente, sem cessar em devir, bela em alguma relação e feia em outra. Encontramos, aqui, o papel de trampolim e de propedêutica para a contemplação, em si de ideias que eram atinentes à geometria, no livro VII de *A República*.[44] Os prazeres verdadeiros decorrentes das cores, na medida em que eles são a expressão de um gênero em sua pureza, ultrapassam igualmente o quadro da representação sensorial própria. Após a exposição dos dois tipos de prazeres,

---

42 Cf. *Filebo*, XXXII, 52b-52e.
43 *Filebo*, 51c.
44 Cf., 526d-527e.

Sócrates apresenta o exemplo de branco puro que "é, ao mesmo tempo, mais branco, mais belo e mais verdadeiro que muitos brancos misturados".[45] Esse branco puro, isento de qualquer vestígio de cores diferentes, encarna o tipo de brancura em si e lhe dá a verdadeira ideia.

Os prazeres sonoros verdadeiros são mais enigmáticos que os prazeres visuais verdadeiros. Sócrates dá poucos exemplos, indica, simplesmente, que não são produzidos por todos os sons, mas apenas por aqueles cuja natureza é clara e pura. "Digo, portanto, para falar de sons, que há alguns que são fluentes e claros, que dão uma nota pura simples e que são belos, não relativamente, mas absolutamente, por eles próprios, assim como os prazeres que deles são o prolongamento natural."[46] Embora Sócrates não indique a quais sons faz, precisamente, alusão, é claro que ele se refere a sons homofônicos, que produzem a mesma sonoridade e exprimem uma consonância, sem o que não constituiriam uma nota pura. Sem entrar no detalhe da análise, esse prazer musical puro corresponde ao que Platão denomina *charis* no livro II de A República,[47] e que exprime a graça da metrificação e da medida.[48]

E quanto aos prazeres olfativos puros? Platão permanece muito elíptico a esse respeito e define esses prazeres de forma puramente negativa: "O prazer que propiciam os odores tem um gênero menos divino que os precedentes; mas desde que a dor não se misture necessariamente, por qualquer meio e em qualquer objeto que nos ocorra, eu o considero sempre com um gênero que forma par com os... "[49] Por um lado, os prazeres olfativos puros pertencem a um gênero inferior aos precedentes, por outro caracterizam-se pela ausência de dor e não são distinguíveis positivamente dos prazeres olfativos mistos. Platão não se detém na natureza dos odores que suscitam um prazer puro e não dá nenhum exemplo; contenta-se em precisar que os odores não devem ser acompanhados de dor, o que exclui não só os miasmas e os eflúvios malcheirosos, mas também os perfumes persistentes. Apenas esboçada, essa estética olfativa platônica parece, portanto, desfalecer, pois os prazeres puros que ela

---

45 *Filebo*, 52c-53e.
46 *Filebo*, 52b.
47 357b: "Não haverá, na sua opinião, uma espécie de bem que desejaríamos possuir, não em vista de suas consequências, mas porque gostamos dele por ele próprio, como a alegria e todos os prazeres inofensivos, que não trazem, no futuro, outra consequência além do próprio prazer de seu possuidor?".
48 Ver, a esse respeito, o artigo de Anne Wersinger, "*La charis* das musas, o prazer musical, segundo Platão", La félure du plaisir. Études sur le Philèbe de Paton [A cisão do prazer, Estudos sobre o Filebo de Platão] II, p. 61-81.
49 *Filebo*, 52b.

promete parecem manchados por impurezas ou, pelo menos, não possuem o brilho dos outros. Como entender essa reserva? Não será contraditório afirmar a existência de prazeres olfativos puros e negar-lhes um caráter tão divino quanto o dos outros? Decerto, sempre é possível argumentar que Sócrates, em sua grande arte do diálogo, usa um argumento *ad hominem* para convencer Protarco, dominado por preconceitos osmófobos, da existência de prazeres olfativos puros. Concedendo-lhe que esses prazeres são menos divinos do que os outros, ele não coloca em discussão a hierarquia geralmente aceita, não a ataca de frente, e o leva a admitir a distinção entre o puro e o misturado, no seio da esfera dos odores. Por plausível que seja, essa explicação permanece um pouco sucinta, pois evita a dificuldade, no lugar de resolvê-la.

Na realidade, a posição de Platão a esse respeito é complexa, pois, por meio do exemplo de prazeres olfativos puros delineia-se, talvez, a evolução do seu pensamento para uma concepção menos imutável e estática da teoria das formas. Para tentar entender esse texto enigmático, é preciso observar, primeiro, que a atribuição de um caráter menos divino que o das outras não recoloca em discussão a pureza dos prazeres olfativos nem a distinção entre as duas categorias de odores, as que misturam o prazer e a pena e aquelas que não são mescladas. Embora os prazeres ocasionados pelos odores pertençam a uma categoria menos divina que as precedentes, eles são incontestavelmente puros e exprimem uma forma de beleza, na sua verdade sem misturas. Aliás, Platão toma o cuidado de precisar que o gênero desses prazeres forma par com os outros prazeres puros, pois não se mistura a qualquer pena. O que é menos divino, por conseguinte, não viola a ordem do divino. Os prazeres olfativos se referem, como os outros, ao belo em si próprio, às essências e não às coisas em particular. Quer dizer, então, que existe uma forma inteligível, em si, do odor, que participa do divino e que possa ser objeto de uma contemplação filosófica?

Tal conclusão seria precipitada, pois, contrariamente aos da figura, da cor e do som, o *status* ontológico do odor é problemático. Enquanto Platão afirma, sem hesitar, a existência de uma beleza em si, absoluta, da figura, da cor e do som, ele permanece estranhamente silente a respeito dos odores e se limita a definir a pureza do prazer que eles, os odores, suscitam em termos de ausência de pena. Devemos ver, aí, um sinal de embaraço e de hesitação em admitir uma forma pura do odor? É certo que, para Platão, o odor faz parte dessas coisas sobre as quais podemos cogitar se são objeto de uma ideia em si. Talvez não seja por acaso que Parmênides interroga Sócrates, em grande arte, a respeito de coisas malcheirosas, como a lama ou a sujeira, para saber se é preciso admitir ou não que exista, também para elas, uma forma em si.

Sócrates hesita e confessa sua perturbação quando Parmênides lhe pergunta se, "a respeito das coisas que poderiam parecer ridículas, como a lama, o pelo, a sujeira ou quaisquer outras coisas insignificantes e sem valor [...], é preciso admitir que exista, também para cada uma delas, uma forma à parte, também distinta, das coisas que tocamos com nossas mãos".[50] Ele responde de forma prudente e muito pouco incisiva que provoca comentários irônicos de seu interlocutor: "Para coisas que enxergamos, não duvido de suas existências, mas pensar que existe uma forma, receio que seja demasiadamente estranho. Entretanto, já aconteceu, às vezes, de sentir-me perturbado e perguntar-me se todas as coisas não teriam igualmente suas formas. Quando me detive nesse pensamento, afastei-me o quanto antes dele por medo de ir e de afogar-me em um abismo de tolice."[51] Além do receio do ridículo, é preciso lembrar a perturbação e a perplexidade que indicam, em Platão, a presença de uma contradição ou, pelo menos, de impressões opostas propícias para despertar a reflexão filosófica.[52] De fato, por um lado, o odor, como todas as coisas, parece ter uma forma, pois ele suscita prazeres puros e verdadeiros e, por outro, parece não ter, pelo tanto que é fugaz e dependente do devir.

Se, no Filebo, a natureza exata do odor não está determinada explicitamente, pelo contrário, no Timeu, Platão adota uma posição nitidamente destacada. O odor se vê atribuir um *status* intermediário entre o ser e o devir. Ele não se enquadra na categoria das formas, mas na das semiformas. Timeu explica a Sócrates que, "no que toca à propriedade das narinas, não há espécies definidas. Um odor, de fato, nunca passa de uma coisa semiformada e nenhum tipo de figura possui as proporções necessárias para ter um odor. As veias que servem ao olfato têm uma estrutura demasiadamente estreita para as espécies de terra e de água, demasiadamente larga para as de fogo e de ar. Também, ninguém jamais percebeu o odor de um desses corpos: os odores só nascem de substâncias em via de se molharem, putrificar, liquidificar ou evaporar. É quando a água se transforma em ar e o ar em água que o odor se produz, em meio dessas mudanças, e todo odor é fumaça ou névoa, quando o ar está se transformando em água, fumaça quando é a água que se transforma em ar [...]. Consequentemente, as variedades de odores se dividem em dois tipos que não têm nomes porque derivam de forma que não são nem numerosas, nem simples. A única distinção que existe entre elas é a sensação de prazer ou de pena que elas causam: uma irrita e violenta todas as cavida-

---

50   *Parmênides*, 130c.
51   *Ibidem*.
52   Cf. *A República*, VII, 524a e seguintes.

des que temos, entre o alto da cabeça e o umbigo; a outra suaviza essa mesma cavidade e faz com que ela volte agradavelmente a seu estado natural".[53] Timeu é formal: o odor é algo semiformado, um derivado de formas. Resulta da metamorfose, da alteração ou da destruição dos corpos. Ele se origina de uma decomposição e de uma transmutação dos elementos, quando a água se converte em ar e o ar em água. Graças à sua fluidez, o odor não tem o *status* de coisa imutável, mas toma os contornos das mutações das coisas. Ele depende parcialmente, portanto, de uma parte do mundo de devir e testemunha a passagem ou transição. No máximo, ele é uma semiforma e não possui espécies definidas, tendo em vista sua constituição. É o que salienta Anne Wersinger ao comentar essa passagem do Timeu: "Os odores desprovidos de formas (*eidos*, 66d2), pois não são constituídos de uma pluralidade de espécies simples (67a2), têm a figura do mexido, da passagem, do semigênero (66d2), eles correspondem às figuras irregulares de transição, são variegados (67a1)."[54] Compreendemos, então, que Platão possa dizer que os prazeres verdadeiros ligados ao olfato tenham um gênero menos divino que os demais, pois não se baseiam na contemplação de uma forma e ficam marcados pela evanescência dos odores, pelo seu fluxo incessante.

A classificação dos odores não pode, então, alicerçar-se em uma divisão em gêneros e espécies, pois não deriva de formas simples. É por isto que a única tipologia clara apoia-se nos efeitos agradáveis ou penosos. Assim, a distinção e a denominação dos odores são feitas a partir do prazer ou da pena que suscitam. Isso possibilita esclarecer o motivo pelo qual Platão, no Filebo, distingue os prazeres olfativos puros e mistos, não na base de uma forma de odor em si, como fazia para a figura e a cor, mas no fato de não comportarem qualquer dor.

Nem por isso o problema está inteiramente resolvido. Se os odores são variegados e se aparentam às figuras irregulares de transição, como podem ser objeto de prazeres puros e verdadeiros? Será possível a existência de uma verdade que não se assente nas formas e nos gêneros? Uma verdade do semigênero, da semiforma? É claro que, se Platão admite a existência de um prazer olfativo puro, é que ele confere ao odor um *status* ontológico positivo. O menos divino pertence, em parte, ao divino e o eu semiformado pertence à ordem da forma. Esse gênero menos divino pertence aos seres que Platão chama de demônios, que pertencem a uma natureza intermediária entre o mortal e o imortal e que ocupam o meio entre a sabedoria e a ignorância,

---

53 *Timeu*, 66d-66e.
54 *Platon et la dyshatmonie*, p. 148.

como é o caso do amor apresentado em *O Banquete*[55] como sendo um grande demônio que conduz para o belo em si próprio e dá acesso à contemplação do mundo inteligível. Ora, o amor não possui uma forma imutável, mas uma forma cambiante. Possível indagar-nos se o odor poderia aproximar-se dessa forma ondulante que caracteriza o amor, segundo Agatão, no *Banquete*: "Eros, como vemos, é o mais jovem e o mais delicado. Deve-se acrescentar a isto que, a sua constituição, ele é ondulante. De fato, se fosse rígido, não poderia, em toda alma, fazer-se inteiramente envolvente, nem passar despercebido, primeiro ao entrar e, depois, ao sair. De sua constituição (*eidôs*) harmoniosa e ondulante (*hungrós*), sua graça fornece um indício importante, essa graça que Eros possui no grau supremo, como concordamos em reconhecer, pois entre a falta de graça e o amor, o antagonismo é incessante. O fato de o deus viver em meio às flores explica a beleza da sua tez. Sobre o que não floresce, sobre o que passou, flor, corpo, alma ou qualquer outra coisa que seja, Eros não se detém. Mas, se encontrar um lugar bem florido e bem perfumado, aí Eros se detém e permanece."[56]

O *eidôs*, a forma de Eros, não é estático, fixo, mas fluido e ondulante. *Hugrós* significa, inicialmente, úmido. Anne Wersinger vê, também, no uso da expressão forma ondulante, "o manifesto de um pensamento novo de harmonia, baseado no ajuste [...], a doçura, a insinuação, isto é, o processo que adota as formas por abraço, dobramento, segundo uma dinâmica de retículas[57] e observa que 'essa estrutura ondulante [...] concerne, de modo privilegiado, a cor'".[58] De fato, o amor busca um solo fértil para sua constituição; ele passa a vida em meio às flores e delas possui a tez encarnada. Se é verdade que a forma ondulante se desenvolve primeiramente entre as flores, é preciso notar, todavia, que delas não se trata só da cor, mas, também, do perfume. É nos lugares coloridos e olorosos que se manifesta sua forma ondulante. O perfume, pela sua fluidez e seu caráter envolvente aparenta-se à forma ondulante do amor. Eis por que parece legítimo aplicar ao odor e ao perfume essa constituição fluida que caracteriza o amor. Se não há forma imutável do odor na origem dos prazeres olfativos verdadeiros, existe, entretanto, uma forma ondulante que pode provocar uma contemplação pura dos fluidos perfumados. Introduzindo formas ondulantes que formam par com as

---
55 Cf. 203a.
56 *O Banquete*, 196ab, tradução Luc Bresson, Garnier Flamarion, p. 125.
57 *Platon et la dysharmonie*, p. 79. Ver, de modo mais amplo, o capítulo III dedicado à forma ondulante.
58 *Ibidem*.

formas fixas e imutáveis, embora de um gênero menos divino, Platão lança os fundamentos do que poderíamos denominar estética dos fluidos, e devolve o título de nobreza ao perfume, atribuindo-lhe uma beleza demoníaca capaz de despertar um puro prazer. O odor ultrapassa a particularidade sensorial, ele pode dar acesso ao mundo inteligível e ser a expressão de uma verdade. Platão legitima assim a procura de um belo odorante e oferece um modelo filosófico atestando a possibilidade de constituir uma estética dos perfumes.

Essa estética dos fluidos, todavia, permanece muito programática, ela é antes sugerida do que constituída, propriamente falando. Platão fornece uma armadura teórica, mas não determina concretamente a natureza desses belos odores que despertam prazeres puros. Ele deixa a entender que eles podem provir de várias vias e de diversos objetos, e abre um grande leque de possibilidades que incluem tanto as fragrâncias naturais quanto as artificiais, os perfumes líquidos ou as misturas para serem queimadas. Na falta de realizá-la, ele convida a conceber o que seria uma verdadeira estética olfativa e a imaginar modelos de um belo olfativo que não fique submisso aos cânones da higiene, dos adereços e da sedução. Para ter uma ideia disto, não é tanto no lado da filosofia, mas no da literatura que se deve buscar, pois essa elaborou, com felicidade, modelos dessa estética dos fluidos odorantes que se encontra, em forma de germe, em Platão. E entre esses modelos literários que estimulam a imaginação, oferecendo uma representação do que poderia ser uma verdadeira arte olfativa, figura, em primeiro plano o romance de Carl Joris Huysmans, *À rebours* [A reverso].

UM MODELO LITERÁRIO IMAGINÁRIO: DES ESSEINTES[59] E A ARTE OLFATIVA

Se, de modo geral e através de toda a sua obra, Huysmans convida a reconsiderar o lugar do nariz, é em *À rebours* que ele esboça mais particularmente os contornos de uma estética olfativa pura. Tomando no contrapé o naturalismo, ele esboça o retrato fantasista de um esteta decadente, Des Esseintes – cujo nome por si só evoca essências e odores – vai dar corpo a uma arte olfativa. Essa arte é encarada de um duplo ponto de vista, o do amador, que deve basear seu julgamento em uma interpretação segura, e o do criador que elabora novas fórmulas. O personagem principal do romance encarna

---

59 Des Esseintes é um jovem esteta excêntrico, personagem do livro *À rebours*, de Carl Joris Huysmans.

ora a figura do esteta conhecedor, ora a do artista criador. Presa da loucura nervosa e de alucinações olfativas, Des Esseintes é o protótipo do herói baudelairiano, à procura de correspondências e de novos prazeres sensoriais para enganar seu aborrecimento e sua doença. Toda sua existência é dominada pela febre do desconhecido, o desejo de escapar à realidade e de alçar-se aos confins do pensamento, para além da arte. Nessa busca, todos os sentidos têm seu lugar, inclusive o paladar e o olfato, que são geralmente negligenciados ou relegados a um segundo plano. Des Esseintes adota, também, a profissão de fé da quimera, em *A tentação de Santo Antônio*, de Flaubert: "Procuro perfumes novos, flores maiores, prazeres ainda não sentidos."[60] E essa palavra de ordem em sua boca não permanece letra morta, mas vai se traduzir pela criação de uma arte olfativa.

> Ele era, há anos, hábil na ciência do olfato, diz Huysmans; ele pensava que o olfato podia sentir gozos iguais aos do ouvido e da vista, cada sentido sendo capaz, por obra de uma disposição natural e de uma cultura erudita, de perceber novas impressões, de decuplicá-las, de coordená-las, de compor com elas esse todo que constitui a obra; e não era, afinal, mais anormal que existisse uma arte, liberando odores fluidos, do que outros, destacando ondas sonoras, ou ferindo a retina de um olho, com raios de cores diversas; só se ninguém pode discernir, sem uma intuição particular desenvolvida pelo estudo, uma pintura de grande mestre de uma côdea de pão, um ar de Beethoven de um ar de Clapisson, ninguém pode tampouco, sem uma iniciação prévia, confundir, à primeira vista, um buquê criado por um artista sincero com um *pot-pourri* fabricado por um industrial para vender especiarias e bazares.[61]

Esse texto pode ser considerado um verdadeiro manifesto para a invenção de uma estética olfativa. Ele advoga tanto a criação original de belos perfumes, livres da produção econômica em grande escala e das leis de mercado quanto a formação de um julgamento do gosto, ou melhor, do nariz, embasado em uma apreciação rigorosa da obra odorante. Des Esseintes é apresentado, assim, como um perito na *ciência do olfato*. Essa surpreendente

---

60 Fórmula citada expressamente em *À rebours*, edições 10/18, 1975. p. 186.
61 *Ibidem*, p. 192-193.

fórmula não se resume a um simples oximoro, ela alia o caráter intuitivo do olfato à exigência de regras precisas e a um conhecimento necessário da matéria. Como todas as ciências, a do olfato possui princípios e requisitos próprios. Seu princípio fundador repousa na proclamação da igualdade dos sentidos. Des Esseintes recusa a hierarquia sensorial e admite a existência de uma estética olfativa possante, análoga à da música ou à da pintura. Ele convida, também, a abolir os privilégios concedidos à visão e à audição e reabre à discussão a hegemonia delas, na medida em que constituem o que poderíamos qualificar de um obstáculo epistemológico à busca de novas formas estéticas. Des Esseintes rompe com a atitude natural e considera todos os sentidos como iguais, sem preconceitos. Não é mais anormal ou arbitrário conceber uma arte emanada de "odorantes fluidos" do que "de ondas sonoras" ou de "raios coloridos diversamente". Se o caráter móvel das ondas e dos raios luminosos não impediu o nascimento de uma arte perene, deve ocorrer, *a priori*, o mesmo com os perfumes e a fluidez evanescente que apresentam. O princípio da igualdade dos sentidos baseia-se, pois, em última instância, na natureza similar da matéria percebida por cada um deles. Esse princípio, entretanto, é a condição, necessária, mas não suficiente, para emergência de uma ciência do olfato, a qual requer que duas condições adicionais sejam satisfeitas: a existência de uma disposição natural e a aquisição de uma cultura olfativa erudita.

Des Esseintes verifica perfeitamente essas duas condições; ele é a prova viva do casamento feliz de uma grande sensibilidade olfativa com uma cultura letrada do olfato. Ele goza, primeiramente, de uma aptidão fora do comum para perceber o mundo através das narinas, para identificar e discernir os odores. Longe de estar regredindo, para Huysmans, a disposição natural para cheirar possui uma potência que excede o quadro da percepção imediata e da identificação dos eflúvios presentes aí e no mesmo momento, para estender suas raízes até o passado. A sensibilidade olfativa alia-se a uma memória que permite explorar o passado por meio do olfato e, assim, ressuscitá-lo. As experiências de Des Esseintes são a própria ilustração dessa potência de memória do odor, muitas vezes constatada pelos psicólogos e da qual Proust fará eco. As fragrâncias despertam reminiscências e fazem surgir um mundo antigo das profundidades do esquecimento. É assim que, por meio do odor do uísque da Irlanda, lembranças sepultadas vêm aflorar à consciência: "Ele se ajeitou na poltrona e aspirou lentamente esse suco fermentado de aveia e de cevada. Um cheiro pronunciado de creosoto encheu--lhe a boca. Pouco a pouco, bebendo, seu pensamento seguiu a impressão, agora reavivada do seu paladar, juntou-se ao sabor do uísque, despertou, por

Capítulo 4 | A Arte Olfativa

uma exatidão fatal de odores, lembranças apagadas desde muitos anos. Esse cheiro creosotado, acre, rememoriava-lhe forçosamente o odor idêntico que sentira, no tempo em que os dentistas trabalhavam na sua gengiva."[62] Posto nessa pista olfativa, Des Esseintes exume, por associação, o episódio inglório quando, sentindo forte dor de dente e não podendo esperar que os dentistas diplomados lhe abrissem um horário, ele correu para um "arranca-dentes do povo" e foi tentado, para sua grande vergonha, a dar meia volta, apavorado pelos escarros vermelhos colados nos degraus da escada, quando a porta se abriu e uma velha o convidou a entrar. A grande cena do arrancador de dentes que extirpou seu molar dolorido com um ruído de esmalte quebrado voltou-lhe inteiramente à memória, com seus urros de animal que está sendo assassinado e as suas batidas de pés, furioso na cadeira. Fatal exatidão dos odores que reconstituem um universo como um metrônomo implacável que nos arrasta, a contragosto, nas circunvoluções da memória.

Se ela pode provocar um cortejo de associações mnemônicas, a ressurgência olfativa do passado pode ser fulgurante e brutal, como revela o episódio da coleção refinada de plantas, de flores e de buquês de cheiros. É o perfume da catleia da Nova Granada que aí funciona, como detonador. "Ele se aproximou, pôs o nariz em cima e recuou bruscamente; ela exalava um odor de pinho envernizado, de caixa de brinquedos, evocando os horrores de um dia de passagem de ano."[63] O odor da catleia restitui o passado em sua dimensão afetiva e mistura a sensação e o sentimento, de forma que ela traz a lembrança, na sua riqueza emocional percebida e vivenciada. Essa pequena flor da literatura – que representa certamente um papel de primeira ordem no imaginário narrativo, pois ela será igualmente convocada por Proust para exprimir não mais os horrores e um dia de ano novo, mas os perfumes do amor entre Swann e Odette –, revela que a sensibilidade olfativa, longe de ser uma disposição fraca e limitada, estende suas raízes na memória e até no coração. É, aliás, um de seus traços característico o poder de prestar-se tanto à rememoração cognitiva quanto à comemoração afetiva. Des Esseintes ama com seu nariz, de modo que o rol de suas amantes está impregnado de um erotismo olfativo. As mulheres amadas são classificadas na sua memória em função de seus sabores e de seus odores. O aroma dos bombons violeta de Siraudin "eram uma gota de perfume de sarcanto, gota de essência feminina cristalizada em um torrão de açúcar; ele penetrava as papilas gustativas, evocando lembranças de água opalizada por vinagres raros, beijos muito pro-

---

62   *À rebours*, p. 108-109.
63   *Ibidem*, p. 166.

fundos impregnados de odores".⁶⁴ A evocação das amantes realiza-se pelo nariz e sua persistência na lembrança malgrado o fluxo interrompido das conquistas está ligado a seu odor contestado. Assim, se miss Urânia "gravara--se mais fortemente na memória que uma multidão de outras cujos atrativos haviam sido menos enganadores e os prazeres menos limitados, era devido ao cheiro de animal em boa forma e sadio que ela emanava; a redundância de sua saúde era a própria antípoda dessa anemia trabalhada com perfumes da qual ele encontrava um leve traço no delicado bombom de Siraudin. Assim, como uma antítese odorante, miss Urânia impunha-se fatalmente à sua lembrança, mas, quase imediatamente, Des Esseintes, chocado por esse imprevisto de um aroma natural e bruto retornava às exalações civilizadas e pensava inevitavelmente em suas outras amantes; elas se apressavam no seu cérebro, como um rebanho, mas, acima de todas, realçava-se a mulher cuja monstruosidade o satisfizera tanto, durante meses".⁶⁵ À miss Urânia, com seu odor sadio e natural de animal, sucede, de fato, uma moreninha ventríloqua "que lhe agradou pelo próprio contraste que opunha à americana. Essa moreninha cheirava a perfumes preparados, doentios e capitosos".⁶⁶ O quadro das mulheres amadas é construído, assim, em uma oposição olfativa entre um odor sadio e natural de animal e um perfume não sadio e artificial de criatura civilizada. Em resumo, o que resta dos amores passados senão o canto de suas fragrâncias?

 A sensibilidade olfativa de Des Esseintes é tal que provoca nele um imaginário olfativo. Assim, a contemplação da pintura não só provoca nele um deleite para os olhos, mas também, para o nariz. As reminiscências se somam aos devaneios olfativos frente a certos quadros, como o da Salomé, de Gustave Moreau, que ele evoca "no odor perverso dos perfumes" que queimam na igreja, com uma flor de lótus na mão,⁶⁷ ou como a série das perseguições religiosas do gravador holandês Jean Luyken, "essas obras cheias de imaginações abomináveis, recendendo a queimado, suando sangue e cheias de gritos de horror e de anátemas".⁶⁸ Ele chega até a interpretar o sentido misterioso do emblema da flor de lótus segura por Salomé em termos olfativos remetendo-o às cerimônias egípcias de embalsamação nas quais químicos e sacerdotes preparam o cadáver da pessoa morta, "antes de ungi-la com betume e essên-

---

64 *Ibidem*, p. 180.
65 *Ibidem*, p. 182-184.
66 *Ibidem*, p. 184.
67 Cf. p. 114.
68 *Ibidem*, p. 124.

cias, inserindo-lhe, nas partes sexuais, para purificá-las, castas flores da flor divina".[69] Essa sensibilidade exacerbada atinge o paroxismo com o surgimento de alucinações do olfato. Des Esseintes é perseguido por um odor ilusório de frangipana cuja existência é desmentida pelo seu criado, e procura tratar sua neurose mediante uma cura olfativa. "Cansado pela tenacidade desse aroma imaginário, ele resolveu mergulhar nos perfumes verdadeiros, esperando que essa homeopatia o curasse ou, pelo menos, retardasse a perseguição dessa inoportuna frangipana."[70] Fica, portanto, claro que Des Esseintes é o protótipo do nariz, pois toda a esfera de sua sensibilidade, memória e imaginação é assombrada pelo odor, que ultrapassa o alcance físico, para atingir uma dimensão metafísica. Metafísica do *spleen* e da busca de perfumes factícios para escapar do tédio, como mostra essa meditação com acentos baudelairianos: "Sob o céu baixo, no ar sem brisa, os muros das casas têm suores negros e seus respiradores fedem, o nojo da existência acentua-se e o *spleen* abafa; germinam as sementes de lixo que cada um tem na alma; necessidades de orgias sujas agitam pessoas austeras e, no cérebro das pessoas consideradas, nascem desejos de forçados. Portanto, eu me aqueço diante de um grande fogo de lareira, e de uma cesta de flores desabrochadas, na mesa, exala-se um cheiro de benjoim, de gerânio e de vetiver que inunda o quarto. Em pleno mês de novembro, em Pantin, rua de Paris, persiste a primavera, e eis que rio, sem querer, das famílias temerosas que, para evitar a chegada do frio, fogem, céleres, para Antibes ou Cannes. A natureza inclemente nada tem a ver com esse extraordinário fenômeno; é forçoso dizer, é apenas à indústria, que Pantin deve essa estação factícia. De fato, essas flores são feitas de tafetá, montadas em fios de latão, e o odor primaveril filtrado pelas juntas das janelas, vem das usinas vizinhas, das perfumarias de Pinaud e Saint-James."[71]

Esse texto acentua a dimensão artificial e factícia dessa ciência do faro reivindicada por Des Esseintes, mostrando que ela não se baseia apenas em uma disposição natural, mas pressupõe uma indústria, artefatos, em uma só palavra, toda esfera da cultura. Essa é a segunda condição para sua emergência. A arte dos perfumes não se reduz à simples combinação de produtos naturais. Apresenta-se como uma arte da "precisão factícia".[72] Huysmans insiste nesse ponto: "De fato, os perfumes quase nunca provêm das flores cujos nomes ostentam, o artista que ousasse obter seus materiais unicamente da natureza

---

69 *Ibidem*, p. 118.
70 *Ibidem*, p. 192.
71 *Ibidem*, p. 205.
72 *Ibidem*, p. 193.

só produziria uma obra bastarda, sem verdade, sem estilo, visto que a essência obtida por destilação das flores só teria uma analogia muito longínqua e vulgar com o próprio aroma da flor viva, na terra, espalhando seus eflúvios."[73]

Não mais que a pintura ou a música a arte dos perfumes não reproduz a natureza, sem o que seria uma cópia insossa e inodora. Ainda que permanecesse tributário dos aromas naturais, "na perfumaria, o artista completa o odor inicial da natureza cujo odor ele adota e monta, como um joalheiro que apura a transparência de uma gema e valoriza".[74] A arte dos perfumes inscreve-se, pois, em uma cultura olfativa que se exprime, primeiro, na forma de uma língua da qual é preciso aprender a dominar a sintaxe e a gramática, para compreendê-la e criar novos poemas de aromas. Huysmans concebe uma estética olfativa apoiada no modelo da criação literária; ele estabelece, aliás, abertamente, uma analogia entre a arte dos perfumes e a literatura. "Pouco a pouco, os arcanos dessa arte, a mais esquecida de todas, se haviam aberto para Des Esseintes, o qual decifrava, agora, essa língua, variada, tão insinuante quanto a da literatura esse estilo de uma concisão extraordinária debaixo da sua aparência flutuante e vaga."[75] À ideia segundo a qual o olfato seria o sentido mudo, condenado ao indizível e ao inefável, Des Esseintes opõe a teoria de um "idioma dos fluidos",[76] de uma linguagem dos perfumes. Sentir um perfume é, de fato, decifrar uma língua olfativa. Des Esseintes realiza, assim, uma análise linguística do odor. A língua dos perfumes pelos seus caracteres principais: sua variedade, seu caractere insinuante e sua concisão por baixo de sua aparência flutuante e vaga. Sua variedade decorre não só da diversidade indefinida dos componentes, reforçada, hoje, pela proliferação dos produtos sintéticos, mas também das inúmeras combinações que nada ficam a dever ao poder combinatório ilimitado das palavras. A língua olfativa é tão sutil e insinuante quanto a língua literária, pois ela penetra o homem sagaz, envolve-o e o circunda, instilando eflúvios ora tênues, ora tenazes. Embora se apresente como flutuante e móvel devido ao caráter vaporoso e volátil do perfume que se espalha e se dissipa ao acaso, ela não se dilui em conversa mole, mas possui um estilo conciso pela fulgurância e a brevidade do odor que libera sua mensagem essencial de forma instantânea e sem rodeios. A fórmula de um perfume é semelhante a uma forma literária, da qual se deve decifrar a gramática, a sintaxe e o significado. Para interpretá-lo é

---

73   *Ibidem.*
74   *Ibidem.*
75   *Ibidem*, p. 194
76   Cf. p. 194.

preciso fazer tanto uma análise linguística interna que examina a formação das frases olfativas quanto ensaios de literatura comparada. Des Esseintes preconiza, de fato, "trabalhar a gramática, entender a sintaxe dos odores, compenetrar-se bem das regras que a regem e, quando familiarizado com esse dialeto, comparar as obras dos mestres, dos Atkinson, dos Lubin, dos Chardin, dos Violets, Legrand e dos Piesse, desmembrando construções de suas frases, pesando a proporção das palavras e o arranjo dos períodos".[77] O idioma dos perfumes define-se por um estilo que varia conforme os autores e adapta-se às evoluções da língua. Mobiliza, assim, uma inteligência letrada e requer uma abordagem estética fundada não só em uma análise linguística, mas em uma história e uma psicologia. Eis por que não basta uma predisposição natural para perceber odores, é preciso, mas deve vir acompanhada de uma "cultura erudita".[78]

Essa cultura que subentende a ciência do olfato implica a constituição de uma história da arte dos perfumes cujos grandes traços são esboçados no capítulo X do *À rebours*. Huysmans distingue estilos e épocas que estabelecem um paralelo com os movimentos literários e suas respectivas evoluções. Ao estilo Luís XIII, que faz uso do triunfo de um vocabulário olfativo impregnado de pó, de íris, de âmbar, de civeta, de água de mirra, correspondendo às "graças dos cavaleiros andantes, as tintas um pouco cruas da época, que nos conservaram alguns dos sonetos de Saint Amand".[79] O estilo Luís XIV, quando se estabelece o reino da mirra, do olíbano e dos odores místicos, possantes e austeros, sucede ao anterior e exprime "o ar pomposo do grande século",[80-81] fazendo eco aos artifícios retóricos de um Bossuet. Ele cede o lugar ao estilo Luís XV, que encontra seu intérprete na frangipana e na marechala, traduzindo "as graças cansadas e sábias da sociedade francesa".[82] Aparecem, em seguida, as águas de colônia e as preparações à base de alecrim, com aromas recendendo "o tédio e a falta de curiosidade do primeiro império",[83-84] em seguida, as orientais, as selans fulgurantes de especiarias, que lançam a perfumaria "atrás de Victor Hugo e de Gautier rumo aos países

---

77 *Ibidem*, p. 194.
78 Cf. p. 192.
79 Cf. p. 195.
80 **N.T.:** Século XVII.
81 *Ibidem*.
82 *Ibidem*.
83 **N.T.:** Império de Napoleão.
84 *Ibidem*.

ensolarados".[85] Em constante evolução, a língua dos perfumes pós-1830 conhece um período caracterizado por um orientalismo acentuado e se volta para a China e o Japão, da mesma forma que as demais artes, "imaginando álbuns odorantes, imitando os buquês de flores de Takeoda, obtendo, por combinações de lavanda e de cravo-da-índia, o odor da Rondelécia; por uma mistura de patchouli e de cânfora, o aroma singular da tinta Nanquim; por combinações de limão, de cravo-da-índia e de nerol, a emanação da Hovênia do Japão".[86] Apoiando-se em uma história da arte, torna-se possível proceder a uma interpretação dos textos olfativos e inventar uma hermenêutica dos perfumes. Assim, "Des Esseintes estudava, analisava a alma desses fluidos, fazia a exegese desses textos".[87] Ele não se apresenta como um simples historiador, mas como um psicólogo que desmonta as engrenagens de uma obra odorante, exibe-lhe a estrutura e a reconstitui de forma infalível. Graças ao exercício, ele é capaz de decompor uma exalação, de reconhecer os aromas, e de apreciar as proporções e a harmonia das combinações.[88] Sua apreciação adquire a precisão e a exatidão como as de um comerciante enólogo ou do negociante chinês de chá, que são capazes de identificar a natureza, a história e a qualidade do produto, captando-lhe simplesmente o aroma.[89] Como eles, "Des Esseintes podia, respirando um traço de aroma, dizer logo as doses da mistura, explicar a psicologia dessa mistura, quase chegando a citar o nome do artista que o havia descrito e lhe imprimira a marca pessoal de seu estilo".[90] A ciência dos fluidos odorantes que baseia o julgamento estético não se resume, pois a um conhecimento físico ou químico dos componentes, mobiliza igualmente uma psicologia, pois é a alma dos fluidos, a inscrição do pensamento original do artista na obra odorante que se trata de alcançar.

Mas, o personagem de Huysmans não se reduz à figura do conhecedor, de esteta olfativo esclarecido, ele é apresentado, também, como um verdadeiro artista no ato, preso às tormentas da criação, frente a seu órgão de perfumes. Sob esse aspecto, ele constitui igualmente um modelo permitindo imaginar o que seria uma autêntica arte olfativa que não se limitaria à produção, em série, de perfumes comerciais, por mais suaves que possam ser. A criação de um buquê inédito inspira-se novamente no modelo da escrita

---

85 *Ibidem*.
86 *Ibidem*, p. 196.
87 Cf. p. 196.
88 *Ibidem*.
89 Cf. p. 196-197.
90 *Ibidem*, p. 197.

literária e é posto particularmente sob a égide de Balzac. Ao complexo da folha em branco ecoa o do frasco vazio. Trata-se, então, de romper com os balbucios do início e de "mergulhar no desconhecido para encontrar algo novo". Des Esseintes não concebe a criação como obra de gênio inspirado, mas como resultado de uma prática na qual o nariz e o espírito se firmam, ganhando progressivamente mais confiança e audácia, por meio dos exercícios de treino. A realização de uma obra comporta, pois, uma fase necessária de exercício e de ensaio. À maneira de Balzac, que recomenda rabiscar muito papel para fazer o aquecimento, trata-se de compor aromas para treinar-se por meio de trabalhos sem importância.[91] Des Esseintes começa, então, fabricando um aroma de ervilha-de-cheiro. É um exercício de estilo análogo à escrita de um poema por encomenda ou de uma paródia que comporta rasuras e falhas: "as expressões, os processos lhe fogem, ele tateia; em resumo, na fragrância dessa flor, predomina a laranjeira; ele tentou várias combinações e acabou por encontrar o tom certo, juntando à flor de laranjeira tuberosa e rosa, que ligou com uma gota de baunilha".[92] Esta fase de oficina de escrita olfativa não é propriamente dito criativa, é uma simples propedêutica, uma conversão em odor que visa dissipar as incertezas e reforçar a confiança. Des Esseintes treina-se a compor chá, "misturando acácia e íris",[93] até ficar determinado a se lançar.

Segue-se uma fase propriamente criativa na qual o artista, perseguido pelo orientalismo dos perfumes do século XVIII, manipula o âmbar, o almíscar-tonquim, o patchouli, e rompe brutalmente com os vapores envelhecidos, respirando uma essência de *spika-nardo* cujos eflúvios pronunciados de valeriana, geralmente desagradável para o nariz ocidental, constituem um choque olfativo necessário para livrar-se do passado e abrir o caminho para obras novas. Ele cria, então, poemas aromáticos, inspirando-se na "admirável ordenação de certas peças de Baudelaire, tais como 'o irreparável', e 'o balcão', onde o último dos cinco versos que compõem a estrofe faz eco ao primeiro e volta, tal um refrão, para afogar a alma em infinitos de melancolia e de langor".[94] É esse modelo baudelairiano que guia a criação desse perfume "sem nome, imprevisto, estranho", segundo o autor, e orquestrado como um poema no qual o tema inicial reaparece em intervalos regulares. A obra olfativa se apresenta como uma vagabundagem em uma paisagem variável e inédita que mescla

---

91　Cf. p. 197.
92　*Ibidem*, p. 197-198.
93　*Ibidem*, p. 198.
94　*Ibidem*, p. 199.

natureza e artifício, cidade e campo, país e região, que embala as narinas com acordes incríveis e os faz voltar ao tema inicial, após uma viagem de aromas. Tal como as performances realizadas na arte contemporânea, Des Esseintes inicia a obra com uma composição de odores de prados floridos, que retornam de forma recorrente, como um refrão. "Com seus vaporizadores, ele injetou na sala uma essência composta de ambrósia, de lavanda de Mitcham, de buquê, uma essência que, destilada por um artista, merece o nome que lhe é dado, de 'extrato de prado florido'."[95] Em seguida, ele enriquece o tema inicial introduzindo, nesse prado, uma mistura de tuberosa, de flor de laranjeira e de amêndoas, para fazer surgir aromas de lilás, de tílias ao vento, criando um cenário natural. Na segunda estrofe desse poema de odores, Des Esseintes instila "uma leve chuva de essências humanas e quase felinas, cheirando a saia, anunciando a mulher empoada e maquiada, o jasmim-de-madagascar, a *ayapana*, o *apopânace*, o alfeneiro, o chipre, a champaca, a sancartus,[96] aos quais justapôs uma suspeita de seringueira, a fim de dar, na vida factícia da maquiagem, que exalavam, um cheiro natural de risos suados, de alegrias que se debatem em plena luz do sol".[97] Os aromas vegetais se encorpam, assim, com odores humanos que marcam a inscrição do artifício na natureza, transformando-a em paisagem habitada. Nem por isso se trata de uma oposição, mas de uma composição de aromas e de uma mistura harmoniosa na qual o realce da seringueira contrabalança o pó da maquiagem e reintroduz a naturalidade alegre e campestre dos corpos que se divertem ao sol, admiravelmente evocados por "risos suados". Essa segunda estrofe encerra-se com a volta do perfume de predo florido, pós-ventilação das ondas odorantes felinas. Des Esseintes renova o refrão forçando a dose campestre para eclipsar as mulheres. A terceira estrofe exprime a irrupção do artifício e evoca uma paisagem industrial marcada pelos sopros das fábricas, o cheiro dos produtos químicos e da purulência do ar, que se misturam aos doces eflúvios da natureza. O artista manipula bolinhas de benjoim, que amassa para produzir "um odor simultaneamente repugnante e prazeroso, lembrando o delicioso aroma do junquilho e o mau cheiro imundo da guta-percha e do óleo de hulha".[98] O miasma e o junquilho se esvanescem com o retorno ao refrão do prado florido, com uma dominante de feno recém-ceifado, insuflado por "algumas gotas de capim ceifado".[99] A última estrofe consagra o triunfo de forma demente e sublime,

---

95   *Ibidem*, p. 198.
96   **N.T.:** Espécie de catleia.
97   *Ibidem*, p. 200.
98   *Ibidem*, p. 201.
99   *Ibidem*.

produto de uma ficção sincrética que une os contrários, mistura os climas e as estações, as latitudes e suas exalações. Des Esseintes dá asas à sua imaginação, fazendo surgir bálsamos, "uma natureza não verdadeira e encantadora, inteiramente paradoxal, reunindo as pimentas dos trópicos, sopros apimentados de sândalo da China e da *hediosmia* da Jamaica aos odores franceses do jasmim, de espinheiro e de verbena [...] criando, por meio da fusão e do embate de todos esses tons, um perfume geral, sem nome, imprevisto, estranho, no qual reaparecia, tal um refrão obstinado, a frase decorativa do início, o odor do grande prado ventilado por romãs de lilases e de tílias".[100]

Portanto, a criação assemelha-se bastante com a escrita de um poema de prado florido, orquestrado por quatro estrofes odorantes cujo último verso repete o tema inicial, tal como um refrão. Embora não evocada por Huysmans, a analogia com a escrita musical se impõe, com suas composições harmônicas e suas notas dissonantes, suas pausas possibilitando a respiração, seus refrãos que retornam periodicamente. Subordinada ao registro da temporalidade e do efêmero, a criação olfativa de Huysmans aparenta-se, malgrado um anacronismo evidente, aos *happenings* modernos, e nada tem a invejar das performances dos artistas que se apresentam aí e agora, sem se preocuparem em perenizar a obra.

Des Esseintes também é o inventor e o promotor de uma estética olfativa, pois ele é capaz, seja de discernir e de julgar as essências, seja de criar perfumes para o simples prazer do olfato. Ele advoga, pois, a favor da existência de uma verdadeira ciência do olfato. Dessa forma, ele é, ao mesmo tempo, o arquétipo do esteta definindo as categorias de julgamento olfativo e do criador, pois ele é ora o inventor de belos perfumes, ora o amador que conhece e sente o prazer de respirá-los. Oscar Wilde, que admirava Huysmans, de quem lera muito as obras, inspira-se, aliás, no personagem de Des Esseintes quando ele atribui a Dorian Gray um entusiasmo passageiro pelos perfumes, pintando-o com os traços de esteta olfativo.[101] É preciso reconhe-

---

100 *Ibidem.*
101 Cf., *O retrato de Dorian Gray*. GF, p. 193: "É assim que ele dedicou um tempo ao estudo dos perfumes e ao segredo do seu preparo. Ele destilou óleos poderosamente almiscarados e queimou gomas aromáticas vindas do Oriente. Percebeu que não há estados de ânimo que não tenham seus correspondentes na vida sensorial e dedicou-se a descobrir suas verdadeiras relações, indagando-se o que torna místico, no incenso, excita paixões, no âmbar cinza; reaviva a lembrança de amores passados, na violeta, desarranja o cérebro, no almíscar, e a imaginação, na champaca, tentando conceber, várias vezes, uma verdadeira psicologia dos perfumes e apreciar as diferentes influências das raízes odoríferas, das flores perfumadas, carregadas de

cer, entretanto, que o modelo não foi imitado e que só o herói de Süsskind, Jean-Baptiste Grenouille, malgrado seu caráter rude e brutal, pode rivalizar com os dois dândis, pois ele possui o gênio dos odores e inventa um perfume inédito e divino, capaz de fazer chorar seu mestre, Baldini.[102]

Nessas condições, é possível indagar por que Des Esseintes não formou mais seguidores. Além do fato evidente de que o modelo é fictício e não real, é preciso observar, primeiro, que o herói huysmaniano, malgrado seu talento, não parece um verdadeiro artista. Des Esseintes é um personagem profundamente neurótico, e sua ciência do olfato não é apresentada como invenção prestigiosa de uma nova arte, mas como uma terapia destinada a lutar contra as alucinações olfativas da frangipana. Des Esseintes não tem por objetivo elaborar categorias estéticas, ele se entrega a um tratamento olfativo que, aliás, fracassa. De um lado ele figura como simples amador cujas invenções ficam no seu quarto e não são expostas ao público. Por outro, essa ciência do olfato, usada como terapia, aborta, pois o infeliz Des Esseintes, longe de ficar aliviado pela invenção desse perfume imprevisto e estranho, é trespassado por uma dor, sofre novamente os assaltos da frangipana e, com as narinas irritadas e os nervos abalados, acaba perdendo os sentidos, quase morrendo diante da sua janela.[103] Em resumo, Des Esseintes não é um herói positivo, suscitando vocações e podendo fazer escola. Aparece mais como um esteta degenerado e decadente, como uma de suas amantes "desequilibrada e nervosa gostando de macerar a ponta dos seus seios em aromas".[104]

Tudo se passa, portanto, como se qualquer pessoa que procurasse promover uma arte dos perfumes se visse suspeitado de perversão e considerado como anormalidade. Assim, não é certamente por acaso se a alma danada de Dorian Gray se enamora dos perfumes à semelhança do seu vício e da sua

> pólen, dos bálsamos aromáticos, de madeiras escuras e odorantes, do nardo índio, que provoca náuseas, da hovênia, que enlouquece, e do aloés, que dizem serem capazes de afugentar a melancolia da alma." Agradecemos a Pierre-Marie Morel por ter chamado nossa atenção sobre essa passagem.

102 Cf. *O perfume*, Livro de bolso, p. 98: "O perfume era tão divinamente bom que Baldini ficou com os olhos rasos d'água. [...] Esse perfume não era como todos os outros, conhecidos até então. Não era um perfume que desse um melhor aroma à pessoa, nem um bom odor, nem um produto de toucador. Era uma coisa inteiramente nova, capaz de criar, sozinha, todo um universo, um universo luxuriante e encantado, onde esquecíamos, de uma só vez tudo o que o mundo ao redor tinha de repugnante e nos sentíamos tão ricos, tão bem, tão livres, tão bons..."
103 Cf. p. 207.
104 *Ibidem*, p. 203.

Capítulo 4 | A Arte Olfativa

decadência. É o que constata, igualmente, Constance Classen a respeito de Jean-Baptiste Grenouille, o herói de *O Perfume*, de Süsskind, apresentado tanto como um idiota e um perverso, como uma emanação dos baixos estratos sociais degenerados, quanto como um assassino que mata as moças para roubar-lhes os aromas suaves e compor, com esses eflúvios roubados, o perfume sublime que conseguirá satisfazer sua paixão mórbida pelo odor. A socióloga americana explica, também, que o sucesso desse romance deve-se não só à originalidade do tema, mas, também, à confirmação que ele faz de um estereótipo olfativo muito difundido, o do maníaco perverso que cheira sua presa e se abandona ao fetichismo dos odores.[105] Em todo caso, *À rebours* apareceu como carregado desse "nervosismo que é a doença de fim de século", conforme formulação de Hubert Juin.[106] O autor está perfeitamente consciente disso, pois escreve a Zola, a respeito do seu livro: "Estou mergulhado em uma espécie de romance fantasia esquisito, uma loucura nervosa que será, creio, bastante nova, mas que fará pedir minha internação imediata no hospício de Charanton."[107] Huysmans, espelhando-se em Des Esseintes, confessa, aliás, ao mesmo Zola, que "era um livro que não devia ser escrito pois era difícil demais, com esse personagem mutante tal como ele o concebera, cristão e pederasta, impotente e incrédulo, 'shopenhauerista' pela razão e católico pelas raízes – retornando, ainda assim a um Cristo nem mesmo bizantino e tendo medo da morte, em consequência da primeira educação, exasperada pela solidão",[108] e acrescenta que *À rebours* tomou-lhe tempo demais e exasperou excessivamente sua neurose pessoal. Figura doentia e paradoxal, Des Esseintes não tem as qualidades de modelo que um artista desejaria positivamente imitar e se aparenta mais à categoria dos anti-heróis que à dos pioneiros iluminados. Ele desperta a homofobia latente e receia tudo o que parece afeminado.

Ademais, as orientações ulteriores cada vez mais místicas do autor e sua apologia do catolicismo embaralham, em retrospectiva, a leitura desse livro e impedem de pensá-lo em termos apenas estáticos. O próprio Huysmans escreverá, a respeito de *À rebours*: "Esse livro foi o precursor de minha obra católica que nele se encontra inteiramente, em germe."[109] Ele não dá sequência, aliás, a essa pesquisa da ciência do farejar. Em *La cathédrale*

---

105 Cf. *Aroma, The Cultural History of Smell*, p. 4.
106 *À rebours*, Prefácio, p. 15.
107 Carta citada por Hubert Juin, Prefácio, p. 16.
108 *Ibidem*, p. 18.
109 Cf. *À rebours*, Prefácio, p. 39.

ele procura, antes, desvendar os problemas místicos dos odores. Em seu prefácio de *À rebours*, escrito 20 anos após o romance, ele confessa que "Des Esseintes só se ocupou de perfumes laicos, simples ou extratos, e de perfumes profanos compostos ou buquês",[110] e acrescenta: "ele teria podido experimentar perfumes da Igreja, o incenso, a mirra [...]".[111] Seria certamente excessivo interpretar essa observação retrospectiva como a negação de uma busca demasiadamente profana para ser religiosamente válida. No entanto ele deixa entender que uma estética distinta de uma mística é limitada e não abraça todo o campo das possibilidades.

Quer dizer, então, que uma arte olfativa puramente profana é o sonho marginal de um cérebro desarranjado, o apanágio de espíritos depravados à busca de novidades? Apresenta-se a questão de saber se é possível conceber um modelo real positivo mais à frente das puras figuras literárias marcadas pelo negativismo. Se, na civilização ocidental, o interesse pelos perfumes ultrapassa raramente o quadro das artes recreativas e dos adornos e se torna suspeita quando cultivada por dândis voltados demais para os maneirismos, é preciso notar que essa forma de sentir não é compartilhada universalmente. Há países nos quais o uso profano dos perfumes não decorre de um simples desejo de sedução, mas dá origem a uma verdadeira arte. É notadamente para o Japão que devemos voltar-nos para descobrir a existência de uma verdadeira criação artística dos odores.

UM MODELO HISTÓRICO REAL: O *KÔDÔ* OU A VIA DAS FRAGRÂNCIAS DO JAPÃO

Diferente da cultura ocidental, a civilização japonesa elaborou, no correr dos séculos, uma estética olfativa complexa e refinada que culmina com a invenção da via do incenso, o *Kôdô*, no século XVII, na era do Edo, atual Tóquio. O termo *Kôdô* vem da raiz *dô*, que significa a via, e de *Kô*, que designa aquilo que é perfumado.[112] No Japão tradicional, toda arte é uma via, uma forma de sabedoria e de iniciação, baseada em um cerimonial rigoroso e sofisticado, no qual a ética e a estética estão ligadas de forma indissociável. A arte do *Kô*, arte do incenso ou das fragrâncias, é uma via da mesma forma que a arte floral ou a do chá, que possuem seus rituais seculares, seus gestos solenes ensinados pelos mestres de cerimônia. A via da fragrância, *Kôdô*,

---

110 Cf. p. 36.
111 *Ibidem*.
112 Agradecemos a Mayumi Hamanaka por ter chamado nossa atenção para esse ponto.

baseia-se na criação de perfumes originais submetidos à apreciação dos estetas, na invenção de categorias olfativas e de tipologias sem equivalentes no mundo inteiro. Se o *Kadô*, a arte floral, e o *Sadô*, a arte do chá, são relativamente bem conhecidos, no Ocidente, o *Kôdô* é geralmente ignorado como figura entre as mais sutis e refinadas das artes japonesas.

O contexto histórico e as etapas de formação do Kôdô[113]

Na origem, o incenso provém das grandes árvores da família das Aquilárias, que crescem nas florestas da Índia e do sudeste da Ásia. Essas árvores são afetadas por uma doença que provoca abundantes secreções de resinas que se misturam à madeira, formando o que os japoneses denominam *jinkô*, "o perfume da madeira que escorre". É esse *jinkô*, cujo odor delicado depende da qualidade das resinas, que entra na composição do incenso, misturado com outras madeiras e especiarias tais como o sândalo, a mirra ou a canela.[114] Os *jinkô* mais puros segundo o tipo de madeira são denominados "*kyara*", termo que também designa em japonês, por analogia, tudo o que é precioso. O mais célebre, entre eles, é o *ranjatai*, o mais apreciado pelos nobres e pelos shoguns, conservado, hoje, como tesouro nacional. O *jinkô* foi provavelmente importado para o arquipélago japonês na primeira metade do século VI, via península coreana, e sua aparição corresponde à introdução oficial do budismo pelo clã Soga, por volta de 538.[115]

O gosto pelo *jinkô*, no seu início, está, pois, ligado em parte ao uso sacro, no quadro religioso das oferendas rituais budistas. Desde seu aparecimento, o incenso tem um valor precioso e inestimável, aureolado de mistério e de uma aura, como mostra a lenda dos pescadores de Awaji.[116] O gosto

---

113 Para maiores precisões, ver as obras de Louise Boudonnat e Harumi Kushizaki, *A via do incenso*. Edições Philippe Picquier, 2000, e de Kiyoko Morita, *The Book of Incense*. Kodansha, 1992, no qual colhemos as principais informações.

114 Kiyoko Morita recenseia até 17 ingredientes principais do incenso, cf. *The Book of Incense* p. 18-19.

115 Nessa data, Seimei, rei de um dos três reinos da Coreia, presenteou o Japão com uma coleção de sutras, com uma estátua do Buda e com objetos sacros, notadamente com queimadores de perfumes e com madeiras raras, para celebrar o culto.

116 Segundo essa lenda, os pescadores descobriram, em 595, após uma violenta tempestade, um longo pedaço de madeira escura, jogaram-no em uma fogueira e ficaram maravilhados com seu prodigioso aroma, sem saber do que se tratava. Eles foram, então, à casa imperial e ofereceram-no ao príncipe Shôtoku, o qual reconheceu, pelos eflúvios da madeira de incenso, o perfume consagrado das cerimônias budísticas e ordenou que o pedaço fosse rachado ao meio, que se esculpisse a figura de Buda

pelo *jinkô* excede rapidamente, porém, o âmbito religioso para tornar-se, no passar dos séculos, uma verdadeira arte de viver. Assim, o novo uso do incenso, denominado *soradaki* (queimar vazio) se firma e se distingue do *sonae-kô* (incenso oferecido ao Buda). Surge, então, a questão de saber como se deu a passagem de uso sacro para outro, profano. O que explica o nascimento, no arquipélago japonês, de uma estética olfativa emancipada da religião?

    Esse fenômeno notável obedece, ao que parece, a dois motivos principais. Por um lado, o uso de incenso fora do contexto religioso não aparece como uma profanação, pois a implantação do budismo no Japão não destrói as antigas crenças xintoístas. A religião animista perdura e baseia-se em ritos de purificação e em oferendas aos deuses tutelares que não se alimentam das fumaças de incenso, como Buda. O incenso não tem, portanto, uma vocação universal para espessar o sagrado de modo essencial e necessário. Desse ponto de vista, ele nada tem a ver com o óleo santo consagrado cujo uso, para fins profanos, Javé proíbe, no Antigo Testamento. Por conseguinte, não há nada de sacrílego em queimá-lo e aspirá-lo com um fim objetivamente estético. O sincretismo japonês que mescla budismo, confucionismo e xintoísmo torna possível a extensão do incenso fora de seu âmbito original.

    Mas essa condição necessária não basta, por si só, para explicar o aparecimento de uma estética olfativa. Na verdade, a difusão do modelo chinês e o fascínio dos aristocratas japoneses pelo modo de vida em vigor na dinastia dos Tang é que explicam historicamente o surgimento da arte dos belos perfumes. A moda das misturas odorantes que são queimadas e aspiradas, que reina na corte dos Tang vai se espalhar no Japão, graças notadamente a um monge chinês, Ganjin, que desembarca no arquipélago em 754, após diversas tentativas frustradas. Além do ensinamento budista, ele difunde a arte preciosa de criar perfumes combustíveis, que os japoneses vão se apressar de aprender e que vão levar ao apogeu.

    Assim é que, na era de Nara, que vai de 710 a 792, os nobres se entregam a despesas suntuárias para conseguir as madeiras raras e o precioso incenso tornando-se, pouco a pouco, peritos na ciência de compor perfumes. Criam fragrâncias chamadas *nerikô* (que significa literalmente "misturas pra

---

    em um dos pedaços e que o outro fosse deixado no templo da Lei próspera. Esse episódio fabuloso, que será abundantemente desenvolvido no século X em uma epopeia à memória do príncipe Shôtoku, é relatado, pela primeira vez por volta do ano 720, nas *Crônicas do Japão*, um dos textos fundadores da história oficial, no qual figura a mais antiga referência ao incenso. Cf. *La voie de l'encens*, L. Boudonnat e H. Kushizaki, p. 11.

queimar"), à base de plantas aromáticas, de almíscar, da polpa de ameixa, de mel e de carvão.[117] Esses *nerikô* se destinam a perfumar as vestes e a aromatizar os pavilhões, na forma de *kusadama*, bolas de seda odorantes que constituem presentes muito apreciados e refinados. Logo, essa arte menor toma a forma de uma estética pura e a origem a reuniões nas quais os nobres discutem e apreciam as fragrâncias criadas, comentam suas nuances e seus estilos sofisticados. A criação de aromas torna-se uma diversão apreciada pela elite ociosa que libera a imaginação para inventar, em segredo, misturas inéditas que irão provocar a admiração e o reconhecimento de seus pares.

A era de Nara é, pois, o verdadeiro berço dessa arte olfativa que já existia, em germe, na corte dos Tang. É preciso observar, primeiro, que nos seus balbucios iniciais, essa arte era, antes de tudo, mimética. A criação de perfumes baseia-se na imitação da natureza e se adapta ao ritmo das estações. Os primeiros cânones da arte olfativa se inspiram, assim, em seis composições fundamentais, a Flor de Ameixeira, o Eflúvio das Folhas, o Camarista, as Folhas Caídas, a Flor de Crisântemo, a Receita de K'ouen-Louen, que normatizam as criações e correspondem às passagens das estações. "Da Flor de Ameixeira elevam-se doces aromas de início de primavera. Sucede-lhe o Eflúvio das Folhas, igual ao dos grandes lótus abrindo-se em pleno verão. O Camarista anuncia o sopro discreto do vento de outono. As Folhas Caídas trazem a exalação da vegetação que morre. Da Flor de Crisântemo, que é a flor da longevidade, derrama-se o perfume do outono que se dissipa. A Receita de K'ouen-Louen destila lampejos puros e gélidos do inverno que se inicia."[118] Em segundo lugar, é preciso notar que as categorias olfativas são fluidas, destinadas a exprimir a passagem, o movimento, o sopro e a decomposição de coisas que são tão difíceis de exprimir nas artes plásticas tradicionais. Por meio desse primeiro esboço da arte olfativa e da cultura do incenso já se delineia um pensamento da fugacidade, da metamorfose sutil e da tenuidade aérea.

Na era de Heian, que se estende de 795 a 1185, essa arte nascente adquire amplitude; torna-se a expressão do refinamento da cultura aristocrática e um meio de distinção quando dos concursos de fragrâncias organizados na corte. O perfume reina como mestre, nos pavilhões imperiais e as fumaças dos incensos impregnam até os menores objetos. A proliferação dos *kusadama*, as bolas de seda odorantes suspensas nas alas dos palácios e dos *nerikô* criam uma atmosfera sutil e deliciosa. É o que atesta a romancista Murasaki Shikibu

---

117 Ver, a esse respeito, L. Boudonnat e Kushizaki, *La voie de l'encens* [A via do incenso]. Ed. Philippe Picquier, 2000.
118 *Ibidem*, p. 17.

em *O dito de Genji*. Quando de sua visita à senhora de Akashi, Genji fica surpreso com a extrema distinção do perfume que emana dos apartamentos: "em um braseiro de talhe rebuscado, queimava-se *jijû*, que formava, com o perfume de sândalo que impregnava cada coisa, uma mistura de perfeito bom gosto".[119] A arte epistolar e a caligrafia obedecem igualmente às leis soberanas do incenso. As cartas que os pretendentes encarregavam de levar as mensagens a suas amadas e as respostas que recebiam eram caligrafadas em papel delicadamente perfumado, escolhido segundo as estações, as emoções íntimas, as nuances do pensamento pessoal. Essas cartas eram conservadas em caixas que lhes preservavam o odor. *O dito de Genji* comporta abundantes poemas curtos, traçados em papel cinza ou purpúreo, suavemente perfumado com as cores do tempo e dos humores. As cartas, perfumadas e ornamentadas com flores ou ramos, revelam as qualidades singulares do coração e do espírito. Os aristocratas de Heian, apaixonados pela literatura, misturam, assim, o amor das fragrâncias e da poesia e se enfrentam em duelos literários e olfativos. Eles compõem *haikus* e *nerikô* e os submetem ao julgamento dos conhecedores, que elegem os melhores poemas e os melhores perfumes.[120]

A fabricação de *nerikô* não decorre unicamente de uma prática artesanal, pois a maneira diferente de dosar os diversos ingredientes, a habilidade e a inventividade própria de cada pessoa acarretam a criação de aromas únicos e específicos. Assim, os seis perfumes para queimar resultam em variações e criações singulares tendo por base os temas conhecidos. Eis por que os ricos senhores de Heian e suas damas rivalizavam suas virtuosidades quando dos concursos de fragrâncias. *O dito de Genji* fornece uma magnífica ilustração

---

119 *O dito de Genji*, Magnificence. Tradução de René Sieffert. POF, p. 478. Ver também p. 500.

120 Na corte de Heian foram inventadas misturas para serem queimadas cujas receitas ficaram inalteradas durante mais de 10 séculos, e que foram transmitidas sem alterações até nossos dias. Louise Boudonnat e Harumi Kushizaki lembram, também, que a Receita de K'ouen-Louen, que figura entre os seis perfumes mais, ilustres, é preparada segundo um processo de fabricação rigoroso cujo segredo só era conhecido pela(s) mulher(es) e que só ela(s) tinha(m) o direito de transmitir. "Aos pós de *jinkô*, de cravo, de sândalo branco e de resina de bostwelia, ela(s) acrescentava(m) o almíscar e o opérculo triturado bem fino de uma concha vinda dos mares do sul ao qual denominamos *kaikô*. Esses dois ingredientes fornecem estabilidade ao perfume. Ela(s) amassava(m) mel e polpa de ameixa que davam um brilho duradouro e uma leve umidade que realça os aromas [...]. Para terminar elas(s) acrescentava(m) um pó, fuligem de carvão, que conferia ao *nerikô* sua profunda nuance sombria. Ele facilita também a combustão, evitando a produção de fumaças acres." Op. cit., p. 60-61.

no capítulo intitulado "O ramo da ameixeira", no qual Murasaki Shikibu retrata um desses duelos olfativos no qual se enfrentam quatro damas da corte, por ocasião da cerimônia de passagem à idade adulta da princesa Akashi. Seu pai, o grande ministro, organiza um concurso de fragrâncias e convida as damas da corte a produzirem perfumes combustíveis; o mais suntuoso será oferecido à sua filha, no dia de suas bodas. Ele pede ao príncipe diretor dos assuntos militares que julgue as composições e arbitre o concurso. O príncipe e sua esposa, cada um do seu lado, preparam no maior segredo e sem conhecimento um do outro, uma mistura combustível para participarem do concurso. O ministro recebe da antiga sacerdotisa duas taças, uma azul ornamentada com um ramo de pinheiro e uma branca tendo como ornato flores de ameixeira, acompanhada de uma poesia caligrafada.[121] A arte não só se harmoniza com a natureza e acompanha o ritmo das estações, mas os aromas e as palavras concorrem para exprimir a finura da mente do criador. A arte olfativa aparece, assim, como uma poesia de odores, ela exprime, sem palavras, a essência perfumada dessas palavras. O ministro manda buscar, então, todas as misturas e convida o príncipe a julgar, como perito, os aromas que estão competindo. Após ter lembrado modestamente que não é grande conhecedor em matéria de incensos, o príncipe inala os perfumes para sentir os conteúdos, comparar suas nuances e tentar classificá-los. "Ele sabia detectar o menor defeito e perceber imperceptíveis nuances na qualidade."[122] Segue-se uma avaliação completa dos méritos respectivos de cada mistura e uma descrição de suas qualidades. Embora o príncipe não se pronuncie, em definitivo, quanto à questão de saber qual é a melhor mistura, é interessante constatar que sua análise não se apoia no recenseamento dos componentes do perfume e de uma simples apreciação e de suas qualidades materiais, mas em seu poder de evocação e em sua dimensão espiritual. Assim, o *Korobô* elaborado pela grã-sacerdotisa distingue-se pelo caráter penetrante e suave, o do ministro é sedutor e evocador; flor da ameixeira, composto pela Senhora da ala ocidental, alia vivacidade e exuberância e se harmoniza com a brisa da estação. O Perfume das Folhas de Lótus, criado pela Senhora das instalações de verão, reflete a discrição de sua autora e exprime, por seu caráter insólito e perdurável, uma profunda nostalgia. A mistura da Senhora de Akashi, exalando uma fragrância impregnada de sofisticação e de distinção, está à altura de sua imaginação e da sua audácia em transgredir as regras, pois ela recusa

---

121 *Os aromas das flores no ramo que deixaram não ficam retidos, mas quem roçar o ramo terá as mangas impregnadas. O dito de Gangi*, Magnificence, p. 600.
122 *Ibidem*, p. 601.

a obrigação de harmonizar o perfume e a estação e inventa um aroma que usa o perfume dos *Cem Passos*, desviando-o de sua vocação de perfumar os trajes.

Aos fastos perfumados da era de Heian, testemunhados vivamente pelo *Dito de Genji*, sucede-se um período mais austero que rompe com os artifícios e o luxo da corte, vendo o triunfo dos Senhores da guerra, dos samurais, que instauram seu poder em Kamakura, no século XII. Às fumaças suntuosas dos incensos e aos costumes sofisticados da corte, eles preferem os combates, valorizando o ardor e a bravura guerreira, que vão se exprimir por meio da Via do Arco e do Cavalo, mais tarde denominado *Bushidô*. Nem por isso, desaparece a estética olfativa, mas ela se modifica profundamente, tendendo para uma maior sobriedade. Embora se recusem a fazer misturas sofisticadas, os samurais não dispensam o incenso, mas o transformam em uma via de ascese e de ensino. Longe dos combates, eles gostam de queimar sobriamente bastões de incenso puro e veem, em suas fumaças, uma alegoria do caráter efêmero da vida, da sua beleza ilusória e dos instantes fugazes de esplendor e de serenidade. Não é por acaso que eles escolhem a flor da cerejeira, com sua brilhante fragilidade. Como destacam L. Boudonnat e H. Kushizaki, nesse período guerreiro, tormentoso "a vida é curta e aprendemos a morrer bem e sem remorsos. A madeira de incenso volatiliza-se e torna-se, por alguns instantes, um perfume suntuoso, mas logo será reduzida a cinzas. E esse é o destino do mais presunçoso dos senhores".[123]

A figura do esteta olfativo mais célebre desse período *bushidô* é, sem dúvida, o senhor Sasaki Dôyo, conhecido pelas suas extravagâncias e pelo seu olfato infalível. Ele era capaz de discernir as finas nuances das madeiras odorantes que cheirava e de dar os respectivos nomes poéticos. Ele não hesitava em recortar estátuas de Buda em lâminas, para queimá-las e aspirar o aroma prodigioso da madeira olorante. Ele amava apaixonadamente os bastões de incenso e havia reunido, por uma fortuna, 177 espécies de *meikô*, incensos preciosos. Esse grande entesourador caracterizava-se também por uma tendência pela dilapidação suntuária, sinal tanto de poder quanto de vaidade das coisas. Segundo a lenda, ele teria queimado e reduzido a cinzas, em um instante, 600 gramas das madeiras mais preciosas para acompanhar o espetáculo das cerejeiras em flor e das suas pétalas esvoaçando ao vento, que os nobres, em cortejo, tinham vindo admirar.

---

123 *La voie de l'encens*, op. cit., p. 22.

Mas é principalmente na era de Muromaki e na era Edo que vai se formar a arte das fragrâncias. Na era de Muromaki, que vai de 1392 a 1537, o Shôgum Ashigasa Yoshimasa, protetor das letras e das artes, que fez construir o Pavilhão de prata e pede a um esteta, Sanjônishi Sanetaka, a elaboração de uma lista das madeiras olorantes mais preciosas, a partir dos 177 *meikô* de Sasaki Dôyo. Esse mestre do incenso vai elaborar, com ajuda de Shino Sôshim, um repertório dos *jinkô*, dos bastões de incenso e uma tipologia olfativa, conhecida pelo nome "Seis Países e Cinco Aromas", que vai ter muitos seguidores e servir de referência para avaliar os perfumes. Duas escolas surgirão: a escola Oie e a escola Shino, que se inspiram nos ensinamentos dos dois mestres.[124] Essa tarefa de recenseamento, que continuará até o século XVII consiste em reunir as madeiras odorantes segundo suas particularidades olfativas, classificando-as em função de uma escala de fragrâncias. Em um total de seis, Kyara, Rakoku, Manabam, Manaka, Sasora e Sumatora, as categorias olfativas destinadas a avaliar as qualidades das madeiras para incenso são baseadas na proveniência geográfica e na correspondência com cinco sabores, picante, doce, salgado e amargo, aos quais os mestres de incensos acrescentaram o *sem sabor*.[125] Deve-se notar que essa escala de aromas não se apoia em critérios absolutamente rigorosos, pois a madeira de *Kyara* está associada ao preto, ao pesado, e ao sabor picante do cravo-da-índia, não está associado a qualquer país. Tão logo estabelecida a classificação dos Seis Países e Cinco Aromas comporta anomalias, como o *kyara* ou o sem sabor próprio da madeira de Manaka, originando a exceções que comprovam, sem dúvida, a dificuldade de estabelecer categorias olfativas precisas. Ao mesmo tempo, as diversas escolas vão procurar definir as nuances e cercar a finura das particularidades odorantes dos *jinkô*. O caráter arbitrário da tipologia não é, pois, um obstáculo para a constituição de uma estética olfativa, pois vai suscitar pesquisas e discussões ao longo de toda a era Murimaki. Cada um deve aprender a ler a madeira e a conservar a memória dos preciosos *jinkô*, associando, a cada uma, um nome poético. Longe de cessar,

---

124 A escola Shino, sob a égide de Shino Sôshim representa, principalmente, o estilo guerreiro e insiste no rigor das regras e dos exercícios espirituais de treinamento, enquanto a escola Oie, cujo mestre é Sanjônishi Sanetaka, insere-se mais na veia poética. Cf. Kiyoko Morita, op. cit., p. 46.
125 Para maiores detalhes, ver Boudonnat e Kushizaki, op. cit., p. 55-56. A madeira de Rakoku remete ao antigo reino de Sião e está associada à doçura açucarada do mel; a de Manabam provém da antiga costa de Malabar e exala um odor amargo; a de Manaka vem da região de Málaca; a de Sasora é proveniente de um antigo território a oeste da Índia e está ligada ao sabor ácido; a de Sumatora, por fim, vem da ilha de Sumatra e tem sabor salgado. Ver igualmente Kiyoko Morita, op. cit., p. 53-56.

aumenta o apreço dos ricos senhores pelas madeiras aromáticas e se espalham as importações privadas. Os amadores de incensos se encontram em reuniões denominadas *meikô awase* para confrontar seus conhecimentos e seus gostos. Eles analisam as qualidades das madeiras preciosas, as nuances das respectivas fragrâncias, eles as comparam e analisam. É nessa época que as artes se tornam verdadeiras vias, implicando gestos e práticas cerimoniais codificadas, embasadas em uma forma de ascese e de iniciação inspiradas do budismo zen.

Na Era Edo, começando em 1603 e estendendo-se até 1868, multiplicam-se as cargas dos navios destinados a trazer a madeira preciosa, e o comércio floresce, nesse período de paz. Os mercadores acumulam fortunas colossais, pois os ricos senhores estão dispostos a gastar importâncias enormes para saciar suas paixões. Animados pelo desejo de reconhecimento próprio dos novos ricos, essa nova classe de negociantes prósperos e apreciadores do luxo procura se apropriar dos valores da aristocracia e vai com ela compartilhar o gosto pelas fragrâncias. A febre do incenso se espalha e torna-se uma forma de bom gosto e de diversão para as pessoas de qualidade. Toda moça da boa sociedade que se respeita possui um conjunto de instrumentos para incenso em seu enxoval.[126] O mestre laqueador Kôami Nagashige realiza, assim, o *hatsune*, "o primeiro canto do rouxinol", um móvel para incenso de grande beleza, em laca dourada com pó de ouro, tendo incrustações de prata e de coral, para as bodas da princesa Chiyo. Essa obra-prima, na qual o artista trabalhou durante três anos, é inteiramente dedicada aos mistérios e aos faustos do incenso.[127] Aromas, esculturas e literatura se encontram unidos no *hatusne*, cujos nome e composição inspiram-se no título de um capítulo da *Dito de Genji*. A apreciação do incenso sai dos círculos da aristocracia e da burguesia para atingir o *mundo flutuante*, expressão que designa os locais de prazeres e remete a tudo o que está na moda. As cortesãs cultivam a arte das fragrâncias, da mesma forma que a música e a poesia. O incenso se populariza, especialmente graças à implantação da sua fabricação em forma de bastões, os *senkô*, no século XVII. Menos dispendiosos que as sábias misturas para queimar, os bastões de incenso, dedicados inicialmente ao culto, também são queimados para puro deleite. A elite rica prefere, entretanto, os *nerikô* e dá mais valor aos aromas mais sofisticados. Embora a arte das fragrâncias continue sendo o apanágio de uma minoria, deixa de ser confidencial e misteriosa. As escolas que seguem a linha dos dois ramos, Oie e Shino, desenvolvem-se e ensinam a arte do incenso. Em 1737, o

---

126 *Ibidem*, p. 34.
127 Faz parte do tesouro nacional e está hoje conservado no Museu Tokugawa, em Nagoya.

poeta Kikuoka junta os saberes em matéria de incenso em um livro magnífico que irá tornar-se obra de referência juntamente com a de Maki, escrita 10 anos após e intitulada *A via do incenso, a ameixeira de uma humilde moradia*, em 15 volumes ilustrados com pinturas. Elogio do *Kôdô*, essas duas obras-primas revelam os segredos da arte e possibilitam ao neófito iniciar-se nessa refinada arte olfativa.

Uma nova arte do cheirar: "a escuta" do incenso

Ainda que as formas dessa arte sejam múltiplas, e variem conforme o estilo das escolas e a imaginação dos criadores de aromas, elas obedecem a regras e a um ritual preciso. A apreciação do incenso se desenvolve segundo uma cerimônia denominada *Kokaî*, para a qual o mestre criador dos aromas convida os participantes. A cerimônia pode apresentar duas formas: ou ela consiste em queimar unicamente um tipo de incenso e recebe o nome de *kanshôkô*, ou ela consome sucessivamente vários incensos e é, então, batizada de *kumikô*. O *kôdô*, a via das fragrâncias, é simultaneamente uma diversão e uma forma de ascese espiritual apoiada em uma *escuta* do incenso. Curiosamente, de fato, a cerimônia não consiste em respirar, mas em escutar o incenso, *kô o kiku*. Segundo Boudonnat e H. Kushizaki, essa expressão enigmática não consta nos textos japoneses antigos, mas aparece no século XV, quando da formação progressiva das regras do *kôdô*; ela poderia ter por origem a China e resultar de uma transposição na língua japonesa dos ideogramas chineses, a escuta do perfume (*wenxiang*), o que daria "escutar o incenso" (*mon-kô*). Ela poderia também ter origem religiosa, pois o 14º volume do *Mahâyâna* ensina que o incenso contém a palavra do Buda e que se deve, pois, "escutar o incenso" para entender essa palavra.[128] Os dois autores observam igualmente que o verbo "escutar" é usado em grande quantidade de expressões japonesas, como sinônimo de "provar" e de "cheirar". Nesse caso, o termo escutar indica a ideia de um esforço e de uma busca.[129] A escuta do incenso não se reduziria, então, a uma simples respiração, mas implicaria um esforço de atenção e de concentração para discernir sua natureza e entender sua essência. Longe de se reduzir a uma percepção sensorial, ela pede uma busca que ultrapassa o quadro do olfato para procurar uma beleza e uma plenitude espirituais.

---

128 Op. cit., p. 86.
129 *Ibidem*, p. 87.

Essa escuta do incenso requer uma preparação e passa primeiro por um vazio interior. Não se trata de ser absorvido pelos outros sentidos, mas de se concentrar nas fragrâncias. É sem dúvida o motivo pelo qual o cômodo no qual o mestre acolhe os convidados para a cerimônia tem uma decoração tão despojada: um arranjo floral, uma estampa, o móvel e os acessórios para incenso e para caligrafia. Para iniciar-se nessa arte que não tem som, nem cor, nem forma, o local deve ser sóbrio e silencioso, os tons devem ser discretos e o espaço livre, propício para o vazio interior que deve abolir os barulhos do mundo, para captar o ser puro, na sua fragrância. Excetuados os aromas de incenso, ao qual o local é dedicado, os perfumes estão proscritos. As flores escolhidas são inodoras e os convidados sentados, de cócoras em tatames, e não devem vestir roupas perfumadas, para evitar as interferências. O mestre de cerimônias, último a penetrar na alcova, junto com o calígrafo, prepara os queimadores de incenso nos quais serão consumidas as misturas odorantes.

A cerimônia vai se desenvolver, então, segundo um ritual em dois tempos. Primeiro, o mestre faz circular, em um queimador de perfumes, uma seleção de composições odorantes designadas nomeadamente, para que cada convidado escute para memorizar as fragrâncias citadas e impregne-se, progressivamente, pelo nariz e pelo espírito. No decorrer dessa primeira escuta, cada um se esforça para discernir as nuances dos odores, identificá-las e aguçar a própria percepção, para entrar plenamente no universo olfativo. A essa fase propedêutica segue-se a verdadeira escuta, na qual uma composição original é dada a cheirar. O mestre coloca suas misturas pessoais de aromas no queimador. Ele aspira primeiro, para ver se o odor se difunde bem. Em seguida ele passa o queimador aos convidados para que, um de cada vez, respire as fragrâncias e se coloque na escuta para desvendar as nuances, apreciar as diferenças e perceber a beleza. O queimador circula, de mão em mão, os gestos são comedidos, acompanhados de algumas poucas palavras. O ritual da escuta prossegue, mas os convidados não podem respirar as fragrâncias por mais de três vezes. O jogo consiste, então, em reconhecer os aromas e encontrar as composições. Em seguida, os participantes são convidados a caligrafar os perfumes identificados em retângulos de papel. As repostas são coletadas pelo calígrafo e copiadas em uma folha. Segundo Boudonnat e H. Kushizaki, "esse levantamento caligrafado, muito preciso, preserva a marca do instante delicado no qual os amantes de madeiras preciosas se reuniram para celebrar o *kô*, o incenso. Será, também, a única recompensa dada ao vencedor. Cada cerimônia testemunha um encontro raro e uma harmoniosa adequação do perfume, da literatura e do ser".[130] Mas o julgamento pelo

---

130 Op. cit., p. 93-94.

olfato, que fazem os participantes, não se apoia, apenas, na tentativa de identificar os componentes materiais do perfume, ele faz apelo a toda uma história da arte olfativa e a uma cultura poética. As composições misturam fragrâncias em uma sábia mistura letrada e os calígrafos não se limitam a fazer um puro inventário de odores, mas compõem verdadeiros hinos celebrando o incenso. Em que pesem as regras codificadas, a via das fragrâncias também é múltipla e rica do imaginário do mestre e dos estetas que inventam novas combinações olfativas, a partir dos poemas. As limitações formais não impedem que haja jogo, em todos os sentidos da palavra.[131] Assim, os amantes do incenso sorvem a inspiração na literatura clássica, e os poetas, em troca, impregnam-se com a alma dos odores. A brevidade do *haiku* harmoniza-se com o fulgor da fragrância, cúmulo de elegância e de refinamento. Espalhando-se no espaço, as volutas da fumaça celebram silenciosamente o casamento do efêmero com o eterno, da plenitude com o vazio. A cerimônia encerra-se com uma fórmula solene, "*Kô michimashita*", "o incenso enche o cômodo", o mestre e o calígrafo se retiram, após terem feito as saudações rituais, seguidos pelos convidados.

Podemos indagar, então, por que uma arte das fragrâncias se desenvolveu no Japão de modo tão notável e não conheceu equivalentes em outros países. O isolamento geográfico e o regime feudal sem partilhas do clã Tokugawa, em um Japão pacificado e unificado, entre 1603 e 1868, explicam, sem dúvidas e em grande parte, o surgimento de artes específicas e por ter-se tornado perene uma cultura tradicional singular. Como a arte do chá ou a arte floral, a arte das fragrâncias é a emanação das particularidades de um povo cioso das suas tradições e mantido longe das influências estrangeiras. Se os navios vogam para a China, para o reino do Sião ou para a Malásia, à procura de madeiras preciosas, as rotas marítimas são pouco seguras e a imigração estrangeira é fortemente controlada. Em 1635, por ordem do Shôgum, o país é fechado para os estrangeiros. Nessas condições, não é surpreendente ver o desenvolvimento de uma cultura nipônica original. Desse ponto de vista, a arte das fragrâncias participa do movimento estético geral da era Edo, era essa que vê surgirem formas artísticas inéditas, tais como o

---

131 Com efeito, a via das fragrâncias deu origem a numerosos jogos, os *kumikô*, que aliam madeiras odorantes e literatura, dos quais mais de mil formas chegaram até nossos dias. Entre esses jogos destaca-se notadamente o *Gengikô*, o perfume de Genji, criado por volta de 1716, baseado em uma correspondência entre as combinações odorantes, e os 54 capítulos do romance de Murasaki Shikibu. Para maiores detalhes, ver Kiyoko Morita, op. cit., p. 89-95.

teatro Kabuki, os haikus ou as estampas. O florescer e o declínio desse tipo de arte tradicional acompanham, aliás, as orientações da política estrangeira desse país. Florescente durante o período isolacionista Edo, cai em desuso após 1868, quando da restauração dos Meiji. A abolição do feudalismo, em 1871, e a modernização do país passam pela abertura das fronteiras e uma ocidentalização desenfreada que acarreta o menosprezo das artes tradicionais, em geral, e da via das fragrâncias, em particular, considerada como prática elitista, imobilista, que arruína uma minoridade conservadora. A cultura do incenso passará por uma longa travessia do deserto malgrado um leve retorno, por volta de 1920. Só irá renascer, realmente, nos anos 1960, com a criação de novos aromas mais adaptados à modernidade.

Essa explicação permanece, entretanto, um pouco geral demais e vale para todas as artes tradicionais, sem permitir que se considere a existência de uma arte dos perfumes que vai além do simples gosto do bem-estar e do desejo de seduzir. Desse ponto de vista, deve-se notar que, ao contrário dos costumes em vigor em muitos países, o incenso não fica confinado nem ao uso religioso, nem ao corporal. Lafcadio Hearn constata, em seu livro *No Japão espectral*, que a civilização japonesa nunca cultivou, verdadeiramente, o gosto pelos perfumes para o corpo ou pelas colônias que nele podem ser borrifadas; prefere as madeiras aromáticas e misturas para queimar. Ora, esse gosto especial pelos *nerikô* é, sem dúvida, responsável em grande parte pelo desenvolvimento de uma arte específica das fragrâncias, que não se limita a uma técnica de sedução corporal. Libertando o perfume do seu uso corporal e estendendo seu império a todo o espaço pelo jogo de misturas para queimar, os aristocratas extraem os odores do âmbito da intimidade e fazem-nos perceber e apreciar publicamente. Assim, torna-se possível uma verdadeira estética olfativa despojada de sua carga erótica. Não se trata de negar a arte de sedução, mas de estendê-la para além da simples pessoa física, fazendo do perfume a expressão da alma de um ser em sua singularidade. Assim, a diferença entre o uso do perfume e sua técnica de fabricação, técnica essa que privilegia as misturas para queimar, em prejuízo das soluções líquidas ou dos unguentos, constitui provavelmente uma das chaves do surgimento de uma estética sem equivalência no mundo inteiro.

A essa causa, de natureza antropológica, somam-se considerações de ordem estética e metafísica. Uma arte dos perfumes é, forçosamente, uma arte do efêmero, do esplendor passageiro, ainda mais porque tratamos de misturas que serão queimadas, cuja fulgurante beleza se esvai em fumaça. Implica, pois, uma atenção àquilo que é passageiro, uma consciência do temporário e um grande gosto pela fugacidade esplêndida das coisas, contrariamente aos valores artísticos tradicionais que levam o Ocidente a procurar uma beleza eterna por meio das obras e a conceber a arte como um antidestino. Ora, desde a era de Heian, essa sensibilidade ao efêmero e aos encantos frágeis do evanescente é um traço da cultura japonesa, que a predispunha a voltar-se para as fragrâncias, descobrindo a beleza consumida das mesmas. Os títulos de dois volumes do *Dito de Genji*, "Magnificência" e "Impermanência", resumem bem o duplo movimento que anima a consciência dos apreciadores do incenso. Esse amor pela beleza fugidia que leva alguém a apaixonar-se por uma mulher entrevistada furtivamente atrás de um biombo e a se comover ante a beleza das cerejeiras ou das ameixeiras floridas alimenta-se, certamente, do sentimento de precariedade ao qual os japoneses, mais que qualquer outro povo, estão continuamente submetidos devido aos tufões, aos terremotos e às ressacas que assolam, com frequência, o arquipélago. Se não bastam para explicar, esses fenômenos naturais, com sua violência súbita e sua brutalidade mortal, devem ter contribuído, em parte, para o nascimento e o crescimento dessa metafísica da impermanência e da fragilidade que se exprime por meio da estética nipônica. Louise Boudonnat e Harumi Kushizaki estimam assim que o gosto pelo incenso está ligado a essa consciência das ameaças do ambiente natural. "A vida é precária e a natureza o proclama, aí, mais alto que em outros lugares. Os sentimentos de impermanência e de vazio foram mais fortes nessas ilhas. E as frágeis fumaças dos incensos traduzem o efêmero e a fragilidade da existência humana."[132]

A influência do budismo deve ter igualmente tido um papel nessa sensibilidade para perceber a impermanência e para dela gozar. A impermanência é, de fato, a lei que rege todas as coisas no pensamento budista. Em si, ela nada tem de trágico e só é dolorosa para o insensato que não sabe desprender-se do desejo de durar e de ver perdurar aquilo que ama, devido a seu apego possessivo pelas coisas. É renunciando a esse desejo de permanência que o homem pode harmonizar-se com a fluidez do real. É, então, possível indagar-se se não existe aí um "*etos*" que predispõe para deleitar-se com uma arte dos perfumes, no sentido de que a evanescência das fragrâncias, longe de ser um obstáculo, é precisamente isso que sabe gozar aquele que se libertou do apego estrito à permanência das coisas.

Se é difícil circunscrever com absoluta certeza os motivos que governam a existência de uma arte das fragrâncias, já que a imaginação humana não se deixa confinar em uma simples rede de causas predeterminadas, é claro, em compensação, que o isolamento geográfico e político, a preferência cultural por madeiras aromáticas a serem queimadas e o fascínio ante o esplendor do

---

132   Op. cit., p. 43.

instante que morre facilitaram o advento e o crescimento dessa arte. Assim, a história do Japão oferece um magnífico exemplo da possibilidade de uma arte do olfato e convida o mundo todo a inspirar-se nele. A ideia segundo a qual a criação dos perfumes não poderia figurar entre as belas-artes apoia-se, na realidade, em uma forma de etnocentrismo que atesta a pobreza da imaginação ocidental nesse domínio. A via das fragrâncias faz parte do patrimônio artístico nipônico e revela que uma contemplação olfativa pura é possível.

A existência do *kôdô*, entretanto, suscita um problema duplo. Por um lado, podemos indagar-nos se tal modelo não pertence ao passado, de forma que seria vão querer exumá-lo e fazê-lo renascer das próprias cinzas. Por outro, apresenta-se a questão de saber se o modelo pode ser exportado e se não é inteiramente artificial o desejo de transplantá-lo para fora da sua esfera espaço-temporal.

Rumo a uma nova arte das fragrâncias

Se é verdade que a via das fragrâncias se inscreve no quadro das artes japonesas tradicionais, em declínio na era moderna, ela passa hoje, no Japão, por uma renovação que atesta sua vitalidade criativa e sua aptidão para inventar novas formas, afastadas do universo estreito e rígido no qual estava confinada por volta do fim da era Edo. Desde o início dos anos 1960, as escolas de fragrâncias que haviam fechado, com exceção dos dois ramos mãe, Oie e Shino, multiplicaram-se novamente, e novos programas de ensino foram desenvolvidos, repercutidos pelos jornais e pela televisão.

A atual proliferação de casas de fragrâncias que se destinam a oferecer perfumes voltados não só ao uso cultual, mas também para uso pessoal e para práticas artísticas do *kôdô*, atesta a ressurgência dessa arte e de seu caráter popular.[133] Essas casas de fragrâncias implantadas nas grandes cidades reúnem as vocações comercial e artística. Elas vendem tanto madeiras aromáticas e bastões de incenso e sachês odorantes quanto queimadores e material necessário para a prática do *kôdô*. Elas possuem um espaço japonês tradicional, instalado no fundo da loja, destinados à reunião de cerimônias de *kôdô* e à demonstração dessa arte. Elas funcionam, na maior parte do tempo, em parceria com as escolas de fragrâncias, e essa associação ao mesmo tempo cultural e comercial contribuiu muito para a difusão dessa arte do incenso e o retorno do interesse que suscita. As cerimônias assistidas pelos participantes

---

133 Ver, a esse respeito, Sylvie Guichard-Anguis, As casas de fragrâncias no Japão. In: *Odeurs et parfums*, p. 29-40.

Capítulo 4 | A Arte Olfativa   245

têm caráter menos solene e mais lúdico não mais se baseando apenas nas essências aromáticas tradicionais, mas em fragrâncias mais exóticas vindas do estrangeiro. Novos conjuntos de misturas para queimar apareceram, especialmente por impulso de firmas especializadas em fragrâncias como a Nippon Kôdô, que se implantou em todas as grandes cidades do Japão, usando a imagem cultural de uma arte do *kôdô* para firmar seu mercado.[134] Mais à frente das suas ambições econômicas, Nippon Kôdô serve de divulgadora da arte e da invenção de novas formas, graças, notadamente, à criação de fundações como o memorial de Seiun em Tóquio, em 1986, tendo por finalidade serem "residências nobres das fragrâncias" e abrir as portas para a realização de manifestações colocadas debaixo do triplo signo "saber, jogos e beleza".

As casas de fragrâncias não oferecem, apenas, um quadro permitindo a popularização do *kôdô*, mas disponibilizam igualmente, às pessoas, meios de praticarem a arte dos perfumes a domicílio, para sua satisfação pessoal, fora das manifestações públicas e das cerimônias culturais. A Casa Shoyeido, por exemplo, oferece um dispositivo completo para criar em casa, *nerikô*, composições odorantes pessoais. Assim, escutamos o incenso em casa, como um trecho de música, por puro prazer ou por desejo de relaxar ou de evadir-se. Longe de ser uma arte rígida e voltada para o passado, a via das fragrâncias conhece certo retorno de apreço provocado, segundo Sylvie Guichard-Anguis, pela permeabilidade entre os diversos usos, cultual, artístico e doméstico do perfume "que permite um diálogo contínuo entre tradição e criação".[135] Os desejos de exotismo, de desorientar levaram à busca de novas fragrâncias vindas, especialmente, do sudeste da Ásia e do sul da França, com a associação entre a Nippon Kôdô e a empresa Esteban, implantada inicialmente na costa mediterrânea francesa (Côte d'Azur).

A política de crescimento da Nippon Kôdô não só estimulou a difusão da arte das fragrâncias no interior do país, mas contribuiu para sua exportação ao exterior. A abertura de filiais em Nova Iorque, em 1965, e depois em Hong Kong e Los Angeles nos anos 1970, foram acompanhadas de demonstrações artísticas para reforçar a marca da empresa. No final de 1982, mestres e estudantes de *kôdô* foram aos Estados Unidos para apresentar a via do incenso e para fazer demonstrações em Nova Iorque, Los Angeles e São Francisco. Desde então, numerosas demonstrações de *kôdô* ocorreram em Seattle,

---

134   Para detalhes sobre a atividade e o papel dessa sociedade de fragrâncias japonesas, cf. Guichard-Anguis, Les maisons de fragrances au Japon. In: *Odeurs et parfums*, p. 36-39.
135   Op. cit., p. 39.

Boston, Denver. Um grupo de estudo dessa prática foi criado, aliás, em Boston, com a participação de Kiyoko Morita, autor de *The Book of Incense*. Na França, a associação entre Nippon Kôdô e Esteban favoreceu igualmente a descoberta da prática do *kôdô*. No outono de 1996 notadamente, no decorrer de uma jornada aberta para a imprensa, teve maior audiência graças às demonstrações que a Escola de *Kôdô* Oie Ryû fez dessa arte em presença do grão mestre Sanjo Nishigyoun.

Seria certamente ingênuo pensar que o *kôdô* poderia implantar-se na cultura ocidental, às custas de grande reforço de publicidade. Significa isto, então, que o modelo japonês não pode ser transposto e permanece sendo uma pura curiosidade para os estrangeiros? Na realidade, o problema não consiste tanto na possibilidade de um transplante ou enxerto artificial da arte de um país na de outro, mas na invenção de formas olfativas singulares e originais que não sejam inteiramente regidas pelo comércio dos perfumes e seu uso para fins de bem-estar corporal e de sedução. Desse ponto de vista, se a difusão e o ensinamento do *kôdô* participam das operações de comunicação destinadas a atender finalidades econômicas, eles também têm efeitos artísticos, pois estimulam o imaginário coletivo e o enriquecem, afastando a crença de ser impossível a arte olfativa e uma aposta insustentável a contemplação dos aromas.

O NASCIMENTO DE UMA ARTE OLFATIVA CONTEMPORÂNEA

Independente do modelo japonês, a ideia de uma estética olfativa avançou na arte ocidental contemporânea, onde o odor e o perfume não são simplesmente evocados pelas mídias visuais e sonoras, mas entram diretamente como materiais plenos em grande número de obras de pintores, de escultores, de designers e de especialistas em artes plásticas.

Um dos primeiros a ter enfrentado o desafio é, sem dúvida, Marcel Duchamp. O inventor das *Ready made* nega que a pintura seja, antes de tudo, uma arte visual e destaca sua forte tendência para o olfato. Em uma carta para Albert Frankenstein, datada de 1949, ele afirma que "a pintura é um costume olfativo. Os artistas profissionais pintam porque devem ter o odor do pigmento e do verniz nas narinas. Um artista é escravo do seu olfato e do mercado de arte". No seu desejo de romper com os costumes que rimam com servidão, ele vai introduzir na arte outros odores que o da terebintina e liberar-se dos grilhões da arte pictural, abrindo suas dimensões, por demais limitadas, à superfície e à cor. O perfume vai se insinuar na obra como uma golfada de liberdade, um ar de intimidade que amplia o espaço e confere à arte a força da vida. Essa dinâmica explosiva exprime-se, em todo seu esplendor, quando da exposição internacional do surrealismo, em 1938, na galeria das belas-artes, em Paris. Duchamp produziu uma espécie de gruta escura mergulhada em um odor persistente de café brasileiro grelhado, usando 1.200 sacos de carvão suspensos para formar o teto e criando, no piso, cheio de folhas mortas, uma poça com caniços e nenúfares. A introdução do aroma e do perfume, que atestam o desejo de conferir à arte uma amplitude multidimensional, não é um simples hápax na obra de Duchamp. É em uma atmosfera perfumada com eflúvios de cedro que será aberta em 1942, em Nova Iorque, a exposição denominada *First Papers of Surrealism*. Em 1959, ele fará apelo ao perfume "Flatterie", de Houbigant, para olorizar a exposição Eros, na Casa Cordier.

Se Duchamp iniciou o movimento das belas-artes olfativas, muitos artistas seguiram seus passos, começando por Ben, membro ativo de Fluxus, que usa o registro do fedor ao conceber suas águas estagnadas. Piero Manzoni avança mais um passo na provocação nauseabunda, enlatando seus excrementos e comercializando as latas com a etiqueta "merda enlatada de artista" ao preço do ouro na época. Além da vontade de escandalizar, ao enlatar o que há de mais malcheiroso e nojento para vendê-lo a preço de ouro, tentava denunciar o mercado de arte e a transformação da criação em relações mercantis que levam o artista a só produzir obras "mérdicas" e o espectador a consumi-las em série nos armazéns de conservas que são os museus.[136]

O aparecimento dos odoramas

Adiante das provocações ou de uma utilização pontual do aroma, é preciso notar uma evolução da arte contemporânea que visa uma experimentação de todos os sentidos e revela um interesse crescente por uma estática olfativa. Essa nova orientação é favorecida pelo aparecimento de tecnologias de ponta

---

[136] Na linha desse deboche manzoniano, também é preciso mencionar *Cloaca*, realizada em 2001 por Wim Delvoye, que usa o nojo do corpo orgânico e dos excrementos, expondo-lhes os processos de fabricação. Cloaca, que tira seu nome dos esgotos romanos, é uma máquina dotada de canos e tripas, recriando em tempo real o sistema digestivo humano, com todas as etapas químicas da transformação dos alimentos, começando com a refeição matinal ocorrida diariamente às 11 horas, até a expulsão dos excrementos, seis horas depois, graças ao pistão-esfíncter. No fim do percurso, são oferecidos ao público pedaços de cocô como produto derivado da criação.

aplicadas à indústria dos perfumes e às pesquisas no campo do olfativo. A realização do primeiro odorama francês, por Jacqueline Blanc-Mouchet, criado para a cidade das ciências e da indústria de La Villette, em 1986, estimulou fortemente o imaginário e contribuiu para a renovação da reflexão artística. Jacqueline Blanc-Mouchet, interessada pela sinestesia, criou, posteriormente, a agência Transens, que tem por objetivo elaborar encenações de odores e de perfumes, com a ajuda de ferramentas cenográficas como um ambientador, difusor programável de odores que recebeu o prêmio Janus de Design 1990, um odorama com uma cabine na qual são associados imagens, sons e odores. É assim, por exemplo, que o filme *A festa de Babette* foi odorizado e acompanhado por três ambientes olfativos.

Sociedades como AC2i procuram inventar e promover novas tecnologias olfativas aumentando as possibilidades pedagógicas, comerciais e artísticas. Em 1999, AC2i e Michel Pozzo aprontam a tecnologia OlfaCom, que permite espalhar aromas e perfumes por meio de cartuchos removíveis contendo diversas moléculas de odores, liberando suas fragrâncias graças a um sistema de ventilação e de válvulas cuja abertura e fechamento são controlados por um programa de computação. O aparelho funciona como um periférico ligado ao computador e comporta recintos de difusão olfativa acompanhando a projeção de imagens. Torna-se possível difundir odores correspondendo a imagens e a sons, de inventar o cinema odorante que Barjavel desejava. É esse o processo que utilizou Alex Sandover, jovem artista londrino, ao criar *Synesthésia Nuclear Families*, apresentada, pela primeira vez, em Nova Iorque, em outubro de 2000, na galeria de arquitetura Henry Urbach e, depois, no Royal College of Arts de Londres, em 2002. Desejoso de diminuir o poder da visão e de explorar um universo artístico inédito de sensações, Alex Sandover convida o expectador a assistir o preparo de uma refeição por uma cozinheira, reunindo odores, fotos, vídeos e sons. Em uma parede ele mostra imagens de uma sala de jantar dos anos 1950, com mais de três metros de altura, e, através da porta da cozinha e da abertura de um passa-prato, ele mostra e faz sentir as atividades da cozinheira. Conforme ela cozinhe, limpe ou sirva, aromas de salva, de frango, de água sanitária ou de torta de uvas são difundidos na galeria, envolvendo o expectador em uma experiência subjetiva e sinestésica perturbadora.

Na arte contemporânea multiplicam-se os odoramas fazendo uso, na maioria dos casos, de uma ação multidisciplinar. O ciclo Odorama que se apresentou de 13 a 18 de dezembro de 2003, no quadro das *Soirées nomades* da Fundação Cartier para a Arte Contemporânea é exemplar desse movimento. Permitiu que fossem explorados universos sensoriais inéditos e que se enriquecesse a busca artística no domínio dos odores. Artistas, arquitetos, coreógrafos, designers, cozinheiros e perfumistas realizaram, cada qual com seu próprio estilo, performances olfativas, celebrando aromas e fragrâncias. Essas explorações transartísticas permitem definir um novo *status* do perfume, de ampliar os limites da arte.[137] Mas é, sem dúvida, por meio da prática das instalações que o odor e o perfume conquistam uma dimensão estética sem precedentes.

As promoções do olfato nas instalações

A dessacralização da arte imortal e da obra perene trancada em um museu leva a privilegiar as performances e os *happenings*, postos sob o signo do efêmero ao qual o aroma está tão bem adaptado. O desenvolvimento de formas originais de arte, como as instalações,[138] visando experimentar novas possibilidades de percepção e recolocando em discussão os costumes e a hegemonia visual, é propício para a exploração de sentidos esquecidos como o olfato, o paladar e o tato. O termo instalação, cujas fronteiras são muito elásticas, engloba o conjunto das atividades artísticas mobilizando, em forma de acontecimento, intervenção ou projeto, toda uma gama de mídias conexas, como cinema, vídeo, cenografia e elementos arquiteturais muitas vezes móveis, destinados a explorar um espaço interior privado. As instalações, que são transportadas de uma exposição para outra, ocasionam práticas nômades, flexíveis e levam a romper com a ideia de uma arte petrificada, destinada

---

[137] Já era o que Gaetano Pesce, arquiteto e designer italiano, esforçava-se para fazer, usando odores como meio de recolocar em discussão a fronteira entre arte e técnica, notadamente durante uma exposição de móveis de resina intitulada *Nobody's perfect*, realizada do dia 10 de dezembro 2002 até 16 de fevereiro 2003 pelo Museu de Artes Decorativas de Paris. Gaetano Pesce recoloca a questão da distinção entre o artista e o artesão recusando-se a atribuir ao primeiro a tarefa de criar, e ao segundo a de executar fielmente os modelos. Ele concebe um processo de criação dando espaço ao acaso e ao aleatório para realizar peças únicas no decorrer de uma fabricação em série. O artesão não fica submisso ao modelo do designer, mas o interpreta e realiza formas singulares. Em colaboração com o editor Zerodisegno, Gaetano Pesce apresenta, assim, uma coleção de móveis, bufês, poltronas, cadeiras, mesas que são peças únicas e originais. O artesão mistura a resina e a cor, acrescentando aromas que variam segundo as estações, e cria formas odorantes que nunca são idênticas. A incorporação do perfume como instrumento de singularização é inteiramente original, pois é ela que contribui, em parte, para a definição desses móveis como verdadeiras obras de arte e permite abolir a fronteira entre a criação e a fabricação em série. Gaetano Pesce reivindica, assim, um design odorante.

[138] Ver, a esse respeito, *Installations* – l'art en situation et Installations II – l'empire des sens, por Nicolas de Oliveira, Nicola Oxley, Michael Petry, Thames & Hudson.

a um lugar e definida pela criação de objetos. Assim, segundo Nicolas de Oliveira, "a arte de instalação, tendo descartado a prioridade antes dada ao local, em benefício de maior liberdade e flexibilidade, transformou os artistas em 'cidadãos do efêmero', liberados de toda dependência em relação ao objeto durável ou o local fixo".[139] Então, o caráter efêmero, móvel e informe do odor não constitui mais um obstáculo para sua constituição como obra de arte, ele é, pelo contrário, capaz de chamar e reter a atenção do artista em sua busca nômade, sua busca do precário e do movimento proteiforme. O aparecimento de obras olfativas corresponde ao caráter fluido, constantemente mutável da percepção que deve se adaptar às mudanças das mídias, à proliferação de novas técnicas de informação e de circulação das trocas que explodem o espaço e nos levam a repensá-lo. No quadro dessa prática das instalações não faltam exemplos, de Oswaldo Macia a Ernesto Neto, que sistematizam o recurso às especiarias e às fragrâncias.

Oswaldo Macia, artista colombiano, criou uma obra ao mesmo tempo visual, sonora e olfativa, intitulada *Memory Skip*, com base em um jogo de palavras em inglês – "*memory skip*" significa tanto "caixa de memória" quanto "ausência ou salto de memória". A obra, datada de 1995, reveste um caráter simultaneamente insólito e familiar, pois consistia em colocar uma lata de lixo contendo extratos de essência de pinho em um cômodo hermeticamente fechado; ela associa duas imagens visuais e olfativas contraditórias. À sujeira malcheirosa dos refugos opõe-se o aroma agradável do pinho que evoca limpeza, pois ele é usado nos detergentes e desodorizantes de ambientes. *Memory Skip* era acompanhado de uma gravação sonora em fita intitulada *The Sound of Smell*; essa fita difundia o ruído de agulhas de pinheiro sendo trituradas que terminavam quando o odor de pinho ocupava toda a sala.

No mesmo ano, Dermot o'Brien propõe uma instalação "*Sem Título*", que tem por objeto a dimensão sensorial da linguagem. No muro da galeria ele dispõe pequenos desodorizantes de atmosfera, redondos e coloridos que reproduziam uma forma de escritura em braile, ilegíveis para videntes, mas legíveis para os cegos. O olhar se perde em sensações táteis e olfativas. O nariz decodifica os odores e a mão é convidada a decodificar o braile pelo toque.

No mesmo registro, Sissel Tolaas cria instalações, que se aparentam a experimentações sensoriais, destinadas a testar a maneira como o público percebe um local. Em sua obra intitulada *It Must Be the Wheather, Part 1: Dirty 1*, em 2001, ela usa uma tecnologia de ponta da indústria dos perfumes

---

139 *Ibidem*, p. 47.

para juntar amostras de aromas próprias de um local, no caso, Deptford (Londres) e fabricou, ajudada por um perfumista, um perfume denominado "*Dirty 1*". Durante a exposição, ela exibe um vídeo que mostra imagens filmadas por uma câmera amarrada a um cachorro, acompanhadas por uma trilha sonora que retransmite os boletins meteorológicos locais e músicas tocadas por uma orquestra do Exército da Salvação.

É, da mesma forma, a especiarias e perfumes que recorre Ernesto Neto para criar um mundo antropomórfico e dar às suas esculturas imponentes a força da vida e a sensação de corpo orgânico. Inventor de uma verdadeira arquitetura olfativa, o artista brasileiro concebe instalações com formas de envelopes de poliamida, de *lycra* e de espuma que evocam os órgãos, membros, que são esticados no espaço como paredes epidérmicas que pendem, como bolsas ou cachos de pele puxados pela gravidade. O visitante é convidado para uma viagem no interior desses volumes flexíveis de véus translúcidos cheios de aromas de cúrcuma, de pimenta-do-reino, de cravo-da-índia; ele respira as entranhas de um corpo simultaneamente monumental e frágil; ele é convidado não só a ver, mas também a sentir pelo tanto que as impressões olfativas e táteis superam a vista. Assim, por exemplo, no decurso de sua segunda exposição pessoal, *There is Nothing to Be Seen but the World*, em 2005, na Galeria Yvon Lambert, Ernesto Neto coloca o expectador no centro de uma arquitetura, incitando-o a tornar-se autor da construção de um espaço sensorial e da redefinição das áreas. Na maior sala da galeria, ele constrói uma estrutura vertical com pilares metálicos, recoberta com um tecido fino como uma pele e define o corpo arquitetônico baseado na interseção de quatro círculos. Na segunda parte da exposição, ele instala um espaço mais íntimo, uma sala de repouso na qual quase nada há para ser visto e onde o corpo pode relaxar e entregar-se ao tempo silencioso que passa. O visitante que penetra no interior da instalação, descalço, é convidado para uma exploração sensorial ativa, pode mergulhar as mãos, às cegas, nas cavidades dos blocos de espuma e respirar as várias especiarias que se espalham à medida que ele passa. Continuando o passeio, ele é levado a apropriar-se, aos poucos, dos locais, usando, por exemplo, um carimbo para apoderar-se do espaço. Esse apoderar-se é manifestado por uma solicitação permanente em investir o espaço por meio do toque. A mão atua como linha condutora, ela aperta, ela mistura e brinca com as bolinhas de plástico colocadas no centro da sala, em um receptáculo redondo sobre o qual a pessoa pode descansar e inclinar-se. Mas, o olfato também serve de guia: na última sala, que é um espaço mais íntimo para relaxação e descanso, parecido com uma espécie de aranha gigante com sua teia fluida; a aranha é um monte de especiarias que impõe sua marca e orienta o circuito a percorrer. Seria, sem dúvida, excessivo concluir que o artista brasileiro coloca o olfato em primeiro plano e que suas obras são protótipos da arte olfativa. Se Neto se rebela contra a arte visual para promover uma arte sinestésica que introduz elementos olfativos e táteis, ele é muito mais o cantador do tato e do olfato. Ele confessa, de fato, que é a dimensão tátil, epidérmica, que tem, para ele, um papel decisivo na obra de arte.

É possível indagar-se, então, definitivamente, adiante das instalações que mobilizam todos os sentidos e dão ao olfato um lugar especial, se existem obras artísticas especificamente olfativas nas quais o perfume constitui a própria essência da criação.

Nessa linha, é preciso saudar, primeiro, a ação de um perfumista artista, Serge Lutens, que trabalha para Dior e Shiseido e que procura retirar das fragrâncias o *status* comercial, para acentuar a potência evocadora que possuem. Serge Lutens realizou um labirinto olfativo para Nantes, em 2004, com a forma de um dédalo de concreto bruto, com sete metros de altura, fechando-se aos poucos, formando corredores em quadrados, em torno do centro, ao longo dos quais são difundidos os aromas. Ele convida o visitante para uma viagem proustiana na memória do seu norte natal, o solo da sua infância marcado por odores de chicória quente na cafeteira que fica sempre esquentando no fogão, da lavagem de roupa com uma espuma perfumada, do brioche em concha, dos mexilhões recozidos, dos eflúvios da chuva nas pedras da calçada e dos arbustos das sebes bem aparadas. O espaço carregado de fragrâncias sucessivas torna-se a expressão de uma nova temporalidade que nada tem de linear, pois acompanha as circunvoluções afetivas da memória e as associações das lembranças. Na entrada, vê-se essa declaração do artista a respeito de sua obra: "o labirinto olfativo é um caminho, um estimulador da memória. Cada aroma apresentado não nos limita à fronteira do olfato. Da alegria à aversão, do gosto ao nojo! Imaginei tal arquitetura não como um verdadeiro laboratório, mas como um 'dédalo' (do nome de seu criador) que, aqui, é um condutor, um sonho, um lugar sem referências saído do expressionismo alemão, seu cinema, sua pintura e sua utopia. Universo condutor de luz e de odores..., uma catedral de concreto". O labirinto é como um romance de odores que traz de volta a memória das emoções passadas, valendo-se da equivocidade das percepções olfativas que não remetem forçosamente às mesmas lembranças, no artista e no visitante. Esse percurso é, pois, tanto uma respiração da intimidade do outro quanto um mergulho na sua própria. Cada etapa constitui, assim, uma estadia nos meandros da memória partilhada ou singular, uma experiência, ao mesmo tempo, de diferença e de identidade.

Hiroshi Koyama, o escultor olfativo

Mas é, sem dúvida, Hiroshi Koyama que foi mais longe, atualmente, nas buscas relativas à arte olfativa, especialmente no decorrer de uma exposição de escultura em pedra intitulada "Reconhecimento do incenso".[140] Esse artista japonês que vive na Suécia[141] confessa seu fascínio pela pedra negra, pelas rochas basálticas e pelo magma vindo das entranhas da Terra. Ele passou nove anos nas pedreiras de diabásio em Boalt e Häggult, na região de Göinge, para ali trabalhar a pedra negra que ele vai extrair do subsolo, em enormes blocos, em grandes profundidades.

Essa pedra encarna a seus olhos o peso secular da matéria, do magma ou das trevas subterrâneas e evoca as forças obscuras da morte. Todo seu trabalho consiste em tentar reduzir a morbidez mineral que se desprende dos imponentes blocos de rocha negra, em dissipar o pavor diante do volume ameaçador desses blocos e em neutralizar a existência da pedra.[142] Com uma estratégia de inversão, ele acaba metamorfoseando o diabásio em potência de vida e de liberdade, jogando com as tensões e os contrastes entre a pedra e o incenso. Produto refinado da arte do Oriente, o incenso arranca o diabásio bruto da idade da pedra para fazê-lo entrar na Idade do homem. A leveza e a liberdade voluptuosa de suas fumaças estão na escala da existência humana que se desprende da terra, ardente de desejos, para voltar-se para o céu.

Em sua exposição intitulada "Reconhecimento do incenso", Hiroshi Koyama une o perfume e a pedra, e inventa o conceito de escultura olfativa.

---

140 A exposição realizou-se em Paris, no Centro Cultural Bertin Poirée, de 16 a 30 de setembro 2004.

141 Nascido em Kyoto, em 1955, Hiroshi Koyama foi estudante na faculdade de artes Akashi, no curso de arquitetura de 1971 a 1976 e, depois foi aluno, em 1977-1978, do mestre Kinzo Nishimura, grande entalhador de pedra. Após algumas exposições em diversas galerias de Kyoto, deixou o Japão, em 1987, para instalar-se na Suécia.

142 *"I am thinking always to neutralize the existence of stone. That meaning turn over. I am attracted by the strong concept which the black stone has, heavy, history, darkness, death etc. I am afraid of the existence which stone's volume has. I recognize the incense has an opposite appearance for my longing, light, free, short existence looks like northern light without color. But the root of incense has a long historical road and full of the imagination for me"* [Penso constantemente em neutralizar a existência da pedra, o que significa uma reviravolta. Sou atraído pelo conceito poderoso que se desprende da pedra negra: peso, história, obscuridade, morte etc. Tenho medo da existência que tem o volume da pedra. Reconheço que o incenso tem uma aparência oposta, pois minha existência, que arde de desejo, leve, livre e breve se parece com a luz do norte, sem cor – tradução nossa], 19 de outubro de 2004.

De fato, o incenso não tem um papel decorativo e não é um simples aditivo destinado a tornar mais agradável o diabásio, dando-lhe uma nota perfumada. Ele constitui parte integrante da escultura, dá-lhe o sentido e seu verdadeiro alcance. Todas as peças expostas repousam em um equilíbrio impossível entre os contrários, no casamento entre a voluta e o volume.

Para realizar sua obra, o artista luta com o enorme bloco de diabásio e o reduz à escala humana, quebrando-o com seus cinzéis de diamante para esculpir pequenos formatos que neutralizam o gigantismo inquietante da rocha bruta. Ele dá a suas esculturas formas simples e despojadas, semelhantes à pureza e à sobriedade da pedra negra que ele pole e esmerilha para dar-lhe, segundo sua fantasia, um aspecto ora redondo e liso, ora granulado e rugoso. A tarefa de humanização da natureza mineral se traduz pela escolha de formas invocando habitações em miniatura: semicubos encimados por um teto arredondado, caixa com uma tampa, colmeia, urna, casas com janela e chaminé, castelos com minúsculas torres. Qualquer que seja a variedade das formas imaginadas e polidas, elas sugerem sempre a ideia de um local habitado e de um foco de intimidade. Essa impressão é criada pelas fumaças de incenso que escapam do interior das esculturas através de pequenas lucarnas abertas e que se espalham ao redor, perfumando o espaço. Tudo concorre para lembrar a doçura e o calor de um interior talhado na pedra fria e bruta. As peças expostas podem, de fato, se abrir como caixas e são cavadas no interior de forma que o escultor possa aí depositar bastonetes de incenso em forma de espirais e fazê-los queimar lentamente, por várias horas.

Como exemplo, a escultura que figura em destaque nos cartazes do Centro Cultural Bertin Poiré representa muito bem a obra olfativa de Hiroshi Koyama. Ela toma a forma de uma caixa bicolor, uma espécie de colmeia em miniatura com uma base quadrada cinza claro e aspecto granuloso, na qual se encaixa uma fachada de pedra negra polida encimada por um teto arredondado como uma cabeça de cogumelo e aberto no meio por uma pequena janela redonda. O interior oco forma um receptáculo para o incenso que se consome na fornalha de diabásio, transforma-se em fumaça ao longo do canal invisível de uma lareira interna e ressurge em volutas brancas pela abertura do teto que cobre a casa de pedra. A obra aparece, assim, aureolada por fumarolas perfumadas que se espalham em todo o espaço ao redor. Estranha escultura que provoca, ao mesmo tempo, a sensação da solidez mineral da pedra imobilizada em sua infinitude de morte e da volatilidade do perfume que escapa, como um sopro de vida! A leveza e a graça do incenso que se eleva em volutas etéreas formam contraponto com o peso brutal da pedra e arrancam-na da sua imobilidade congelada. Apoia-se tudo em uma série de contrastes e no equilíbrio das tensões entre a dureza resistente da pedra e a doçura frágil da fumaça, entre a possança da rocha remetendo às profundezas da Terra e a evanescência do incenso que sobe ao céu, entre o magma secular e o homem efêmero, entre a necessidade cega da matéria e a irrupção da liberdade.

A escultura de Hiroshi Koyama aparece como uma forma de sublimar a morte e de se elevar acima dela, dando à vida breve um perfume de eternidade. O diabásio, em seu negrume de magma informe corresponde à imagem do caos que tritura e sepulta o homem nas entranhas da Terra. Por meio dos cinzéis do escultor, essa pesada pedra tumular torna-se uma urna lisa e polida que serve de receptáculo para o perfume vivo do incenso. Em que pese sua forma, essa urna nada tem de funerária, pois o incenso escolhido espalha um aroma de vida. De fato, Hiroshi Koyama não recorre ao tipo de incenso queimado nos funerais japoneses, mas usa uma variedade destinada a causar um bem-estar e uma serenidade interior. Decerto, esse sopro perfumado que se eleva como uma oferenda para o céu é a imagem da vida que se consome e se dissipa em fumaça. Mas essa evanescência nada tem de dramático. Ela parece, antes, como uma épura, como a quintessência espiritual da existência que se afirma e purifica, livrando-se do peso mortal da pedra inerte. O uso do incenso não está ligado a um rito funerário nem se reveste de um significado religioso ou sagrado; constitui mais um hino à vida, a busca de uma harmonia com a natureza, na sua totalidade.

Interrogado a esse respeito, Hiroshi declara que ele sente, por meio da respiração do incenso que impregna sua obra, um sentimento de quietude e de reconforto. O incenso reveza os cinzéis do artista e contribui para domar e domesticar a pedra, para transformar o caos mineral em moradia e o espaço exterior em local de intimidade. Respirando esse odor familiar impregnado na granulação do diabásio, o homem pode reconhecer-se na pedra e encontrar suas próprias referências, sentir-se, ali, como em casa, como em um universo habitado. Graças a esse reconhecimento do incenso, como indica o título da exposição, ele pode deixar de ser um estranho na natureza e criar laços bem tranquilos com ela. Pois é, de fato, da unidade com a natureza, da humanização de suas forças obscuras, que trata Koyama. É, aliás, nesse espírito de pacificação que o artista resolve inserir, às vezes, velas acesas no interior das esculturas, para clarear as trevas basálticas e transformá-las em focos de luz.

Desse ponto de vista, a escultura olfativa de Hiroshi Koyama aparenta-se a uma tentativa de harmonização ou até de abolição dos limites entre o mundo interior e o exterior, entre espaço privado e público, pois se torna impossível definir fronteiras rígidas ente a obra e seu ambiente. A fumaça de incenso que se dilui e se espalha ultrapassa os limites da obra escultural para estender seus contornos a todo o espaço, conquistado pouco a pouco, integrado e impregnado, de forma que passa a fazer corpo com a pedra aromatizada. O perfume envolve, então, toda a área do local e o inclui na escultura que deixa de ocupar um volume determinado, para fundir-se com a atmosfera. Ao que parece, nunca um escultor afastou para tão longe os limites em que se insere a obra, dando fluidez à pedra, volume ao volume, ao ponto de seduzir e abraçar todo o espaço. A escultura deixa de ser um objeto inerte, colocado ali, à nossa frente. Ela vai além de si, móvel e leve, ela se difunde e irradia para tocar o espectador e cercá-lo em sua aura perfumada. Então, podemos nos indagar onde começa e onde acaba a obra, pois quem a contempla é penetrado por ela, dissolve-se nas suas circunvoluções, tornando-se parte integrante. Koyama ampliou, assim, os limites da arte escultural dando um fim à finitude dos volumes, à imóvel solidez dos mesmos. Paradoxalmente, ele consegue realizar essa façanha, valendo-se de pequenos formatos que se abrem, pelos seus perfumes, para o infinito.

De fato, o artista rompe as divisões da existência e dá fim ao aprisionamento sob a pedra, liberando o gênio do incenso. Essa temática de fechamento e abertura ao mundo, já presente em *Black Button*, onde o botão simboliza a faculdade de cada um para trancar-se em si mesmo ou de se expor, conforme se abotoe ou desabotoe, assim como em sua obra *Dans*, que significa "a cômoda", em japonês, com todas as suas gavetas que podem estar abertas ou guardadas secretamente, encontra seu ponto mais alto no percurso "escultodorante" ao qual nos convida a exposição *Reconhecimento do incenso*. O incenso é um verdadeiro passa-muralhas que habita a pedra, trabalha em seu interior e abre espaço para uma circulação e uma respiração entre o mundo mineral e o mundo humano, vivo. Ele convida a ir além do mundo das aparências que congela a pedra em sua imobilidade, para fazê-la vibrar ao sopro de um perfume, permitindo, assim, metamorfosear o sólido em etéreo. Trabalhado por Koyama, o diabásio torna-se, então, essa pedra fumegante e volante que nos faz deixar o mundo visível para aceder ao invisível.

A circulação do incenso pode evocar, decerto, a fuga e a erosão que se esvai em fumaça, desfalece no fluxo *heraclíteo* das coisas, mas pode igualmente revelar o desejo humano de modelar as coisas à sua imagem e de colocar sua marca. O homem presta homenagem ao mundo visível e invisível e imprime sua marca incensando-o. Ele se eterniza, apondo sua assinatura perfumada nas coisas. Para além da fugacidade das fumaças o incenso contém uma promessa de eternidade.

Na realidade, essa associação da pedra e do perfume coloca-se menos sob os signos contrários do mobilismo universal e da eternidade do que sob o do "Sabi", que abole as tensões entre a evanescência do instante e a perpetuidade da duração. Esse conceito japonês que poderíamos traduzir, segundo Göran Vogel-Rödin, por "a pátina",[143] exprime a ação do tempo sobre as coisas e compreende, não só, as mutações impostas pela natureza, mas, também, as marcas de vida que o homem lhes imprime à revelia. A fumaça do incenso também acrescenta patina à pedra e mantém esse movimento perpétuo das coisas pelo qual tudo se forma e se transforma deixando o selo do homem no coração do diabásio. O incenso é essa essência que dá sentido, pois ela escapa da pedra, atravessa-a e a impregna com esse odor humano que permite a cada um reconhecer-se na natureza.

Eis por que esse reconhecimento do incenso é, ao mesmo tempo, um renascimento, pois o homem inaugura nova Idade que rompe com a da pedra, para promover sua própria temporalidade. À horizontalidade imóvel da pedra ele casa a verticalidade da fumaça. Ao infinito do espaço, ele substitui focos de intimidade. É exatamente aí, em última análise, que se encontra o significado mais profundo desse uso do incenso enrodilhado na escultura. Se ele evoca a quietude, a leveza e a liberdade, o incenso é, antes de tudo, para Koyama, a expressão de uma interioridade subjetiva, do íntimo. É o motivo pelo qual ele só o usa em pequenos formatos, em espaços confinados. Para esculturas de grandes dimensões ou ao relento ele não coloca incenso para queimar, ele imagina acender um verdadeiro fogo no interior de suas obras. Assim, a escultura olfativa de Koyama não se exibe em locais abertos, só pode ser vista em áreas internas. Ela não se detém na superfície das coisas, mas nos faz penetrar nas entranhas da pedra, na sua intimidade habitada humanamente. Ela nos envolve, sem mais temores, no ventre da natureza, onde o homem, unido à totalidade, pode respirar com toda liberdade.

Em definitivo, a obra de Hiroshi Koyama é exemplo do crescimento de uma estética olfativa que ultrapassa o quadro tradicional nipônico para ganhar o Ocidente e conquistar um alcance universal. Se o perfume, como sugere Baudelaire, pode ter a expansão das coisas infinitas, ele é capaz de escapar aos limites determinados e fornecer matéria para criação e para gozo inesgotável. Plenamente consciente desse encanto inesgotável da contemplação olfativa, Paul Valéry constata que, "embora possamos respirar uma

---

143 Cf. Göran Vogel-Rödin, *The journey of a stone* : *Sabi é um conceito central que pode ser traduzido,* grosso modo, *como pátina.*

flor que se ajusta ao odor, não podemos acabar com esse perfume cujo gozo reanima a necessidade".[144]

Longe de ser um engodo, uma arte olfativa autônoma que ultrapassa o quadro tradicional da perfumaria é, portanto, não só possível, mas real, embora ainda esteja balbuciando, no Ocidente. O desenvolvimento de produtos sintéticos que tornam a confecção dos perfumes menos onerosa e permite combinações ilimitadas, assim como a descoberta de meios tecnológicos para espalhar aromas deixam prever um crescimento sem precedente da criação olfativa. Apoiando-se em suas principais tendências e sem prejulgar sua evolução futura, é possível caracterizar essa estética olfativa, definindo-a, primeiro, como uma estética dos fluidos, líquidos ou gasosos, uma estética misturando o fugaz e o tenaz, a evanescência e a permanência, no seio de uma memória marcada por uma temporalidade afetiva e as exalações da corporeidade. Nesse sentido, o perfume é como o espírito do tempo que passa, em seu esplendor e sua fragilidade. Esta arte olfativa não se baseia em uma simples percepção sensorial, ela exprime a ideia do odor e mobiliza uma concepção intelectual que manifesta o pensamento singular de um homem e depende das suas elaborações mentais. A captura das relações odorantes implicadas pela criação olfativa não resulta de um simples faro, mas de um olfato que tem espírito, que conhece as propriedades químicas das moléculas e que sabe equacioná-las e equilibrá-las. A sagacidade do criador não tem, pois, nada a ver com uma intuição incerta, ela requer uma inteligência dos odores e testemunha uma sensibilidade trabalhada pelo pensamento. Em suma, o artista olfativo concebe pelas narinas e revela a unidade do espírito e do olfato.

---

[144] *Variété, théorie poétique et esthétique, notions générales de l'art, Œuvres* [Variedade, teoria poética e estética, Noções gerais de arte, Obras]. Pléiade. tomo 1, p. 1.049.

Terceira Parte

FILOSOFIAS OLFATIVAS

Capítulo 5

DA ANOSMIA À PANOSMIA
AS CONDIÇÕES DE POSSIBILIDADE DE UMA FILOSOFIA DO OLFATO

> Vejam, um perfume desperta o pensamento.
> Victor Hugo, *Os raios e as sombras*

UM OLFATO FILÓSOFO?

A existência de uma estética olfativa advoga a favor de um pensamento do olfato que excede a dimensão sensorial e abre as portas para uma filosofia, celebrando a união do olfato e da razão. Ela convida de fato a indagar se o olfato pode ter uma vocação propriamente especulativa e se pode colocar-se a serviço do entendimento. Apresenta-se, então, a questão de saber se o odor pode ser portador de uma verdade na qual o filósofo teria todo interesse em se inspirar, revelando um olfato aguçado. Dizendo de outra forma, será possível haver olfatos filósofos ou filósofos olfativos?

É grande a tentação de responder, de chofre, pela negativa, pois a percepção dos aromas e dos perfumes nada tem de demanda conceitual e fornece paradigmas cognitivos às antípodas do discursar filosófico. De fato, ter olfato ou faro é descobrir a verdade de forma intuitiva, adivinhá-la e pressenti-la por impulso, por certa forma de instinto irrefletido. Remetendo ao animal, o faro depende muito mais do reflexo que da reflexão, do pressentimento divinatório que do conhecimento operatório; ele se opõe ao raciocínio construído e à dedução rigorosa que busca o filósofo, preocupado em não deixar nada ao acaso e de demonstrar necessariamente suas ideias. O faro se aparenta, com maior frequência, a uma captação empírica e fortuita, na qual o sujeito tem, sem sabê-lo, um "nariz entupido" ou um "nariz apurado", conforme expressões consagradas, e encontrou, por sorte, a verdade que havia suspeitado, sem dela ter certeza. Julgar pelo cheiro, ou de forma mais familiar, pelo faro, é avaliar de forma vaga e imprecisa, na falta de um instrumento rigoroso de medida. Ora, o filósofo nunca as satisfaria com uma verdade obtida assim, por acaso, após uma vaga experiência. Spinoza chega até a pensar que aquele que encontra fortuitamente a verdade, e ignorando que sabe, permanece, na realidade, no erro.

Entretanto, o olfato não faz o homem perder-se nas antípodas de conhecimento; a esse respeito, é interessante constatar que, em latim, o verbo *sapere* não indica apenas o saber, mas, também, ao fato de ter gosto ou de exalar um odor. Patrick Süsskind nos convida a não descartar o olfato depressa demais; ele tira os ensinamentos da sensibilidade olfativa, mostrando que o odor fornece um modelo de evidência inegável: "há uma evidência do perfume mais convincente que as palavras, a aparência visual, o sentimento e a vontade, A evidência do perfume possui uma convicção irresistível, ela penetra em nós, assim como o ar que respiramos penetra nossos pulmões, ela nos enche, nos ocupa totalmente, não há meio de defesa contra ela".[1] Se a evidência, como indica a etimologia, é o que salta primeiro aos olhos, o que se vê como um nariz no meio da face, também é o que atinge as narinas, nos invade e nos impregna malgrado nossas próprias defesas. O modelo olfativo restitui bem a força penetrante e irresistível da evidência: não a exercemos, ela se impõe a nós, não a apreendemos, é ela que se apodera de nós e tão logo quisermos duvidar, ela resiste indubitavelmente, como um odor persistente. Por seu imediatismo e sua fulgurância, o perfume encarna, também, o modelo de uma verdade pensada em forma de presença e não de representação. Ora, é precisamente a presença do verdadeiro que garante a validade do conhecimento, assegurando que nada pôde inserir-se entre ele e sua representação. Eis, aliás, por que o faro, geralmente associado a uma abordagem empírica e aproximativa, também pode aparecer como modelo de captura infalível da verdade. Baseado na presença de um rastro, ele pode conduzir instintivamente ao verdadeiro, por reflexo e sem reflexão capaz de introduzir distância e distorção.

Se o recurso ao faro lhe parece pouco nobre, o filósofo pode gabar-se de exibir sagacidade e de reivindicá-la como uma virtude. Pois a sagacidade não passa de uma acuidade do espírito e de uma forma de perspicácia cujo modelo está no olfato. *Sagax*, em latim, designa aquele que tem um olfato

---

1   *O perfume*, Livro de bolso, p. 95.

sutil. Ser dotado de sagacidade é ter um olfato apurado e comprovar grande capacidade de penetração. Um filósofo sagaz é, pois, um filósofo olfativo. Ele sabe "dedicar-se ao perfume" e adivinhar a verdade. O sentido do olfato dá origem, por conseguinte, a metáforas filosóficas e a modelos de pensamento. (São) Francisco de Sales não busca apoio na percepção olfativa para fazer entender a diferença entre a meditação e a contemplação? De fato, segundo ele, "a meditação é semelhante àquele que cheira distintamente, um após o outro, o cravo, a rosa, o alecrim, o tomilho, o jasmim, a flor de laranjeira; a contemplação é igual àquele que respira a água de cheiro composta com todas essas flores, pois esse recebe, em um único sentir, todos os aromas unidos, enquanto o outro os havia percebido divididos e separados. Não há motivo para duvidar que o odor único que provém da confusão de todos aqueles aromas seja mais suave e precioso do que os aromas dos seus componentes cheirados separadamente, um após o outro".[2]

Eis por que é legítimo indagar a possibilidade da constituição de uma filosofia olfativa. Não queremos, assim, falar apenas de uma filosofia que considere o aroma para transformá-lo em objeto de reflexão, mas que nele se apoie, para torná-lo um suporte da especulação. Em outras palavras, trata-se de determinar se o aroma e o olfato têm valor de verdade que lhes permita ter papel decisivo na teoria do conhecimento e se eles podem estabelecer princípios que sirvam de fundamentos para a especulação.

O modelo de investigação olfativa de Bacon

A esse respeito, o chanceler Bacon faz ofício de pioneiro, pois oferece um modelo audacioso de investigação olfativa e convida cada pessoa a realizar a experiência utópica cujos contornos ele esboça em *A Nova Atlântida*. Os náufragos que desembarcam na ilha imaginária de Bensalem descobrem, pouco a pouco, os arcanos secretos da Casa de Salomão, esse templo do saber destinado a descobrir a natureza de todas as coisas e a explorar todos os domínios do conhecimento, para realizar tudo o que é possível. Essa imensa fundação de pesquisa abriga laboratórios para experiências sensoriais, e ela é constituída não só de casas para ótica, de casas para sons, mas também de casas para os perfumes e os sabores. O Sacerdote da Casa de Salomão revela aos náufragos, dessa forma, a existência inédita de investigações olfativas:

---

2   *Traité de l'amour de Dieu*, VI, V, La Pléiade, Gallimard, p. 622-623.

> Também temos casas para perfumes onde, junto com os estudos dos perfumes, experimentamos sabores. Por mais estranho que pareça, podemos intensificar um odor. Imitamos os odores, fazendo-os exalar por misturas diferentes daquelas que os produzem habitualmente. Da mesma forma, fazemos diversas imitações dos sabores, tão boas que qualquer paladar se deixaria enganar.[3]

Embora permaneça largamente imaginária e programática, essa *olfatologia baconiana* obedece às mesmas regras que se aplicam à constituição do saber em geral, visando à interpretação e ao ministério da natureza. Ela parte dos sentidos e do particular para elevar-se, de modo gradativo e contínuo, até os axiomas mais gerais, graças à indução verdadeira. Assim, toda pesquisa no campo olfativo segue, como nos demais campos sensoriais, a via da interpretação estabelecida no *Novum Organum* e ordena-se em *A Nova Atlântida*, em torno de diversos empregos e cargos, permitindo alcançar gradualmente axiomas gerais, a partir da experiência ordenada. Ela implica, primeiro, a coleta de dados reunidos por aqueles que Bacon denomina *Mercadores de luz*, que viajam incógnitos no estrangeiro "para trazerem de volta livros, amostras de experiências de todas as regiões do mundo".[4] Aos *Mercadores de luz*, juntam-se os *Saqueadores* reunindo as experiências constantes dos livros, os *Artesãos* coletando todas as experiências relativas "às artes mecânicas, às ciências liberais e aos procedimentos que não se incluem entre as artes",[5] os *Mineradores*, tomando a iniciativa de realizar novas experiências, e os *Doadores* ou *Benfeitores* retirando dessas aquisições ensinamentos teóricos e práticos úteis para a vida e para a procura das causas. Após essa primeira fase, de coleta, os membros da fundação de Salomão são consultados, em conjunto, e encarregam três dentre eles de serem *Tochas*, ou seja, de proporem novas experiências esclarecedoras, ao máximo, para penetrar os segredos da natureza. Esses *Tochas* são assistidos pelos *Enxertadores*, que executam as experiências comandadas e prestam contas dos resultados. Eles abrem caminho, assim, aos *Intérpretes* da natureza que, no último estágio, transformam as descobertas resultantes das experiências "em observações, axiomas e aforismos de nível mais elevado".[6] Simultaneamente coleta de dados, invenção de

---

3   *A nova Atlântida*. GF, p. 128.
4   *Ibidem*, p. 129.
5   *Ibidem*, p. 130.
6   *Ibidem*, p. 130-131.

experiências fecundas e interpretação da natureza, a filosofia olfativa cujos contornos Bacon esboça, mobilizam tanto a memória e a imaginação quanto a razão. Ela participa, sem dúvida, na realização dessas *Magnalia naturae*, essas maravilhas naturais que Bacon chama, com suas forças no fim de *A Nova Atlântida* e entre as quais figuram "maiores prazeres para os sentidos".[7]

Valorizando as pesquisas experimentais acerca do olfato, a filosofia baconiana pode servir de modelo para a promoção de uma nova arte do sentir. Ela atribui ao olfato um papel ao mesmo tempo teórico e prático, na medida em que ele serve de fundamento para interpretação da natureza e dá lugar a experiências destinadas a aumentar o bem-estar e a qualidade de vida. Esse discurso a favor de um templo do saber, onde o olfato não estaria excluído, permanece, porém, da ordem do imaginário e apoia-se em uma utopia. Trata-se, pois, de determinar em quais condições uma filosofia olfativa é possível. A definição de tal filosofia implica, simultaneamente, a busca de seus requisitos e de modelos capazes de verificá-los.

O SILÊNCIO OLFATIVO DE PARMÊNIDES E ANAXÁGORAS

É evidente que o papel teórico e o *status* filosófico associados ao olfato variam em função do crédito atribuído aos sentidos na elaboração do conhecimento. Conforme o princípio que rege a formação das ideias se apoie na razão ou nos sentidos, o olfato terá um lugar irrelevante ou consequente na economia do pensamento. Desse ponto de vista, o olfato partilha a sorte dos outros fenômenos sensoriais e é qualificado de mensageiro do real ou de potência enganosa, conforme a natureza sensualista ou intelectualista da doutrina na qual ele se insere. É o que revelam, desde a origem, as primeiras teorias filosóficas do conhecimento de que dispomos. Esse é o motivo pelo qual certos filósofos qualificados de "pré-socráticos" serão aqui convocados. Em virtude da fragmentação dos seus escritos e das múltiplas interpretações que originam, esses filósofos não serão abordados como representantes de correntes de pensamento ou de escolas das quais deveríamos analisar integralmente o conteúdo doutrinal em si e para ele mesmo, pois essa tarefa se revela impossível, inclusive para o historiador da filosofia mais experiente. A maioria dos fragmentos pré-socráticos só é conhecida, de fato, por meio de citações e de testemunhos de autores posteriores. Esses fragmentos só têm sentido no contexto em que são mencionados e usados na maior parte do

---
7   *Ibidem*, p. 134.

tempo, para fins de ilustração, de rejeição ou de adesão. Com todo rigor, pode-se reconstituir não as doutrinas dos pré-socráticos, mas os usos diversos e sucessivos, pelos filósofos, dos fragmentos daqueles pensamentos na economia dos seus próprios sistemas.[8] Na linhagem dos autores antigos que foram evocados, tratar-se-á menos de expor suas concepções do que de usá-los, também nós, fazendo, em suma, uso de um uso, já que esses filósofos só podem ser conhecidos por esse viés. É porque os filósofos pré-socráticos serão encarados, em grande parte, como figuras hipotéticas e imaginárias, figuras ilustrando atitudes possíveis ante o olfato e servindo para elaborar as condições *sine qua non* de uma *"olfatologia"*. Malgrado o caráter fragmentário das doutrinas desses filósofos e as dificuldades em se ter uma certeza total a respeito deles, oferecem um grande painel representativo das diversas correntes ulteriores, com suas variantes e permitem estabelecer uma tipologia das posturas teóricas em face do olfato, da anosmia à osmofilia.

Assim, o exame dos textos de Parmênides permite esboçar, em baixo relevo, os primeiros contornos de uma filosofia olfativa. Parmênides poderia ser incluído, de fato, na categoria dos pensadores anósmicos, pois sua filosofia – da forma como chegou até nós, pelo menos – caracteriza-se por um silêncio olfativo total. Isto não é estranho, na medida em que, nele, o primado da razão é acompanhado por uma desconfiança generalizada dos sentidos, considerados como enganosos. A razão se revela o único guia confiável, a única norma da verdade. É o que destaca o testemunho de Diógenes Laércio: "Ele dizia que a razão constitui o critério da verdade e que os sentidos são desprovidos de exatidão."[9] Por sua vez, seus discípulos desprezam, segundo Aristóteles, a sensação e se apoiam unicamente na razão.[10] Aquilo que é inteligível pela razão participa, ademais, do Uno e do ser; do Uno, pois é idêntico a si mesmo, e do ser, pois é eterno e imutável.[11] Ora, o odor, sempre movente

---

8   Ver, a esse respeito, a introdução de Jean-François Pradeau, Lire une œuvre manquante [Ler uma obra em falta], *Heráclito, Fragments*, GF, p. 21-24.
9   *Vidas*, IX, 21. Para todas as referências aos filósofos pré-socráticos, indicamos a correspondência das citações em *Les écoles présocratiques*, Edição realizada por Jean-Paul Dumont. Cf. A, I, Folio, p. 324.
10 *Ibidem*, A, XXV, p. 332.
11 Cf. Plutarco que afirma que Parmênides coloca "o inteligível na ideia do Uno e do ser : do ser porque é eterno e incorruptível, do Uno por causa da sua semelhança com ele mesmo e por não admitir qualquer diferença. Por outro lado ele coloca o sensível (na categoria do) desordenado e do sujeito-ao-movimento. É possível ver o critério de cada um dos dois : '*o coração isento do tremor próprio da verdade lindamente circular*', critério do inteligível e daquilo que permanece sempre seme-

e volátil, depende do múltiplo e não do Uno, do devir e não do ser. Ele partilha, assim, o destino de todas as sensações, que pertencem ao mundo da opinião e não ao da verdade.

Parmênides, todavia, não menciona expressamente o olfato nos fragmentos disponíveis e não o ataca diretamente. São mais a visão e a audição que são visadas por ele e que sofrem, especialmente, seus ataques. Nos *Fragmentos reconstituídos*, VII, ele exorta o homem a julgar com sua razão e a se afastar do caminho falso "no qual o olho cego, o ouvido surdo e, também, a língua regem tudo".[12] Deve-se notar que ele não condena os olhos e as orelhas enquanto órgãos sensoriais, mas a cegueira e a surdez dos mesmos. Ainda que o discurso resultante dos sentidos seja enganoso, ele não é inteiramente falso.[13] Os erros causados pelos sentidos provêm, em parte, do fato de a sensação ser causada pelo semblante. Ora, toda coisa tem uma parte de mistura, de modo que a percepção só consegue extrair uma ideia conformando-se com o elemento predominante na mistura e negligenciando as demais. A percepção é, pois, necessariamente aproximativa e incompleta. É o que Teofrasto dá a entender quando constata que Parmênides "limitou-se a indicar que, dados dois elementos, o conhecimento se conforma com o elemento predominante. Pois, desde que o calor ou o frio predominem, a consciência muda de caráter...".[14]

Nessas condições, o silêncio olfativo de Parmênides pode ser explicado por dois motivos. O primeiro é de ordem geral, deve-se ao relegar do conjunto do sensorial à categoria de opinião, e nada tem de específico quanto ao olfato. O segundo é de ordem particular, relativo à própria natureza do odor que, enquanto não predominar na mistura, pode ser ofuscado pela cor, pelo som, pelo sabor. Entretanto, esse segundo motivo permanece hipotético na medida em que os propósitos de Teofrasto deixam pensar que o conhecimento se sujeita ao elemento preponderante dentro de um mesmo sentido, quente e

---

lhante, e '*as opiniões dos mortais, nas quais não há nada verdadeiro ou digno de crédito*', dado que as opiniões lidam com objetos suscetíveis de mudanças diversas, de emoções e de dessemelhanças". *Contra Colotés*, XIII, 1114D, op. cit., *Les écoles présocratiques*, A, XXXIV, p. 336.

12 *Les écoles présocratiques*, B, VII, p. 350.
13 Cf. Simplicius, *Commentaires sur la Phisique d'Aristote* [Comentários a respeito da Física de Aristóteles], 39, 10, op. cit., *Les écoles présocratiques*, A, XXXIV, p. 336.
14 *Du sens*, 3, op. cit., *Les écoles présocratiques*, A, XLVI, p. 341.

frio, duro e mole, luminoso e escuro, mas não concernem especificamente às relações de predominância entre as diversas sensações.

Partindo daí, é possível discernir, em negativo, as condições ontológicas e gnosiológicas do surgimento de uma filosofia olfativa. O exemplo de Parmênides revela primeiramente que uma filosofia afirmando a primazia do Uno e do ser, desqualificando o múltiplo e o devir não poderia conceder um lugar relevante ao olfato nem conceder-lhe um *status* ontológico privilegiado. Mostra, em segundo lugar, que uma filosofia que se afasta do sensorial, em benefício apenas do inteligível, e que esteja fundamentada na razão, excluindo os sentidos, recusará todo e qualquer crédito ao olfato. Uma filosofia olfativa deveria ser procurada, portanto, do lado das filosofias do devir, do múltiplo, das filosofias sensualistas – ou das filosofias racionalistas que não excluem a intervenção dos sentidos no processo cognitivo. De fato, é preciso evitar concluir que toda filosofia olfativa deveria ser necessariamente irracionalista devido a um pretenso caráter intuitivo e divinatório do olfato ou de uma oposição sumária entre sentidos e razão. Parmênides não considera os sentidos como irracionais, ele se recusa a dar-lhes crédito e a fazer deles um princípio cognitivo. Esse é, parece, o motivo principal do seu silêncio olfativo, pois a desqualificação do olfato não pode decorrer fundamentalmente da causa atribuída à sensação, ou seja, da tese da gênese do semelhante pelo semelhante.

A prova é que Anaxágoras, adotando a tese oposta segundo a qual as sensações são geradas pelos contrários,[15] chega às mesmas conclusões de Parmênides a respeito dos sentidos. De fato, segundo Teofrasto, "Anaxágoras estima que [as sensações] são produzidas pelos contrários, pois o semelhante não é afetado pelo semelhante. Ele se esforça para enumerar cada uma separadamente. A *visão* é produzida por uma impressão luminosa na pupila, e essa impressão não pode ocorrer no que tem a mesma cor, mas apenas no que tem cor diferente [...]. O discernimento do *tocar* e do *paladar* segue o mesmo protocolo: constatamos que aquilo que está na mesma temperatura 'da pele' [em quente ou frio] não produz, pela sua proximidade, qualquer impressão de quente ou de frio, e que papilas doces ou ácidas não tomam conhecimento da doçura ou da acidez; mas é o órgão quente que percebe a diferença do frio, o salgado do potável, o ácido do doce, devido à falta que cada um apresenta 'da qualidade oposta'. De fato, todas as coisas existem em nós, é o que sustenta esse filósofo. Ocorre o mesmo com o olfato e a audição: para o primeiro pela inspiração, para a

---

15   Cf. Teofrasto, Du sens, 1, op. cit., *Les écoles présocratiques*, A, XLVI, p. 341.

outra pela penetração do som até o cérebro, pois a calota óssea forma uma cavidade na qual o som se repercute".[16]

Que o princípio da gênese das sensações seja o semelhante ou o oposto, isso pouco muda o assunto considerado, pois Anaxágoras partilha, por assim dizer, a anosmia teórica de Parmênides, ainda que seu silêncio olfativo não seja total e que o olfato seja mencionado nos fragmentos que foram conservados. A esse respeito, os princípios da sua doutrina confirmam, de fato, que uma filosofia olfativa não pode nascer no berço de um pensamento que se apoia na inteligência, desconfiando do sensorial, princípios que podem servir de teste probatório. Anaxágoras, para quem o Noüs, o Intelecto, é o princípio dominante de todas as coisas, estima, ele também, que os sentidos não são confiáveis e não podem estar na origem de um verdadeiro conhecimento. Esse caráter enganoso dos sentidos decorre da fraqueza e da falta de discernimento dos mesmos, em face das mudanças sutis e graduais da realidade.[17] Além disso, Anaxágoras precisa que a sensação é função do tamanho e proporcional a ele, de sorte que a percepção é forçosamente lacunosa. "As grandes orelhas percebem ruídos fortes e longínquos ao passo que os ruídos fracos escapam delas e as orelhas pequenas percebem ruídos fracos e próximos." "Ocorre o mesmo com o olfato: pois o ar sutil tem o odor mais forte, porque o que é aquecido e rarefeito tem odor mais forte." Assim, um animal grande, ao inspirar aspira, ao mesmo tempo o ar espesso e o ar rarefeito. Por isso os grandes animais têm olfato melhor, porque é melhor que o odor esteja próximo do que longínquo, pois, dessa forma, ele é mais denso, ao passo que, ao se dissipar, fica mais fraco: isso equivale a dizer que os grandes animais não percebem o ar leve, nem os pequenos, o ar denso.[18] Dependente do tamanho e da distância, da rarefação ou da densidade do odor, a percepção olfativa é aproximativa e fonte de inexatidão, não podendo, portanto, ser um critério de veracidade. A tese da natureza enganosa dos sentidos, que irá se tornar clássica, apresenta, em Anaxágoras, uma forma radical, pois ele chega,

---

16 Du sens, 27, op. cit., *Les écoles présocratiques*, A, XCII, p. 640.
17 Sexto Empírico relata que, "Anaxágoras, o mais eminente dos filósofos da natureza, rejeita a validade dos sentidos porque ele os considera pouco seguros, dizendo: 'Dada a fraqueza dos nossos sentidos nós não podemos dispor de um critério da verdade.' E, para reforçar a falta de credibilidade dos sentidos, ele alega o insensível *dégradé* das cores. Pois, se tomarmos duas cores, preto e branco, e acrescentamos uma à outra, gota a gota, a vista não seria capaz de perceber as mudanças graduais, embora exista a própria realidade". Contra os matemáticos, VII, 90, *Les écoles présocratiques*, B, XXI, p. 658.
18 Teofrasto, Du sens, 30, *Les écoles présocratiques*, A, XCII, p. 640.

até, a contestar a evidência sensorial, para preferir-lhe o rigor da razão. Assim, ele nega que a neve seja branca e não admite que ela assim pareça, valendo-se do seguinte raciocínio: "A neve é agua congelada, ora, a água é preta, portanto, a neve também é preta."[19]

Nessas condições, não é surpreendente ver Anaxágoras incluído entre os anósmicos teóricos. Assim como ocorria com Parmênides, seu mutismo olfativo obedece a uma razão geral que nada tem de específico: o descrédito que atinge inicialmente o conjunto dos sentidos. Talvez se explique igualmente por um motivo particular as dificuldades devidas à tese segundo a qual as sensações seriam geradas pelos contrários. Desse ponto de vista ele não está em situação melhor que Parmênides, o qual optou pela posição oposta. O olfato, baseando-se na aspiração, implica, para Anaxágoras, uma dessemelhança entre o que se aspira e o que é aspirado, e é essa dessemelhança que produz a sensação. Anaxágoras, entretanto, permanece muito elíptico quanto a isso e não se detém no olfato porque, sem dúvida, esse é o sentido a respeito do qual sua teoria enfrenta as maiores dificuldades. De fato, ele postula que todas as coisas estão em nós e, notadamente, as qualidades semelhantes. Em nós, é o agudo que percebe o grave, o amargo que percebe o suave, mas, no caso do olfato, é difícil definir os contrários, pois as categorias apresentam uma dimensão menos ontológica que axiológica e ficam muitas vezes limitadas ao bom ou ao mau. Será o fétido que percebe o perfumado? Anaxágoras não se pronuncia a respeito desse assunto e não é, provavelmente, uma lacuna causada pelo caráter fragmentar dos textos que chegaram até nós, pois Teofrasto o censura por ter dedicado suas explicações principalmente aos fenômenos visuais e por não ter insistido a respeito "no caso das sensações atinentes mais estreitamente ao corpo".[20] De qualquer forma, é pelo menos claro que as filosofias do Uno, do ser imutável ou do intelecto puro não são propícias para uma olfatologia, assim como não o são, aliás, para o uso de paradigmas cognitivos baseados nos outros sentidos.

DEMÓCRITO E O EFLÚVIO DE ODOR

Um pensamento do odor tem maiores chances de se desenvolver nas doutrinas do gênero materialista que nas idealistas. É, pelo menos, uma ideia bem difundida, como diz Feuerbach, acreditar que "o toque, o olfato, o sabor

---

19 Cf. Sexto Empírico, Hypotyposes pyrrhoniennes, I, 33, *Les écoles présocratiques*, A, XCVII, p. 642.
20 Teofrasto, Du sens, 37, *Les écoles présocratiques*, A, XCII, p. 640.

são materialistas, são carne; a visão e a audição são idealistas, são espírito".[21] Entretanto, uma filosofia embasada em princípios materialistas não constitui um motivo suficiente, é ainda preciso dar certo crédito aos sentidos. É necessário afastar o esquema simplista segundo o qual o materialismo formaria par com a osmofilia, enquanto o intelectualismo seria anósmico por sua essência. De fato, Parmênides, que não é osmófilo, também pode ser considerado, até certo ponto, como materialista, pois, segundo Aristóteles, ele faz parte daqueles que "invocam, desde o início, dois princípios, o fogo e a terra, e criam intermediários das misturas desses dois elementos: esse é o caso do ar e da água".[22] Além disso, os filósofos antigos incluídos na categoria dos materialistas não atribuem uma posição de destaque ao odor e ao olfato. É, por exemplo, o caso de Demócrito, ainda que desagrade a Michel Onfray, que vê nele "um filósofo emblemático dos fanáticos do nariz (olfato)",[23] um "especialista das coisas nasais".[24] Baseando-se em anedotas relatadas por Diógenes Laércio, o autor da *Arte de gozar* sustenta, de fato que "o olfato do filósofo era tão apurado, a ponto de conseguir perceber, só com as narinas, os vapores de esperma que esvoaçavam nas ruas de Abdera". Assim, uma noite, ele foi capaz de saudar uma moça que passava por lá, em companhia de Hipócrates, dizendo "bom dia, senhorita", que ele substituiu, no dia seguinte, por um estrondoso "bom dia, senhora". Diógenes Laércio, que relata o dito, explica, para esclarecer o enigma, "de fato, a moça perdera a virgindade naquela noite".[25]

Na realidade, Michel Onfray tece uma lenda, pois Diógenes Laércio relata essa anedota[26] sem mencionar a capacidade olfativa do filósofo, e sem atribuir sua perspicácia à percepção de eflúvios de esperma, de modo que essa perspicácia pode ser decorrente tanto de um nariz apurado quanto de uma aguda capacidade de observação. Apoiando-se na obra de L. Bourgey,

---

21   *Contre le dualisme du corps et de l'âme, de la chair et de l'esprit* [Contra o dualismo do corpo e da alma, da carne e do espírito].
22   *De la génération et de la corruption* [Da geração e da corrupção], II, III, 330 b 13, *Les écoles présocratiques*, A, XXXV, p. 336.
23   Cf. *L'art de jouir* [A arte de gozar], *Les contempteurs du nez* [os desprezadores do nariz], p. 97.
24   *Ibidem*, p. 98.
25   *Ibidem*, p. 97.
26   *Vidas*, IX, 41, *Les écoles présocratiques*, A, I, p. 403-404 : "Dizem, também, que Hipócrates estava acompanhado por uma moça que Demócrito saudou, no primeiro dia com um 'bom dia, senhorita' e, no dia seguinte, com um 'bom dia, senhora' e, de fato, a moça perdera, naquela noite, a virgindade."

Observation et expérience chez les médecins de la collection hippocratique [Observação e experiência dos médicos do grupo hipocrático], Jean Salem salienta que esse tema figura no seio do corpo médico, quer em determinados tratados do *Corpus hipocrático* para denunciar certos médicos que "se comprazem em fazer adivinhações extraordinárias, predições prodigiosas", quer entre os discípulos de Hipócrates que se vangloriam de poder diagnosticar um desvio de regime ou de conduta pela simples aparência externa da pessoa.[27] O autor de *La légende de Démocrite* [A lenda de Demócrito] observa, além disso, que em outra versão da mesma anedota não é mais Demócrito, mas o próprio Hipócrates que percebe o defloramento da moça, através de uma simples mudança no seu caminhar.[28]

Demócrito não pode ser considerado um especialista em "coisas nasais", pois não parece ter focalizado especialmente sua reflexão no olfato. Se acreditarmos no catálogo de suas obras, ele escreveu um tratado *Dos sentidos*, outro *Dos sabores* e ainda outro *Das cores* e não se preocupou em redigir um tratado dos odores. O laconismo quanto aos odores valeu-lhe a censura de Teofrasto: "No que concerne ao olfato, ele se limita a dizer que é o eflúvio do sutil oriundo dos corpos pesados que produz o aroma mas, no tocante a saber em que consiste sua realidade natural e qual a causa desse efeito, ele não acrescentou maiores precisões, embora esse fosse, talvez, o ponto mais importante."[29] De fato os fragmentos de Demócrito não comportam informações a respeito da maneira como o eflúvio do sutil se destaca dos corpos pesados, nem sobre a natureza dos vários tipos de odores.

Além disso, Demócrito partilha com Parmênides e Anaxágoras certa desconfiança dos sentidos que estão, como ele confessa, mergulhados nas trevas.[30] Ele distingue o conhecimento legítimo, baseado no intelecto, do espúrio gerado pelos sentidos, e engloba expressamente o olfato nessa segunda categoria: "Há duas formas de conhecimento, uma legítima e outra bastarda. Na segunda, incluem-se, conjuntamente, a visão, a audição, o olfato, o sabor e o tato. Pelo contrário, a forma legítima é distinta."[31] O conhecimento espúrio é assim considerado, pois ele é incompleto e falta-lhe fineza e sutileza. Os sentidos não percebem além de determinado patamar e não possuem, portanto, um discer-

---

27 Cf. *La légende de Démocrite* [A lenda de Demócrito]. Paris: Kimé, 1996. p. 75-76.
28 *Ibidem*, p. 76, ver também a nota 3, p. 76 e 77.
29 Teofrasto, Du sens, 82, *Les écoles présocratiques*, A, CXXXV, p. 474.
30 Cf. *Les écoles présocratiques*, B, CXLV, p. 542.
31 Citado por Sexto Empírico, Contra os matemáticos, VII, 138, *Les écoles présocratiques*, B, XI, p. 500.

nimento infalível. A desconfiança a respeito dos sentidos deve-se igualmente ao fato de que as qualidades sensoriais não exprimem a natureza das coisas, mas apenas a maneira como elas nos tocam e como nós as qualificamos, por meio da linguagem. "Não apreendemos nada firme e garantido, mas apenas o que nos afeta de conformidade com a disposição de nosso corpo e (as coisas) que o atingem ou lhe oferecem resistência."[32] Para Demócrito, as qualidades sensoriais não são reais, mas são puras convenções relativas. A única realidade são os átomos e o vazio partindo dos quais se constituem todos os corpos.[33] Assim, a cor não existe e remete às figuras dos átomos que produzem as impressões sensoriais.[34] O branco e o preto, por exemplo, se reduzem ao liso e ao rugoso. O vermelho é formado por grandes figuras com a mesma natureza daquela do quente, enquanto o verde provém da mistura simultânea de sólido e de vazio. Também os sabores se reduzem às figuras.[35]

Dado que são principalmente os sabores e as cores que constituem o objeto da análise, podemos indagar o que ocorre com os demais sentidos, especialmente com o olfato. As qualidades sensoriais são todas elas, redutíveis a figuras? Demócrito não o declara expressamente. Embora se atenha principalmente às relações entre sabores e figuras, ele engloba todos os sentidos na mesma categoria. São afecções dos sentidos que não possuem realidade natural. De cada sentido alterado nasce uma imagem sensorial. Essa alteração é produzida, essencialmente pela configuração dos átomos, se acreditarmos, pelo menos,

---

32 Citado por Sexto Empírico, *Contra os matemáticos*, VII, 135-156, *Les écoles présocratiques*, B, IX, p. 500.
33 De fato, diz ele, "são convenções o doce e o amargo, o quente e o frio ou a cor; na realidade, os átomos e o vazio", *ibidem*, *Les écoles présocratiques*, B, XI, p. 499.
34 Cf. Aécio: "Demócrito diz que, por natureza, não existe cor. Pois os elementos são desprovidos de qualidade, quer se trate dos compactos, quer do vazio. São os compostos com esses elementos que são coloridos, pela reunião, pelo ritmo e a modalidade relativa, isto é, a ordem, a figura e a posição: de fato, as imagens dependem delas." Opiniões, I, XV, 8, *Les écoles présocratiques*, A, CXXV, p. 459.
35 Cf. Teofrasto: "Demócrito, ao atribuir uma figura a cada (sabor), considera doce o que é redondo e bem proporcionado; o amargo é formado pelo grande, pelo que é rugoso, poligonal, mas não arredondado; o ácido, como indica o próprio nome, é formado pelo que é agudo, anguloso, em forma de gancho, sutil, mas não arredondado; o acre é formado pelo que é, ao mesmo tempo, arredondado, sutil, anguloso e em forma de gancho; o salgado é formado pelo que é anguloso, medianamente torcido e isósceles; o picante é formado pelo que é arredondado, leve, torcido, mas de tamanho pequeno; o gorduroso é formado pelo que é sutil, redondo e pequeno." Causes des plantes [Causas das plantas], VI, I, 6, *Les écoles présocratiques*, A, CXXX, p. 460-461.

no testemunho de Teofrasto: "Ele refere os sensoriais, como todo o resto, às figuras, só que não indica as formas de todos os sensoriais, mas se prende, principalmente, aos sabores e às cores."[36] O autor do tratado *Dos odores* critica essa lacuna e pergunta-se "por que, então, Demócrito liga [...] os sabores ao paladar, e não liga [...] da mesma forma os odores e as cores [...] aos sentidos que os percebem [...]. Pois ele deveria fazê-lo, partindo das figuras."[37]

Esse laconismo e esse caráter lacunar que Teofrasto nele censura[38] não são, entretanto, indício de um desprezo ou negação do olfato. Ainda que não se demore a seu respeito, mesmo assim, Demócrito observa o odor e o define como sendo uma espécie de eflúvio emitido pelos corpos pesados. O odor é o eflúvio de sutil e remete, portanto, graças a sua leveza, a uma composição atômica particular. O leve é aquilo que se compõe de átomos muito pequenos, contendo mais vazio do que o pesado.[39] O odor se aparenta aos compostos mais sutis, notadamente aos compostos brilhantes,[40] ou ainda, os compostos ígneos, como a alma. O fogo é, de fato, o mais sutil dos elementos,[41] e a alma, que é corporal, é um composto ígneo[42]. Assim, o odor tem uma natureza próxima à da alma e entendemos por que os herdeiros de Demócrito estabele-

---

36 Du sens, 64, *Les écoles présocratiques*, A, CXXXV, p. 467.
37 Cf. Teofrasto, Des odeurs, op. cit., *Les écoles présocratiques*, A, CXXXIII, p. 462.
38 Segundo Pierre-Marie Morel, em seu artigo ainda não publicado, "Odor e sutileza, hipótese a respeito da teoria do olfato em Demócrito" essa censura de Teofrasto não está verdadeiramente fundamentada, pois se o odor é o eflúvio do sutil proveniente dos corpos pesados, ele não remete às formas das figuras, como os sabores, mas se explica pela oposição do pesado e do leve. De fato, como confessa Teofrasto, para Demócrito, "o leve é simplesmente o sutil" (Du sens, 62, *Les écoles présocratiques*, A, CXXXIII, p. 467). Ora, segundo o mesmo Teofrasto, para Demócrito, o leve e o pesado não se distinguem em função da figura, mas do tamanho: "Para o que diz respeito ao leve e ao pesado, Demócrito os distingue por meio do tamanho, pois se fossem discriminados individualmente 'cada um dos átomos', ainda que eles diferissem, então, nas figuras, seu peso natural deveria ser função dos respectivos tamanhos" (*ibidem*, 61, p. 466-467). É, portanto, normal que, nessas condições, Demócrito não assimile os odores às diferenças de figuras. Para Pierre-Marie Morel, os odores estão ligados a uma diferenciação do leve e do pesado e se manifestam quando o sutil – que, segundo Teofrasto (Du sens, 59), a maioria dos físicos concorda em relacionar como movimento para o alto – sobe dos corpos.
39 Cf. Teofrasto, Du sens, 61, *Les écoles présocratiques*, A, CXXXV, p. 467.
40 *Ibidem*, 75, p. 472.
41 Cf, *Les écoles présocratiques*, A, C I, p. 450.
42 Cf. Aecius, Opinions, IV, III, 5, *Les écoles présocratiques*, A, CIII, p. 452.

cerão uma analogia entre alma e perfume. Se é excessivo considerar Demócrito como um especialista das coisas nasais, é preciso, no entanto, reconhecer em sua doutrina a presença de elementos capazes de contribuir para a valorização do olfato e da sua instituição em modelo de inteligibilidade.

Nessa lógica, é preciso notar que o reconhecimento do caráter convencional e espúrio da sensação não é acompanhado, em Demócrito, por uma diatribe contra os sentidos, em proveito da razão. Por outro lado, existe uma continuidade e não uma ruptura entre os sentidos e a razão. A passagem do sensorial ao racional consiste em uma progressão que se estende do menos ao mais sutil. A diferença entre sentido e razão é mais uma diferença de grau de acuidade do que uma diferença radical de natureza. Assim, contestar os sentidos é refutar, também, a razão, que se apoia neles e que precisa dessa base para começar a especular. Galeno cita, a esse respeito, um texto de Demócrito no qual os sentidos se dirigem ao entendimento nos seguintes termos: "Miserável razão, é de nós que tiras os elementos de tua crença e pretendes nos refutar? Destróis a ti mesmo, pretendendo nos refutar."[43]

Por outro lado, não se deve atribuir à razão uma posição suprema e superior, pois, para Demócrito, ela também é passível de dúvidas. De fato, a natureza esconde a verdade em uma profundidade inacessível. "Na realidade, não sabemos nada, pois a verdade está no fundo do poço."[44] Estamos separados da realidade por cânone. Eis por que Demócrito se mostra muito crítico a respeito da demonstração e dos dogmáticos.[45] A razão e os sentidos devem se associar e aperfeiçoar. Demócrito não procura negar os sentidos. Longe de recusar-lhes um papel cognitivo, ele se propõe a reforçar, a legitimar, por assim dizer, o conhecimento espúrio, reforçando sua acuidade. Ainda que nos criticando, ele se propõe, nas Confirmações, a "fornecer aos sentidos a força de um testemunho digno de fé".[46] Encontramos, portanto, em Demócrito, uma das condições *sine qua non* para o aparecimento de uma filosofia olfativa.

Certamente, essa condição não é suficiente, é preciso lembrar que, segundo a lenda, o filósofo de Abdera é aquele que vazou voluntariamente

---

43 De la médecine empirique [Da medicina empírica], fgm, ed. H. Schöne, 1259, 8. *Les écoles présocratiques*, B, CXXVI, p. 530.
44 Diógenes Laércio, Vidas, IX, 72, *Les écoles présocratiques*, B, CXVII, p. 527.
45 Cf. Sexto Empírico, *Contra os matemáticos*, VIII, 327, *Les écoles présocratiques*, B, XI, p. 500.
46 Sexto Empírico, *Contra os matemáticos*, VII, 136, *Les écoles présocratiques*, B, XI, p. 499.

os próprios olhos, para escapar das diversões e ilusões da visão. Entretanto, Demócrito não condena o uso dos sentidos e, em especial, do olfato. Podemos efetivamente pensar que a percepção da natureza do odor é um bom exercício de sutileza e prepara para farejar a verdade. Se as qualidades sensoriais não existem, mas resultam da combinação dos átomos, das suas figuras, tamanhos, posições e ritmos, elas nos informam, entretanto, sobre o que acontece no real, em função das modificações das composições atômicas.

Nesse aspecto, o olfato pode ter um papel notável, como mostra o episódio tocante ocorrido na morte de Demócrito, relatado por Diógenes Laércio e, também, por Ateneu, com pequenas diferenças. Qualquer que seja seu significado, essa anedota famosa atesta a importância vital do odor. Muito idoso e quase falecendo, em plena metade das Termofórias, Demócrito é implorado por sua irmã de não morrer durante as festas, para não perturbar as cerimônias e as devoções em louvor à deusa. "'Tenha confiança diz-lhe ele, e traga-me todos os dias pães quentes' ou mel, segundo a versão de Ateneu. Aspirando-os, ele conseguiu sobreviver durante todo o período das festas. Quando esses dias – eram três – passaram ele deixou a vida, sem tristeza, com idade de cento e nove anos, relata Hiparco."[47] Demócrito é, pois, o filósofo que se alimenta com odores para adiar a morte durante três dias e que "soube regalá-la com o aroma dos pães quentes", de acordo com a fórmula de Diógenes Laércio. Essa anedota não se reduz a uma simples "brincadeira olfativa", como pensa Michel Onfray,[48] ela tem um alcance muito maior, pois procura mostrar o poder do odor, que permite adiar a morte e manter o equilíbrio vital. De fato, para Demócrito, a vida é explicada pelo movimento de átomos esféricos e sutis, da alma, que se espalham em todo o composto corporal. Ela implica que o homem faça provisão de átomos esféricos necessários para sua conservação, captando-os no ar ambiente, por meio da respiração. O odor de pão como eflúvio sutil, de natureza próxima à dos átomos da alma é, pois, capaz de alimentar o composto corporal, de restabelecer um equilíbrio ameaçado e de adiar a morte.

Paralelamente a essa explicação fisiológica, pode-se interpretar essa lenda como um sinal do caráter divino de Demócrito e da possibilidade de construir uma mitologia olfativa. De fato, na Antiguidade, são os deuses que se nutrem de odores e notadamente da fumaça das oferendas que os homens fazem subir até eles. Um festim de odores é um festim de deuses. Contentando-se em

---

47 Diógenes Laércio, Vidas, IX, 43, *Les écoles présocratiques*, A, I, p. 404.
48 Cf. *L'art de jouir*, p. 98.

inalar o odor para sobreviver, Demócrito já ascende ao nível dos imortais e se mostra como um deus entre os homens.

Abstraindo-se essa interpretação que Epicuro partilharia sem dúvida, não deixa de persistir, pelo menos, que Demócrito ocupa na tipologia olfativa uma posição mediana entre a anosmia e a hiperosmia. Seu materialismo é uma condição necessária, mas não suficiente para ver surgir uma filosofia do olfato. Tentando combinar sentido e razão e dirigindo a atenção para o conceito de eflúvio, ele nos coloca no caminho de um materialismo olfativo que os filósofos mais antigos haviam esboçado.

De fato, é principalmente no quadro de certo tipo de materialismo, sensível ao devir, aos elementos do ar ou do fogo, aos eflúvios e à respiração que uma filosofia olfativa pode se desenvolver. É porque precisamos voltar-nos para as Escolas de Jônia ou para a Itália a fim de descobrir uma verdadeira osmofilia que Heráclito e Empédocles alimentaram, mais que quaisquer outros.

HERÁCLITO OU A RESPIRAÇÃO DA RAZÃO

Segundo Júlio Polux, "aroma e eflúvio parecem ser, para muitos, belas palavras: mas são poéticos e pertencem aos falares jônico e eoliano".[49] Então, talvez seja preciso procurar entre os filósofos jônicos aquilo que irá tornar-se um conceito definitivo na teoria da sensação e da percepção, isto é, o eflúvio (*aporreon*), No entanto, não encontramos qualquer vestígio disto em Tales de Mileto, Anaximandro ou Heráclito. Porém, encontramos no último dos três uma teoria da exalação (*anathumiasis*)[50] e da respiração que dá muita importância ao nariz.

---

49 Lexico, II, 76, op. cit., *Les sophistes, Fragments et témoignages* (Os sofistas, Fragmentos e testemunhos), traduzidos e apresentados por Jean-Paul Dumont, PUF, Sup, p. 165. Júlio Polux acrescenta que esse falar só se encontra em Antifonte, o sofista, sensível ao múltiplo, à experiência, e oposto ao Uno de Parmênides. Nos raros fragmentos que foram conservados encontra-se uma referência interessante ao olfato. Entre os argumentos que Antifonte usa para estabelecer a igualdade entre os homens, figura especialmente o fato de que todos nós respiramos o mesmo ar, pelas narinas. Cf. *Les sophistes, Fragments et témoignages*, p. 177.

50 Os dois conceitos de eflúvio e de exalação parecem ter um papel epistemológico análogo, se acreditarrmos em Aristóteles, o qual assinala que os filósofos antigos "invocavam a exalação assim como se referiam aos eflúvios. Portanto, se esses últimos são invocados erroneamente, é igualmente o caso de exalação". *De la sensation*, 5, 443b1.

Em virtude de sua doutrina do mobilismo universal, Heráclito não pode deixar de se interessar pelos fenômenos sensoriais que trazem a marca do devir, e particularmente ao odor e à sua evanescência. Ele compartilha, decerto, a reticência dos filósofos racionalistas que se negam a dar crédito total aos sentidos, e mantém o primado da razão. Segundo Sexto Empírico, "Heráclito, por ainda crer que o homem dispõe de dois órgãos para conhecimento da verdade, a sensação e a razão, estimava, como os filósofos da natureza citados, que desses dois órgãos, a sensação não é digna de credibilidade, ao passo que propunha a razão como critério. De fato, ele recusa a sensação, dizendo textualmente: os olhos e as orelhas são más testemunhas para as almas, surdas para suas linguagens".[51] É preciso notar, mais uma vez, que a crítica de Heráclito se dirige menos aos sentidos que à alma, a qual não ouve o que eles dizem. Assim, *ao contrário*, a sensação pode ser uma boa testemunha se a alma souber escutar e decodificar as informações fornecidas. Longe de desprezar os sentidos e de considerar seus aportes como insignificantes, Heráclito afirma que "as coisas que podemos ver, ouvir ou das quais podemos ter experiência são aquelas que (ele) prefere".[52] Ele faz, especialmente da visão e da audição, dois instrumentos de conhecimento e de ação, privilegiando a visão à audição devido a sua maior exatidão. Mas essa hierarquia não vem acompanhada da negação dos demais sentidos. De modo geral, Heráclito estima que os sentidos estão na origem do conhecimento. "Também a sensação, para o homem, por meio das sete figuras. A audição é o órgão do som, a vista, dos visíveis, as narinas, dos odores, a língua, do sabor ou da repugnância, a boca, da linguagem, o corpo, do toque e 'o órgão' do sopro quente ou frio, 'são' as passagens para o exterior e para o interior. Por eles, o conhecimento chega aos homens."[53]

Longe de ser desqualificado, o olfato pode, também ele, discernir as diferenças entre as coisas e delas dar conhecimento. O filósofo de Éfeso afirma, de fato, que, "se todas as coisas se tornassem fumaça, seria pelas narinas que nós as conheceríamos".[54] Ele não se limita a dizer que o nariz perceberia confusamente as coisas, mas que ele as conheceria e as discerniria. Esse fragmento enigmático confere um privilégio ao nariz, em relação à vista, ainda mais surpreendente, já que as fumaças podem ser percebidas não só pelos

---

51   *Contra os matemáticos*, VII, 126, *Les écoles présocratiques*, A, XVI, p. 61.
52   Hipólito, Réfutation de toutes les hérésies [Contestação de todas as heresias], IX, 9, *Les écoles présocratiques*, B, LV, p. 78.
53   Hipócrates, Du régime, I, 23, *Les écoles présocratiques*, C, I, p. 104.
54   Aristóteles, De la sensation [Da sensação], 5, 443a23, *Les écoles présocratiques*, B, VII, p. 67.

seus odores, mas também pelas suas formas e cores. Ele propiciou numerosas interpretações que concordam, entretanto, em conferir, em graus diversos, um estatuto cognitivo ao olfato, no quadro da hipótese da transformação de todas as coisas em fumaça.[55] Por mais inverossímil que pareça, essa hipótese não é totalmente absurda no pensamento de Heráclito, pois, estando as coisas permanentemente em devir, o mundo existente acaba inflamando--se em uma grande conflagração universal e podemos ver, então, que todas as coisas se tornam fumaça. De fato, como farão ulteriormente os Estoicos, "Heráclito pensa também, que, em dado momento, o mundo se inflamará e que, em outro momento, ele se reconstituirá novamente, de si mesmo, a partir do fogo [...]".[56] É verdade que, nesse caso, o mundo sensorial seria destruído a tal ponto que nenhum corpo vivo dotado de narinas poderia sentir a fumaça nem exercer seu discernimento. Além disto, ao contrário do que admitem implicitamente os comentadores, para os quais não há fumaça sem fogo, não é certo que a fumaça de que falamos seja necessariamente produto de uma combustão.

No contexto aristotélico, do qual foi extraída a frase "se todas as coisas se tornassem fumaça, as narinas as conheceriam" é citada a respeito da teoria daqueles que consideram o odor uma exalação esfumaçada, comum tanto à terra quanto ao mar, teoria essa geralmente imputada a Heráclito. Ela subentende que o odor é um tipo especial de exalação, uma exalação fumarenta, mas essa fumaça não tem ligação com o fogo, e sim, com a terra e o mar por um lado, com o ar e a terra, por outro.[57] A assimilação do odor à fumaça e vice-versa deve ser entendida nesse contexto. A fumaça referida aqui não é forçosamente visível. O primado do olfato sobre a vista pode ser assim explicado pela invisibilidade da fumaça, por dois motivos. Primeiro, as exalações esfumaçadas se aparentam, por sua própria natureza, as evaporações imperceptíveis ao olho e nada têm dessas fumaças brancas, verdes ou

---

[55] Para uma comparação crítica das interpretações, ver o comentário de Marcel Conche, *Héraclite, Fragments*. PUF, 1986. p. 273-275. Ver igualmente o comentário de J. Bollack e H. Wisman, *Héraclite et la séparation* [Heráclito e a separação]. Editions de Minuit, 1972. p. 77-78, que interpretam esta frase como uma hipótese procurando mostrar que, se o fogo elementar, princípio da física, triunfasse de todas as coisas, ele deixaria, diferentemente do fogo lógico que não deixa resto, um vestígio sensorial, a aparência que é a fumaça. As narinas poderiam diferenciar as coisas do nada, na ausência de qualquer outra forma.

[56] Simplício, Commentaire sur le Traité do Ciel [Comentário sobre o Tratado do Céu], 94, 4, *Les écoles présocratiques*, A, X, p. 58.

[57] Aristóteles, *De la sensation*, 5, 443a23-30.

pretas resultantes da combustão. Segundo, ainda que devêssemos tratar de exalações ígneas, elas não seriam visíveis porque, se *todas* as coisas virassem fumaça, o fogo, a luz, o olho, a visão, ... tudo desapareceria por trás dessa cortina de fumaça e nada mais seria visível. O nariz se vê, portanto, reconhecido como tendo um papel essencial e, para além do nariz, é a totalidade dos sentidos que são postos em destaque.

    Decerto, como lembra Marcel Conche, "as coisas não sendo apenas fumaça, as narinas não bastam para conhecê-las".[58] Os demais sentidos são necessários e a inteligência, única a perceber a unidade dos opostos que regem o mundo, deve instruí-los. Isso não impede que, no mundo sensorial de Heráclito, o nariz seja muito solicitado, pois não faltam exalações. O fogo elementar é o princípio de todas as coisas; elas nascem das suas transformações e são destruídas pela conflagração. O mundo vem do fogo e morre pelo fogo. A alma do mundo é uma exalação a partir da qual se constituem as outras coisas. Segundo Aécio, "Heráclito dizia que a alma do mundo é uma exalação proveniente dos princípios úmidos que estão nele e que aquela existente nos animais provém simultaneamente da exalação exterior e da interior, tendo ambas a mesma natureza".[59] A alma humana, também ela, é uma exalação sensorial úmida, ela escoa e se espalha como um rio.[60] O conceito de exalação é, pois, central para entender a natureza da alma do mundo e daquilo que dela decorre. Ele é até duplamente necessário para circunscrever a alma do vivente que resulta, ao mesmo tempo, de uma exalação exterior e interior. O mundo de Heráclito é cheio de sopros, de exalações, de fumaças, dos quais ele se alimenta. Assim, o trovão resulta dos turbilhões e das nuvens, do choque dos sopros contra as nuvens; os raios provêm da combustão das exalações e os temporais são produzidos pelos incêndios e as extinções das nuvens.[61] Os astros se alimentam das exalações provenientes da terra.[62] É preciso, portanto, ser permanentemente sagaz, aspirar e pressentir os fenômenos. Decerto, nem toda exalação é conhecível pelo olfato, é preciso distinguir a exalação úmida da fumacenta, que é o odor. Todavia, a introdução do conceito de exalação para dar conta da constituição das coisas dificilmente pode ser inteligível e legitimada sem ser contida pelo modelo olfativo do odor, que lhe dá corpo e a sustenta, provando o princípio da existência de emanações

---

58   Heráclito, *Fragmentos*, p. 275.
59   Opinions, IV, III, 12, *Les écoles présocratiques*, A, XV, p. 61.
60   Cf. *Les écoles présocratiques*, B, XII, p. 69.
61   Cf. Aécio, Opinions, III, III, 9, *Les écoles présocratiques*, A, XIV, p. 60.
62   Cf. Aécio, Opinions, II, XVII, 4, *Les écoles présocratiques*, A, XII, p. 59.

invisíveis e permitindo sua extensão a fenômenos que não seriam perceptíveis pelo nariz. O nariz pode servir, pois, de norma para cheirar o invisível.[63]

Para Heráclito, o nariz intervém na teoria do conhecimento de duas formas: a função olfativa possibilita-lhe captar as exalações de odores e a função respiratória que lhe permite ficar em contato com a razão divina. Pelo nariz, respiramos a inteligência, e a verdade nos é insuflada. De fato o critério da verdade é a razão divina comum. O homem não é razoável em si mesmo, mas apenas por participar do fogo celeste, esse *logos* divino que se estende a todas as coisas. Essa participação realiza-se notadamente pela respiração e implica essencialmente o nariz e todos os poros do corpo. Segundo Heráclito, "É atraindo para nós essa razão divina, pela respiração, que nos tornamos inteligentes e que, embora mergulhados no esquecimento do sono, recuperamos nossos sentidos ao acordar. Pois, durante o sono os poros dos sentidos ficam fechados e o intelecto que está em nós fica separado da comunidade que mantemos com o envoltório celeste, permanecendo a respiração como único meio de comunicação, como uma raiz. Assim separado, o intelecto perde o poder de memória que possuía antes.[64] A razão se comunica a todos pela respiração, e seu poder é função desse contato com o envoltório celeste pelos poros do corpo e pelas narinas. O *logos* penetra a alma humana com um sopro quente e úmido por meio do qual se comunicam todos os seres. Quer se faça pela pele, pela boca ou pelo nariz, a respiração é, portanto, necessária para manter a comunidade com o *logos* divino e para alimentar nossa inteligência. Durante o sono, o nariz é, até, o único meio de alimentar nosso intelecto e de recuperar nossas faculdades ao acordar. Ele é o antídoto contra essa separação da razão comum que causa erro. Assim, tampar o nariz é desligar-se das raízes do verdadeiro, é perder o mundo dos que

---

[63] É esse, talvez, um dos significados possíveis do misterioso fragmento de Heráclito relatado por Plutarco, fragmento segundo o qual "as almas farejam em Hades", La face visible de la lune [A face visível da lua], 28, 943E, *Les écoles présocratiques*, B, XCVIII, p. 88. Segundo J. Bollak e H. Wisman, a frase deveria ser traduzida pela fórmula: "Os sopros sentem o invisível" pois "καθ'"Αιδην não designa a região dos Infernos; a preposição καθα introduz o complemento de objeto indireto do verbo *sentir*: *seguindo a pista, do lado de* [...]. Liberado do locativo, ficamos livres, ao mesmo tempo da escatologia que pesava, ainda, sobre esse fragmento [...]. Citando o fragmento, Plutarco só localiza o Hades na exalação *invisível* que sobe até as almas secas 'do alto'. O nome mítico assume a única acepção que ele tem na cosmologia antiga. É, em Heráclito, o lugar onde se aliena a claridade do fogo, o in-visível". Op. cit., p. 98.

[64] Sexto Empírico, *Contra os matemáticos*, VII, 129, *Les écoles présocratiques*, A, XVI, p. 62.

estão acordados, que é uno e comum, para fechar-se nos sonhos e ocos de seu próprio antro.

Com Heráclito trata-se de aspirar a razão, enchendo as narinas e os pulmões. Respirar é participar do divino e comunicar-se com ele. O nariz e a boca, na qualidade de órgãos, são investidos de um papel essencial tanto nesse nível quanto no do inteligível. Nesse sentido, a olfação nada mais é que o devir da inteligência que circula da razão para o nariz. Com Heráclito, encontramos, portanto, uma filosofia das narinas que conjuga a exalação e a inalação do verdadeiro. A verdade pode não ter odor, mas ela tem sopro e provém de uma inspiração. O homem não mente como respira, ele diz verdades na proporção da sua respiração. Trata-se, pois, de abrir ao máximo o nariz, para deixar passar a verdade.

A PANOSMIA DE EMPÉDOCLES

Se Heráclito pode ser considerado o patrono de uma filosofia olfativa, Empédocles é, sem contestação, o promotor e o maior artífice dela. De fato, é no filósofo de Agrigento que se encontram as condições epistemológicas mais favoráveis para a elaboração de um pensamento do olfato. Enquanto as teorias examinadas precedentemente estabelecem em graus variados uma distinção entre conhecer e sentir, e conservam, sempre, certa desconfiança do sensorial, Empédocles reconcilia os sentidos com a inteligência, pois ele proclama que são unidos e solidários, não podendo ser dissociados. "Os antigos, pelo menos, declaram que pensar e sentir são idênticos, como disse justamente Empédocles: a inteligência [...] perceber."[65] Essa identidade entre pensar e perceber implica uma correlação entre as disposições físicas e as aptidões mentais, de modo que qualquer mudança no corpo é acompanhada por uma mudança do espírito. Empédocles afirma expressamente que, "quando mudamos de disposição física, nosso pensamento muda".[66] Segundo Porfírio, ele concebe um enraizamento do pensamento nos órgãos a tal ponto que, a seus olhos, o sangue é o órgão onde reside a consciência. "O sangue, circulando nos homens, na região do coração, é isso o pensamento."[67] Pondo fim à oposição entre pensamento e sentir, Empédocles oferece um modelo possível entre a razão e o olfato.

---

65   Aristóteles, Tratado da alma, III, III, 427a21, *Les écoles présocratiques*, B, CVI, p. 224.
66   *Ibidem*.
67   *Les écoles présocratiques*, B, CV, p. 224.

Esse modelo não se fundamenta apenas na tese segundo a qual pensar e sentir são a mesma coisa: ele tem por base o reconhecimento de uma especificidade do olfato. Não basta, realmente, indicar a identidade do conhecer e do sentir para poder promover o nariz. É preciso, ainda, que ele possua uma função própria e não seja eclipsado pelos outros órgãos dos sentidos. Uma filosofia olfativa só pode desenvolver-se no quadro de uma teoria da sensação que não se reduza à sinestesia e que se demore na particularidade irredutível de cada sentido. Essa condição se encontra perfeitamente atendida por Empédocles, para quem o princípio da sensação reside na adaptação e harmonização dos eflúvios provenientes das coisas aos poros próprios de cada sentido. É a combinação da teoria dos eflúvios emanando dos corpos e deles trazendo os vestígios das propriedades com uma teoria original dos poros que vai conduzir ao reconhecimento de uma função específica do olfato. Para entendê-la, é preciso lembrar que o filósofo de Agrigento se insere na corrente de pensamento para a qual a sensação é produzida pelo semelhante. É por ser a alma constituída de todos os elementos que ela pode percebê-los, pois o conhecimento é o conhecimento do semelhante pelo semelhante. "De fato, diz ele, pela terra percebemos a terra; pela água, a água; pelo Éter, o divino Éter; pelo fogo, o fogo devorando tudo; pela Afeição, a Afeição; e é pelo Ódio destrutivo que vemos o Ódio".[68]

A sensação resulta de uma harmonia entre os objetos e os poros de cada sentido. Essa harmonia se torna possível devido à semelhança entre o que produz a sensação e aquilo que a recebe. Da mesma forma, cada sentido é incapaz de julgar dados adaptados para os demais sentidos, pois seus poros, ora demasiadamente largos, ora pequenos demais, não são da mesma natureza e não deixam penetrar os mesmos dados.[69] Cada sentido possui, portanto, sua especificidade, pois foi proporcionado para os dados do real e está no mesmo nível dele. A sensação visual chega aos homens pore meio de raios ou, com maior frequência, de imagens constituídas pelos eflúvios.[70] As cores chegam à vista por meio de eflúvios que escapam das coisas existentes e se encaminham para os poros do olho. Por meio dos poros do fogo enxergamos os objetos brancos e, por meio dos poros da água, os pretos. Certos eflúvios se harmonizam com os poros, outros são grandes ou pequenos demais. Assim, conforme a maior ou menor proporção da água ou do fogo que compõem a vista, a percepção vai variar. Os animais nos quais pre-

---

[68] Aristóteles, *Tratado da alma*, I, II, 404b, 8, CIX, p. 225.
[69] *Les écoles présocratiques*, A, LXXXVI, 7, p. 171.
[70] Cf., *ibidem*, A, XC, p. 179.

domina o fogo enxergam melhor à noite, os outros, de dia.[71] Os olhos azuis, que contêm mais fogo, segundo Empédocles, são mais nictalópicos que os olhos escuros, mas menos aguçados que eles durante o dia. A melhor visão ocorre quando há igualdade de quantidades dos dois elementos, resultando na constituição do olho com melhor adequação aos tamanhos e à natureza dos eflúvios. A audição se dá pelo choque dos sons externos que agitam o ar, de forma que o sopro se repercute e faz ressoar a cartilagem suspensa no interior da orelha, como se fora um sino.[72] Em virtude do principio segundo o qual o semelhante conhece o semelhante, Empédocles supõe que existem sons internos ao ouvido, o que lhe valeu críticas de Teofrasto, que não vê como esse som interno pode ser provocado.[73]

Se Empédocles não se detém no paladar e no tato, limitando-se a uma explicação geral, válida para todos os sentidos, ele dedica, pelo contrário, uma atenção muito especial ao olfato, Ele pode até ser considerado como modelo de uma "panosmia" generalizada, pois proclama que "tudo tem sua parte de sopro e de odores".[74] Essa fórmula, que atribui a todas as coisas sopro e odor, implica ao mesmo tempo a respiração e a emissão de eflúvios odorantes. Para Empédocles o olfato é produzido pela respiração, cujo funcionamento se assemelha ao de uma clepsidra.[75] O filósofo de Agrigento estabelece uma proporção de um lado, entre a acuidade e a velocidade do sopro e, de outro, entre a tenacidade do odor e a sutileza e a leveza dos corpos. "O olfato é produzido pela respiração. Eis por que o olfato mais agudo encontra-se nos animais que têm o ofegar mais rápido. Por outro lado, o odor mais abundante emana dos corpos mais sutis e mais leves."[76] De modo geral, o odor resulta

---

71 A esse respeito, ver *Les écoles présocratiques*, A, LXXXVI, p. 171 e XCI, XCII, p. 179-180.
72 Cf. *ibidem*, A, LXXXVI, 9, p. 172 e XCIII, p. 180.
73 Cf. *ibidem*, A, LXXXVI, 21, p. 176.
74 Teofrasto, Du sens [Do sentido], 21, *Les écoles présocratiques*, A, LXXXVI, p. 176.
75 Cf. Aécio, Opinions, IV, XXII, I, *Les écoles présocratiques*, A, LXXIV, p. 165. Segundo Aécio, "A explicação do mecanismo da respiração que prevalece nos nossos dias é a seguinte: ao afluxo do sangue à flor da pele, por assim dizer, comprime muito, ao escoar, o ar que circula nas narinas. Em seguida dá-se o refluxo, a expiração, e, quando do movimento inverso, o ar entra para ocupar o espaço liberado pelo sangue, é a inspiração. 'Empédocles' compara esse fenômeno ao funcionamento da clepsidra."
76 Teofrasto, Du sens, 9, *Les écoles présocratiques*, A, LXXXVI, 9, p. 172. Esta tese segundo a qual o olfato resulta da respiração lhe valeu, aliás, as críticas de Teofrasto, que assinala haver certos animais dotados de olfato que não respiram. Du sens, 21.

de uma emissão de eflúvios vindos das coisas e inspirado pelas narinas. Ele se introduz nos poros das narinas, misturado às inspirações do pulmão. Empédocles estabelece uma proporção entre o ar exterior e os poros. Os eflúvios odorantes se ajustam aos poros e podem penetrar no corpo, ou não. Assim, quando a respiração torna-se difícil, no caso de resfriado, por exemplo, o odor não passa porque os poros estão entupidos. Mas a tese segundo a qual toda coisa inspira e desprende odores não mobiliza, simplesmente, à função olfativa, ela concerne o próprio processo vital. A inspiração do ar é necessária para a manutenção da vida, enquanto a emissão de eflúvios odorantes está ligada ao enfraquecimento da vida e à deterioração das coisas.[77] O sopro é sinal de vida, ao passo que o odor é sinal de morte.[78]

Se tudo tem uma parte de sopro e outra de odores, é preciso, então, devolver ao olfato o que lhe pertence. Toda a doutrina de Empédocles consiste em definir a parcela que cabe legitimamente a cada sentido na teoria do conhecimento. Trata-se, para a razão, de saber identificar o grau de validade de cada sentido no seu domínio próprio. Empédocles não acorda sem reserva sua confiança aos sentidos, mas ele a proporciona à natureza do objeto estudado. Se só os semelhantes se conhecem entre si, é preciso proporcionar o uso dos sentidos à natureza dos objetos. Cada sentido não pode reconhecer as sensações de outro e possui sua esfera de competência legítima, na qual os outros não têm direito de penetrar. Eis por que Empédocles é aquele que denuncia a hegemonia da visão e da audição, que critica a ultrapassagem dos respectivos limites e restabelece o equilíbrio: "Abra bem abertos teus sentidos por onde a evidência aparece flagrante. No entanto, desconfia do crédito excessivo que se dá à vista, preferindo-a à audição e desconfia da preferência que se dá à audição, murmurante de ecos, sobre o paladar. Não excluas tampouco a participação dos outros sentidos quando é por eles que vem o conhecimento; mas saiba, também, reconhecer direito a via pela qual o objeto revela sua natureza".[79] É preciso, portanto, encontrar o bom caminho

---

77 Cf. Plutarco, Questions naturelles [Questões naturais] 19, 916 D, *Les écoles présocratiques*, B, LXXXIX, p. 217.
78 Ver, a esse respeito, J. Bollak, Empédocles I, *La métamorphose du sang* [A metamorfose do sangue]. Editions de Minuit, 1965. p. 236-237: "O aspirado irriga o corpo e resfria o sangue." Ele repara as perdas, enquanto o odor e a expiração são sinais de deterioração interrompida dos seres. O sopro e o odor se opõem e se completam. A vida das misturas oscila entre a continuação e a morte pelo aporte e a retirada dos eflúvios,
79 Sexto Empírico, Contra os matemáticos, VII, 124, *Les écoles présocratiques*, B, III, p. 183.

e usar as narinas para tudo o que tem uma parte de sopro e de odores. Empédocles é, também, o exemplo da sagacidade que salva a vida e que afasta a morte. Ele protegeu os habitantes de Agrigento que lhe dedicaram um reconhecimento e uma admiração sem limites, pois ele soube pressentir as catástrofes e encontrar os meios de evitá-las, levando em conta a parte do sopro dos odores.

Todas as coisas têm uma parcela de sopro. Mais do que qualquer outro, Empédocles o soube; é graças à sua percepção e ao seu conhecimento do sopro dos ventos que ele salvou, pela primeira vez, seus concidadãos, poupando suas colheitas da ruína, pelo que recebeu o apelido de "Impede vento". Segundo a anedota relatada por Diógenes Laércio, em um dia do verão, em que sopravam violentamente os ventos do Norte, chegando a prejudicar as colheitas, ele ordenou que esfolassem alguns burros para confeccionar peles e mandou colocá-las em toda a redondeza, nas colinas e nos altos para reter os ventos; quando o vento passou, deram-lhe o apelido de "Impede vento".[80]

Todas as coisas têm uma parcela de odores. Foi graças à análise de um odor pestilento que Empédocles salvou os habitantes da peste e do flagelo mortal. Os antigos atribuíam, geralmente, a causa da peste a eflúvios envenenados, a odores de miasmas e a emanações fétidas. Existem duas versões da lenda de um Empédocles vencendo a peste pela sua sagacidade. A primeira é dada por Diógenes Laércio: "Tendo a peste atacado os habitantes de Selinonte, por causa das emanações do rio que passava ao lado, fazendo definhar os homens e a abortar as mulheres, Empédocles teve a ideia de fazer confluir, a suas custas, as águas de dois rios dos arredores. Essa mistura teve a consequência de amenizar as águas. Assim, a peste cedeu e um dia, quando os habitantes da cidade festejavam à beira do rio, Empédocles apareceu; eles se levantaram, em sinal de agradecimento e dirigiram-lhe uma prece como fariam para um Deus".[81] A segunda versão foi transmitida por Plutarco: "Empédocles, o filósofo da natureza, tornou-se célebre por ter obturado um colo, ente duas montanhas, por onde se engolfava um ar pesado e pestilento que se abatia sobre planícies, pondo um fim à peste que assolava a região."[82] Quaisquer que sejam as variantes,[83] Empédocles é sempre aquele que analisa

---

80 Diógenes Laércio, Vidas, VIII, 60, *Les écoles présocratiques*, A, I, p. 129.
81 Diógenes Laércio, Vidas, VIII, 70, *Les écoles présocratiques*, A, I, p. 132.
82 *De la curiosité* [Da curiosidade], I, 515c, *Les écoles présocratiques*, A, XIV, p. 137.
83 Deve-se notar, a esse respeito, que o apelido de Impede vento não está sempre ligado ao feito de ter salvado as colheitas da ventania, mas igualmente a ter dado

a proveniência do odor pestilento e que sabe como desviá-lo. Ele tem uma inteligência dos odores que o alça ao nível de divindade. Segundo Diógenes Laércio seria, aliás, para confirmar esse caráter divino adquirido pela sua reputação de dominar os ventos da peste que Empédocles teria se atirado no fogo do Etna.[84]

O odor e o olfato têm papel importante em Empédocles, não só por possuírem uma especificidade irredutível, mas, também, por servirem de paradigma geral para pensar a percepção e os princípios do conhecimento. É, pois, possível falar de um "panosmia" empedocleana, por duas razões, pois, por um lado, tudo é dotado de sopro e de odores e, por outro, o modelo olfativo se estende à inteira concepção do saber. A teoria dos eflúvios que preside ao conhecimento é baseada, de fato, no esquema do olfato. Se Empédocles chegou a pensar que a cor resulta de eflúvios, é em virtude do mecanismo de faro, nos animais, que seguem suas presas pelo rastro. É o que confirma o pseudo Alexandre, de Afrodísia: Empédocles admite a existência dos eflúvios porque, diz ele, os cães seguem pela pista, "os elementos de odores deixados por 'animais selvagens', o que é 'impossível' quando 'os animais' estão mortos".[85] A presença incontestável, ainda que invisível, de partículas odorantes atesta a existência dos eflúvios e possibilita a extensão para além da esfera olfativa. O melhor modelo é o do cão. "Ele fareja com seus nasais as partículas de (odores) vindas do corpo dos animais selvagens, eflúvios que os animais 'enquanto vivos' deixam com suas patas na relva tenra."[86] A generalização da existência dos eflúvios implica que todo conhecimento é uma forma de penetração e de impregnação dos objetos por meio de seus rastros. Trata-se, então, de detectar esses rastros, de pressenti-los com o sentido apropriado e de fazer prova de sagacidade e de discernimento. "Da mesma forma que os caçadores não deixam os cães novos se desviarem para farejar qualquer outro odor, mas os refreiam e puxam para trás com a guia a fim que

---

fim à peste. Conforme Clemente, de Alexandria, *Stromates* VI, 30, *Les écoles présocratiques*, A, XIV, p. 138: "Empédocles, de Agrigento foi apelidado de Impede Vento. De fato, quando soprava das montanhas de Agrigento um vento pesado, pestilento, para os homens que lá habitavam e que esterilizava as mulheres, dizem que Empédocles fez cessar esse vento."

---

84 Cf. Diógenes Laércio, *Vidas*, VIII, 70, *Les écoles présocratiques*, A, I, p. 132.
85 *Ao Teeteto de Platão*. Berlim, *Klassikertexte*, *Les écoles présocratiques*, B, CI, p. 223.
86 Fragmento reconstituído, *Les écoles présocratiques*, B, CI, p. 222. Ver, também, os fragmentos seguintes de Plutarco.

suas faculdades sejam mantidas puras e sem misturas, para a única vocação que é própria deles, de serem mais impetuosos no rastrear a caça [...]."[87] O filósofo empedocleano deve ser então um detetive aguçado e apresentar um faro infalível e esclarecido.

A partir dessas várias figuras pré-socráticas, que, de Parmênides a Empédocles, se escalonam da anosmia até a panosmia, se torna, então, possível fazer uma síntese dos traços característicos de uma filosofia olfativa e enunciar suas condições de possibilidade. Uma filosofia olfativa só pode nascer em um sistema de pensamento de gênero mais materialista que idealista que admita a unidade do sentir e do conhecer, que dê crédito aos sentidos e uma especificidade a cada um deles. Ela é mais uma filosofia do múltiplo e do devir que uma filosofia do Uno e do ser. Isto não exclui que as filosofias privilegiando o ser imutável omitam toda referência ao olfato e a qualquer paradigma olfativo, mas é impressionante constatar que, quando elas o fazem, é precisamente para pensar o devir e dar conta do múltiplo.

O exemplo de Platão no Timeu é particularmente significativo quanto a esse ponto, pois o filósofo do ser recorre a uma analogia olfativa quando se trata de pensar o devir e de tornar inteligível a atividade do demiurgo que forma o universo. Ele pode servir, assim, de contraprova privilegiada para a tese segundo a qual a presença de um modelo olfativo está unida, antes de tudo, a um mobilismo do tipo heracliteano e ao interesse pela questão do devir. É a referência à composição dos perfumes e à arte do perfumista que permite a Timeu pensar na articulação do ser e do devir, do modelo inteligível e da cópia sensorial, e de esclarecer a natureza da *chôra*, esse receptáculo que recebe todos os corpos sem tomar a forma de nenhum deles. Para explicar o universo, Platão destaca, de fato, três espécies: o que advém, aquilo em que advém e o modelo pelo qual o que advém é produzido.[88] Além do modelo inteligível e da cópia em devir, é preciso conceber a *chôra* que é, por assim dizer, a nutriz, a mãe de tudo o que nasce. Ora, como confessa o próprio Platão, é difícil "colocar em foco, com palavras, (esta) espécie difícil e obscura".[89] A *chôra* deve ser pensada, de fato, como um receptáculo capaz de receber todas as formas, pois ela não tem nenhuma. Ora, essa ideia não se sustenta, pois percebemos mal como a forma emergiria da ausência de forma. Não é estranho fazer do informe a condição da formação das formas? Para esclarecer suas palavras,

---

87   Plutarco, *De la curiosité* [Da curiosidade], II, 520E, *Les écoles présocratiques*, B, CI, p. 222.
88   Cf. *Timeu*, 50c-51e.
89   *Timeu*, 48b-49c.

Platão recorre, então, a uma comparação entre a arte do demiurgo e a do perfumista: "é preciso observar ainda que, se a marca deve apresentar todas as variedades que podem ser vistas, o receptáculo onde se forma essa marca seria inadequado para essa finalidade, caso não estivesse desprovido de todas as formas que deve receber de fora. Se, com efeito, ele tivesse semelhança com as coisas recebidas, quando outras, de natureza oposta ou totalmente diferente viessem se imprimir nele, a restituição seria ruim porque seus próprios traços apareceriam através delas. Portanto, aquilo que deve receber em si todas as espécies deve estar fora de todas as formas. Ocorre aqui, como na fabricação de bálsamos odorantes, que o artífice deve ter o cuidado inicial de tornar inodoro, ao máximo, o excipiente que irá receber os perfumes".[90] Essa analogia entre a arte do demiurgo e a do artífice perfumista visa mostrar que existe a mesma relação entre o perfume do bálsamo e a base líquida que lhe serve de base, e entre as formas das coisas e a *chôra*. Do mesmo modo que, na perfumaria, o excipiente úmido que vai impregnar-se de todos os perfumes deve ser, tanto quanto possível, neutro e inodoro, sem o que ele alteraria as substâncias odorantes e não as restituiria com toda pureza por mesclar-se a elas. A *chôra* não deve ter forma, para receber todas e restitui-las sem deformações provocadas pela interferência com sua própria natureza. É interessante notar, aqui, que a *chôra* está do lado do *inodoro* e que a forma está do lado do perfume, prova que esse permite pensar tanto o ser quanto o devir. O bálsamo perfumado, na medida em que exige um excipiente inodoro no qual se juntam os odores, aparece como um modelo do que está em via de tornar-se e que combina a ausência de forma e a forma. Permite pensar na fluidez do ser, sua dimensão passageira, suas transmutações. O paradigma olfativo esclarece, portanto, as relações entre o ser, o que ele se torna e em que ele se torna.

Mas, se a arte do demiurgo é análoga à de um bom perfumista, apresenta-se, então, a questão de saber se ele não encontra os mesmos limites. O excipiente úmido que serve de receptáculo para o perfume deve ser o mais inodoro possível, diz-nos Platão, o que deixa a entender que ele não poderia ser totalmente desprovido de aroma. De fato, o líquido, por mais neutro que seja, está sempre impregnado de um odor, em virtude de sua natureza de fluido, composto de ar e de água. O odor, é preciso lembrar, nasce das substâncias que estão se molhando, putrefazendo, liquidificando ou vaporando. Ele ocorre no meio das mudanças de água em ar e de ar em água.[91] Por conseguinte, um

---

90   *Timeu*, 50c-51e.
91   Cf. *Timeu*, 66e.

excipiente parece uma contradição, nesses termos.[92] Podemos, então, perguntar-nos se ocorre o mesmo com a *chôra* e se é necessário aplicar-lhe as mesmas reservas que valem para o excipiente, receptáculo dos perfumes. Será ela inteiramente desprovida de forma? A ausência absoluta de forma do receptáculo é concebível? Caso só haja pensamento inteligível por meio das formas, a *chôra* corre grande risco de ficar ininteligível, e entendemos que Platão confesse seu embaraço ao falar claramente dessa espécie obscura. A analogia, com seus limites, dá certamente a entender, também, essa dificuldade e exprime as tensões inerentes ao pensamento platônico. Além do caso particular do Timeu, o exemplo de Platão convida a debruçar-nos na função e no uso de paradigmas filosóficos embasados no odor e no olfato. Adiante da definição dos requisitos a das condições de possibilidade de uma filosofia do olfato, como esboçada por meio do estudo das várias figuras de pré-socráticos convém interrogar-se, portanto, a respeito dos modelos de pensamento olfativos.

---

92   Ver, a esse respeito as análises de Anne Wersinger, *Platon et la dysharmonie* [Platão e a desarmonia], p. 31: "O excipiente não pode ser puro e, paradoxalmente, é próprio de sua natureza ser impuro, de forma constitutiva. O excipiente é um fluido, isto é, um ser de passagem, um ser inacabado e imperfeito. O óleo, por exemplo, é um produto da transmutação por duas razões, pois, por um lado ele pertence aos fluidos cuja natureza se deve à mistura de ar e fogo e, por outro, serve de base para aqueles que manipulam os odores, isto é, esses eflúvios que se manifestam quando das transmutações e que exprimem o caráter evanescente de uma transição. Assim, exigir do óleo que seja absolutamente inodoro seria pedir-lhe satisfazer uma condição duplamente impossível: a de não mais ser um fluido e não mais ser um ser de passagem."

Capítulo 6 — OS MODELOS FILOSÓFICOS OLFATIVOS

Contrariando toda expectativa, o uso de paradigmas olfativos no seio da filosofia não é tão raro quanto poderíamos pensar. Esse uso obedece frequentemente à necessidade de consolidar teses que o modelo visual não consegue sustentar. É verdade que os dois modelos, visual e olfativo, não são antinômicos e podem se combinar. O nariz pode ser o suporte para um paradigma baseado na visão e servir para evidenciar o que não se percebe à primeira vista, como pequenas causas que provocam grandes efeitos. É assim, por exemplo, que Pascal se refere ao nariz de Cleópatra para ilustrar a vaidade humana por meio dos objetos que ama, para mostrar como um detalhe ínfimo ou insignificante, uma particularidade física eventual produzem paixões desmedidas. "Quem quiser conhecer inteiramente a vaidade do homem, basta considerar as causas e os efeitos do amor. A causa é algo que eu ignoro. Corneille. E os efeitos são assustadores. Esse algo ignorado, tão pequeno que não podemos reconhecê-lo, move a Terra, os príncipes, os exércitos, o mundo todo. Se o nariz de Cleópatra tivesse sido mais curto, toda a face da Terra teria mudado."[1] Um pouco menos de nariz teria feito toda a diferença do mundo. Mas, nesse caso, é a vista do nariz que teria atuado de modo que o paradigma não seria do gênero olfativo.

Não caberia recensear aqui todas as doutrinas filosóficas que se apoiam no olfato conjugado com outros sentidos, pois tal enumeração não poderia ser complexa, além de só apresentar um interesse limitado. Parece mais razoável restringir o exame aos modelos olfativos *stricto sensu*, e selecionar, entre eles, os mais significativos e instrutivos, isto é, aqueles que subentendem uma

---

1   *Pensées*, 413, Edições Lafuma.

reflexão e uma argumentação filosófica de forma necessária e insubstituível. A esse respeito, três figuras se destacam muito claramente, na história do pensamento: a de Lucrécio, que reivindica um modelo de sagacidade, a de Condillac, que fundamenta toda sua teoria do conhecimento e da afetividade partindo do olfato, e a de Nietzsche, que eleva o olfato à categoria de instrumento discriminatório do verdadeiro e do mentiroso. Evidentemente a lista não é exaustiva, pois Epicuro, na Antiguidade, ou Feuerbach, na modernidade, souberam igualmente celebrar o poder do olfato. O objetivo não é determinar tudo o que o odor e o olfato fazem pensar, mas focar a atenção em filosofias que não podem fazer economia do mesmo para especular e cuja validade está, por assim dizer, pendente do nariz.

LUCRÉCIO OU A SAGACIDADE

Entre os modelos de filosofias olfativas figura Lucrécio na primeiríssima fila, pois seu poema "Da Natureza" aparece, por vários motivos, como a condensação das condições necessárias para atribuir-se um papel proeminente ao olfato. Herdeiro dos antigos materialistas, Lucrécio promove o sentido do olfato ao nível de testemunha e de garante da verdade. Seria certamente errado afirmar a existência de uma primazia do olfato na sua filosofia, pois está claro que o paradigma do tato predomina na teoria do conhecimento, notadamente na explicação da sensação concebida como contato. No entanto, é legítimo destacar a presença de um sensualismo olfativo que confere ao olfato seu título de nobreza e relega o modelo visual tradicional para um plano de fundo.

Veracidade e especialidade dos sentidos. As condições para promoção do nariz

Lucrécio verifica, de fato, as duas condições necessárias para que seja conferido um *status* decisivo ao sentido do olfato. Primeiro, ele confere um crédito sem reservas aos sentidos, pois eles são testemunhas da realidade, eles oferecem uma primeira norma da verdade e constituem um princípio do conhecimento e da vida. Em segundo lugar, ele atribui a cada sentido uma especialidade e um campo de validade, de forma que não possa ser retificado nem suplantado por nenhum outro. Os sentidos merecem fé e são capazes, por si mesmos, de fazerem triunfar a verdade. "Acharás", diz Lucrécio, "que os sentidos foram os primeiros que nos deram a noção da verdade e que o testemunho deles é irrefutável".[2] A primeira norma da verdade não é racional,

---

2   *De la nature* [Da natureza] IV, 477-479, tradução Ernout, Les Belles Lettres.

mas sensorial, pois a razão é inteiramente consequente dos sentidos e só poderia reivindicar um papel dominante com a condição de apoiar-se neles. Os sentidos servem, portanto, de princípio do conhecimento e fornecem uma regra de constituição do saber. Essa norma, que deixa pensar corretamente, é oferecida pelos sentidos devido ao caráter irrefutável do seu testemunho. A sensação é, de fato, mensageira do real; ela é o produto dos simulacros que os corpos enviam e que vêm tocar os órgãos sensoriais. O odor, o sabor, a cor são qualidades próprias dos corpos compostos e resultam da combinação e do movimento dos átomos de diversas formas. O fato de não serem qualidades primeiras dos átomos não os desqualifica nem faz pairar sobre eles a suspeita de enganosos. São propriedades derivadas da variedade da forma dos átomos. As impressões dos sentidos são produzidas por elementos de formas não semelhantes e opostos, e refletem o princípio da constituição dos corpos. Assim, as sensações vão variar conforme os átomos que formam os corpos tenham formas maiores ou menores, mais lisas ou mais rugosas, mais rombudas ou mais recurvadas. No livro II, Lucrécio dá uma série de exemplos: o sabor agradável do leite e do mel resulta do fato de serem constituídos de átomos lisos e redondos, ao passo que o sabor desagradável do absinto, do aciano selvagem e de todas as substâncias amargas e ásperas ao paladar está ligado a uma combinação de átomos recurvados que formam um tecido de malhas apertadas.[3] Os sons melodiosos são devidos a átomos lisos, ao oposto dos estridentes. Ocorre o mesmo com o olfato: "Não imagines tampouco que elementos de mesma forma penetrem nossas narinas quando se queimam cadáveres com odor infecto, ou quando a cena acaba de ser borrifada com açafrão de Cilícia e que o altar vizinho exala perfumes da Arábia."[4] As impressões sensoriais testemunham a realidade constitutiva dos corpos e de suas combinações atômicas. Por um lado, elas permitem revelar as formas dos átomos que não são perceptíveis imediatamente. Por outro, elas informam a respeito da formação dos corpos e da diversidade dos átomos que atuam. O fato de numerosos corpos terem simultaneamente cor, sabor e odor mostra que eles são formados de átomos diferentes. "O odor penetra nossos órgãos, de fato, por onde não passa a cor; a cor, por sua vez, também tem sua via especial para se insinuar em nossos sentidos, pelo que podes reconhecer que eles têm princípios diferentes; portanto, elementos diferentes concorrem para formar um composto único e os objetos

---

[3] Cf. II 398-408.
[4] II, 413-417.

são constituídos por uma mistura de princípios diversos."⁵ Cada sentido tem sua via e fornece, pois, um canal de informação singular, de modo que é preciso levar em conta sua especificidade.

Lucrécio reconhece que a confiança inabalável nas sensações sensoriais pode sofrer várias objeções. Para refutar os céticos que se detêm nos numerosos casos de ilusões sensoriais, ele faz a apologia dos sentidos e os absolve da acusação de enganadores. Ele atribui a maioria de erros aos juízos espontâneos do espírito que acrescenta hipóteses por sua própria conta "fazendo-nos ver o que, na realidade, nossos sentidos não viram".⁶ A razão não poderia acusar os sentidos, sob pena de destruir a base em que ela se fundamenta, e os sentidos não poderiam tampouco se corrigir, entre eles. Para estabelecer a validade dos sentidos, Lucrécio recorre a um raciocínio por absurdo:

> Se eles (os sentidos) nos enganam, será a razão que poderá depor contra eles, razão essa que surgiu inteiramente deles? Supondo que eles sejam enganosos, nesse caso, toda a razão também se torna mentirosa. Ou então, a vista será retificada pela audição? A audição pelo toque? E o toque será convencido do erro pelo paladar? Será o olfato que irá refutar os outros sentidos? Serão os olhos? Nada disso, a meu juízo, a cada um deles são atribuídos poderes limitados, funções próprias. É preciso, pois, que a consistência, a temperatura sejam o domínio de um sentido especial, que um sentido especial perceba, ainda, as diversas cores e tudo o que a elas se refira; que sentidos especiais correspondam aos sabores, aos odores, aos sons. Resulta que os sentidos são incapazes de controlar uns aos outros. Tampouco podem eles se autocorrigir, pois devemos sempre considerá-los dignos de fé. Por conseguinte, as percepções sensoriais de todos os instantes são verdadeiras.⁷

Lucrécio retoma, aqui, o tipo de argumento que já fora desenvolvido por Demócrito. De duas coisas, uma. Ou bem os testemunhos dos sentidos são verdadeiros e a razão que neles se apoia também o é, ou então são enganosos e a razão não pode denunciá-los, pois decorre deles, e, então, ela se

---

5   II, 682-688.
6   *Da natureza*, IV, 477-479.
7   *Da natureza*, IV, 481-499.

Capítulo 6 | Os Modelos Filosóficos Olfativos

revela tão enganosa quanto eles. Toda crítica formulada contra os sentidos só pode, portanto, ser falaciosa ou afetada de nulidade.

Lucrécio reconhece, em verdade, a existência de percepções problemáticas, como certas ilusões de ótica cuja causa permanece sem explicação, mas ele nega que possam servir de instrumento contra os sentidos:

> Se a própria razão é incapaz de determinar a verdadeira causa pela qual, por exemplo, um objeto quadrado, visto de perto, parece redondo, de longe. É melhor, face à incapacidade de nossa razão, dar uma explicação de erro do fenômeno, do que deixar escapar de nossas mãos verdades evidentes, renegando a primeira de todas as convicções e arruinando as próprias bases nas quais repousam nossa vida e nossa salvação.[8]

É melhor uma explicação provável, talvez falsa, que desperte o temor quanto à fiabilidade dos sentidos do que perder o benefício do crédito que lhes é geralmente conferido. Os sentidos não servem, apenas, como princípios teóricos, mas, também, práticos, pois eles estão na base do conhecimento, bem como na preservação da vida. Assim, "não seria apenas a razão que cairia inteiramente por terra, mas a própria vida que desapareceria se, por não ousarmos confiar nos sentidos, renunciássemos a evitar os precipícios, assim como os perigos de mesmo gênero e a seguir o que é bom".[9]

Lucrécio preenche, portanto, as condições necessárias para conferir ao olfato um lugar especial. Se cada sentido possui uma função própria e libera uma verdade à qual nenhum outro pode dar acesso, resulta que o olfato dispensa ensinamentos singulares e fornece princípios insubstituíveis. Então, convém examinar o papel específico do olfato na constituição da verdade, para Lucrécio.

A verdade própria do nariz

Por uma vez só, a percepção olfativa rivaliza com a visão, pois ela oferece um modelo de conhecimento e de descoberta da verdade. Para apreender a verdade, o espírito deve, de fato, fazer uso de sagacidade. Lembremos que etimologicamente, *sagax* designa aquele que possui um olfato sutil. A sagacidade apresenta-se como uma forma de penetração do espírito que

---

8   *Ibidem*, 500-506.
9   *Ibidem*, 506-510.

permite entender e descobrir as coisas mais sutis. Em Lucrécio, a sagacidade é a qualidade de um espírito que, longe de demandar um arsenal de provas, percebe alguns traços suficientes e descobre, só e por si mesmo, a verdade, como o cão cujo olfato aguçado permite-lhe descobrir o covil dissimulado do animal perseguido, quando encontra o rastro. A sagacidade percebe o que escapa da visão, o cão é capaz de encontrar, pelo faro, o que está invisível. É assim que Lucrécio, no livro II *Da natureza* apela para a sagacidade de seu interlocutor, Memmius, para reconhecer que existe vazio na natureza:

> E, multiplicando as provas, eu poderia acabar arrancando teu assentimento às minhas palavras, mas, para um espírito sagaz como o teu, esses poucos traços bastam para descobrir, só e sem ajuda, todo o resto. Assim, quando os cães estão perseguindo um animal errante das montanhas, o olfato permite que achem seu covil, dissimulado debaixo das folhagens, após terem achado a pista verdadeira; do mesmo modo, em um assunto desse, poderás, só e por ti mesmo, explicando os fatos, uns pelos outros, penetrar nos refúgios mais escuros e trazer a verdade à luz do dia.[10]

Ao peso das demonstrações, ao sistema trabalhoso das provas, é preciso substituir a acuidade do sagaz que, com poucos vestígios, reconstitui a verdade de maneira infalível.

Modelo de sagacidade, o olfato vê-se, ademais, confiar, assim como os outros sentidos, um papel de testemunho, de norma e de princípio da verdade. Primeiro, ele testemunha a existência dos corpos e as suas modificações, pois percebe o fluxo dos vários odores que esses corpos exalam. É o que se depreende dos versos 673-675 do livro IV *Da natureza*: "Deve existir uma multidão de corpos exalando ondas de odores e essas ondas, pode-se pensar, se escoam, emitem e espalham para todos os lados." A percepção olfativa é, portanto, o reflexo das emanações dos corpos. Entretanto, no que difere dos outros sentidos, o nariz parece não merecer uma confiabilidade a toda prova. Também é possível objetar que o olfato é uma testemunha duvidosa, na medida em que os eflúvios são percebidos e apreciados diferentemente, conforme as espécies. Decerto, a sensação olfativa exprime sensações de conveniência ou de não conveniência que refletem as formas dos átomos que entram na composição dos corpos, mas a atração e a repulsa não são idênticas em todos os seres. As relações de conveniência ou de não conveniência parecem,

---

10   *Da natureza*, I, 400-410.

então, refletir menos a natureza dos corpos, o arredondado liso ou a rugosidade pontiaguda dos mesmos, que a dos indivíduos. Lucrécio reconhece que "determinado odor convém mais a certa criatura, segundo as diferentes espécies",[11] mas ele não faz uso disso para prender o olfato em um relativismo subjetivo e volta o argumento contra seus adversários. O fato de a abelha ser atraída pelo odor do mel, o abutre pelo do cadáver, o cão pelo da caça não invalida a tese segundo a qual o odor é um princípio de conhecimento, mas prova que ele é, também, um princípio de conservação das espécies. "É assim que os eflúvios próprios de cada objeto guiam o animal para seu pasto e o desviam, com repugnância, do veneno. É por esse recurso que fica assegurada a conservação das espécies."[12] Não há contradição em admitir que a atração por determinado odor possa ser, ao mesmo tempo, reflexo da natureza de uma coisa e da natureza do ser que a percebe. O olfato propicia, pois, um conhecimento teórico e funda uma prática de sobrevivência.

Uma segunda objeção à ideia de uma verdade própria do olfato pode ser, porém, formulada. Ela diz respeito ao alcance limitado dos odores, o que poderia ser interpretado como sinal de uma fraqueza ontológica recaindo no sentido olfativo. Lucrécio reconhece, de fato, que o alcance dos odores que atingem nossas narinas, por maior que seja, nunca poderá ir tão longe quanto a imagem, o som ou a voz.[13] Nessas condições, pode parecer temerário fundar um conhecimento no olfato e colocar esse canal de informação no mesmo plano dos outros. Na realidade, esse menor alcance não deve ser atribuído a um caráter defeituoso do sistema olfativo, ele se deve a motivos ligados à própria natureza do odor, sua origem e seu modo de difusão. Primeiro, "o odor errante caminha lentamente, morrendo antes de atingir o alvo, misturando-se, pouco a pouco, ao ar que o absorve".[14] Sua difusão lenta e seu caráter volátil explicam, pois, que ele se evapore antes de ter conseguido atingir nossas narinas. Esse fenômeno não indica uma superficialidade do odor, pois sua dificuldade de difusão decorre de que ele emana da interioridade dos corpos. Ele tem, portanto, dificuldade de sair da sua profundidade e implica uma espécie de desprendimento.[15] Além disso, "o odor, como é fácil

---

11   IV, 676-677.
12   *Ibidem*, 684-687.
13   Cf. *Da natureza* IV, 688-692.
14   *Ibidem*, 692-694.
15   É o que sublinham os versos 694-698: "Desde a origem, ele (o odor) tem dificuldade de sair da profundidade do corpo onde se formou. Toda emanação odorante provém, de fato, do interior: Prova é que todo corpo, quando quebrado, triturado ou reduzido pelo fogo, parece exalar um perfume mais forte."

constatar, é constituído de elementos maiores que os da voz, pois ele é impedido de passar por muralhas facilmente atravessadas pela voz e pelos sons".[16] Enfim, demorando-se no ar, as emanações se arrefecem e enfraquecem: assim "elas não correm, ainda quentes, para denunciar os objetos ao olfato".[17] De fato, a dificuldade de sentir é menos o sinal de uma dificuldade de olfação que o reflexo da natureza dos odores; explica-se tanto pela origem, pelo modo de caminhamento e pelo tamanho dos elementos dos mesmos. Até certo ponto, a fraqueza do olfato é, pois, uma força, já que é proporcionada à natureza dos corpos e dos átomos. Ainda que só em negativo, ela revela a forma das coisas e testemunha a natureza do odor.

Longe de nós afastarmos do verdadeiro, o odor e o olfato têm um papel decisivo, no estabelecimento da verdade, para Lucrécio, pois eles permitem conferir credibilidade a teorias quando a razão não percebe que estão bem fundadas. O recurso ao odor serve assim de norma e de garante, na física, em várias ocasiões. Serve, primeiro, para atestar a existência de corpos invisíveis e para legitimar a teoria atomista. Para estabelecer a tese da existência de átomos compondo todas as coisas, Lucrécio se apoia em um modelo simultaneamente tátil e olfativo. Seus adversários, baseados no testemunho da visão, poderiam negar, de fato, a existência desses corpos primevos devido à natureza invisível e acusar os atomistas de estarem dominados pela fantasia. Lucrécio se dedica, então, a mostrar a existência de corpos dos quais devemos reconhecer, ao mesmo tempo, a existência e a invisibilidade. Os ventos e os odores são prova disso. Assim, Lucrécio salienta que os ventos são invisíveis e, no entanto, existem. "Da mesma forma sentimos os odores exalados pelos corpos e, no entanto, nunca os vemos chegar às nossas narinas."[18] Lucrécio menciona, igualmente, as emanações do calor e do frio, as emissões de sons, a evaporação, mas é preciso notar que são o sopro e o odor que vêm primeiro sustentar a tese que ele defende. Essa referência não se apoia em uma simples analogia, mas funciona como uma norma de verdade. O odor nos prova que existem corpos invisíveis e serve, assim, de norma para quem quisesse negar-lhes a existência.

O modelo do olfato não intervém apenas para testemunhar a favor da existência dos átomos, mas para dar conta da essência deles. Para Lucrécio, as formas dos átomos não variam infinitamente. Não poderíamos, de fato, admitir a tese contrária, pois isso implicaria que a dimensão de certos átomos

---

16   *Ibidem*, 698-701.
17   *Ibidem*, 703-705.
18   *Ibidem*, I, 298-300.

fosse infinita[19] e que as sensações que causariam seriam, por conseguinte, aumentadas e ilimitadas, sobrepujando todas as outras. Essa hipótese é absurda, pois assim "só haveria desprezo pelo odor de mirra e pelo sabor do mel",[20] em proveito de uma sucessão de sensações mais fortes e mais agradáveis e, "inversamente, sensações sempre mais desagradáveis afetariam o olfato, a audição, a visão e o paladar".[21] Ora, como nada disso ocorre e as coisas são mantidas dentro de certos limites, é preciso admitir que as formas dos átomos não variam até o infinito. O recurso às sensações e a seus poderes agradáveis ou não também serve de contraprova para validar a tese da limitação da variedade das formas dos átomos. Decerto, Lucrécio recorre igualmente a exemplos baseados nos outros sentidos, de modo que o olfato não tem o monopólio demonstrativo.

Por outro lado, ele convoca exclusivamente o modelo olfativo para estabelecer que os corpos primevos são desprovidos de qualquer qualidade sensorial. Os átomos, por natureza, são incolores, sem som, insípidos e inodoros, sem temperatura[22]. Isto ocorre por dois motivos. As qualidades sensoriais são perecíveis e sofrem alterações que as tornam incompatíveis com a natureza eterna dos átomos.[23] Ademais, a ausência dessas qualidades nos corpos primevos é a condição para que possam emergir ulteriormente, quando da composição e do movimento dos corpos, e a garantia das respectivas purezas. Essas qualidades não remetem a uma qualidade sensorial primordial dos átomos. Para sustentar sua tese, Lucrécio apoia-se em uma analogia olfativa que já figura em Timeu:[24]

> Quando preparamos as aprazíveis essências de manjerona, de mirra ou de flor da valeriana, que exalam para nosso olfato um perfume de néctar, é preciso, antes de tudo, empenhar-nos em encontrar, na medida do possível, uma espécie de óleo perfeitamente inodoro que não proporcione às nossas narinas qualquer emanação, de modo que os aromas a ele misturados e assimilados à sua

---

19   Cf. *Ibidem*, III, 479-522.
20   *Ibidem*, III, 503-505.
21   *Ibidem*, III, 509-511.
22   Cf. *ibidem*, II, 842-846: "Não creias que a cor seja a única qualidade que falta aos corpos primevos: eles, também, são isentos de qualquer temperatura, morna, fria ou escaldante; eles deambulam, privados de som, desprovidos de sabor, e não exalam qualquer odor próprio."
23   Cf. *Da natureza*, II, 859-865.
24   Cf. *Timeu*, 50e.

substância, por cozimento, sofram a menor alteração possível ao contato com sua acritude. Pelo mesmo motivo, os átomos não devem trazer, na criação das coisas, qualquer odor próprio, nenhum som, pois eles não podem emitir qualquer emanação, nem, enfim, qualquer sabor, qualquer temperatura, fria, quente ou morna, nem algo semelhante.[25]

Lucrécio desloca a analogia platônica, pois a ausência de formas, que o autor do Timeu imputava à *chôra*, torna-se a ausência de qualidades sensoriais imputadas aos átomos. Ele conserva, no entanto, o modelo da composição dos perfumes para explicar a criação dos corpos partindo dos átomos.

A referência aos odores não serve, apenas, para sustentar o atomismo, mas para conferir crédito à tese da existência de simulacros que embasam a possibilidade do conhecimento. São os sentidos, o olfato em primeiro lugar, que constituem a norma da verdade atestando a correção da teoria dos simulacros. Para mostrar que os objetos emitem figuras e imagens sutis, que atuam como cascas ou membranas que possuem forma e aspecto próprio possibilitando representá-los, Lucrécio busca apoio, primeiro, no exemplo da fumaça que escapa da lenha verde e, depois, no calor da chama, nas túnicas redondas das cigarras, nas membranas dos bezerros, na troca de pele da serpente.[26] Por mais tênues que sejam, esses elementos produzidos pelos objetos não oferecem um testemunho plenamente convincente a favor dos simulacros, pois ainda ficam visíveis ou palpáveis e não ultrapassam o alcance dos sentidos. Eis por que Lucrécio vai se referir ao modelo olfativo para estabelecer não só a existência, mas a essência dos simulacros, sua natureza de imagem invisível e sutil. Para preparar o interlocutor a admitir a existência desses fenômenos que ultrapassam o alcance dos sentidos, ele usa primeiro a divisão de animais "tão pequenos que, cortados em três pedaços, se tornam invisíveis",[27] e se refere ao exemplo das plantas "que exalam um odor penetrante: a panaceia, o repugnante absinto,

---

25   *Da natureza*, II, 848-859.
26   *Da natureza*, IV, 54-65. "Entre os objetos ao alcance de nossos sentidos, vemos muitos emitirem seus elementos: desses uns se dissipam e se dissolvem no ar, como a fumaça da lenha verde ou o calor da chama; outros, pelo contrário, têm uma textura mais cerrada: como as túnicas redondas que as cigarras abandonam no verão, as membranas das quais os bezerros se livram ao nascerem ou, ainda, a pele que a serpente deixa em meio aos espinheiros – despojo flutuante que vemos frequentemente ornar as moitas. Já que tais fenômenos ocorrem, uma imagem impalpável deve emanar igualmente dos corpos e evolar-se de suas superfícies."
27   *Ibidem*, 117-118.

Capítulo 6 | Os Modelos Filosóficos Olfativos   301

a enjoativa aurônia, a amarga centáurea".[28] Os eflúvios odorantes que emanam dessas plantas são essências sutis, de natureza invisível, mas, no entanto, eles existem e ninguém pode duvidá-lo. Eles advogam, portanto, a favor da existência e simulacros cuja natureza se aparenta à deles, embora não sejam sempre perceptíveis por meio dos sentidos. O testemunho do sentido do olfato permite fazer, aqui, uma inferência a respeito de coisas que ultrapassam seu alcance. Em seguida, Lucrécio faz alusão ao gesto de pegar uma das plantas já mencionadas de leve, entre dois dedos para ilustrar, talvez, que um simulacro pode escapar de um objeto sem que seu aspecto seja modificado, assim como um perfume invisível que impregnaria os dedos e se depositaria sem que a flor parecesse mudada; o texto, entretanto, é alterado e não permite tirar conclusão com certeza absoluta.[29]

A referência ao olfato e ao perfume intervém não só para apoiar a física atomista e a teoria dos simulacros, mas constitui o centro da psicologia materialista de Lucrécio. Ela permite imaginar a natureza da matéria não visível nem dimensionável que constitui a alma e o espírito.[30] Disseminada em todo o corpo, a alma (*anima*) é o princípio vital que o anima e o move. Ela obedece às ordens do espírito (*animus*) que reside no peito e cuja função é sentir e pensar.[31] A alma e o espírito são uma parte do corpo e formam juntos uma só substância.[32] A substância invisível da alma e do espírito é assimilada a um perfume ou a um buquê cuja essência não deixa de ser material, malgrado sua sutileza e imponderabilidade. Essa analogia tem a finalidade de apoiar a tese da natureza corporal da alma e, principalmente, justificar sua composição por elementos minúsculos, lisos e redondos. A alma deve ser constituída por

---

28 *Ibidem*, IV, 123-125.
29 Os sentidos e o olfato são igualmente invocados para estabelecer o alcance geral do princípio pelo qual todos os corpos emitem simulacros. Não são emitidos, apenas, simulacros que atingem nossos olhos, suscitando a visão, mas, "certos corpos, também, não param de espalhar odores, assim como os rios e outras massas d'águas espalham o frio; o sol, o calor; as ondas, a névoa que ataca as muralhas ao longo do litoral. Vozes diversas não param de voar ao vento. Por fim, quando estamos à beira do mar, uma umidade salgada se espalha em nossos lábios. Olhemos o preparo de uma infusão de absinto: somos tocados pelo seu amargor. Isto é verdadeiro, já que todos os corpos exalam e espalham para todos os lados emanações variadas; escoamento sem trégua nem descanso, pois nossos sentidos são sempre afetados e podemos perceber sempre a forma, o odor e o som de todos os objetos". *Ibidem*, IV, 218-228.
30 A esse respeito, ver Pierre-François Moreau, *Lucrèce, L'âme*. PUF, p. 28-29.
31 Cf. *Da natureza*, III, 136-161.
32 *Ibidem*, 139-140.

átomos muito pequenos e tênues, imponderáveis e sem dimensões, visto que a morte não reduz em nada o peso do corpo nem diminui seu tamanho.

> É preciso, pois, que a alma seja inteiramente formada por elementos muito pequenos e se distribua nas veias, na carne, nos nervos, já que, mesmo após sua retirada total de todo o corpo, a linha exterior dos membros permaneça inalterada e o peso não tenha perdido nada. Assim ocorre com um vinho cujo buquê desvaneceu, com um perfume cujo doce hálito dissipou-se no vento, com um corpo que perdeu seu sabor: nosso olhar vê que ele não perdeu nada do seu tamanho; nada diminuiu, tampouco, do seu peso; evidentemente porque o sabor e o odor são produzidos por uma grande quantidade de elementos minúsculos espalhados em toda a substância do corpo. Também, mais uma vez, a substância do espírito e da alma só pode ser constituída de átomos com dimensão mínima possível, pois sua fuga não reduz em nada o peso do corpo.[33]

Como um vinho sem buquê ou um perfume que perdeu o aroma, o corpo cuja alma se foi conserva sua dimensão e seu peso. A analogia tem, aí, um papel decisivo, pois ela repele definitivamente os adeptos de uma alma imaterial que poderiam encontrar argumento na conservação do peso e da dimensão do cadáver para objetar que a alma não pode ser corporal, na medida em que sua retirada não implica uma perda de matéria. Como um sabor ou um odor que se evaporam, a alma é realmente um ser material de natureza sutil e móvel. Ela é um corpo que ocupa o mesmo espaço que o corpo, sem ter localização nem dimensão. De fato, a materialidade da alma não é ilustrada pela similitude com o perfume; ela é deduzida pelo fato de agir sobre o corpo e por sofrer com ele. Ora, não há ação sem contato nem contato sem matéria. Eis por que a alma é matéria.

Todavia, só a assimilação da alma ao perfume permite firmar essa tese com toda a certeza, tornando inteligível a natureza sutil de sua substância, de modo a afastar definitivamente as objeções dos espiritualistas.

É ainda ao modelo olfativo que Lucrécio recorre, no livro III *Da natureza*, para explicar a união da alma e do corpo e a solidariedade necessária entre eles. Presos a raízes comuns, o corpo e a alma são análogos a grãos de incenso e seus odores: não podem ser separados sem perecer. "Assim, não poderíamos arrancar o odor dos grãos de incenso sem destruir-lhes, ao mesmo tempo,

---

[33] *Ibidem*, III, 222-230.

a substância. Igualmente, a substância do espírito e da alma não poderia ser extraída do corpo inteiro sem que todo o conjunto se desagregasse."[34] A referência aos grãos de incenso e seus odores é decisiva, em dois níveis. Primeiro, ela serve para indicar que o corpo não pode subsistir sem a alma e que ele morre tão logo ela se retira. Em segundo lugar, ela permite sustentar de volta a tese controversa da mortalidade da alma. Assim como o grão de incenso e seu odor, o corpo e a alma têm um destino comum, eles permanecem e morrem juntos. Ela não pode sobreviver sem ele; é preciso, então, acabar com a crença vã na imortalidade da alma humana.

Para estabelecer, por fim, que a alma se dissipa no espaço após a morte, Lucrécio remete ao modelo da névoa, da fumaça e dos vapores exalados pelos altares que se dissipam nos ares. Lucrécio joga simultaneamente com a analogia e a diferença entre a alma, os corpos líquidos e os corpos aéreos. A alma é composta por elementos mais sutis e tênues que o licor transparente da água, a névoa, a fumaça e o vapor; ela é muito mais móvel e deve ser, portanto, muito mais disposta a evaporar-se do que eles. "Tendo em vista que a névoa e a fumaça se dissipam, também, nos ares, deve admitir que a alma se espalhe igualmente no espaço, que ela se perca bem mais rápido e se resolva mais depressa em seus corpos primevos, quando se desprendeu do corpo humano para ir-se."[35] Aliás, é principalmente o modelo da fumaça que prevalece, já que Lucrécio insiste, para fechar esse capítulo dedicado à morte, na necessidade de "admitir, também, que toda a substância da alma se dissipe, tal como a fumaça, nas altas regiões da atmosfera".[36]

Definitivamente, o paradigma olfativo é invocado para estabelecer pontos cruciais da filosofia de Lucrécio: o atomismo, a teoria dos simulacros, a natureza material da alma e sua dissipação no ar quando morre o corpo. O odor e o olfato vêm acudir a física para dar crédito à existência de corpos invisíveis, sutis e móveis, e para revelar a essência dos mesmos. Para além da física, é toda a teoria do conhecimento, baseada na percepção dos simulacros, que fica validada. Tirando os ensinamentos do nariz, Lucrécio aparece como o promotor de uma verdadeira olfatologia. Meio termo entre o sensorial e a inteligência, o olfato possibilita ir mais longe que o visível e serve de trampolim para a inteligência. Ele dá origem a uma filosofia do tênue, do sutil, do imponderável. O uso do modelo dos odores para apoiar teses que ultrapassam suas áreas de atuação ilustra, por ato, aquela sagacidade reivin-

---

34 *Ibidem*, III, 326-330.
35 *Ibidem*, III, 436-439.
36 *Ibidem*, III, 454-456.

dicada por Lucrécio. Por meio de seus meandros invisíveis, perfumes e odores conduzem ao bom caminho filosófico, eles fazem pressentir a verdade do atomismo para os espíritos sutis que não precisam ficar sobrecarregados por um pesado aparelho demonstrativo. Portanto, Lucrécio convida, literalmente, a ser cínico, ou seja, a farejar a verdade, como um cão faz com a caça, desentocando-a do refúgio escuro no qual está escondida. Assim, o filósofo sagaz não passa de um arguto cão de caça.

O ESPÍRITO QUE NOS CHEGA PELO NARIZ: CONDILLAC E A ESTÁTUA

Se, em Lucrécio, o conhecimento é muito tributário do olfato, ele não depende exclusivamente do nariz, pois admite uma pluralidade de princípios sensoriais em virtude da especialidade insubstituível atribuída a cada sentido. Desse ponto de vista, o caminho seguido não tem a radicalidade daquele que será adotado, alguns séculos mais tarde, pelo padre de Condillac, no *Traité des sensations* [Tratado das sensações]. Nessa obra, de fato, o autor nos convida para uma experiência sem precedentes: a inteira elaboração de uma teoria do conhecimento, da afetividade e da personalidade fundada unicamente na sensação olfativa. Por mas fictícia que seja, essa tentativa de fazer derivar todas as faculdades de um homem apenas do olfato é particularmente notável, pois ela comprova a força do modelo olfativo, sua capacidade de alimentar a reflexão filosófica e a embasar teses de forma magistral.

A ficção da estátua e o primado do olfato

Em seu *Tratado das sensações*, publicado em 1754, Condillac recorre a uma ficção que se tornou célebre, a de uma estátua cujo interior é organizado como o de um homem, animada de um espírito privado de qualquer espécie de ideia e cujo exterior de mármore não permite, de início, o uso de qualquer dos seus sentidos. Essa ficção se destinou a combater o preconceito das ideias inatas e a mostrar como se formam os conhecimentos. Condillac explica isso no extrato racional de seu tratado: "Na impotência em que nos encontramos, sem poder observar nossos primeiros pensamentos e movimentos, era preciso adivinhá-los e, por conseguinte, fazer várias suposições."[37] Não basta abstrair-se dos outros sentidos para isolar o que cabe a cada um fazer, ainda é necessário remover todos os hábitos para poder observar o nascimento da sensação e

---

37 *Traité des sesnsations* [Tratado das sensações], Fayard, p. 289.

extrair-lhe os fundamentos. Na impossibilidade atual de regredir efetivamente até a origem dos conhecimentos, Condillac imagina essa estátua para fazer a luz sobre os princípios que presidem o desenvolvimento das ideias e das faculdades humanas. Ele a representa com os traços de um homem com os olhos fechados que se abrem, um a um, para as impressões às quais são sensíveis, em função da vontade e das escolhas de uma pessoa exterior.

Essa ficção de uma abertura progressiva de cada sentido obedece a uma necessidade metodológica, a de considerar separadamente cada sentido e distinguir as ideias específicas que são capazes de suscitar, por si só, a fim de medir o que cabe a cada um, de avaliar os progressos de que ele é capaz e de entender como os sentidos podem se socorrer mutuamente. Na primeira parte, consagrada ao exame dos sentidos, que não julgam, por si sós, objetos exteriores, Condillac examina primeiro, em separado, o olfato (caps. I-VII) e, em seguida, a audição (cap. VIII), antes de cogitar da reunião desses dois sentidos (cap. IX). Ele trata, em seguida, o caso do paladar isolado e do paladar unido ao olfato e à audição (cap. X) e, depois, passa à visão isoladamente (cap. XI) e encerra sua reflexão com a reunião da visão com o olfato, a audição e o paladar (cap. XII). Após a segunda parte centrada inteiramente no tato, o único sentido capaz de julgar objetos exteriores, Condillac aborda, em uma terceira parte, a questão de saber como esse sentido, o tato, ensina aos outros de que forma julgar objetos exteriores. Para isto, ele estuda as combinações tato/olfato (cap. I), depois tato/olfato/audição (cap. II), aos quais acrescenta a visão (caps. III-IX), antes de chegar ao paladar e à reunião de todos os sentidos (caps. X-XI). Para terminar, dedica-se, na quarta parte, ao estudo das necessidades da indústria e das ideias de um homem isolado que goza de todos seus sentidos. Sem retomar o exame detalhado de todos os capítulos, trataremos, aqui, de apresentar o papel decisivo do olfato e de examinar os ensinamentos que ele nos dá, considerando-o isolado, primeiro, e depois, unido aos demais sentidos.

A) *O poder do olfato isolado*

Condillac decide iniciar com um acordar olfativo da estátua e analisar os conhecimentos aos quais teria acesso um homem limitado ao único sentido do olfato. Ele justifica a escolha desse ponto de partida salientando que o olfato "é, entre todos os sentidos, aquele que parece contribuir menos para os conhecimentos do espírito humano".[38] Assim, o despertar dos sentidos

---

38 *Traité des sensations*, p. 11.

segue uma ordem que vai do menos ao mais cognitivo. Condillac examina primeiro os sentidos que não têm capacidade própria para julgar os objetos exteriores, a saber, o olfato, a audição, o sabor e a visão, deixando o tato de lado, por ser o único sentido que permite passar da sensação ao conhecimento dos corpos. Condillac, é preciso notá-lo, não declara, todavia, que o olfato é o sentido que contribui menos para os conhecimentos do espírito, mas que parece sê-lo. De fato, é só uma aparência, pois ele vai mostrar que, "com um único sentido, o entendimento tem tantas faculdades quanto teria com os cinco reunidos".[39] Portanto, todas as faculdades estão em germe, com o olfato e a adição dos outros não aumenta a quantidade das mesmas, mas apenas a dos objetos aos quais elas se aplicam. Por conseguinte, o olfato não é desvalorizado, nem superestimado; ele é colocado no mesmo nível de todos os outros sentidos, pois o que vale para ele vai aplicar-se, também, aos demais.[40] Condillac vai generalizar, assim, as conclusões encontradas para o olfato. Essa generalização não é fruto de indução apressada, mas baseia-se em um tipo de raciocínio por contraprova. O olfato serve de paradigma para a teoria "condillaciana" do conhecimento porque ele é o sentido que parece dar a menor contribuição para o desenvolvimento das ideias e das faculdades do espírito. Por conseguinte, se no caso menos favorável é válida a tese de que um sentido contém, em germe, todas as faculdades, ela valerá ainda mais para todos os casos de figura.

Condillac pretende, portanto, que a sensação olfativa envolva todas as faculdades da alma, tanto as operações do entendimento quanto as da vontade. De fato, "as apreciações, a reflexão, o desejo, as paixões etc. são apenas a própria sensação que se transforma de modo diferente".[41] Todas as faculdades da alma se reduzem a sentir e a suas duas formas principais, a atenção e o desejo. A sensação compreende, de início, uma modalidade representativa e outra, afetiva. A memória, o juízo, a imaginação, a elaboração de ideias abstratas, o conhecimento de verdades gerais e particulares, são, apenas, maneiras diferentes de ser atento. Ter paixões, amar, odiar, ter esperança não passam de maneiras diversas de desejar. Coloca-se, então, a questão de saber como Condillac estabelece que todos os conhecimentos e as operações da alma emanam do nariz e que o olfato, sozinho, produz tantas faculdades quanto os cinco sentidos reunidos.

---

39 *Ibidem*, cap.7, p. 57.
40 *Ibidem*, p. 58.
41 *Ibidem*, p. 11.

Os primeiros conhecimentos de um homem limitado ao sentido do olfato

Condillac examina inicialmente os primeiros conhecimentos de um homem limitado ao único sentido do olfato; ele constata, evidentemente, que uma estátua da qual apenas o nariz estivesse desperto só poderia aspirar odores e não formularia outras ideias. Nada mais existe para ela, além das fragrâncias, pois ela só conhece o que percebem as narinas:

> Os conhecimentos de nossa estátua, com os sentidos limitados ao olfato, só podem se entender com os odores. Ela não pode ter ideia de extensão, de figura, nem de nada que esteja fora dela, ou fora de suas sensações, tais como as de cor, de som, de sabor.[42]

Para entender a natureza extra desses primeiros conhecimentos da estátua, é preciso notar que eles não se referem ao odor percebido como um objeto distinto dela, como um objeto constituinte de um mundo de essências, ou constituído por um sujeito que percebe. Esses conhecimentos não estabelecem uma relação entre um sujeito e um objeto e não implicam a distinção entre o ser conhecedor e o ser conhecido. De fato, é preciso separar os pontos de vista do organizador da experiência, do espectador ou do leitor, daquele do homem de mármore, e não confundir o que a estátua é em relação a ela mesma, e o que ela é em relação a nós. Cada um é convidado assim a adotar os dois pontos de vista, um de cada vez, sem fazê-los interferir um com o outro. Ele deve fazer-se estátua, esquecendo a manipulação efetuada e o estratagema que ela implica. Quem quer que respeite a diferenciação deve convir, então, que a estátua não tem ideia do odor, mas que ela é a ideia do odor que a ela se apresenta. "Se lhe apresentarmos uma rosa, ela será, para nós, uma estátua que cheira uma rosa; mas, em relação a ela, ela só será, então, o próprio aroma dessa flor."[43]

O experimentador pode descrever assim a experiência como o estabelecimento de uma relação olfativa entre um sujeito e um objeto distintos, como a diferenciação entre aquele que cheira e o próprio cheiro, pensando na exterioridade de um em relação ao outro. Em compensação, a estátua, privada inicialmente de qualquer espécie de ideia, não pode saber que existe uma flor fora dela; ela sentirá, portanto, o aroma como uma das suas maneiras de ser e não será capaz de operar uma distinção entre ela e a rosa que ela confundirá

---

42 *Ibidem*, I, cap.1, p. 15.
43 *Ibidem*.

como um único e mesmo perfume. Ela ainda não pode perceber-se como um sujeito percebendo um objeto odorante. "Ela (estátua) será, pois, o odor de rosa, de cravo, de jasmim, de violeta, conforme os objetos que chegarem a seu nariz. Em poucas palavras, para ela, os odores serão apenas suas próprias modificações ou maneiras de ser; ela não poderia ver-se de outra maneira, pois essas são as únicas sensações às quais ela é suscetível."[44]

No ponto de partida da ficção, admite-se a existência do mundo, mas ela só é conhecida por nós. Em relação a nós, a estátua sente uma rosa; em relação a ela, ela sente a rosa no sentido que o perfume a impregna, a ponto de tornar-se, apenas, essa impressão. Ela não tem o poder de se distinguir da sua sensação. O eu e a rosa se confundem. Assim, a estátua é um perfume que substitui sua assinatura, seu modo de ser no mundo, sua primeira identidade.

De forma mais geral, isso mostra que o olfato não pode fundar, ele só, a distinção entre o sujeito e o objeto. O odor me penetra, invade e parece tão pregnante que ele dá a impressão de emanar de mim e de ser minha própria expressão. Ele não dá a sensação de materialidade do objeto exterior, mas a sensação de formar um todo comigo. Eis, aliás, por que Condillac chega a declarar que a estátua, limitada apenas ao olfato, não tem qualquer ideia da matéria. O olfato é o sentido mais imaterial, o mais desligado do real e o mais próximo da idealidade. Ele não permite dar credibilidade à existência de objetos exteriores.[45] Quer essa tese esteja fundamentada, quer não, parece muito difícil conceber como um homem, limitado ao único sentido do olfato, poderia ter a certeza absoluta da existência do seu corpo e do mundo exterior. Poderíamos apostar que ele seria um fervoroso discípulo do bispo de Berkeley e negaria a existência da matéria. Isso mostra o quanto nosso juízo é dependente dos nossos sentidos. Condillac, no fim do seu primeiro capítulo, chega a uma conclusão de alcance geral: "Já podemos, portanto, convencer-nos de que bastaria aumentar ou reduzir a quantidade dos nossos sentidos para nos levar a fazer apreciações totalmente diferentes daquelas que nos parecem, hoje, tão naturais.

---

44 *Ibidem.*
45 Essa conclusão, entretanto, também vale para um homem limitado apenas à audição, que ouve unicamente ruídos e sons mais ou menos fortes sem que isso lhe dê a ideia de um objeto situado a distância (cf. *Traité des sensations*, I, cap. 8, p. 59). Isto se aplica igualmente ao paladar, visto que o sabor pensado independente do contato com um alimento revela-se como uma maneira de ser (cf. *ibidem*, I, cap. 10, p. 69). Se a visão, que percebe a luz e as cores, dá à estátua a ideia de uma extensão colorida, ela não lhe dá a ideia de objetos exteriores, pois refere essa extensão a ela mesma e faz corpo com ela. Para Condillac, só o toque constitui uma exceção a essa regra e possibilita ao homem descobrir seu corpo e os corpos exteriores.

E nossa estátua, limitada ao olfato, pode nos dar uma ideia da categoria de seres cujos conhecimentos são os menos extensos."[46] Nesse primeiro estágio da experiência, os conhecimentos da estátua se limitam à sensação; ela não tem consciência dela mesma e se confunde com os odores. Ela é pura receptividade passiva, pura impressão. Nesse ponto, a pergunta que se apresenta é a de saber como a estátua passa de uma receptividade passiva a uma atividade de conhecimento, já que ela não dispõe de ideias inatas. Trata-se, pois, em um segundo tempo, de perceber a geração das operações mentais, a partir da sensação. Então, no capítulo II, Condillac vai dedicar-se a mostrar que todas as faculdades da alma não passam de sensações transformadas de maneiras diversas e a isolar o princípio dessa transformação.

Da sensação olfativa à memória e à imaginação dos odores

Para afastar o inatismo e economizá-lo definitivamente, é preciso entender que as faculdades são simples operações e que elas se reduzem a modalidades diversas da percepção. Nascem das transformações da sensação por efeito do duplo princípio do prazer e do sofrimento. Para isto, é preciso, ainda, que a estátua seja capaz de prestar atenção ao gozo ou ao sofrimento ocasionado pela sensação. A atenção apresenta-se, então, como condição prévia para toda operação mental. Condillac admite, sub-repticiamente, a existência de uma constituição do espírito tal que ele possa ser, simultaneamente, atento e afetivo. Nessas circunstâncias, podemos nos indagar se a tentativa de gerar todas as faculdades da alma partindo apenas da sensibilidade não nasce morta, pois o autor do *Traité des sensations* pressupõe, ademais, a existência da atenção. Ele parece cair em um círculo vicioso ao se dotar, de antemão, de uma faculdade que ele deveria explicar ao operar sua gênese partindo da sensação. Na verdade, essa atenção necessária não é pressuposta fora da sensação e não introduz, sub-repticiamente, um segundo princípio necessário concorrendo para a geração das faculdades. A atenção resulta da capacidade de sentir e nada mais é que o modo como uma sensação ocupa o espírito e é por ele percebida. De fato, poderíamos sentir se não fôssemos capazes de estar atentos a uma impressão? Estar atento significa entregar-se inteiramente a uma impressão que se exerce nos nossos órgãos.[47]

---

46 *Ibidem*, I, cap. 1, p. 16.
47 É assim, pelo menos, que Condillac caracteriza a atenção no capítulo II da primeira parte do *Traité des sensations*, p. 17: "Ao primeiro odor, a capacidade de sentir de nossa estátua entrega-se inteiramente à impressão que atua no seu órgão. Eis o que chamo atenção."

A atenção não é, portanto, uma faculdade exterior e estranha à sensação que preexistiria na alma. Desde que o espírito esteja ocupado por uma sensação viva, "essa sensação torna-se então atenção, sem que seja necessário supor nada a mais na alma".[48] Portanto, a atenção implica, ao mesmo tempo, a capacidade de sentir e a presença de uma impressão atuando no órgão. Ela requer uma dupla presença, a do odor no espírito e a do espírito no odor, em outras palavras, a presença de um odor e a presença a esse odor.

O teor dessa atenção não é apenas de ordem cognitiva, mas, também, afetiva. Tão logo a estátua presta atenção a uma sensação, "ela começa a gozar ou a sofrer: pois se a capacidade de sentir está inteiramente entregue a um odor agradável, é o prazer; se está totalmente entregue a um odor desagradável, é o sofrimento".[49] O prazer e o sofrimento que investem toda sensação, desde o instante no qual a estátua presta atenção, vão representar, então, o papel de princípios presidindo ao nascimento das operações do espírito. Contrariando toda expectativa, eles não têm, como primeiro efeito, como gerar desejos, mas recordações. O desejo é uma modalidade afetiva complexa, pois pressupõe o conhecimento do bem que desejamos e do mal do qual fugimos, implicando a ideia de uma mudança do bem para mais bem e do mal para bem. Limitada à respiração do primeiro odor, "nossa estátua ainda não tem qualquer ideia das diversas modificações que ela poderá sofrer. Ela está, portanto, bem sem desejar ficar melhor, ou mal, sem desejar estar bem. O sofrimento não pode fazer-lhe desejar um bem que ela não conhece, nem o gozo pode trazer-lhe o temor de um mal que ela tampouco conhece. Em consequência, por mais desagradável que seja a primeira sensação, ainda que chegasse ao ponto de ferir-lhe o órgão e de ser uma dor violenta, ela não poderia causar-lhe desejo".[50] O desejo, na medida em que implica as categorias de mudança, de sucessão, de duração, mas também de comparação entre diversos estados, não pode ser, portanto, um afeto primeiro. O sofrimento não vem acompanhado necessariamente pelo desejo de vê-lo cessar. É preciso, para isto, ter conhecimento de um estado melhor. Enquanto a estátua não tiver passado por essa experiência, ela não pode almejar algo melhor. Portanto, o desejo de fugir do mal não é fruto de um reflexo natural, mas de uma reflexão elaborada. Por enquanto, a estátua só poderia fazer a fusão com seu estado no momento. Isto permite entender melhor por que, no início e no sentido literal, a estátua é inteiramente odor de rosa ou de

---

48   Ibidem, Extrato racional do *Traité des sensations*, p. 291.
49   Ibidem, I, cap. II, p. 17.
50   Ibidem, I, cap. II, p. 17.

Capítulo 6 | Os Modelos Filosóficos Olfativos

queimado, segundo a vontade do experimentador. Para que o desejo nasça, é necessário que a estátua possa fazer a experiência de perceber que o estado no qual ela se encontra cessou, dando lugar a outro. Nesse caso o desejo pode nascer ou por vontade de reencontrar o estado anterior, se era agradável, ou de rejeitá-lo, no futuro, caso contrário. Não é, pois, o desejo, mas o prazer e a dor que vão determinar as operações do entendimento, pois é com base nos estados de gozo e de sofrimento que vão ser feitas as comparações. E, para isso, é ainda preciso lembrar-se dos diversos estados e conservá-los na memória. Portanto, a memória parece pressuposta. Ora, nada permite pensar a *priori* que a estátua disponha dela. Nessas condições, Condillac não admite, sem prova, a existência de uma força que retém as impressões para explicar a memória? Renouvier via nisto, aliás, um vício de raciocínio e censurava o autor do *Traité des sensations* por pressupor a memória como dado, quando ele se dispunha a explicar a gênese da mesma.

A memória tem um papel decisivo, pois sem a lembrança das modificações o princípio do prazer e da dor não pode ser realmente operacional e não é capaz de determinar à alma a realização de novas operações e comparações capazes de gerar desejos ou temores. Portanto, a memória nasce da atenção. Ela é o que fica da sensação olfativa quando o odor se dissipou e os eflúvios do corpo odorante deixaram de afetar as narinas. "O odor que a estátua sente não lhe escapa no instante em que o corpo odorante deixa de agir no seu órgão, a atenção que ela prestou ao odor ainda o retém."[51] A atenção aparece, portanto, como uma força retentora indispensável para a formação da memória. Ela prolonga a presença da sensação, na ausência da sua causa, e toma, assim, o lugar da ação dos objetos. A atenção não se limita à instantaneidade da sensação do momento. Ela retém o odor que se vai, e é esse presente retido que constitui o passado. Portanto, a memória é um vestígio da sensação passada conservado *na* e *pela* atenção. A força das impressões é, assim, função da vivacidade da atenção. A memória só é, então, uma atenção transformada que apreende, ao mesmo tempo, a presença do presente e a do passado. Nesse estágio, a capacidade de sentir da estátua se desdobra e se divide entre o odor presente e o passado. "Quando nossa estátua se torna um novo odor, ela ainda tem presente o que ela foi no momento anterior. Sua capacidade de sentir fica dividida entre a memória e o olfato; a primeira dessas faculdades fica atenta à sensação passada, a segunda, à sensação presente."[52]

---

51 *Traité des sensations*, I, cap. II, p. 19.
52 *Ibidem*.

No mesmo momento, a memória não se distingue da capacidade de sentir. Ela é, apenas, uma maneira de sentir. A respiração no momento e a lembrança de um odor são duas maneiras de sentir intrinsecamente idênticas. Elas diferem apenas na maneira extrínseca, "porque uma se refere a uma sensação atual, e a outra a uma sensação que não existe mais, cuja impressão ainda perdura".[53] Essa diferença de relações não pode, em nenhum caso, levar a estátua a questionar a identidade intrínseca entre a sensação de um odor presente e a memória, ainda mais porque ela ignora a existência de objetos exteriores e não poderia provocar a intervenção da presença atuante ou da ausência desses objetos. Por isso, a distinção entre as duas formas de sentir não poderia apoiar-se nas coisas exteriores. Não há diferença de natureza, mas uma diferença de grau entre o olfato e a memória, que varia em função das forças respectivas da sensação e da impressão. Se, de modo geral, a sensação de um odor presente se distingue da lembrança devido à sua maior acuidade, essa lei apresenta, porém, exceções, de forma que uma reminiscência olfativa poderosa pode sobrepujar a percepção atual de um odor fraco, até ocultá-lo, a ponto de derrubar a hierarquia entre passado e presente. Uma distinção radical e afirmada entre sensação e memória é, pois, impossível.[54] Isso implica que um homem limitado ao olfato não dispõe de meios incontestáveis para operar uma separação entre uma reminiscência olfativa e uma sensação decorrente da presença real dos objetos. Assim, a lembrança pode parecer mais real e ter mais presença do que a sensação. Nesse caso, o presente é sobrepujado e o passado mais presente que o presente. No limite, a estátua pode chegar a inverter os dados da experiência e achar que o presente é anterior ao passado. Eis por que é preciso, mais uma vez, tomar cuidado para não confundir a abordagem da estátua com a do experimentador e entender que a distinção entre sensação e memória é, para Condillac, uma construção intelectual que requer uma combinação do olfato e do tato, combinação sem a qual a existência de objetos exteriores afetando

---

53 *Ibidem*, p. 19.
54 É o que deixa a entender Condillac no capítulo II da primeira parte do *Traité des sensations*: "Ignorando que existem objetos que atuam sobre ela, ignorando, até, que ela tem um órgão: ela não faz distinção, ordinariamente, entre a lembrança de uma sensação e a sensação do momento, a não ser sentindo de forma fraca o que ela foi e sentir com força o que ela é... Digo ordinariamente porque a lembrança não será sempre um sentimento fraco, nem a sensação um sentimento forte. Pois todas as vezes que a memória reapresentar essas formas de ser com muita força e que o órgão, pelo contrário, só receber impressões leves, o sentimento de uma sensação do momento será bem mais fraco que uma sensação já passada." p. 19-20.

os sentidos, no momento, não pode ser estabelecida. Da mesma forma, ainda que aos olhos do observador a estátua seja, ao mesmo tempo, passiva, quando recebe sensações, e ativa, quando usa sua memória para lembrar-se da mesma, ela não tem ideia da diferença entre esses dois estados, pois ela só relaciona suas modificações a ela mesma e não distingue a causa que nela produz a memória da causa, exterior a ela, que produz suas sensações.[55] Em suma, para ela, tudo é ação, se é que esse termo faz sentido lá onde não se poderia conceber paixão.

Graças à memória, a estátua torna-se apta a distinguir, nela, uma sucessão de estados em função da mudança dos odores. Por efeito do exercício e da reiteração dos atos, a memória torna-se um hábito, de forma que a estátua pode lembrar-se, sem esforços, das mudanças passadas e estabelecer uma comparação entre o que ela é e o que ela foi. Essa etapa da comparação é decisiva, pois ela vai permitir a formação e a formulação de juízos.

> Se, após ter sentido várias vezes uma rosa e um cravo, ela ainda sente a rosa; a atenção passiva que se exerce pelo olfato será dirigida totalmente ao odor presente da rosa; a atenção ativa, exercida pela memória, será dividida entre a lembrança que ainda permanece dos odores de rosa e de cravo. Ora, as maneiras de ser não podem partilhar a capacidade de sentir, que elas não se comparam, pois comparar nada mais é que dar atenção, ao mesmo tempo, a duas ideias.[56]

Se a comparação é o resultado de uma atenção prestada simultaneamente a duas ideias, ela não poderia existir sem ajuizamento, pois implica que o espírito perceba uma diferença ou uma identidade entre as duas ideias, e que ela se pronuncie sobre o fato que uma não é igual à outra, quando se trata, por exemplo, de um odor de rosa, e outro, de cravo; ou que uma é a outra, quando se trata de um odor passado de rosa e um odor presente, também de rosa. Eis por que Condillac afirma que, "desde que haja comparação, há juízo",[57] e define o juízo como "a percepção de uma relação entre duas ideias que são comparadas".[58]

---

55 Cf. I, cap. II, p. 20-21.
56 *Ibidem*, p. 22.
57 *Ibidem*.
58 *Ibidem*.

Assim como o exercício da memória, a repetição das comparações e dos juízos transforma-se em hábito e torna a estátua, então, capaz de espanto. De fato, o espanto não é uma surpresa que surge, pura e simplesmente, diante da novidade. Pressupõe a existência de hábitos e a passagem brutal de um estado costumeiro a outro, inédito. Esse espanto reforça a atividade das operações da alma, pois torna a estátua mais atenta aos contrastes e às oposições. O espanto, entretanto, não é o verdadeiro motor da atividade da estátua, pois "é sempre o prazer e a dor que são o primeiro motivador de suas faculdades".[59] Na falta de ser um princípio de desenvolvimento das faculdades, o espanto serve para revelar a oposição entre sentimentos agradáveis e desagradáveis.

A permanência das ideias olfativas na memória efetua-se em função de vários critérios que se combinam e se hierarquizam sob a alta autoridade do princípio do prazer. Em primeiro lugar, ela obedece à ordem de ligação das ideias em função da respectiva sequência temporal, de forma que, se todas receberem inicialmente a mesma atenção, a impressão das últimas e das mais novas será mais forte que a das primeiras, que se desvanecem pouco a pouco. Em compensação, quando certas impressões despertaram pouca atenção e caem no esquecimento a ligação das ideias deixa de seguir uma ordem de sucessão e efetua-se em função da força das impressões e, notadamente, do caráter penoso ou agradável delas. Por fim, a estátua estará disposta a relembrar, de preferência, entre uma multidão de impressões, "aquelas que mais podem contribuir para sua felicidade: ela passará rapidamente pelas outras nas quais só irá deter-se quando forçada".[60] Sucessão, vivacidade e prazer, tais são as três tramas da corrente das impressões que formam a memória e permitem passar de uma ideia a outra. A ordem hedonista prevalece, entretanto, sobre as outras e condiciona, de início, a lembrança olfativa. Assim, nossas reminiscências adotam as ligações de nossos gozos.

A partir daí, torna-se possível explicar a emergência da necessidade. Essa, de fato, implica o conhecimento de um bem cujo gozo se julga necessário. "Todas as vezes que está mal ou menos bem, a estátua rememora suas sensações passadas e as compra com o que ela é e sente a importância de voltar a ser o que ela já foi. Daí nasce a necessidade ou o conhecimento de um bem cujo gozo lhe parece necessário."[61] Ao contrário de uma ideia muito difundida, a necessidade não é imediata, é o resultado da combinação de um processo

---

59   *Ibidem*, p. 23.
60   *Ibidem*, I, cap. II, p. 24.
61   Cf. I, cap. II, p. 26.

afetivo e cognitivo. É, portanto, um fenômeno complexo, pois supõe, *primo*, um estado afetivo de sofrimento ou de mal-estar, *secundo*, um processo de comparação entre uma sofrimento ou mal-estar atuais e um prazer passado, o que implica, *tertio*, a lembrança desse prazer, e *quarto*, um juízo segundo o qual ele constitui um bem necessário. Sem memória nem juízo, não há necessidade. "Tirai-lhe a lembrança desses prazeres e ela (a estátua) estará mal, sem suspeitar que ela tenha alguma necessidade: pois para sentir a necessidade de uma coisa, é preciso ter algum conhecimento a respeito dela."[62]

Se a necessidade é determinada, em parte, pelas operações da alma, ela vai, por sua vez, mobilizá-las e monopolizá-las. "Se a necessidade for causada por um odor que lhe causa uma dor forte, ela atrai quase toda a capacidade de sentir: ela só deixa força à memória para lembrar à estátua que não esteve sempre tão mal."[63] A necessidade reorienta, pois, as operações da alma, não só focalizando a atenção na dor e a memória na vivacidade de um bem desaparecido, mas invertendo, também, a relação de forças entre as duas formas de sentir, de forma que a lembrança do prazer seja tão pregnante e forte que oculte a impressão dolorosa naquele momento. A memória do odor também pode usurpar a parte devida ao olfato e apropriar-se de toda a capacidade de sentir.

Ainda que o despertar das faculdades da estátua fosse condicionado pelas manipulações do experimentador, livre para fazê-la aspirar sucessivamente tal ou tal odor, manifesta-se logo que a estátua, longe de ser inteiramente passiva, pode desenvolver uma atividade própria que escapa, em parte, das condições externas. O mecanismo, cada vez mais complexo, da conexão das ideias é prova disso, pois vai deixando de depender, aos poucos, da ordem sequencial das sensações, para exprimir a organização interna do espírito que dispõe suas impressões em função das respectivas forças, de seus efeitos agradáveis ou não, podendo alterar profundamente a cronologia, para substituir-lhe um novo encadeamento, independente dos objetos exteriores. Isso é próprio, aliás, da imaginação, cujo poder é tal que "ela dá uma nova ordem às ideias".[64]

Condillac explica o nascer da imaginação, partindo de dois efeitos da memória: "O primeiro é uma sensação que se repete com a mesma força que teria ao agir no próprio órgão; o outro é uma sensação que só deixou uma leve lembrança."[65] A ação da memória comporta, portanto, graduações que se escalonam de um gozo fraco e quase inexistente do passado, a ponto de

---

62 *Ibidem*.
63 *Ibidem*, p. 27.
64 *Ibidem*, p. 32.
65 *Ibidem*, p. 29.

desaparecer, até um gozo tão forte que parece presente. A imaginação designa esse grau em que a memória tem tanta força que nos faz gozar do passado como se estivesse presente. Entre as duas faculdades, não há diferença de natureza, mas, tão só de graduação. A imaginação permanece como registro da rememoração e se apresenta como uma subdivisão da memória que merece um nome particular por causa dos seus efeitos. A capacidade de rememorar "conserva o nome de *memória*, quando ela só lembra as coisas como passadas e recebe o nome de imaginação quando retraça as coisas com tanta força que elas lhe parecem presentes".[66] Condillac precisa, então, que "essas duas faculdades só diferem pelo mais ou pelo menos. A memória é o início de uma imaginação que só tem, ainda, pouca força; imaginação é a própria memória que atingiu toda a força da qual é capaz".[67] A imaginação, por sua vez, nada mais é que uma forma de atenção a uma impressão particularmente forte que esconde o resto. Eis, aliás, por que Condillac chega a fazer observar que, após ter distinguido duas atenções ligadas ao olfato e à memória, podemos observar uma terceira, própria da imaginação.[68]

A imaginação, por conseguinte, é essa memória que dá ao passado o aspecto de presente, a ponto de usurpar-lhe o título. Assim, a imaginação do odor produz os mesmos efeitos que a atuação do olfato, pois faz ressurgir sensações passadas como presentes, como objetos exteriores. Condillac chega até a precisar que a imaginação é uma forma de atenção "que tem a característica de interromper as impressões dos sentidos para substituí-las por um sentimento que independe da ação dos objetos exteriores".[69] Ela possui, assim, um poder superior ao dos objetos exteriores, pois não só pode suspender as sensações dos sentidos e substituí-las por uma forma de ser que lhe agrade, mas pode romper a sequência de sensações sucessivas para estabelecer uma ordem conforme à sua fantasia e ao seu prazer, pulando sensações intermediários desagradáveis, subvertendo a cronologia ou reaproximando as ideias mais antigas.[70]

Se a estátua tem, por vezes, como já vimos, dificuldade para distinguir a sensação da memória, ela tem, com maior razão, impossibilidade de estabelecer a distinção entre sentir e imaginar. "Quando a estátua imagina uma sensação que já não tem e que ela ressente com a mesma força que teria se ainda a

---

66   *Ibidem*, p. 30.
67   *Ibidem*, p. 30.
68   P. 30.
69   P. 30.
70   Cf. I, cap. II, p. 32.

tivesse, ela ignora a existência de uma causa produzindo, nela, o mesmo efeito de um corpo odorífero agindo no seu nariz. Portanto, ela não pode estabelecer, como nós, uma diferença entre imaginar e ter uma sensação."[71] Aí é preciso fazer, ainda, a distinção entre o que a experiência é, para nós e para ela, constatando a possibilidade de uma divergência ou, até, de uma inversão total dos pontos de vista, ou melhor, dos modos de sentir. Devido à força de uma imaginação ocultando todo o resto, a estátua poderia considerar aquilo que não é ou não é mais, como sendo o que é; ou, ainda, considerar aquilo que é como sendo o que não é ou não é mais. Ao contrário de nós, a estátua poderia, portanto, considerar real o que é fictício, e fictício o que é real. A distinção entre ficção e realidade, não valendo para ela o único critério determinante, é a força da impressão, quer seja ela sentida, rememorada ou imaginada. Um homem com os sentidos limitados, apenas, ao olfato, não disporia, por conseguinte, de qualquer meio objetivo para fazer a separação entre uma alucinação olfativa e a aspiração do perfume de uma rosa real.

Condillac até presume que a imaginação desse homem seria bem mais poderosa que a nossa, pois ela não seria mitigada por um sem-número de sensações que mobilizam e dispersam a atenção, impedindo-a de focalizar-se, apenas, na rememoração dos odores. A diversidade de nossas sensações nos desvia de uma imaginação monolítica e obsessiva, desmentindo seus eventuais delírios. "Nossos sentidos, sempre alerta contra nossa imaginação, nos avisam, sem parar, da ausência dos objetos que queremos imaginar; pelo contrário, tudo deixa correr solta a imaginação de nossa estátua."[72] Condillac admite, entretanto, um freio que suspende inteiramente a ação da imaginação e da memória quando a força da sensação que ela absorve inteiramente a capacidade de sentir e não deixa espaço para outra coisa, como ocorre na embriaguez do prazer ou no acabrunhamento da dor.[73]

No fim do segundo capítulo, parece que um homem limitado ao olfato é capaz não só de sentir, mas, também, de lembrar-se, de comparar, de julgar, de sentir necessidades e de imaginar, prestando atenção a suas sensações, à sequência e à força delas. Decerto, seu discernimento é limitado, pois suas avaliações se exercem, apenas, na identidade e diferença das coisas, no seu caráter agradável ou não. Ele terá dificuldade para não confundir vários odores que se fazem sentir ao mesmo tempo e para não considerá-las como uma única.

---
71   *Ibidem*, p. 30.
72   *Ibidem*, p. 30.
73   Cf. I, cap. II, p. 31.

Da sensação olfativa aos sentimentos

Após ter atualizado as operações de entendimento de que seria capaz um homem reduzido ao olfato, Condillac nos convida a seguir a evolução afetiva da estátua, analisando, no capítulo III, os desejos e as paixões que nascem da olfação. O autor do *Traité des sensations* explica o desejo partindo da ação conjugada das faculdades da alma e da necessidade. "O desejo nada mais é do que a ação dessas mesmas faculdades quando elas se direcionam para a coisa da qual sentimos a necessidade."[74] Assim como a necessidade, o desejo pressupõe a ideia de algo melhor que o mal-estar presente e implica a existência de uma memória, de uma comparação e de um ajuizamento. Entretanto, ele não é o simples conhecimento de um bem cujo gozo nos parece necessário nem a simples provação do mal-estar. Requer, além disso, a ação dessas faculdades na medida em que elas se orientam para a coisa da qual sentimos a necessidade. No desejo, há uma organização finalizada das faculdades para coisas suscetíveis de dar-lhe fim. O desejo implica um começo de ação prática, uma orientação, uma tendência para alguma coisa, enquanto a necessidade é a simples expressão do mal-estar e da precisão de dar-lhe um fim. O caráter do desejo, sua fraqueza ou força será, portanto, função da diferença entre os estados que se sucedem. O desejo será, assim, mais ou menos forte, segundo estejamos diante de uma diferença mínima entre dois estados provocando o que Condillac denomina mal-estar ou leve insatisfação, ou a diferença seja considerável e tome a forma de tormento ou de inquietude. É assim, em função da própria força ou fraqueza, que os desejos vão tomar ou não uma forma passional e levar a uma polarização em torno da coisa da qual sentimos necessidade. Quer seja hegemônica ou exclusiva, a paixão é, assim, um desejo dominante, nascido da inquietude provocada pela privação de um bem. A paixão é a expressão de um diferencial entre um estado de bem-estar anterior e de mal-estar no presente. Ela consiste em querer reduzir esse afastamento que obscurece o entendimento a ponto de provocar a focalização de todas as funções da alma nesse objetivo. Partindo disso, Condillac explica, então, a gênese do amor e do ódio na estátua que é só olfato. "Desde que haja nela gozo, sofrimento, desejo, paixão, também há amor e ódio. Pois ela aprecia um odor agradável do qual goza, ou que deseja. Ela detesta um odor desagradável que lhe causa sofrimento; por fim, ela tem menos apreço por um odor menos agradável que ela desejaria trocar por outro."[75] O amor é, assim, gozo e desejo de um odor

---

74 *Traité des sensations*, I, cap. III, p. 37.
75 *Ibidem*, p. 38.

agradável, e o ódio, sofrimento e repulsa a um odor desagradável. Mas ainda é preciso notar, aí, que no caso do homem limitado ao olfato, o amor não pode ser por um objeto exterior. O único objeto de amor da estátua é ela mesma. Assim, a primeira forma de amor-próprio também tem essência olfativa. A estátua se ama, como odor agradável.[76] Curiosamente, Condillac não fala do ódio de si ligado a um odor desagradável que a estátua atribuiria a ela mesma. Isso se explica, talvez, pelo fato de que o ódio implica a introdução de uma distância, um afastamento, inconcebível em uma relação de si com si mesmo, e a ausência de qualquer pensamento da exterioridade. Um eventual ódio de si, nascido de um mau odor concebido como forma de ser, só se pode exprimir na forma de um desejo de trocar um estado penoso por outro mais agradável.

Condillac explica a gênese da esperança e do temor, partindo dos mesmos princípios do amor e do ódio, isto é, o gozo e o desejo, por um lado, e o sofrimento e a repulsa, por outro. Essas duas paixões fazem atuar uma combinação do juízo a respeito do futuro e das paixões de amor e de ódio; elas nascem do hábito, isto é, das experiências passadas que são projetadas no futuro. "O hábito que tem nossa estátua de sentir sensações agradáveis ou não a leva a pensar que pode sentir ainda mais. Se esse juízo se unir ao amor por uma sensação agradável, produz-se a esperança; se ele se unir ao ódio por uma sensação desagradável forma-se o temor. De fato, ter esperança é lisonjear-se pelo gozo de um bem; temer é ver-se ameaçado por um mal."[77] O temor é, portanto, uma espécie de ódio por um mal que achamos, pela nossa experiência passada, capaz de produzir-se, ao passo que a esperança é uma espécie de amor por um bem que nos parece possível advir.

Condillac conclui sua análise das maneiras afetivas de ser de uma estátua limitada ao olfato, explicando como se forma a vontade. Se o desejo é o começo da realização de uma necessidade pela concentração das faculdades capazes de produzir o gozo, e se a paixão é um desejo dominante ou exclusivo, a vontade é "um desejo absoluto e tal que pensamos que uma coisa desejada está em nosso poder".[78] Apresenta-se a questão de saber qual é a diferença entre a paixão, desejo dominante ou até exclusivo, e a vontade, desejo absoluto. Na verdade, a vontade nasce da experiência anterior de um obstáculo vencido. Da mesma forma, o desejo da coisa é absoluto, pois a estátua não vê por qual motivo um obstáculo vencido uma vez não poderia sê-lo novamente, desta vez. A vontade testemunha uma forma de confiança

---

76   Cf. I, cap. III, p. 39.
77   *Ibidem*, p. 39-40.
78   *Ibidem*, p. 40.

na realização do desejo e na reiteração de uma experiência passada de gozo, bem-sucedida. Essa confiança é alimentada por duas causas: "a experiência de ter satisfeito tal desejo e o interesse em que o seja novamente".[79]

Da sensação olfativa às ideias gerais e à ideia do eu

Até o presente, a estátua experimentou sensações olfativas, ela é capaz de certo número de operações de entendimento, tais como estar atenta, lembrar-se, comparar, julgar, imaginar. Ela sente desejos, paixões, vontades, mas não tem ideias gerais propriamente ditas. Ela só tem ideias particulares, isto é, sensações atuais ou rememoradas. No capítulo IV da primeira parte do *Traité des sensations*, Condillac relata a gênese das ideias gerais, partindo da sensação particular do olfato, e vai mostrar, primeiro, como se formam as ideias abstratas de satisfação e insatisfação. A ideia geral é fruto das operações de abstração do entendimento que resgata características comuns a várias maneiras de ser. Enquanto a sensação remete sempre à particularidade de um estado, a ideia implica uma separação em relação a essa particularidade para determinar o que é comum às diversas modificações da estátua. Assim, as primeiras ideias gerais que resultam desse processo de abstração são as de insatisfação e de satisfação. Através da multiplicidade de estados agradáveis ou desagradáveis que se sucedem, a estátua acaba por apreender a propriedade comum de satisfação que caracteriza todos os estados de gozo e a de insatisfação, própria de todos os estados de sofrimento, e conserva, em seguida, essas ideias abstratas na memória. Portanto, as ideias são abstratas, pois estão separadas da particularidade das modificações, e são gerais, pois elas apreendem traços gerais. Desse ponto de vista, os odores da violeta ou de junquilho não poderiam ser ideias abstratas comuns a várias flores, pois a estátua ignora a existência das violetas e dos junquilhos. Assim, "quando ela sentir sucessivamente várias flores da mesma espécie, ela sentirá uma mesma maneira de ser e só terá, a esse respeito, uma ideia particular".[80] Ela não pode dizer que um odor é comum a diversas flores e cada vez que sentir o perfume da violeta, ela será redirecionada para a particularidade de uma sensação que se repete. Eis por que sua capacidade de abstração se limita às noções de satisfação e de insatisfação. Em que pese sua limitação, a formação dessas ideias tem incidências importantes, pois leva a estátua a um hedonismo generalizado. Ela é levada a querer o prazer e a fugir do sofrimento em geral e a reorientar sua atividade em torno desse objetivo.

---

79   *Ibidem*, p. 40.
80   *Ibidem*, p. 42.

Capítulo 6 | Os Modelos Filosóficos Olfativos

Para além das ideias abstratas de satisfação e de insatisfação, a estátua é capaz de elaborar a de unidade, quando de uma sensação sentida ou rememorada, assim como a do número, cada vez que a memória lhe lembra que ela já foi tal odor e, depois, tal outro, e assim por diante. Condillac precisa bem que o olfato dá a noção de unidade e não de quantidade, a qual requer necessariamente a memória.[81] Dois ou mais odores sentidos ao mesmo tempo só formarão um para a estátua e não irão ajudá-la na elaboração da noção de número. Essa noção, aliás, não é elaborada, pois, na falta de uma arte dos sinais que permita anotar, distinguir e memorizar as diversas quantidades, a estátua, segundo Condillac, não poderá perceber distintamente mais de três de suas maneiras de ser e só verá, adiante, uma aglomeração indefinida.[82] Essa distinção entre ideias particulares e gerais torna a estátua capaz de conhecer duas espécies de verdade. Ela percebe verdades particulares a respeito dos odores de cada espécie de flor e verdades gerais quanto às maneiras de ser agradável ou desagradável.

Ela possui igualmente alguma ideia do possível, "como ela tem o hábito de ser, de deixar de ser, de voltar a ser o mesmo odor, ela achará, quando não é, que poderá ser; e quando é, que poderá deixar de sê-lo".[83] Essa experiência é, todavia, limitada, pois a estátua depende do observador que atua, apresentando-lhe sucessivamente um odor de rosa ou de violeta, de tal forma "que ela pense, por exemplo, poder deixar de ser odor de rosa, para voltar a ser o de violeta".[84] Ora, o que aconteceria se fizéssemos a estátua cheirar continuamente o mesmo odor, após ter cheirado sucessivamente a rosa e a violeta? Condillac explica que a imaginação poderá atuar, caso o perfume da rosa tenha agradado à estátua e o experimentador só lhe dê, em seguida, violetas para cheirar, fazendo-a reproduzir o odor agradável com tal intensidade que esconderá o da violeta. A ordem das ideias será, então, modificada pelo impulso da imaginação, e o odor da rosa irá intercalar-se no meio dos eflúvios contínuos de violeta, dando a impressão dessa sucessão de estados diversos, propícios para a formação da ideia do possível.

A formação da ideia do impossível é mais problemática para a estátua. "Acostumada a perder uma maneira de ser tão logo adquira uma nova, é impossível, segundo sua maneira de conceber, que ela tenha dois estados

---

81 *Ibidem*, p. 43.
82 Cf. I, cap. IV, p. 44.
83 *Ibidem*, p. 45.
84 *Ibidem*, p. 45.

ao mesmo tempo."⁸⁵ Se lhe fossem dados dois aromas a cheirar ao mesmo tempo, o perfume combinado seria, para ela, outra maneira de ser, e ela não poderia diferenciar a violeta da rosa e considerar que as fragrâncias antes percebidas sucessivamente são, agora, apresentadas ao mesmo tempo. Condillac estima, entretanto, que a elaboração da ideia de impossível continua problemática, pois a estátua tem poucas oportunidades de formar juízos a esse respeito, já que é mais natural ela se ocupar do que sente no lugar daquilo que ainda não conheceu.⁸⁶

Além das noções de unidade, de quantidade, de possível e de impossível, um homem limitado ao olfato pode ter ideia do tempo passado, futuro e indefinido. A ideia de um tempo passado resulta do discernimento dos odores, que gera a ideia de sucessão. A estátua chega, pois, a distinguir dois instantes, o antes e o depois, ou até mais, em função da força com a qual a memória lhe lembra duas, três, quatro maneiras de ser.⁸⁷ A ideia de uma duração futura baseia-se na experiência passada de uma sucessão invariável de odores associados, na memória, de forma que, se uma é apresentada no momento presente, a estátua tem, imediatamente, ideia do que virá a seguir. Condillac adota, por exemplo, a série junquilho, rosa, violeta.

> Já que esses odores estão constantemente associados nessa ordem, um deles não pode afetar esse órgão, sem que a memória lhe lembre logo os dois outros, na sequência que têm com o odor sentido. Assim, quando se apresentar o odor de violeta, os dois outros se reapresentarão como tendo precedido e que a estátua se representará um tempo passado; assim, também, quando o odor apresentado for o de junquilho, os da rosa e da violeta se representarão como devendo vir em seguida e a estátua se representará um tempo futuro.⁸⁸

A ideia de um tempo indefinido decorre do fato de ela poder conceber, no passado e no futuro, um além dos três instantes que ela percebe de maneira distinta. Os três odores de junquilho, rosa e violeta, que possibilitam à estátua discernir três instantes, são precedidos e seguidos por outros odores marcando outros instantes passados e futuros, de forma que ela pode ter

---

85 *Ibidem*, p. 46.
86 Cf. I, cap. IV, p. 46.
87 *Ibidem*.
88 *Ibidem*, p. 47.

Capítulo 6 | Os Modelos Filosóficos Olfativos

ideia de duração de tempo, sem que possa atribuir-lhe nem começo, nem fim. Assim, ela perceberá esse tempo indefinido como uma eternidade. Da mesma forma, um homem limitado ao olfato não teria qualquer ideia da morte e da finitude, acreditando-se eterno. Para Condillac, só a atenção nos seres de nossa espécie, que vemos nascer e morrer, nos dá a ideia de um começo e de um fim. "Um homem que só conhecesse sua própria existência não teria qualquer ideia da morte."[89]

Essa duração indefinida pode, todavia, ser objeto de uma medida, pois é possível distinguir duas sucessões, a das impressões no órgão e a das sensações rememoradas. A ideia de duração, produzida inicialmente pela sucessão dos odores continua a ser objeto de uma representação, na ausência de ação dos objetos. A estátua pode representar o presente em função do seu estado no momento, o passado pela lembrança do que ela já foi e o futuro em virtude de um juízo segundo o qual é possível que ela volte a sentir as sensações anteriores. Daí, uma das suas sucessões pode servir para medir a duração de outra. Assim, enquanto a estátua rememora uma sensação, várias impressões podem se suceder e ser contadas para medir a duração da lembrança. Inversamente, a duração de uma impressão pode ser avaliada pela sequência de lembranças que se sucedem enquanto ela atua.[90] Essa ideia da duração, entretanto, nada tem de absoluto, pois depende da sucessão de odores sentidos ou rememorados. Ora, se fizéssemos a estátua sentir continuamente um único odor, ela teria ideia de um só instante.

Após ter analisado as ideias de um homem dotado de um só sentido, o olfato, quando acordado, Condillac termina seu exame, analisando o estado de sono e de sonho, no capítulo V. O objetivo é o estudo das faculdades da alma, em repouso, para completar o quadro da ação das mesmas, quando a alma tende para a inação. Condillac faz variar as condições da experiência e observa os casos limites, quando a ação das faculdades se torna vagarosa, a ponto de cessarem, para apreciar melhor a natureza das ações do entendimento. O ponto de partida da experiência baseia-se em uma excitação sensorial do olfato, que vai pôr a funcionar as faculdades da alma. O que ocorre na ausência de excitação durante o sono sem sonho e durante o sonho?

Primeiro, Condillac observa como a ação das faculdades se torna mais lenta, quando a estátua está reduzida à lembrança de um odor. Nesse caso, ela perde parte do sentimento da própria existência, pois "ela sente menos

---

89 *Ibidem*.
90 Cf. I, cap. IV, p. 49.

que existe do que sente que existiu".[91] O que acontece com as faculdades da alma durante o sono, sem excitações sensoriais? Se essas faculdades continuam a atuar, só pode ser sobre uma parte das ideias, aquelas sobre as quais a imaginação conserva algum poder e que são interceptadas, diz Condillac. Com isto, a ordem das ideias que prevalecem no estado de vigília será embaralhada e não obedecerá necessariamente a uma lógica hedonista. Em suma, nossos sonhos podem ser pesadelos, pois a imaginação, que cuida de manter em boa ordem o encadeamento das impressões, ocultando, quando estamos acordados, o que é penoso e favorecendo o que é prazeroso, não é tão ativa e eficaz, durante o sono. "Eis o estado de sonho: ele só difere do estado de vigília porque as ideias não conservam a mesma ordem e o prazer já não é sempre a lei que rege a imaginação. Todo sonho pressupõe, portanto, algumas ideias interceptadas, sobre as quais as faculdades da alma não conseguem mais atuar."[92] Assim, o estado de sonho é particularmente interessante, pois ele oferece o exemplo de uma ordem que viola a lei do prazer. Ele figura, portanto, um caso de exceção que limita o alcance da regra de encadeamento das ideias. A estátua, entretanto, não tem meios para distinguir a vigília do sonho. Dado que ela não pertence à diferença entre imaginar fortemente e sentir, ela considerará suas impressões sonhadas tão reais quanto suas sensações. Ela pensará que a vida é um sonho, ou que o sonho é a vida.

Como de fato, para a estátua, todo conhecimento é conhecimento de si, Condillac estuda, então, no capítulo VI, o eu ou a personalidade do homem limitado ao olfato. O eu é, apenas, uma sequência de odores, um buquê de aromas passados e presentes. Não é mais um odor de rosa, como no primeiro momento da sua existência, mas ele abraça a sucessão de fragrâncias. A existência de uma pluralidade de odores é a condição para o surgimento do eu ou do mim. De fato, para que a estátua possa dizer "mim", é preciso que ela possa voltar sobre si mesma e perceber-se como idêntica ao longo dos diversos momentos do tempo. Ora, esse retorno reflexivo sobre si só é possível se um ser julga que ele é o mesmo, por meio das mudanças. Eis por que é necessário que a estátua tenha sido outra coisa diversa de um odor de rosa e que ela se tenha sentido como odor de violeta para ter acesso ao eu. Condillac afirma, também, que "ela não pode dizer eu no primeiro instante da sua existência".[93] Sua personalidade se define como reminiscência olfativa e consciência do seu perfume presente. "Seu eu é, ao mesmo tempo, cons-

---

91 *Ibidem*, I, cap. V, p. 53.
92 *Ibidem*, I, cap. V, p. 53.
93 I, cap. VI, p. 55.

ciência do que ela é, e lembrança do que ela foi."[94] Sua personalidade não assume necessariamente todos os odores que ela sentiu, a não ser que sua memória seja excelente, mas todos os perfumes que a marcaram. Seu eu é uma coleção de odores sentidos ou rememorados.

Ao fim da primeira parte dessa experiência de despertar o olfato isolado, Condillac chega a quatro conclusões dos ensinamentos que recebeu do nariz. Primeiro, só com o olfato, o entendimento tem a mesma quantidade de funções que teria com os cinco sentidos reunidos.[95] Dizendo de outra forma, se restar um único sentido, ainda existirá a integralidade das faculdades. Segundo, a sensação olfativa envolve todas as faculdades da alma. Tanto as diversas formas de ser atento, como a memória, o juízo, a imaginação, as ideias abstratas, as verdades gerais e particulares, quanto as diferentes formas de desejar, como as paixões, o amor, o ódio, o temor, a esperança e a vontade não passam de sensação transformada.[96] Terceiro, quer tenham o nome de necessidade, de surpresa, ou ainda outros, a dor e o prazer olfativo constituem o motor e o princípio do desenvolvimento das faculdades.[97] Quarto, tudo o que vale para o olfato pode ser aplicado, também, aos outros sentidos,[98] de forma que podemos generalizar as conclusões. Condillac não se limita, aliás, a enunciar suas conclusões, mas vai verificar, nos capítulos seguintes, se elas se aplicam bem a cada um dos sentidos considerados isoladamente, antes de examinar a reunião dos mesmos. Deixamos de lado o exame sucessivo dos casos de um homem limitado ao sentido da audição, do sabor, da visão e do tato, que não concerne nosso propósito de visualizar o despertar multissensorial da estátua.

B) A reunião progressiva do olfato aos demais sentidos

Longe de restringir-se a uma abordagem em separado, Condillac faz variar as condições da experiência e adota um procedimento sintético, re-

---

94 *Ibidem*, p. 56.
95 "Tendo provado que nossa estátua é capaz de prestar sua atenção, de se relembrar, de comparar, de ajuizar, de discernir, de imaginar; que ela tem noções abstratas e ideias, de quantidade, de duração; que ela conhece verdades gerais e particulares; que ela formula desejos e desenvolve paixões, ama, odeia, quer; que ela é capaz de esperança, de medo e de surpresa; que enfim ela cria hábitos, devemos concluir que, com um só sentido, o entendimento tem a mesma quantidade de faculdades que teria com os cinco sentidos reunidos." *Ibidem* I, cap. VII, p. 57.
96 *Ibidem*.
97 *Ibidem*, p. 58.
98 *Ibidem*.

compondo, pouco a pouco, um homem dotado de todos os sentidos. Após ter apresentado cada um dos sentidos que, por si sós, não julgam objetos externos, Condillac examina, no fim da primeira parte, a reunião progressiva do olfato à audição, ao paladar e à visão; ele irá considerar, posteriormente, as modificações importantes introduzidas pelo tato, único sentido capaz de explicar, isolado, os objetos exteriores.

A reunião do olfato à audição, ao paladar e à visão

A reunião do olfato aos outros sentidos, igualmente incapazes de formular um juízo, por si sós, é feita tendo por base três combinações. A primeira é tratada no capítulo IX da primeira parte do *Traité des sensations* e concerne à reunião do olfato e da audição. O que ocorre, então, nesse novo caso? Primeiro, a estátua não distingue os sons e os odores que chegam ao mesmo tempo até ela. Eles constituem uma única maneira de ser. A percepção de um odor e de um som aparece como uma modificação simples. Pelo contrário, se as sensações auditivas e olfativas forem percebidas separadamente, a estátua poderá distingui-las, graças à sua memória. Seu próprio ser parece-lhe adquirir uma dupla existência, como odor e como som. Sua memória cresce e torna-se mais forte, pois uma sequência de sons evoca uma sequência de odores, ajudando a lembrá-los. Entretanto, essa associação do olfato com a audição corre o risco de causar um problema, pois é possível que os sons escondam os odores, e vice-versa. No entanto, ela é propícia para o desenvolvimento das faculdades da alma, que formula mais ideias abstratas, na medida em que pode conceber duas espécies de modificações.[99] Porém, a junção dos dois sentidos não produz uma verdadeira mudança qualitativa, mas apenas quantitativa, isto é, o aumento da memória e da capacidade de abstração.

A segunda combinação, estudada no capítulo X, consiste em juntar o paladar ao olfato e à audição. Podemos, então, ficar surpresos ao constatar que Condillac, após ter pensado na reunião do olfato à audição, não continue associando os sentidos aos pares, olfato e paladar, olfato e visão etc., passando diretamente a uma configuração tríplice. Essa anomalia aparente só se aplica, na realidade, às relações entre olfato e paladar e entre olfato e visão, pois o autor do *Traité des sensations* [Tratado das sensações] irá tratar, posteriormente, no capítulo I da terceira parte, da reunião do olfato ao tato. Se Condillac silencia a respeito dos dois outros casos, é certamente porque ele considera que esses casos não têm importância, visto que as reuniões do

---

99   Cf., I, cap. IX, p. 67.

olfato ao paladar ou à visão não trazem qualquer elemento novo em face da junção do olfato à audição. Só a reunião do tato ao olfato merece atenção, pois ela faz intervir objetos exteriores.

De qualquer forma, a reunião do paladar ao olfato e à audição vai dar à estátua o sentimento de uma tripla existência. Aos olhos de Condillac o paladar contribui mais que o olfato e a audição para a felicidade ou infelicidade, pois a necessidade de alimento torna os sabores mais necessários que os sons e os odores. Ele não só expande a capacidade da memória e a quantidade de pensamentos abstratos, mas, ainda, aumenta a intensidade do gozo e do sofrimento e, por conseguinte, os desejos e as paixões. A juntada do paladar tem, portanto, repercussões cognitivas e afetivas. A experiência vai, porém, de encontro a dois limites. Por um lado, a distinção das modalidades sensoriais gustativas e olfativas é dificultada pela grande analogia entre sabor e odor. "Ela não terá sempre a mesma facilidade de diferenciar um sabor de um odor, da que tem de separar um odor de um som."[100] Por outro lado, o sabor pode prejudicar os demais sentidos por mobilizar a atenção a ponto de tornar a estátua insensível aos odores e à harmonia.[101]

Condillac torna mais complexo o processo do despertar da estátua e passa a uma terceira combinação. Ele introduz a visão, no capítulo XII, e junta-a ao olfato, ao paladar e à audição. Essa soma aumenta a quantidade de formas de ser, diversifica e amplia o encadeamento das ideias e dos desejos, mas ainda não permite acessar o conhecimento dos objetos exteriores. A estátua permanece na ignorância: "Ela não suspeita, pois, que deve sua maneira de ser a causas exteriores; ela ignora que a sensações chegam a ela por quatro sentidos. Ela vê, cheira, saboreia, ouve, sem saber que ela possui olhos, nariz, boca e orelhas; ela não sabe que tem um corpo."[102] Condillac se pergunta, então, a respeito dos juízos que a estátua poderia fazer em decorrência de variações das condições da experiência. Supondo que ela veja continuamente a mesma cor, ou sinta permanentemente o mesmo odor, a estátua seria levada a definir sua personalidade como sendo essa cor ou esse odor e a considerar que suas outras formas de ser são apenas modalidades da mesma. Ela chegaria a pensar que ela, a estátua, é o objeto ao qual se referem e correspondem diversas qualidades sensoriais.

> Supondo que ela seja continuamente a mesma cor, se fizermos suceder nela odores, sabores e sons, ela irá se considerar como

---
100 *Ibidem*, cap. X, p. 70.
101 *Ibidem*, p.70.
102 I, cap. XII, p. 87.

sendo uma cor odorífera, saborosa e sonora. Ela se veria como um odor saboroso, sonoro e colorido, se fosse constantemente o mesmo odor; é preciso fazer a mesma observação a respeito de todas as suposições de mesmo tipo. Pois é na forma de ser que ela se reencontra, na qual deve sentir esse *eu* que lhe parece ser o sujeito de todas as modificações que ela pode apresentar.[103]

Qualquer que seja a forma de combinação escolhida, com exceção do tato, a reunião de um, dois ou três sentidos ao olfato acresce o alcance dos conhecimentos da estátua, mas nunca a faz sair de dentro de si mesma. Ela fica, assim, condenada à interioridade, sem nada saber da existência dos corpos. Uma verdadeira ruptura ocorre quando o tato se junta ao olfato.

A reunião do tato ao olfato

A reunião do tato ao olfato tem efeitos espetaculares. Condillac estima, de fato, que o tato é "o único sentido que julga, por si só, os objetos exteriores",[104] e é esse o motivo pelo qual ele não o trata na primeira parte da sua obra, mas unicamente na segunda. Para uma melhor avaliação do alcance da união do tato e do olfato, é preciso entender a revolução realizada pelo tato, que consiste em passar de nossas sensações ao conhecimento dos corpos. A esse respeito, devemos observar que nem todas as sensações táteis nos dão o sentimento da extensão e da existência dos corpos. É indispensável, para isso, ultrapassar a simples sensação fundamental produzida pelo tato. Ele fornece inicialmente à estátua a sensação da ação das partes do seu corpo, umas nas outras, principalmente dos movimentos da respiração. Essa sensação é denominada fundamental, pois "é a esse jogo da máquina que se inicia a vida do animal; ela depende exclusivamente dele".[105] Essa sensação fundamental, identificada ao próprio *eu*, ainda não pode dar-lhe qualquer sensação de extensão nem de existência dos objetos exteriores. Coloca-se, então, a questão de saber como chegamos à sensação e ao conhecimento dos corpos exteriores. Para isto, é preciso que a sensação tenha natureza tal que produza o fenômeno da extensão pela experiência do próprio corpo e da sua contiguidade com outros. Se a sensação fosse percebida apenas como uma maneira de ser da estátua, seria impossível que ela descobrisse

---

103   *Ibidem*, p. 88.
104   *Ibidem*, II, cap. I, p. 89.
105   *Ibidem*.

a existência do próprio corpo e, além dele, os outros.[106] "Portanto, a natureza só tinha um meio de fazer a estátua conhecer seu corpo, e esse meio consistia em fazer-lhe perceber suas sensações não como maneiras de ser da sua própria alma, mas como modificações dos órgãos que são outras tantas causas ocasionais. Assim, o *eu*, no lugar de ficar concentrado na alma, devia estender-se, espalhar-se, e repetir-se, de certa forma, em todas as partes do corpo."[107] Condillac não explica esse fenômeno e o apresenta como um fato inexplicado, mas não inexplicável.[108] Enquanto aguardamos a compreensão do mecanismo e a capacidade de apresentar uma explicação, a natureza é invocada como uma espécie de *deus ex machina*. Falta saber como a estátua chega a ativar esse meio e a perceber suas sensações, não como maneiras de ser da própria alma, mas como modificações de seus órgãos.

Para que a estátua descubra seu próprio corpo, ela deve analisar e observar seu *eu* em todas as partes onde poderia se encontrar. O movimento e a manipulação dos objetos vão levá-la, pouco a pouco, a descobrir seu corpo e os outros corpos. A estátua vai fazer, de fato, a experiência da solidez e a resistência dos corpos e, daí, chegar a avaliar a impenetrabilidade dos mesmos. A característica da sensação de solidez é "representar, ao mesmo tempo, duas coisas que se excluem, ficando uma fora da outra."[109] Por meio dessa característica, a alma realiza, portanto, a experiência de uma alteridade, pois ela não pode reduzir essa sensação a ela mesma, mas "ela a perceberá necessariamente como uma modificação na qual encontra duas coisas que se excluem e, por conseguinte, ela o perceberá nessas duas coisas".[110] A alma passa, assim, dela a fora dela, e isso vale tanto para seu corpo quanto para os corpos exteriores. Quando toco meu corpo, sinto uma dupla sensação de solidez e de resistência, a da mão que sente e a da parte do corpo, sentida. Assim, quando a estátua se toca, "sua mão e seu peito distinguir-se-ão pela sensação de solidez que

---

106 Cf. II, cap. IV, p. 98.
107 P. 99.
108 "Esse artifício pelo qual acreditamos nos encontrar em órgãos que não são propriamente nós, fundamenta-se, sem dúvida, no mecanismo do corpo humano e, sem dúvida também, esse mecanismo terá sido escolhido e ordenado pela relação com a natureza da alma. Isso é tudo o que podemos saber a respeito desse assunto. Quando conhecermos perfeitamente a natureza da alma e o mecanismo do corpo humano, é provável que explicaremos facilmente como o *eu* que está apenas na alma parece encontrar-se no corpo. Quanto a nós, bastará observar esse fato e assegurar-nos dele." *Ibidem*, cap. IV, p. 99.
109 *Ibidem*, II, cap. V, p. 103.
110 *Ibidem*.

cada parte oferece à outra, o que as separa, obrigatoriamente, uma da outra. Entretanto, distinguindo seu peito de sua mão, a estátua encontrará seu *eu* em cada uma das duas partes, porque ela se sente igualmente em ambas".[111] Se a estátua toca seu próprio corpo, ela se sente modificada na mão e na parte do corpo que ela apalpa. Ela percebe, portanto, a existência de algo diferente de sua alma, mas que lhe pertence, pois ela pode se encontrar e se reconhecer em todas as partes do seu corpo. "Tão logo ponha a mão em uma delas, o mesmo ser sensitivo informará, de certa forma, de uma parte à outra: *sou eu*. Se ela continuar se apalpando, em cada lugar a sensação de solidez representará duas coisas mutuamente excludentes, mas que são contíguas e que, em todas as partes, o mesmo ser que sente responderá, às duas partes, simultaneamente, *sou eu, ainda sou eu!*"[112]

Em compensação, quando a estátua toca outro corpo, ela percebe a resistência e se sente mudada apenas na mão, de modo que ela deve imputar a resistência que encontra a um objeto fora dela. "Enquanto a estátua só toca em si mesma, ela se vê como sendo tudo o que existe. Mas, se tocar um corpo estranho, o *eu* que se sente modificado na mão não é sentido no corpo. Se a mão diz *eu*, ela não recebe a mesma resposta da outra parte. A estátua julga, assim, suas maneiras de ser inteiramente fora dela."[113]

Exposta a especificidade do tato, torna-se possível analisar os efeitos de sua adjunção ao olfato. No capítulo I da terceira parte, Condillac relata a experiência da estátua levada a pisar um chão coberto de flores. No início, ela se considera como sendo uma sucessão de fragrâncias cuja causa ela desconhece. Ao primeiro contato, ela não pode suspeitar as flores que toca de estarem na origem dos odores que sente. Habituada a considerar os perfumes como suas maneiras de ser, "parece-lhe muito natural ser ora um odor, ora outro: ela não imagina que os corpos possam contribuir para esses odores: ela só conhece as qualidades que o tato, só ele, a fez descobrir".[114] Ela percebe de fato, graças ao tato, a solidez, a fluidez, a resistência dos corpos, mas não pode saber que são as causas dos odores que ela sente.

A descoberta do fato de os odores provirem dos corpos e não dela mesma ocorre em várias etapas. A primeira baseia-se na experiência fortuita de uma flor sucessivamente aproximada e distanciada do seu rosto, de forma não intencional, experiência pela qual a estátua constata, com surpresa, que

---
111   *Ibidem*, II, cap. V5, p. 104.
112   *Ibidem*, p. 105.
113   *Ibidem*, II, cap. V, p. 105.
114   *Ibidem*, III, cap. I, p. 157.

ela é um odor mais ou menos forte, em função da proximidade ou do afastamento da flor. Dessa experiência fortuita, ela pode passar em um segundo momento ao que seria denominado por Claude Bernard uma "experiência para ver", levando intencionalmente a flor ao nariz e afastando-a várias vezes. "Ela confirma que ela é ou deixa de ser conforme aproxima ou afasta a flor. Enfim, ela começa a suspeitar que se deve à flor a sensação que a modifica."[115] Essa segunda etapa que abre a era da suspeita confirma, pois, o laço entre as maneiras de ser da estátua e as variações das distâncias da flor e faz-lhe suspeitar que suas sensações são provenientes dessa fonte e não dela mesma. Em seguida, a estátua vai passar por uma nova etapa, quando ela "descobre nela o órgão do olfato".[116] Até então, ela sentia sem se conhecer como nariz. Por meio da experiência do afastamento e aproximação da flor, ela pôde constatar, prestando atenção à sensação, que essa é mais ou menos forte, em função das diferentes distâncias entre a flor e seu rosto e da proximidade de seu nariz. Assim, "o órgão do olfato, tendo sido o mais afetado quando entrou em contato com corpos odorantes, a estátua descobre em si um novo sentido".[117] A repetição da experiência leva a estátua a considerar os odores nos corpos. Comparando a flor presente com a sensação produzida e a flor ausente com a falta de sensação, ela adquire a certeza de que os odores estão nos corpos e, desse ponto em diante, vai fazer sempre esse mesmo juízo. Ela chegará, até, a sentir os odores nos corpos, pois, de tanto repetir seu ajuizamento, ele se confundirá com uma sensação, por força do hábito. Pouco a pouco os odores se tornam qualidades dos corpos, deixando de serem modificações do próprio ser.[118]

Ao fim desse processo, a estátua poderá não só distinguir duas espécies de corpos, os que lhe parecem possuir odores e aqueles que não possuem, mas ela poderá diferenciar várias espécies de corpos odorantes e constituir classes de objetos em função dos odores comuns a diversos corpos, ampliando, assim, sua capacidade de formular ideias abstratas.[119] A reunião do tato ao olfato aumenta o discernimento da estátua graças à manipulação dos objetos e à variação das distâncias. "Curiosa de estudar cada vez mais essas novas ideias, ela cheira as flores, ora uma a uma, ora em vários conjuntos. Ela observa as sensações que as flores produzem separadamente e aquelas que

---

115 *Ibidem*, p. 158.
116 *Ibidem*.
117 *Ibidem*.
118 Cf. III, cap. I, p. 159.
119 Cf. p. 159-160.

sente quando reunidas em diversos conjuntos. Ela distingue vários odores em um buquê e seu olfato adquire um discernimento que ela não teria tido sem o socorro do tato."[120] Condillac destaca, entretanto, os limites desse discernimento que não pode ser exercido além de certa distância, nem de certo número de odores. Em que pese essa reserva, ele conjectura que um homem limitado ao olfato e ao tato seria mais sagaz do que nós, pois ele daria mais valor aos odores do que um homem dividido e atraído por todas as formas de gozos sensoriais. Falta, então, examinar os efeitos da reunião progressiva dos sentidos e analisar as modificações introduzidas, em relação à simples combinação do olfato e do tato.

A reunião progressiva de todos os sentidos e suas implicações no olfato

Condillac examina primeiro a juntada da audição ao olfato e ao tato, no capítulo II da terceira parte do *Traité des sensations*. A introdução da audição não altera tanto o olfato quanto o modo de aproximação do fenômeno sonoro. Assim como no caso anterior, a estátua descobre, nela mesma, o órgão da audição, julga e entende que os sons estão nos corpos; adquire novos hábitos e aptidões para discernir os ruídos e as melodias.[121] Essa nova experiência não afeta o olfato, mas pode induzir a estátua em erros. Supondo que ela tenha ouvido sempre o mesmo som quando toca a mesma figura, ou tenha sentido o mesmo odor acompanhado sempre pelo mesmo som, ela não saberá atribuir corretamente as ideias a cada sentido e confundirá o que pertence a um e a outro. Se essa ocorrência não é frequente no que diz respeito ao olfato, ao tato e à audição, ocorre, pelo contrário, com muita frequência, quando se trata da visão, à qual atribuímos, geralmente ideias que são devidas, apenas, ao tato, como o tamanho, a figura, a distância e a situação.[122]

A esse respeito, a soma da visão ao olfato, ao tato e à audição aumenta, certamente, a cadeia dos conhecimentos, dos desejos e das abstrações, mas é acompanhada por uma forma de perda progressiva, pois o poder de cada um dos três outros sentidos diminui. Instruída pelo tato, a estátua aprende a enxergar e, em seguida, a olhar e a avaliar a cor, a distância, a figura, o tamanho e o movimento dos corpos;[123] ela conquista uma acuidade que confere à visão um privilégio notável em relação aos demais sentidos. Condillac mostra, assim, que o uso inteiro da visão é nocivo para a sagacidade dos outros sentidos,

---

120 Cf. III, cap. I, p. 160.
121 Cf. III, cap. II, p. 163-165.
122 Cf. III, cap. IV.
123 Cf. cap. III da parte III.

por ser ela mais cômoda, mais prazerosa, e por ter melhor desempenho, de modo que a estátua irá recorrer de preferência a ela. Condillac não tem qualquer dúvida quanto à primazia dos olhos: eles "enriquecem a memória com as mais belas ideias, remediando a imperfeição dos outros sentidos, avaliando objetos inacessíveis, e alcançando um espaço ao qual só a imaginação pode acrescentar algo".[124] A visão faz irradiar a beleza do mundo e ofusca os outros sentidos devido ao fascínio exercido pela imagem. Decerto, para Condillac, a percepção da beleza não é privilégio da vista, pois "consideramos belo tudo o que agrada à visão, à audição ou ao tato".[125] O prazer estético visual sobrepuja, entretanto, os outros, devido à atração pela luz e pela cor.

Além disso, os olhos corrigem as imperfeições dos outros sentidos, pois dependem menos da exigência de proximidade que o tato e o paladar, e menos, ainda, que o olfato e a audição. Eles transportam o corpo para longe, sem os incômodos do deslocamento. Sem rivalizar com a imaginação, eles se alçam ao nível dela, permitindo ver o inacessível. Por isso a imaginação não rompe com os olhos, ela se inscreve no prolongamento dos mesmos. Os olhos constroem uma passarela entre a sensação e a imaginação, a ideia presente e a ideia relembrada. Entendemos, então, por que Condillac afirma que "as ideias originadas pelos olhos estão ligadas às outras, com tanta força que quase não é mais possível, para a estátua, pensar em objetos odorantes, sonoros ou palpáveis sem revesti-los logo com luz e cores".[126] A cadeia de ideias é, assim, tecida por sensações visuais, de forma que tudo aquilo que se pode tramar no espírito vai encontrá-la necessariamente. Esse costume de criar relações e de abarcar uma multidão através de uma visão sinóptica incita a estátua a consultar de preferência esse sentido que encarna, melhor que qualquer outro, o discernimento, e a leva a descuidar-se dos outros. "Em consequência, a audição, o olfato e o tato são menos praticados. Tornando-se pouco a pouco preguiçosos, eles deixam de observar nos corpos todas as diferenças que deslindavam antes; assim, perdem a acuidade na medida em que a visão adquire mais sagacidade."[127] Os sentidos exercem, dessa forma, o domínio, uns sobre os outros e, nesse jogo, o olfato tem muitas possibilidades de ser dominado. Se a visão possui um poder de distração que relega os sons e os odores a um segundo plano; o paladar, como já vimos, também "pode prejudicar os outros sentidos".[128]

---
124   *Ibidem*, III, cap. III, p. 187-188.
125   *Ibidem*, IV, cap. III, p. 237.
126   *Ibidem*, III, cap. III, p. 188.
127   *Ibidem*, III, cap. III, p. 187.
128   Cf. I, cap. X, p. 70.

Devemos concluir, então, que, para Condillac, a reunião dos sentidos acarreta necessariamente uma desvalorização ou um eclipse do olfato? Embora possa resultar em uma hierarquização, a reunião dos cinco sentidos não tem o efeito sistemático de reduzir o poder que cada um possuía, quando solitário. Se a ação da visão pode ser exercida em detrimento dos outros sentidos, isso não é uma fatalidade. Dizer que ela pode prejudicar a sagacidade dos outros sentidos não implica que o dano seja inevitável. De qualquer forma, fica claro que o tato é um mestre que instrui os outros sentidos sem dominá-los nem prejudicá-los; sua ajuda permite, pelo contrário, aumentar e estimular a atividade dos mesmos. Graças ao tato, a estátua tem a possibilidade de conseguir encontrar objetos de gozo, sejam eles odorantes, visuais, sonoros ou gustativos. Ela deixa de ser inteiramente passiva, para agir em função de seus desejos e de suas necessidades. Ela pode escapar de certas impressões desagradáveis ou dirigir-se para aquelas que lhe dão prazer. Ao mesmo tempo, a atividade de sua imaginação diminui, em proveito do exercício dos sentidos. De fato, sem o tato, "ela só podia procurar o gozo de um odor, de um som, de um sabor na medida em que sua imaginação agia com uma força capaz de tornar presentes essas sensações".[129] Com o tato que lhe permite apreender os corpos desejados, diminui a necessidade de recorrer à imaginação. "Quanto mais esses corpos estiverem a seu alcance, por conseguinte, menor será a atuação da imaginação sobre as sensações que deram a conhecer. Ela perderá, pois, parte da sua atividade: mas como o olfato, a audição, a visão e o paladar serão mais exercidos, eles irão adquirindo um discernimento mais agudo e mais extenso. Assim, o que seus sentidos ganham ao se reunirem ao tato compensa vantajosamente a estátua do que ela perde de imaginação."[130] O olfato, como todos os sentidos, pode se beneficiar do socorro e da ajuda do tato e de todas as faculdades da alma: "Depois da reunião do olfato ao tato, ele ainda pode abraçar a ação de todas as faculdades capazes de proporcionar-lhe o gozo de um corpo odorante. Assim, quando ela deseja uma flor, o movimento passa do órgão do olfato para todas as partes do corpo; seu desejo torna-se ação de todas as faculdades que ela possui."[131]

Se o sabor reorienta e reorganiza os desejos e as ideias em função da necessidade de alimentos, tampouco ele é nocivo para o desenvolvimento dos outros sentidos, pois pode, pelo contrário, estimular a atividade e beneficiar-se da colaboração deles. Desse ponto de vista, o paladar é menos nocivo que a

---

129 *Ibidem*, III, cap. XI, p. 218.
130 *Ibidem*.
131 *Ibidem*, III, cap. XI, p. 219.

visão, já que não contribui para depreciar os outros sentidos, mas a dar-lhes maior valor. Se Condillac constata que todas as necessidades da estátua desaparecem ante a de se alimentar, se ele afirma que "a visão, o tato, a audição e o olfato parecem existir, apenas, para descobrir e proporcionar o que pode agradar o paladar",[132] ele reconhece que essa instrumentalização acarreta uma valorização dos outros sentidos e pode recolocá-los em atividade. De fato, a curiosidade da estátua ante as qualidades sensitivas dos objetos é largamente determinada pela questão de saber se eles são adequados ou não para o consumo. "Ela não vê, portanto, uma fruta que comeu, ela não a toca, não a cheira, sem avaliar se essa fruta é boa ou não para o paladar. Esse juízo aumenta o prazer que ela sente ao ver, tocar e cheirar; esse sentido contribui para que ela dê maior valor aos outros."[133] Esse laço de estímulo recíproco entre os sentidos torna-se ainda mais patente quando se trata do par sabor/odor. Condillac destaca a estreita analogia entre o olfato e o paladar, e a forte solidariedade e complementaridade entre eles. A junção do paladar aos quatro outros sentidos traz proveito, especialmente para o paladar, dando à estátua um interesse renovado pelos perfumes dos comestíveis, cujo caráter agradável antecipa o sabor. "O perfume das frutas despertava-lhe interesse muito menor antes que ela adquirisse o órgão do paladar; e o sabor perderia toda sua acuidade se ela fosse privada do olfato. Mas, já que ela possui esses dois sentidos, as sensações de cada um se confundem, tornando-se mais deliciosas."[134]

Desde então, graças a essa estreita imbricação entre o olfato e o paladar, podemos questionar a pertinência da atuação de Condillac consistindo em pensar cada sentido em separado para examinar, depois, a reunião deles. Na mesma linha de um Hobbes ou de um Descartes, Condillac ainda concebia o homem segundo o modelo de uma máquina que se pode decompor e recompor como quisermos, engrenagem após engrenagem. Mas esse método resolutivo compositivo vai de encontro à necessidade real de pensar o homem de forma genética e de encarar o desenvolvimento simultâneo de seus

---

132 *Ibidem*, IV, cap. I, p. 228.
133 Condillac insiste, aliás, no capítulo III da quarta parte na ajuda mútua que se presta ao belo, isto é, aquilo que agrada à vista, ao ouvido e ao tato, e ao bom, isto é, o que agrada ao olfato e ao paladar. Ele apresenta, como ilustração, o exemplo da beleza junto com o sabor agradável de uma fruta. A beleza de um pêssego, com cores vivas, desperta a imaginação de seu sabor, que aumenta o prazer de vê-lo e o torna mais belo. Inversamente, quando a estátua saboreia esse pêssego, o prazer de vê-lo se mistura ao de saboreá-lo e torna ainda maior seu sabor.
134 *Ibidem*, p. 228.

órgãos sensoriais. A linha adotada pelo autor do *Traité des sensations* tem o mérito de conceder ao olfato todo seu lugar e de chamar a atenção para suas aptidões, mostrando que um homem reduzido apenas ao nariz possui, em forma de germe, todas as suas faculdades, e que ele é dotado de uma afetividade e de uma personalidade capazes de elaborar ideias não só particulares, mas também gerais. Essa linha revela que o sistema completo dos conhecimentos do homem e o encadeamento das verdades que ele implica nascem, de fato, das sensações. Desse ponto de vista, o desafio de estabelecer, partindo apenas da percepção olfativa, que todos os conhecimentos e operações do espírito decorrem integralmente da experiência sensitiva, é amplamente vencido, sem necessidade de recorrer a princípios inatos. Para embasar essa teoria, não teria sido, entretanto, melhor elaborar a ficção de uma estátua cujos sentidos despertassem todos juntos, pois a sensação, por assim dizer, nunca se apresenta como puro odor, puro sabor, pura cor etc., mas imbricando uma série de dados perceptíveis que não é fácil deslindar? *A priori*, pareceria mais acertado pensar na união dos sentidos no lugar da reunião dos mesmos *a posteriori*.

Na realidade, essa objeção não se sustenta, por dois motivos. Primeiro, Condillac tem total consciência do caractere fictício e hipotético de sua proposição, mas, ainda assim, não deixa de concluir pela veracidade das consequências que ele deduz. Não poderíamos usar como argumento o fato de que nunca existiu e provavelmente nunca existirá um homem dotado unicamente de olfato, para refutar a validade do sistema e o encadeamento das verdades decorrentes da sensação olfativa, pois a experiência pode confirmá-las. É o que se sobressai do extrato explicado do *Traité des sensations*:

> Se esse sistema repousa em suposições, todas as consequências que observamos são atestadas por nossa experiência. Não existe, por exemplo, homem limitado ao olfato; um animal assim não poderia cuidar de sua sobrevivência; mas para a veracidade dos raciocínios que elaboramos observando-o, basta um pouco de reflexão para reconhecermos que não poderíamos dever ao olfato todas as faculdades que descobrimos nesse homem e que, dispondo apenas do olfato, ele não poderia adquirir outros sentidos. Poderíamos ter-nos limitado a considerar o olfato, abstraindo a visão, a audição, o paladar e o tato: se imaginamos suposições é porque elas tornam essa abstração mais fácil.[135]

---

135 *Ibidem*, p. 290.

Em segundo lugar, a análise de cada sentido separadamente antes de reuni-los não exclui a possibilidade de uma abordagem sinestésica. Condillac reconhece, no fim do seu tratado, que a verdade estabelecida na primeira parte, segundo a qual *"o juízo, a reflexão, as paixões, todas as operações da alma, em resumo, são apenas a própria sensação que se transforma diferentemente [...]*, pode ser demonstrada, considerando todos os sentidos em conjunto".[136] Ele se propõe, aliás, no extrato explicado que fecha a obra, a adotar a forma da união, deixando de separar os sentidos para estabelecer essa verdade e a dar, assim, "uma oportunidade para apresentá-la sob outra ótica".[137] As vias da separação ou da união dos sentidos não são, pois, antinômicas, pelo contrário, elas se sustentam mutuamente. Nessas condições é possível indagar por que Condillac privilegiou, no corpo do seu tratado, a via abstrata da separação dos sentidos, no lugar daquela da união.

Na verdade, a opção escolhida é de longe a melhor, tendo em vista o objetivo visado. Pois o que a escolha de Condillac perde em realidade é largamente compensado pelo que ela ganha em termos de radicalidade. O *Traité des sensations* constitui, de fato, a tentativa mais perfeita para fundar um empirismo integral. No *Essai sur l'origine des connaissances humaines*, Condillac já se propunha esse esboço, afastando-se de seus predecessores, pois ele não se contentava em afirmar que todos os conhecimentos derivam de experiência sensorial; ele negava o realismo das faculdades, o inatismo ou sua preexistência no espírito, mostrando que elas se desenvolvem a partir da sensação.[138] No *Traité des sensations*, ele adota uma posição mais radical e retoma sua tese, dando mais um passo à frente, pois estabelece "que ainda não basta voltar à sensação. Para descobrir o progresso de todos os nossos conhecimentos e de todas as nossas faculdades, é importante separar o que devemos a cada sentido, pesquisa essa que ainda não fora tentada".[139] A opção de expor seu tratado seguindo esse método e de começar pelo homem limitado ao olfato correspondente, pois, à exigência "de mostrar quais são as ideias que devemos a cada sentido e como, ao se reunirem, fornecem todos os conhecimentos necessários para nossa preservação".[140] Para fazer a luz sobre a origem dos nossos conhecimentos e mostrar como adquirimos o uso de

---

136 *Ibidem*, p. 291.
137 *Ibidem*.
138 Ver, a esse respeito, André Charrak, *Empirisme et métaphisique*, L'Essai sur l'origine des connaissances de Condillac. Paris: Vrin, 2003. p. 8-10.
139 *Traité des sensations*, resumo explicativo, op. cit., p. 289.
140 *Ibidem*.

nossas faculdades, não basta regredir à sensação em geral, é preciso ir mais além na análise e continuar a decomposição, examinando cada sentido em particular. Uma das maiores vantagens dessa atuação está no fato de permitir um melhor entendimento desse nervo motor do desenvolvimento das faculdades, que é a atenção, exibindo-lhe a natureza e a origem que não podem ser facilmente determinadas quando todas as sensações estão mescladas. "Mas, deixemos subsistir uma única sensação, eliminando ou enfraquecendo as demais, e logo o espírito é ocupado particularmente pela sensação que conserva toda sua vivacidade, e essa sensação torna-se atenção, sem ser preciso supor mais nada, na alma. Sou pouco atento, por exemplo, àquilo que vejo, ou, até, não dou qualquer atenção, se todos os sentidos investem minha alma por todos os lados; mas as sensações da visão se tornam atenção tão logo meus olhos se ofereçam, só eles, à ação dos objetos."[141]

Se o princípio do exame separado dos sentidos obedece, em parte, à necessidade epistemológica de evidenciar a origem da atenção, cujo papel é central na teoria *condillaciana*, não constitui, entretanto, uma explicação suficiente para justificar a escolha da sensação olfativa como ponto de partida. Na realidade, entretanto, para estabelecer, de forma segura a validade da tese empirista, de nada serviria começar pela visão, pela audição, pelo paladar ou pelo tato, pois um contraditor cético sempre poderia contestar as conclusões formuladas, objetando que elas não poderiam valer para o olfato, cuja contribuição para aquisição de conhecimentos parece mais fraca que a dos outros sentidos. Eis por que só o olfato permite atestar de forma absoluta e sem contestação possível que a sensação contém em germe todo o sistema de conhecimento e de faculdades humanas. É precisamente a alegada fraqueza desse sentido que dá toda a força a essa demonstração. A inverossimilhança da ficção de um homem limitado ao olfato é o preço a ser pago para transformar a verossimilhança da teoria da sensação em verdade. Provando que apenas com a sensação olfativa um homem teria todas as suas faculdades, Condillac torna o olfato, portanto, um modelo incontornável ao serviço de um empirismo radical. Assim, a verdade sai das narinas e a estátua que aspira com toda a força está aí para testemunhá-lo.

NIETZSCHE OU O NARIZ FILÓSOFO

Embora promovam um verdadeiro sensualismo olfativo, as filosofias de Lucrécio e de Condillac restituem a verdade do odor e não o odor da verdade.

---
141 *Ibidem*, p. 291.

Capítulo 6 | Os Modelos Filosóficos Olfativos

Falta ainda indagar se é possível encontrar, com o olfato, verdades não só flagrantes, mas também fragrantes. Paul Valéry parece sugeri-lo quando evoca poeticamente "o aroma de uma ideia cuja enganadora profundidade não se pode elucidar".[142] Trata-se, certamente, de uma fórmula poética na pena de um autor desejoso de desenvolver a metáfora, mas isto não significa que a imaginação de um aroma das ideias seja desprovida de significado, fora de um contexto literário. Prova é que a ideia de um perfume da verdade pode ser encontrada no campo da filosofia. Spinoza, por exemplo, se refere a isto quando fustiga os céticos que se calam "por medo de admitirem, por acaso, qualquer coisa que tenha um odor de verdade".[143] Essa imagem pontual tem, sem dúvida, um alcance limitado, mas ela convida ao questionamento do significado e da função filosóficos da imputação de uma fragrância ao verdadeiro. Será que podemos distinguir odores próprios da verdade ou da mentira, conferir um aroma às ideias, talvez aos conceitos, e atribuir, de forma mais geral, um perfume à filosofia?

No lugar de recensear as inúmeras referências ao perfume da verdade e ao mau cheiro da mentira, que constelam o discurso filosófico, e de perder-se nos detalhes, é melhor focar a atenção nos autores que fazem um uso especulativo sistemático das metáforas olfativas para explicar a atividade de pensar em sua dupla dimensão crítica e inventiva. Entre eles, Nietzsche situa-se em primeiro plano, pois cultiva a metáfora para apresentar aquilo que a linguagem conceitual não pode exprimir, presa, como está, aos preconceitos do vulgar, da metafísica tradicional e das categorias petrificadas, incapazes de pensar o devir. Na falta de linguagem apropriada e de adequação perfeita entre significante e significado, Nietzsche cria estratégias de escrita múltipla que substituem o discurso filosófico clássico. E, entre as várias figuras de estilo às quais recorre, a metafórica ocupa um lugar de destaque. Sem entrar na análise complexa do jogo das metáforas que perpassa o conjunto da obra e constituem uma rede contínua, recorrendo tanto ao registro fisiológico, médico, quanto ao sensorial,[144] precisamos, no entanto, considerar o caráter proeminente da referência ao nariz, a ponto de Nietzsche proclamar em *Ecce*

---

142 *Charmes*, Ébauche d'un serpent [Esboço de uma serpente], *Œuvres*, I, La Pléiade: Gallimard, 1957. p. 142.

143 *Traité de la reforme de l'entendement* [Tratado da reforma do entendimento], § 36, tradução Koyré, Vrin.

144 Ver, a esse respeito, Éric Blondel, *Nietzsche, le corps et la culture*. PUF, 1986 e, em especial, a introdução e os capítulos I e IX.

Homo: "Todo meu gênio está em minhas narinas."[145] O autor de *Além do bem e do mal* não recusaria, pois, a alcunha de nariz filósofo ou filósofo nariz. Embora faça grande uso de metáforas visuais e sonoras, ele pertence a esses raros pensadores que dão crédito ao olfato, e utilizam-no para desalojar o odor viciado dos ídolos e para sentir o sopro aéreo das ideias. Trata-se, então, de entender em que e por que todo seu gênio reside nas suas narinas.

A valorização do faro

Preocupada em reconciliar o homem com sua animalidade, em reabilitar o corpo e os sentidos injustamente aviltados, a obra de Nietzsche aparece como o melhor antídoto contra a fobia dos odores, pois ela inverte os valores, colocando o nariz no topo:

> Que instrumentos delicados possuímos em nossos sentidos! Esse nariz, por exemplo, do qual nenhum filósofo falou com respeito e gratidão é, até, atualmente o instrumento mais afinado de que dispomos: ele é capaz de discernir diferenças mínimas de movimento que o espetroscópio não distingue.[146]

Nietzsche imputa ao nariz uma acuidade inigualável, uma aptidão para perceber o ínfimo e o imperceptível para a visão. Ele reconhece, portanto, ao nariz uma capacidade de discernimento sem precedente, pois o nariz distingue não só o que é invisível a olho nu, mas, ainda, o que os instrumentos visuais mais performativos não permitem detectar. Ele assume, assim, posição oposta à de todos aqueles que desqualificam o olfato e convida ao abandono dos preconceitos de inferioridade do mesmo.

O filósofo alemão institui o faro como instrumento sutil de conhecimento e de prevenção dos obstáculos e dos preconceitos que entravam a vontade de poder:

> Todo animal, o *animal filósofo* como os demais, anseia instintivamente por um conjunto ótimo de condições favoráveis que lhe permita desenvolver toda sua força e atingir o máximo do senti-

---

145 *Ecce Homo*, Pourquoi je suis un destin [Porque sou um destino]. Œuvres philosophiques complètes, VIII, p. 333.
146 *Crépuscule des idoles. La raison dans la philosophie* [Crepúsculo dos ídolos. A razão na filosofia], 3, Œuvres philosophiques complètes, VIII, p. 76.

Capítulo 6 | Os Modelos Filosóficos Olfativos

mento de poder; todo animal detesta não menos instintivamente e com um faro cuja acuidade é "superior a toda razão" todos os desmancha-prazeres e todos os obstáculos que surgem, ou poderiam surgir, no seu caminho rumo o ótimo [...]".[147]

O faro, pelo seu imediatismo, distingue-se da reflexão e da razão demonstrativa e pode distanciá-las, pois ele não é revestido de representações filosóficas enganadoras e possui a infalibilidade fulgurante do instinto. Nietzsche enxerga nele um instrumento confiável. "Podemos [...] confiar no faro, não nos enganaremos com frequência."[148] Decerto, existe faro e faro, é preciso distinguir o faro nobre do faro vulgar que se deixa abusar pelos perfumes falsificados e inebriantes das morais que, "após serem temperados [...] exalam um odor perigoso, principalmente o do "outro mundo".[149] O faro aguçado pode rivalizar, no entanto, com a inteligência, talvez até ultrapassá-la quando se trata de perceber nuances sutis e diferenças mínimas, de revelar os segredos e de trazer à luz o que está dissimulado. O faro é a expressão de uma sensibilidade aguçada, de uma capacidade de penetrar as coisas mais além das aparências polidas pela cultura. Ele se apresenta como uma aptidão simultaneamente física e psicológica de adivinhar as profundezas do ser, de perceber as entranhas da alma:

> Ousarei eu evocar, ainda, um último traço da minha natureza que, em meu comércio com os homens, não me facilitou as coisas? Distingo-me por uma sensibilidade absolutamente desconcertante do instinto de limpeza, de forma que percebo fisicamente, ou que "farejo" as aproximações – como dizer? – o coração, a intimidade secreta, as "entranhas" de qualquer alma... Essa sensibilidade constitui, em mim, verdadeiras antenas psicológicas que me permitem apreender e apalpar todos os segredos: a sujeira espessa que percebo quase ao primeiro contato, *oculta* no fundo de mais de uma natureza, resultante, talvez, de um sangue corrompido, mas que fica encoberta pelo verniz da educação. Se minhas observações são corretas, essas naturezas que se ajustam mal ao meu senso de limpeza,

---
147 *Genealogia da moral*, III, § 7, Œuvres philosophiques complètes, VII, p. 297.
148 *Par-delà le bien et le mal* [Além do bem e do mal], V, 190.
149 *Ibidem*, 198.

se ressentem, por sua vez, da reserva que me inspira esse nojo: isso não as torna menos malcheirosas...[150]

Se a alma é instrumento do corpo, o faro é menos uma faculdade intelectual do que uma ferramenta psicosensível que permite penetrar a interioridade e senti-la. Os pensamentos e os ideais são produções do corpo, que revelam os humores, a saúde ou a doença do mesmo. É preciso, pois, farejá-los como emanações corporais. O nariz é o instrumento mais adequado, pois ele não percebe as coisas pelo exterior, ele as inala e faz comunicar duas interioridades que se misturam e se fundem por assimilação. Por meio da respiração do odor, tornamo-nos o que sentimos e podemos perceber a textura íntima das coisas, simpatizando com elas ou sentindo repugnância delas. Eis por que o nariz é o sentido da interioridade e da limpeza. Nietzsche pressupõe, aliás, narinas interiores: "Eu ousaria evocar, aqui, um traço particular da minha vida, ainda mais que esse é, talvez, *o* traço particular. Tenho algo que denomino minhas narinas interiores. Em cada contato com um ser humano, a primeira coisa que se revela à minha percepção é o grau de limpeza interior."[151] Conhecer é sentir o odor íntimo da coisa, os maus cheiros ou os perfumes que exprimem sua essência. O faro torna-se, então, o meio privilegiado para descobrir a verdade: "Sou o primeiro a ter *descoberto* a verdade, pelo simples fato de ser o primeiro a ter sentido – a ter farejado – a mentira como tal...",[152] e Nietzsche acrescenta sua fórmula famosa "todo meu gênio está nas minhas narinas". O faro revela, pois, a verdade em negativo, de forma indireta. Ele discerna, primeiro, o falso e o afasta para que o verdadeiro possa se revelar. O verdadeiro e o mentiroso estão ocultos e disfarçados pelos preconceitos. Ficam, portanto, invisíveis e indiscerníveis a olho nu. Eis por que só o nariz pode perceber as diferenças mínimas que separam o verdadeiro de sua imitação fraudulenta. Entendemos, então, por que todo o gênio de Nietzsche cabe nas suas narinas. Sem a possibilidade de discernir a mentira da verdade, toda filosofia torna-se impossível e fica reduzida a uma metafísica de iscas. Quando escreve que todo seu gênio está nas narinas, Nietzsche não recorre a uma simples metáfora, ele exprime a correlação profunda entre o pensamento e

---

150 *Ecce Homo*, Por que sou tão sábio, VIII, Œuvres philosophiques complètes, VIII, p. 255-256.
151 *Fragments posthumes*, Œuvres philosophiques complètes, XIV, 21=NV II 4, Outono 1888 21, [8].
152 *Ecce Homo*, Por que sou um destino, I, Œuvres philosophiques complètes, VIII, p. 333.

o estado do corpo. O corpo, suas pulsões e seus instintos estão, de fato, na base de todas as interpretações e de todos os juízos. O faro, do qual o filósofo se gaba, tem essência psicofisiológica; não se reduz nem a uma aptidão física limitada ao nariz, nem a um estado particular do espírito. O verdadeiro sagaz fareja com todos os seus sentidos e todo o seu ser.[153]

O mau cheiro da mentira

O faro tem um papel preponderante, tanto no nível da crítica dos ídolos quanto na constituição de uma filosofia, pois ele permite detectar a mentira e exumar a verdade. Como todos os sentidos, o olfato é convocado para auscultar os ídolos, ou seja, todos os ideais e, notadamente, a moral judaico--cristã, para diagnosticar seus graus de morbidade. Enquanto as orelhas verificam se soam mal e o paladar examina se estão avariados, o nariz fareja o mau cheiro. Médico dos humores, Nietzsche examina o hálito dos pensamentos para sentir se estão deteriorados. A genealogia da moral revela-se, também, uma genealogia da sujeira oculta atrás da aparente respeitabilidade, uma história da pestilência e dos miasmas que envenenam o homem doente. Como investigador arguto, Nietzsche persegue a sujidade, acuando a sujeira e o ar viciado. "Ar ruim, ar ruim" ele gosta de repetir no capítulo XII da *Genealogia da moral* para denunciar o nojo e a sufocação que lhe inspira o homem amansado e domesticado pela cultura. E ele reforça, no capítulo XIV: "Ar ruim! Essas oficinas nas quais fabricamos o ideal – parecem-me cheirar fortemente a mentira."

O nariz avalia os valores morais e contribui para derrubá-los, revelando que o pseudo-odor de santidade exala um odor de sujeira. A inversão dos valores toma a forma de uma reviravolta olfativa. Santo Agostinho torna-se Agostinho sujo para o nariz de Nietzsche que fareja o corpo doente, decompondo-se por baixo do verniz cristão: "basta ler qualquer agitador cristão, Santo Agostinho, por exemplo, para entender, para sentir plenamente que sorte de compadres havia predominado naquela época"![154]

Com seu faro sem igual, Nietzsche traz à tona não só a mentira e a hipocrisia, mas, também, a mediocridade, a promiscuidade na qual o espírito se aferra. É assim que Zaratustra adivinha que a grande cidade é um inferno

---

153 Cf. *Genealogia da moral*, III, 14: "Quem, para sentir, não dispõe apenas do nariz, mas, também, dos olhos e das orelhas, encontra hoje, em quase todos os lugares a que vai, uma atmosfera de asilo para alienados, de hospital." Œuvres philosophiques complètes, VII, p. 311.
154 *O anti-cristo*. 59, Œuvres philosophiques complètes, VIII, p. 230.

para pensamentos do solitário, ela asfixia ou apodrece o espírito: "Não sentes, já, os matadouros e os botequins do espírito. Essa cidade não está sufocando com a fumaça do espírito que está sendo esquartejado?"[155] O odor aparece, pois, como um sintoma de degeneração e de doença que o médico nietzschiano se esforça a detectar, a fim de prescrever a cura apropriada. Embora Nietzsche não tenha repugnância pelo corpo e proponha uma filosofia para além do bem e do mal, ele continua opondo seu sentido de limpeza à sujeira e ao mau cheiro da moral dos escravos. Decerto, ele subverte o sentido dos conceitos, mas, se desloca essas categorias, ele não as ultrapassa. Aparentemente, sua filosofia não vai além do puro e do malcheiroso. Será, então, que o faro dele está dedicado apenas ao serviço de um ideal de limpeza e que o olfato fique preso apenas aos pensamentos cheirando a mofo?

Perfumes totalmente diversos

Na realidade, a terapia, ela também, passa pelo nariz, pois, para dissipar os miasmas, é preciso inalar a verdade. O faro dá, então, lugar à respiração. O olfato não serve, apenas, de instrumento para aventar a mentira escondida e para revelar seu mau cheiro, destampando o frasco lacrado do ideal ascético ou da moral de rebanho; é, também, um instrumento indispensável para filosofar e afirmar novos valores. Embora Nietzsche dê um lugar de destaque a cada sentido, um de cada vez, o filósofo é menos um visionário do que um sagaz, no sentido mais forte. Trata-se, com efeito, de ter nariz para pensar, pois a filosofia apresenta-se, primeiro, como um exercício de respiração. Contra o que asfixia as narinas e cheira mal, Nietzsche convida a aspirar o ar livre das alturas. É o que revela Zaratustra na solidão dos cumes: "Aspiro de novo a liberdade da montanha, com minhas narinas eufóricas! Meu nariz fica, então, livre de tudo o que é humano!"[156] Nietzsche se torna o trovador das meditações aéreas e convida seus leitores a respirar seus escritos, mais do que lê-los:

> Quem sabe respirar o ar de meus escritos sabe que é um ar das alturas, um ar frio. É preciso ser capaz de viver nele, senão há um grande perigo de se resfriar. O gelo está próximo, solidão

---

155 *Ainsi parlait Zarathoustra* [Assim falava Zaratustra], III, De passer outre, Œuvres philosophiques complètes, VI, p. 197.
156 *Ainsi parlait Zarathoustra*, III, Le retour au pays, Œuvres philosophiques complètes, VI, p. 207.

assustadora – mas como as coisas se banham em paz na luz! Como respiramos livremente! Quantas coisas sentimos abaixo de nós!¹⁵⁷

Na primeira versão do texto, Nietzsche acrescentava: "Pensamos, apiedados, no ar de baixo, no ar corrompido pelo 'ideal'."¹⁵⁸ Ele contrapõe um pensamento pneumático aos pensamentos mefíticos e reivindica uma filosofia do ar puro no lugar da felicidade a qual exsuda sempre um ideal viciado. Contra os miasmas envenenados das morais do ressentimento, o médico nietzschiano preconiza uma higiene "aerista". O remédio cabe em uma palavra mestra: vento e ar puro! É assim que Zaratustra se compara a um vento que sopra para além dos impuros:

> Assim como ventos violentos, queremos viver acima deles, vizinhos da águia, vizinhos das neves, vizinhos do sol, pois é assim que vivem os ventos violentos. E tal como um vento, quero, ainda, soprar entre eles e, pelo meu espírito, acabar com o sopro do espírito deles: é meu futuro que o pede.¹⁵⁹

O pensamento nietzschiano baseia-se, pois, em um modelo aéreo que privilegia a dinâmica eólica e a embriaguez dos cumes.

Em *L'air et les songes* [O ar e os sonhos], Bachelard enfatiza a presença, em Nietzsche, de um imaginário ascendente e se refere especialmente ao texto das *Poesias* nas quais o filósofo alemão se define como um espírito aéreo.¹⁶⁰ A filosofia de Nietzsche poderia ser definida, então, como uma filosofia do ar. Para Bachelard, porém, esse ar nietzscheano, concebido como a própria substância da liberdade e da alegria, não comporta qualquer qualidade substancial e é, notadamente, vazio daquilo que constitui geralmente seu teor material, a saber, os odores. "Para um verdadeiro nietzschiano, o nariz deve dar a feliz certeza de um ar sem perfume, o nariz deve testemunhar a imensa felicidade, a ditosa consciência de não sentir nada. Ele é o garante do nada dos odores. O faro do qual Nietzsche orgulhou-se muitas vezes não é virtude de atração. Ele é

---

157 *Ecce Homo*, Œuvres philosophiques complètes, VIII, p. 240.
158 *Ibidem*, ver nota 3, p. 527.
159 *Ecce Homo*, Por que sou tão sábio, VIII, p. 257.
160 "Nuages d'orages, qu'importe de vous? A nous autres, esprits libres, esprits aériens, esprits joyeux" [Nuvens de tempestades o que importam vocês? A nós, espíritos livres, espíritos aéreos, espíritos alegres] op. cit., Gaston Bachelard, *L'air et les songes*. Livro de bolso, p. 175.

dado ao super-homem para que possa afastar-se ao menor indício de impureza. Um nietzschiano não pode se comprazer em um odor."[161]

Se Bachelard tem razão ao desacatar a importância de um psiquismo ascensional em Nietzsche e ao insistir na sua aspiração de um ar puro e tônico, marcado por um frescor de gelo e um silêncio luminoso, ele se extravia quando estima que um verdadeiro nietzschiano é movido por um ideal inodoro e tende a afastar a pestilência apenas para gozar de uma pureza sem perfume. Quando reivindica um instinto de limpeza, Nietzsche não busca promover uma filosofia assepsiada, para além do impuro e do malcheiroso; ele objetiva expressamente a respiração de novos perfumes, de flores fulgurantes. É assim que ele apresenta *Aurora* em *Ecce Homo*:

> É com esse livro que se inicia minha campanha contra a moral. Não que haja o menor cheiro de pólvora: *serão percebidos perfumes inteiramente diversos e bem mais agradáveis, desde que tenhamos narinas bastante sutis*. Nem artilharia pesada, nem leve: se o efeito desse livro é negativo, seus recursos são muito menos; eles agem como o raio de uma rigorosa dedução, não como o troar de um tiro de canhão.[162]

Nada de pensamento inodoro! Nietzsche define abertamente seu trabalho em termos olfativos e procura impregnar seus escritos com um perfume sutil e muito agradável.

Qual é, então, esse buquê filosófico que alegra as narinas sagazes? Nietzsche descarta os perfumes falsificados que destilam o veneno do ressentimento, ele conduz à contradição, mas não é negacionista; ele não busca dar a seus livros um perfume de escândalo. Seus escritos não cheiram a enxofre, nem mesmo a pólvora, como ele próprio confessa. Contra a moral ascética e os denegridores do corpo, Nietzsche se recusa a usar a artilharia pesada do ressentimento; ele faz campanha mas não entra em guerra, ávido do odor de sangue e de cadáveres. Ao sistema niilista marcado pelo cheiro de pólvora, ele contrapõe perfumes "totalmente diversos e bem mais agradáveis" que impregnam seu pensamento. Decerto, ele não se detém em saber a exata natureza desses perfumes que provocam um leve e

---

161 Op. cit., p. 176.
162 *Ecce Homo*, Aurore, pensées sur la morale comme préjugé [Aurora, pensamentos a respeito da moral enquanto preconceito], I, Œuvres philosophiques complètes, VIII, p. 302. Nós grifamos.

delicioso tremor das narinas. Ele insiste, todavia, na radical alteridade desses perfumes e os assimila ao raio de uma dedução rigorosa. Essa alteridade absoluta deve-se, sem dúvida, à novidade, ao caráter inteiramente inédito. De fato, os perfumes exalados pelo ar puro dos cumes, onde sopra esse ar de liberdade que derruba valores e libera o homem da tirania do bem e do mal, não recordam qualquer lembrança passada e rompem com a tonalidade nostálgica muitas vezes imputada aos odores. Essa é a originalidade maior da estética nietzschiana. Enquanto o odor é geralmente portador de lembrança e arrasta um cortejo de reminiscências melancólicas, em Nietzsche o ar respirado dá as costas ao passado e à sua carga de repetição melancólica.[163] Em suas *Poesias*, o filósofo se apresenta como "respirando o ar mais puro, com as narinas dilatadas como taças, sem futuro, sem recordações".[164] Daí, não é surpreendente constatar que os perfumes inteiramente diversos de que tratamos não se refiram a um odor conhecido.

Quando Nietzsche arrisca uma precisão, é, primeiro, ao buquê do vinho que ele faz alusão. Zaratustra, após ter confessado que respira a liberdade da montanha com narinas encantadas, diz assim, nesses termos: "Como vinhos espumantes pelo ar vivo faz cócegas, ela espirra, minha alma – ela espirra e exclama, com júbilo, 'Saúde!'"[165] A liberdade tem, portanto, uma espécie de odor de espumante, na embriaguez dos cumes, e o pensamento dionisíaco se inala assim como um bom vinho. Nietzsche não se atém, entretanto, ao registro enológico. O modelo pneumático subentendido da sua filosofia repousa na metáfora do ar vivo e puro dos cumes. Na introdução de *Ecce Homo*, Nietzsche afirma que "a filosofia tal (que ele a tem) como sempre entendida e vivida, consiste em viver voluntariamente entre as geleiras e os cumes – em procurar tudo o que desorienta e questionar tudo que até então era condenado pela moral".[166] É, portanto, a um odor glacial de montanha que remete o pensamento das alturas. Os aromas alpestres de vento, de frio e de neve que impregnaram o filósofo no decorrer de suas permanências no ar gelado das montanhas, oferecem a imagem dessa desorientação e desse questionamento necessário para pensar verdadeiramente. É verdade que aquele cujas narinas não são bastante sutis para perceber o odor gélido a neve e do frio

---

163 Ver, a esse respeito, o comentário de Gaston Bachelard em *L'air et les songes* [O ar e os sonhos], p. 176-177.
164 *Poesias*, p. 263.
165 *Assim falava Zaratustra*, III, *O retorno à terra natal*, Œuvres philosophiques complètes, VI, p. 207.
166 *Ecce Homo*, Introdução, Œuvres philosophiques complètes, VIII, p. 240.

vivificante pode se indagar que odor é esse. Para ajudá-lo a adivinhar seria necessário recomendar-lhe, sem dúvida, a leitura do texto de Henri Bosco, no qual ele confessa, a respeito de uma neve de sua infância, que ele a respirava como "o odor de rosa e de sal".[167]

Embora seja difícil dizer que o ar com o qual Zaratustra enche os pulmões cheira a rosa nevada, é menos imprudente afirmar que ele deve exalar, em parte, o odor corrosivo do sal marinho. De fato, o modelo pneumático que inspira Nietzsche não está restrito à brisa tônica das montanhas; ele inclui o vento marinho e remete tanto ao ar das alturas quanto ao ar marinho que deve ser aspirado com sagacidade, para afugentar os ídolos e dar fôlego aos pensamentos. Prova disso é o fato de que, em *Ecce Homo*, não é a figura da águia dos cumes, mas a do animal marinho que encarna a nova aurora filosófica. O livro que cheira "perfumes inteiramente outros e bem mais agradáveis" que o odor da pólvora eclodiu, diz-nos Nietzsche, "fora desse amontoado confuso de rochas, perto de Gênova, onde (ele) estava só, na intimidade do mar".[168] O autor explica que esse livro "é ensolarado, liso e feliz, como um animal marinho que toma sol entre os rochedos",[169] e acrescenta: "Afinal, esse animal marinho era eu."[170] Identificando-se a um animal marinho e colhendo, com sua pena, "esses lagartos divinos" que são os instantes e as coisas que deslizam rápida e silenciosamente, Nietzsche mostra bem que não se trata de dar as costas à animalidade, mas de fazer as pazes com ela, respirando o ar de alto-mar e dos cumes, por meio do pensamento. Ele oferece, pois, um contraveneno de sonho a quem receia a bestialidade do nariz, e convida todas as pessoas a sentir e a experimentar, por meio das narinas, a simbiose do corpo e do espírito.

Essa filosofia olfativa permanece, porém, o apanágio de uma minoria. Não é, de fato, sagaz quem quer. O faro permite antever aquilo que não podemos ver nem entender, isto é, a verdade dissimulada atrás de ideais viciados. Reservado aos narizes delicados e sagazes, o faro que aspira a ideia nas alturas ou entre os rochedos adapta-se dificilmente à promiscuidade e à multidão. Zaratustra se recusa, então, a viver embaixo, entre os homens, onde é preciso tampar o nariz: "O hálito deles já não aguento sentir, infeliz-

---

167 Bargabot, p. 130.
168 Cf. *Ecce Homo*, Aurora, Pensées sur la morale conçue comme préjugé [Pensamentos a respeito da moral concebida como preconceito], I, Œuvres philosophiques complètes, VIII, p. 302.
169 *Ibidem*.
170 *Ibidem*.

mente! Por que vivi eu tanto tempo entre seus ruídos e seus maus hálitos?"[171] É a solidão do filósofo e sua inspiração criativa que a metáfora olfativa tem por vocação elucidar, reforçando a da verticalidade dos cumes, que não poderia, ela só, fazer justiça à natureza do pensamento. Se o homem acredita ser verdadeiro aquilo que deseja ser, não basta que ele vá às alturas, é preciso que um sopro poderoso varra seus ídolos e anime suas ideias.

Em última análise é preciso voltar ao estatuto geral e ao valor de conjunto dessa metáfora olfativa que subentende a obra de Nietzsche. Convém, de fato, indagar-se a respeito desse uso do faro e do perfume da filosofia, que se eleva acima dos miasmas do rebanho para tentar determinar a necessidade última. Não teria sido possível elaborar rigorosamente, por conceitos, o que as imagens têm por finalidade exprimir, fazendo a economia das metáforas olfativas? Embora possa representar esse papel, às vezes, a metáfora, em Nietzsche, não se reduz nem a um preconceito nem a um aquém do conceito. Ela não tem vocação para substituí-lo na espera de sua formulação, de fazer-lhe concorrência nem de substituí-lo em nome de um anti-intelectualismo de princípio.

Se a linguagem discursiva não consegue exprimir a realidade e condena o filósofo à interpretação, é preciso inventar uma nova linguagem do tipo metafórico. Mas, essa linguagem metafórica não poderia ter uma pretensão acima da verdade absoluta, contribuindo, assim, para desvalorizar o discurso especulativo. Ela continua sendo de ordem interpretativa, tributária, como ela é, das palavras. Desde 1873, Nietzsche sustenta que a linguagem não alcança a verdade absoluta, que não se deve considerar as palavras ao pé da letra. Ele não mudará nesse ponto: "As palavras não passam de símbolos para as relações das coisas, ente elas e conosco, elas nunca atingem a verdade absoluta."[172] A verdade tem força própria, mas não revoga o conceito. Essa força própria consiste essencialmente na introdução de um jogo, no duplo sentido dessa palavra, entre o significante e o significado. De uma parte, a metáfora se reveste de um aspecto lúdico e recreativo do saber alegre que Nietzsche quer promover; de outra, ela se caracteriza por uma incerteza semântica que revela a ausência de uma coincidência perfeita entre a palavra e a coisa, e proibindo, assim, a instauração imediata de um significado unívoco e pétreo. Desde então, a metáfora suscita necessariamente a interrogação e

---

171 *Assim falava Zaratustra*, III, O retorno à terra natal, Œuvres philosophiques complètes, VI, p. 231.
172 *Naissance de la philosophie à l'époque de la tragédie grecque* [Nascimento da filosofia na época da tragédia grega], Œuvres philosophiques complètes, XI, p. 73.

nos impede de cair na armadilha das palavras, pelo tanto que fica clara a necessidade de elucidá-la. Introduzindo o jogo interpretativo, a palavra se revela como ela é, ou seja, uma imagem e não uma verdade absoluta. Assim, ela lembra ao pensamento filosófico, sem cessar, que ela decorre do registro de interpretação e que não alcança a verdade em seu absolutismo.

Além disso, a metáfora é a expressão mais adequada para a inspiração filosófica e seu caráter criador. De fato, a inspiração é semelhante a uma revelação de algo que nos abala no mais fundo de nós mesmos e nos transtorna, sem que o tenhamos desejado. Nietzsche a descreve como um estado de fato, no qual "um pensamento nos ilumina como um raio e uma força que nos obriga à forma, sem hesitação".[173] Ele explica que nunca teve de escolher:

> Tudo se passa na ausência de qualquer vontade deliberada, mas como em um turbilhão de sentimentos de liberdade, de indeterminação, de poder e de divindade... O mais notável é a característica involuntária da imagem, da metáfora: não temos mais a ideia de que seja uma imagem, uma metáfora, tudo se apresenta como impressão mais imediata, mais justa, mais simples. Parece realmente, lembrando uma palavra de Zaratustra, que as coisas vêm se oferecer, elas mesmas, para servirem de imagem ("... eis que a teu discurso todas as coisas acorrem, acariciantes e te lisonjeiam: pois elas querem alçar voo nas tuas asas. Com cada imagem, voas para uma verdade"). O verbo, os tesouros do verbo se abrem a ti para dizerem o "ser"; todo "devir" quer se fazer verbo para que lhe ensines a falar..." Tal é minha experiência da inspiração.[174]

Se a inspiração consiste em insuflar a boa palavra para dizer o ser e o devir, não é estranho constatar a presença de metáforas olfativas nos escritos de Nietzsche. A referência aos odores, à mobilidade aérea dos mesmos, ao jorrar fulgurante e involuntário permite exprimir aquilo que a linguagem encontra mais dificuldade para formular, devido ao caráter fixo e convencionado das palavras, a saber, o devir, o ser em movimento. A metáfora olfativa também tem, assim, a vocação de exibir o invisível o espantoso, o intangível; ele introduz

---

173 *Ecce Homo, Assim falava Zaratustra*, Œuvres philosophiques complètes, VIII, p. 309.
174 *Ibidem*, p. 310.

o sopro e a desorientação no seio de uma filosofia espreitada sem cessar pelo imobilismo. Graças ao jogo de imagens odorantes, o pensamento alça voo nas asas do nariz. O olfato, na sua dupla dimensão de faro e de respiração, não tem, pois, o simples valor de paradigma, ele é a encarnação da inspiração filosófica que corporifica os mais belos pensamentos e devolve ao espírito sua carne. Criar um "animal que promete" é dar ao nariz todo seu poder heurístico, toda sua agudeza crítica e sua acribia. Animal marinho ou dos cumes, o filósofo nariz reincorpora a animalidade na humanidade e transforma o faro em um modelo de sagacidade.

Quer ela (a verdade) desperte com o odor condillaciano da rosa, quer ela sinta o ar dos cumes e os chuviscos aspirados pelo animal nietzscheano, ou o fogo e a fumaça exalados pelo *logos* ígneo heracliteano, a verdade tem um perfume e trata-se de respirá-lo para ficar impregnado dele. Não é, portanto, absurdo falar de um aroma das ideias ou admitir um odor da verdade, se entendermos, por isto, não uma essência fixa, imutável, mas o verdadeiro devir do verdadeiro, o movimento e a atividade pelos quais ele se forma, se transforma e se perpetua. O modelo olfativo "*sub – tende*", assim, as filosofias do ar e do invisível, as doutrinas da gênese móvel e do empirismo sutil. Ele transmite sua força às teorias da matéria e do devir, do tênue, do fluxo, permitindo captar tanto a volatilidade quanto a tenacidade daquilo que advém. Aberto ao mobilismo universal como ao pensamento do eterno, o filósofo nariz celebra, ao mesmo tempo, o esplendor e o odor do verdadeiro. Pudéssemos dizer, então, dos nossos pensamentos filosóficos, o que Rilke escreveu a respeito das rosas:

> E agora: o além delas começa entre as páginas dos livros;
> Um invencível aroma que habita o armário e a gaveta,
> Penetra em uma coisa que nos serve, insinua-se ente os lençóis dobrados
> O que das rosas nos cativa, o que nas rosas afundou.[175]

---

175 *Dédicaces, pour Veronika Erdmann* [Dedicatórias, para...], Œuvres poétiques et théâtrales. Edições da Pléiade: Gallimard, p. 1.067.

BIBLIOGRAFIA

Textos filosóficos de referência:

Les écoles présocratiques (*As escolas pré-socráticas*). Edição realizada por Jean-Paul Dumont, Folio, Ensaios, Gallimard, 1991.

Corpus hippocratique. Œuvres complètes (*Coletânea hipocrática, Obras completas*). Ed. Littré, 1839-1851.

ARISTÓTELES. *De l'âme* (*Da alma*). Tradução de J. Tricot. Paris: Vrin, 1972.

_____. *Traité de la sensation et des sensibles.* Petits traités d'histoire naturelle (*Tratado das sensações e dos sensíveis. Pequenos tratados de história natural*. Tradução de Pierre-Marie Morel. Paris: GF-Flammarion, 2000.

BACHELARD. *L'air et les songes* (*O ar e os sonhos*). Paris: Le Livre de Poche, Gallimard, 1943.

_____. *La poétique de la rêverie* (*A poética do devaneio*). Paris: PUF, 1960.

BACON. *La nouvelle Atlantide* (*A nova Atlântida*). Tradução de M. Le Doeuff e M. Laséra. Paris, GF-Flammarion, 1975.

_____. *Novum Organum*. Tradução M. Malherbe, J.-M. Pousseur. Paris: PUF, 1986.

CONDILLAC. *Traité des sensations* (*Tratado das sensações*). Paris: Corpus, Fayard, 1984.

DESCARTES. *Traité de l'homme.* Œuvres (*Tratado do homem. Obras*). Publicadas por Adam & Tannery, XI, Paris, Vrin, 1996.

_____. *Méditations métaphysiques.* Œuvres (*Meditações metafísicas. Obras*). Publicadas por Adam & Tannery, IX. Paris: Vrin, 1996.

DIDEROT. *Lettre sur les sourds et muets.* Premières Œuvres (*Carta a respeito dos surdos e mudos. Primeiras Obras*). Paris: Hermann, 1978. t. 4.

FICIN. *Les trois livres de la vie* (*Os três livros da vida*). Paris: Corpus, Fayard, 2000.

SÃO FRANCISCO DE SALES. *Traité de l'amour de Dieu* (*Tratado do amor de Deus*). Paris: La Pléiade, Gallimard, 1969.

FREUD. *Malaise dans la civilisation* (*Mal-estar na civilização*). Paris: PUF, 1971.
HEGEL. *Estética*. Paris: Le Livre de Poche, 1997.
HOBBES. *De la nature humaine* (*Da natureza humana*). Tradução de barão de Holbach. Paris: Vrin, 1981.
KANT. *Critique de la faculté de juger* (*Crítica da faculdade de julgar*). Tradução de Philonenko. Paris.

_____. *Anthropologie du point de vue pragmatique* (*Antopologia do ponto de vista pragmático*). Tradução de Michel Foucault. Paris: Vrin, 1979.

LOCKE. *Essai philosophique concernant l'entendement humain* (*Ensaio filosófico a respeito do entendimento humano*). Tradução de Coste. Paris: Vrin, 1989.
LUCRÉCIO, *De la nature* (*Da natureza*). Tradução de Alfred Ernout. Paris: Les Belles Lettres, 1964.
MALSON. *Les enfants saauvages* (*As crianças selvagens*). Paris, 10/18, 1964.
MONTAIGNE. *Essais* (*Ensaios*). Paris: Gallimard, Folio, 1975.
NIETZSHE. *Œuvres philosophiques complètes* (*Obras filosóficas completas*). Paris: Gallimard, 1971-1997. VI, VII, VIII, IX.
PASCAL. *Les pensées* (*Os pensamentos*). *Œuvres complètes* (*Obras completas*). Edição Lafuma, Paris: Seuil, 1964.
PLATÃO. *Filèbio*. Tradução Émile Chambry. Paris: Garnier Flammarion, 1969.

_____. *O banquete*. Tradução de Luc Brisson. Paris: Garnier Flammarion, 1998.

_____. *Parmênides*. Tradução de Émile Chambry. Paris: Garnier Flammarion, 1967.

_____. *Timeu*. Tradução de Émile Chambry. Paris: Garnier Flammarion, 1969.

ROUSSEAU. *Émile*. Paris: Garnier, Flammarion, 1966.
SANTO AGOSTINHO. *Les confessions*. Œuvres (Confissões. Obras) I. Paris: La Pléiade, Gallimard, 1998.
SARTRE. *Baudelaire*. Paris: Gallimard, 1963.
SPINOZA. *L'Éthique* (*A Ética*). Tradução de Bernard Pautrat. Paris: Seuil, 1988.
_____. Vrin, 1974.

Referências literárias:

Roland Barthes por Roland Barthes, Œuvres completes (*Obras completas*), Paris: Seuil, 1995. t. 5,
BALZAC, Honoré de . César Birotteau. *La comédie humaine* (Cesar Birotteau. *A comédia humana*). Paris: Pocket Classics, 1999.

_____. *Le curé de village* (*O cura de aldeia*). La Pléiade, Paris: Gallimard, 1978. t. IX.

_____. Le lys dans la valée. *La comédie humaine* (O lírio do vale. ...). Paris: La Pléiade, Gallimard, 1978. t. IX.

BAUDELAIRE, Charles. *Les fleurs du mal* (*As flores do mal*). Paris: Editions Garnier, 1965. XLVIII.
CALVINO, Ítalo. *Sous le soleil jaguar* (*Debaixo do sol jaguar*). Paris: Seuil, 1990.

CHESSEX, Jacques. *L'Éternel sentit une odeur agréable* (*O [Pai] Eterno sentiu um odor agradável*). Paris: Grasset, 2004.
FLAUBERT, Gustave. *Salammbô*. Paris: GF-Flammarion, 1968.
GOGOL. Le nez. In: *Le journal d'un fou* (*O nariz*. In: *O diário de um louco*). Paris: Folio, Gallimard, 1938.
HUYSMANS, Joris-Karl. *À rebours* (*A reverso*). Paris, 10/18, 1975.
_____. *En rade* (*No molhe*). Paris: Folio, Gallimard, 1984.
JHA, Radhika. *L'odeur* (*O odor*). Paris: Editions Philippe Picquier, 2002.
LEROUX, Gaston. *Le parfum de la dame en noir* (*O perfume da dama de preto*). Paris: Le Livre de Poche, Gallimard, 2003.
MAUPASSANT, Guy de. *Fort comme la mort* (*Forte como a morte*). Paris: Folio, Gallimard, 1983.
PROUST, Marcel. *À la recherche du temps perdu* (*Em busca do tempo perdido*). Paris: Edições de La Pléiade, Gallimard, 1954.
_____. *Jean Santeuil*. Paris: Edições de La Pléiade, Gallimard, 1971.
RILKE, Reiner Maria. *Œuvres poétiques et théâtrales* (*Obras poéticas e tetrais*). Paris: Éditions de la Pléiade, Gallimard, 1997.
SHIKIBU, Murasaki. *Le dit du Genji* (*A fala do Genji*). Tradução de René Sieffert. Paris: PUF, 1988.
SÜSSKIND, Patrick. *Le parfum* (*O perfume*). Paris: Le Livre de Poche, 1985.
VALÉRY, Paul. *Œuvres* (*Obras*). Paris: Éditions de la Pléiade, Gallimard, 1957-1960. t. 1.
ZOLA, Emile. *La faute de l'abbé Mouret* (*O pecado do padre Mauret*). Paris: Le Livre de Poche, 1968.
_____. *Le ventre de Paris* (As entranhas de Paris). GF-Flammarion, 1981.
_____. *Nana*. Paris: Le Livre de Poche, 1989.

Referências musicais:

Claude Debussy, *Os sons e os perfumes rodopiam no ar da noite*.
_____. *Os perfumes da noite*.
_____. *Pelléas e Melisanda*, Ato III, cena III.
Dmitri Chostakovitch, *O Nariz*.
Richard Wagner, *Parsifal*, Ato III, cena II.
Roger Roger, *Perfumes*.
Suzanne Giraud, Olivier Py, *O vaso de perfumes*.

Referências pictóricas e esculturais:

Antoine Bosse. *O olfato*.
Auguste Rodin. *Íris, mensageira dos deuses*.
Dermont O'Brian. *Sem título*.
Ernesto Neto. *Não há nada mais para ser viso, além do Mundo*.
Gaetano Giulio Zombo. *Cenas de Peste*.

Gonzales Coques. *Smell*.
Hiroshi Koyama. *Reconhecimento do incenso*.
Jean-Honoré Fragonard. *O sacrifício da rosa*.
Louise Bourgeois.: *O cheiro do animal acuado*.
_____. *Os doces perfumes do índigo*.
Luigi Rossolo. *O perfume*.
Oswaldo Macia. *Memory Skip*.
Paul Gauguin. *Album Noa Noa*.
_____. *Contos bárbaros*.
Piero Manzoni. *Merda de artista enlatada*.
Sissel Tolaas. *Deve ser o Tempo, Parte 1: Dirty 1*.
Win Delvoye. *Cloaca*.

Referência cinematográfica:

Dino Risi: *Perfume de mulher*.

Livros sobre o Odor e o Olfato:

ACKERMAN, Diane. *Le livre des sens* (*O livro dos sentidos*). Paris: Grasset, 1991.

BIZZOZERO, Vittorio. *L'univers des odeurs, introduction à l'olfactologie* (*O universo dos odores, introdução à olfatologia*). Genebra, Coleção Janus, Georg editor, 1997.

BOUDONNAT, Louise. Harumi Kushizaki, La voie de l'encens (A via do incenso). Arles: Edições Philipe Picquier, 2000.

CANDAU, Joël. *Mémoire et expériences olfactives* (*Memória e experiências olfativas*). Paris: PUF Sociologie d'aujourd'hui, 2000.

CHASTRETTE, Maurice. *L'art des parfums* (*A arte dos perfumes*). Questions de science. Paris: Hachette,1995.

CLASSEN, Constance. *Worlds of sense* (*Mundos dos sentidos*). Londres: Routledge, 1993.

CLASSEN, Constance; HOWES, David. *Aroma:* The Cultural History of Smell (*Aroma:* a História cultural dos Odores). Londres: Paperback, Routledge,1995.

DÉTIENNE, Marcel. *Les jardins d'Adonis* (*Os jardins de Adonis*). Paris: Gallimard, 1996.

CORBIN, Alain. *Le miasme et la jonquille;* l'odorat et l'imaginaire social, XVIII – XIX siècles (*O miasma e o junquilho; o olfato e o imaginário social, séculos XVIII – XIX*). Paris: Aubier, 1982.

FAURE, Paul. *Parfums et aromates de l'Antiquité* (*Perfumes e fragrâncias da antiguidade*). Paris: Fayard, 1987.

FEBVRE, Hélène. *Odorat et humanité en crise à l'heure du déodorant parfumé* (*Olfato e humanidade em crise, em tempos do desodorante perfumado*). Paris: L'Harmattan, 2000.

GROSJEAN, Nelly. *L'aromathérapie* (*A aromaterapia*). Paris: Albin Michel, 1993.

HOLLEY, André. *Éloge de l'odorat* (*Elogio do olfato*). Paris: Odile Jacob, 1999.

LAZLO, Pierre; RIVIÈRE, Silvie. *Les sciences du parfum* (*As ciências do perfume*), Que sais-je?. Paris: PUF, n° 3322, 1997.
LE GUÉRER, Annick. *Les pouvoirs de l'odeur* (*Os poderes dos odores*). Paris: Odile Jacob,1998.
_____. *Le parfum, des origines à nos jours* (*Os perfumes, da origem até hoje*). Paris: Odile Jacob, 2005.
LE MAGNEN, Jacques. *Odeurs et Parfums* (*Odores e perfumes*). Que sais-je?. Paris: PUF, 1949.
MORITO, Kyoko. *The Book of Incense* (*O livro do incenso*). Kodansha, 1992.
MUNIER, Brigitte. *Le parfum à travers les siècles* (*O perfume ao longo dos séculos*). Paris: Edições Le Félin, 2003.
ONFRAY, Michel. *L'art de jouir* (*A arte de gozar*). Les contempteurs du nez. Paris: Le Livre de Poche, 1991.
ROUBIN, Lucienne. *Le monde des odeurs* (*O mundo dos odores*). Paris: Méridiens--Klincksieck, 1989.
ROUDNITSKA, Edmond. *L'esthétique en question* (*A estética em pauta*). Paris: PUF, 1977.
_____. *Le parfum* (*O perfume*). Que sais-je?. Paris: PUF, n° 1888, 1980.
_____. *Une vie au service du parfum* (*Uma vida a serviço do perfume*). Paris: Edições Thérèse Vian, 1991.
SERRES, Michel. *Les cinq sens, philosophie des corps mêlés* (*Os cinco sentidos, filosofia dos corpos mesclados*). Paris: Grasset, 1985.
VIGARELLO, Georges. *Le propre et le sale, l'higiène du corps depuis le Moyen Age* (*O limpo e o sujo, a higiene do corpo desde a Idade Média*). Paris: Seuil, 1985.
WALTER, Frédérik. *Extraits de parfums, une anthologie de Platon à Colette* (*Extratos de perfumes, uma antologia de Platão até Colette*). Paris: Éditions du Regard, 2003.

Obras coletivas:

Odeurs, l'essende d'un sens (*Odores, a essência de um sentido*), dirigido por Jacqueline Blanc-Mouchet. Revista *Autrement*, n° 92, setembro de 1987.
Odeurs du monde (*Odores do mundo*), textos editados por Diana Rey-Hulman e Michel Boccara. Paris: L'Harmattan, 1998.
Odeurs et parfums (*Odores e perfumes*), dirigido por Danielle Musset e Claire Fabre--Vassas. Paris. Edições do CTHS, 1999.
Olfaction, Taste and recognition (*Olfato, Sabor e reconhecimento*). Rouby, C., Schaal, B., Danièle Dubois, Rémi Gervais André Holley. (eds.). Nova Iorque: Cambridge University Press, 2002.
Enfance. B. Schaal (ed.). Paris: PUF, 1997. vol. 1, *L'odorat chez l'enfant, Perspectives croisées* (*Infância*, vol. 1, *O olfato na criança, Perspectivas cruzadas*)
À fleur de peau, Corps, odeurs et parfums (*À flor da pele, Corpo, odores e perfumes*). Pascal Lardellier (dir.). Paris: Belin, 2003.

Olfaction et patrimoine (*Olfação e patrimônio*), dirigido por Francine Boilot, Marie--Christine Grasse e André Holley. Aix-en-Provence: Edisud, 2004.

Artigos:

AUBAILE-SALLENAVE, Françoise. Les soins de la chevelure chez les musulmans au Moyen Âge. Thérapeutique, fonction sociale et symbolique. In: MENJOT, D. (ed.). *Les soins de beauté:* Moyen Âge, début des temps modernes. Actes du IIIe Colloque International (Grasse, abril 1985) Nice, 1987. p. 347-365.

_____. Le monde traditionnel des odeurs et des saveurs chez le petit enfant maghrébin. In: SCHAAL, B. (ed.). *L'odorat chez l'enfant:* perspectives croisées. Paris: PUF, 1997. p. 186-208.

_____. Le souffle des parfums: un essai de classification des odeurs chez les Arabo--musulmans. In: MUSSET, D.; FABRE-VASSAS, C. (dir.). *Odeurs et parfums*. Paris: Éditions du CTHS, 1999. p. 94-115.

BAUDRY, Patrick. De l'odeur de la mort, aux parfums des morts. In: LARDELLIER, Pascal (dir.). *À fleur de peau.* Corps, odeurs et parfums. Paris: Belin, 2003. p. 167-177.

BOBA'NO. La peinture en trompe nez. L'odeur, essence d'un sens, sous la direction de Jacqueline Blanc-Mouchet. Revista *Autrement,* n° 92, setembro 1987. p. 202-205.

BOUTAUD, Jean-Jacques. De la difficulté de communiquer un concept polysensoriel, Kenzoki de Kenzo. In: BOILLOT, Francine; FRASSE, Marie-Christine; HOLLEY, André (dir.). *Olfaction et patrimoine:* quelle transmission?. Aix-en-Provence: Edisud, 2004. p. 79-89.

CHAUMIER, Serge. L'odeur du baiser. In: LARDELLIER, Pascal (dir.). *À fleur de peau. Corps, odeurs et parfums.* Paris: Belin, 2003. p. 77-95.

CUNHA, Manuela Ivone; DURAND, Jean-Yves. Odeur, odorat, olfaction: une ethnographie osmologique. In: LARDELLEIR, Pascal (dir.). *Odeurs et parfums.* Paris: Belin, 2003. p. 161-177.

FAGEN, Yanne. Les parfums de la salte en noir. *Odeurs, l'essence d'un sens,* sob a direção de Jacqueline Blanc-Mouchet. Revista *Autrement* n° 92, setembro 1987. p. 198-201.

FERNANDEZ, Alexandre. Des villes sans odeurs? Représentation de l'urbanité au xxe siècle. In: MUSSET, D.; FABRE-VASSAS, C. (dir.). *Odeurs et parfums*. Paris: Éditions du CTHS, 1999. p. 21-28.

GARRERA, Raphaële. Les arômes de simples: l'herboristerie aujourd'hui. In: MUSSET, D.; FABRE-VASSAS, C. (dir.). *Odeurs et parfums*. Paris: Éditions du CTHS, 1999. p. 125-131.

GUICHARD-ANGUIS, Sylvie. Les maisons de fragrances au Japon. In: MUSSET, D.; FABRE-VASSAS, C. (dir.). *Odeurs et parfums*. Paris: Éditions du CTHS, 1999. p. 29-40.

HEILBRUNN, Benoit. De l'olfactif à l'affectif: le pouvoir de transmission des marques. BOILLOT, Francine; GRASSE, Marie Christine; HOLLEY, André (dir.). *Olfaction et patrimoine: quelle transmission?*. Aix-en-Provence: Edisud, 2004. p. 91-105.

HOWES, David. Le sens sans parole: vers une anthropologie de l'odorat, *Revue Anthropologie et sociétés*, volume 10, n° 3, 1986. p. 29-45.

JARDEL, Jean-Pierre. De la couleur et de l'odeur de l'autre dans la littérature para-anthropologique: représentation de l'altérité antillaise et idéologie raciale. MUSSET, D.; FABRE-VASSAS, C. (dir.). *Odeurs et parfums*. Paris: Éditions du CTHS, 1999. p. 83-91.

LEBRETON, David. Les mises en scène olfactives de l'autre, ou les imaginaires du mépris. LADERLLIER, Pascal (dir.). *À fleur de peau*. Corps, odeurs et parfums. Paris: Belin, 2003. p. 115-128.

LE GUÉRER, Annick. Le déclin de l'olfactif: mythe ou réalité?. *Revue Anthropologie et sociétés*, volume 14, n° 12, 1990. p. 115-121.

MACFARLANE, A. Olfaction in the Development of Social Preferences in the Human Neonate. *Ciba Foundation Symposium*, n° 33, 1975. p. 103-113.

MALMBERG, Danielle. D'amours et d'odeurs, la relation olfactive mère-enfant. LADERLLIER, Pascal (dir.). *À fleur de peau*. Corps, odeurs et parfums. Paris: Belin, 2003. p. 27-45.

MOTTE-FLORAC, Elisabeth. Le rôle des odeurs dans l'histoire de la thérapeutique au Mexique. In: MUSSET, D.; FABRE-VASSAS, C. (dir.). *Odeurs et parfums*. Paris: Editions du CTHS, 1999. p. 143-157.

PORTER, R. H.; WINBERG, J. Unique Salience of Maternal Breast Odors for Newborn Infants. *Neuroscience Biobehavioral Reviews*, n° 23, 1999. p. 439-449.

RIBEYREAU-GAYON, Marie-Dominique. Des puanteurs méphitiques au doux parfum de l'or. In: MUSSET, D.; FABRE-VASSAS, C. (dir.). *Odeurs et parfums*. Paris: Éditions du CTHS, 1999. p. 41- 51.

SCHAAL, Benoist. Les fonctions de l'odorat en société: le laboratoire et le terrain. In: MÉCHIN, Colette; RIANQUIS, Isabelle; LEBRETON, David. *Anthropologie du sensoriel*. Paris: L'Harmattan, 1998. p. 35-59.

SCHAAL, B.; MONTAGNER, H.; HERTLING, H.; BOLZONI, E.; MOYSE, D.; QUICHON, R. et R. Les stimulations olfactives dans les relations entre l'enfant et la mere. *Reproduction, Nutrition Developement*, n° 20, p. 843-858, 1980.

_____. Le "matrimoine olfactif": transmissions odorantes entre générations. BOILLOT, Francine; GRASSE, Marie-Christine; HOLLEY, André (dir.). *Olfaction et patrimoine, quelle transmission?*. Aix-en-Provence: Edisud, 2004. p. 55-77.

www.forenseuniversitaria.com.br
bilacpinto@grupogen.com.br